# हिन्दी यात्रा-साहित्य

# हिन्दी यात्रा-साहित्य

डॉ. शशिशेखर तिवारी

लोकभारती प्रकाशन

**लोकभारती प्रकाशन**
पहली मंजिल, दरबारी बिल्डिंग, महात्मा गाँधी मार्ग
प्रयागराज-211 001
वेवसाइट : www.lokbhartiprakashan.com
ईमेल : info@lokbhartiprakashan.com
**शाखाएँ :** 1-बी, नेताजी सुभाष मार्ग, दरियागंज
नयी दिल्ली-110 002
अशोक राजपथ, साइंस कॉलेज के सामने
पटना-800 006 (बिहार)
36-ए, शेक्सपियर सरणी
कोलकाता-700 017



**प्रथम संस्करण** : 2021

**आस्था पेपर कन्वर्टर**
प्रयागराज द्वारा मुद्रित

HINDI YATRA-SAHITYA
by Dr. Sashi Shekhar Tiwari

ISBN : 978-93-89742-58-9

**मूल्य :** ₹ 600

माता-पिता
की
पुण्यस्मृति को समर्पित

# विषय-सूची

# प्रस्तावना

मनुष्य अपने आविर्भाव के काल से ही यात्री रहा है। जिजीविषा, अस्तित्व, जिज्ञासा, अभिव्यक्ति आदि की प्रवृत्तियों से अनुप्रेरित होकर, आदमी सभ्यता के उषा-काल से वन-पर्वत, सागर मरुभूमि आदि से होकर गुजरनेवाले दुर्गम पथों पर चलता रहा है। इतना ही नहीं, वह आज उपर्युक्त अभिप्रेरकों के कारण असीम अन्तरिक्ष में रचे-बसे ग्रहों की यात्राओं में भी सतत संलग्न है। यात्रा की यह मानवीय महागाथा भारत के दर्शन, स्मृति, पुराण और आख्यानों में 'चक्र' और 'स्वास्तिक' के प्रतीकात्मक संकेतों के अन्तर्गत भी व्यंजित है। इन उपर्युक्त सन्दर्भों में यात्रा, मानव-सभ्यता की विशिष्ट पहचान के साथ उसके अस्तित्व का भी अभिन्न अंग सिद्ध होती है। वस्तुतः 'यात्रा', एक संश्लिष्ट और समावेशात्मक शब्द है। इसके अन्तर्गत 'देश' के पथ पर 'काल' की अनन्त यात्रा का गूढ़ार्थ ध्वनित होता है। यही कारण है कि अन्वेषक, साहित्य-स्रष्टा, कलाकार आदि सुदूर की यात्राओं के जीवन्त संस्मरणों को विस्मृत नहीं होने देते हैं। वे अपने चिन्तन-मनन और लेखन में यात्रा-संस्मरणों को सँजो लेते हैं। इस प्रकार उनकी रचनाएँ मानवीय अभिव्यक्ति के अभिन्न अंग के रूप में अपने साथ रचयिता को भी कालजयी बना देती हैं।

मनुष्य की सृजनात्मक कृतियों में यात्रा-संस्मरणों की बहुमूल्य सहभागिता और अक्षय अवदान को पाश्चात्य-साहित्य के साथ-साथ हिन्दी-साहित्य में भी स्वीकार किया गया है। किन्तु हिन्दी में, उसे अपेक्षित प्रतिष्ठा नहीं मिली है। निःसन्देह यह अपने बल-बूते एक स्वतन्त्र विधा होने का सामर्थ्य रखता है। इसके कई कारणों में एक, भारतीयों की आत्ममुग्धाता न होकर, उनका वह जीवन-दर्शन है, जिसमें परम देव-सत्ता को ही सब-कुछ मान लिया जाता है। (यथा, 'सर्वधर्मान्परित्यज्य मामेकं शरणं व्रज', श्रीमद्भगवद्गीता, 18वाँ अध्याय)। किन्तु इस महान् देश की चेतना और संवेदना, समस्त सृष्टि में परिव्याप्त सत्यम्, शिवम् और सुन्दरम् को भी अपनी स्पन्दित स्मृतियों में सँजोती-सँवारती रही है। फलस्वरूप आधुनिक हिन्दी-साहित्य में गद्य का विकास, आवागमन और मुद्रण की सुविधा एवं पत्र-पत्रकारिता के प्रसार के साथ भूमण्डलीय सम्पर्क तथा संचार-साधनों की वृद्धि के कारण हुआ। इससे विशेषतः हिन्दी-साहित्य के अन्तर्गत यात्रा-संस्मरण के लेखन-क्षेत्र में निरन्तर अपूर्व सक्रियता दिखायी देती रही है। निःसन्देह हिन्दी का यात्रा-साहित्य भी काल-क्रम में हिन्दी का ही नहीं, सम्पूर्ण राष्ट्र की बहुमूल्य निधि के रूप में प्रकाशित हो रहा है।

यह शोध-कार्य भारत सरकार की वरीय शिक्षावृत्ति (सीनियर फेलोशिप) प्रदान किये जाने के कारण अपनी पूर्णता को प्राप्त कर सका है। इसके लिए अनुसन्धित्सु संस्कृति मन्त्रालय, भारत सरकार के प्रति सधन्यवाद अपनी कृतज्ञता ज्ञापित करता है।

इस यात्रा साहित्य के अध्ययन के सम्पन्न होने में देश के अनेक विद्वानों, यशस्वी लेखकों और शिक्षण-संस्थानों के सहयोग, परामर्श और सद्भाव प्राप्त हुए हैं। इसके लिए मैं इन सभी के प्रति अपना आभार व्यक्त करता हूँ। इस प्रसंग में अनुसन्धित्सु अपने परिवार के सदस्यों, डॉ. श्रीमती अन्नपूर्णा शुक्ल, पुत्र और पुत्रियों एवं सभी भाई-बन्धुओं के सहयोग और मंगलकामनाओं को मैं अपना बहुमूल्य पाथेय स्वीकार करता हूँ। साथ ही, पुस्तक के प्रकाशन में सहायता देने के लिए लोकभारती प्रकाशन के यशस्वी प्रबन्ध निर्देशक श्री अशोक महेश्वरी और श्री रमेश ग्रोवर के प्रति मैं हार्दिक धन्यवाद ज्ञापित करता हूँ। इस पुस्तक की मूल प्रति को तैयार करने में श्री सुजीत कुमार ने बहुत प्ररिश्रम किया है। उन्हें मैं आशीष देता हूँ।

अन्त में, लेखक अनजाने में होनेवाली भूल-चूक के लिए अपने ऊपर दायित्व लेते हुए क्षमा-याचना करता है। इस अध्ययन में ऐसा भी हो सकता है कि कुछ यात्रा-वृत्तान्तों का उल्लेख नहीं हुआ हो। इसका कारण या तो उनकी अनुपलब्धता है या नहीं तो कुछ भूल-चूक होने की स्वाभाविकता है। इसके लिए मैं लेखकों से अन्यथा नहीं लेने की उदारता की अपेक्षा करता हूँ।

**शशिशेखर तिवारी**

# यात्रा-साहित्य का महत्त्व

यात्रा संसार के भ्रमणशील स्वभाव का प्रतिरूप है। प्रकारान्तर से स्वयं यह जीवन भी 'देश के असीम पथ पर 'काल' की अनन्त यात्रा का सहसम्बन्धात्मक पर्याय है। वस्तुतः यह समस्त प्राणियों की सहज अभिलाषा का अभिन्न अंग है। जिजीविषा, जिज्ञासा, अस्तित्व-रक्षण आदि के प्रयोजनों से प्रेरित होकर मनुष्य अकेले या समूह में दूर-दूर तक फैले हुए वन-पर्वत, सरिता-सागर, मरुभूमि आदि से गुजरनेवाले दुर्गम मार्गों पर सदियों से चलता रहा है। इतना ही नहीं वह आज अन्तरिक्ष स्थित अनेक ग्रह-नक्षत्रों की यात्राओं पर निकल पड़ा है।

यात्रा सम्पूर्ण सृष्टि के रूप, रस, गन्ध, स्वर आदि के अपार ऐश्वर्य के रसास्वादन की उद्दाम मानवीय लालसा का प्रतिफल है। इस यात्रा के माध्यम से मनुष्य आत्मविश्वास की प्रवृत्ति से अनुप्रेरित होता है। स्वभावतः वह अपनी यात्रा की स्मृतियों को मन-प्राणों में सँजोने की अभिलाषा रखता है। इन्हीं उपर्युक्त सन्दर्भों में यात्रा और इसकी स्मृतियों का अभिव्यंजना साहित्यिक विधा का सृजनात्मक अंग सिद्ध होता है। इस प्रकार यात्रा की साहित्यिक विधा सत्य, बृहत् और सुन्दर के प्रति मनुष्य की रागात्मकता का अनुपम प्रकार सिद्ध होती है। निसर्ग के विस्तार में सम्पन्न होनेवाली यात्राओं की स्मृतियाँ मानव मात्र को विरासत रूप में सर्वथा अपना महत्त्व प्रमाणित करती हैं। यात्रा-वृत्तान्त साहित्य की अन्य विधाओं की तुलना में अधिकाधिक देश-काल के दृक्-श्रव्य बिम्बों को मर्मस्पर्शी रंग -रेखाओं में अंकित करते हैं। इसके फलस्वरूप साहित्य का सहृदय अध्येता यात्राओं की गाथाओं को पढ़ते हुए विह्वल जिज्ञासु के रूप में अपूर्व आनन्द का अनुभव करता है। इस  साधारणीकृत मनःस्थिति में अपरिचित, चिरपरिचित और अति दुर्लभ अति सुलभ हो जाता है।[1]

यात्रा वृत्तान्त के अनेक विधात्मक और विषयगत पक्ष हैं, जैसे यात्रा की अभिप्रेरक मनोवृत्ति, यात्रा स्थलों की कोटिगत विशेषताएँ और यात्री द्वारा गन्तव्यों का पूरे सन्दर्भ में पहचान करना और यात्रा को जीवन के विस्तृत प्रसंगों से संयुक्त करना। इसी प्रकार इसके अन्तर्गत यात्रा-संस्मरणों की संवेदनशीलता और प्रकृति के प्रति सम्मोहन साहित्यकार की

वैयक्तिक प्रतिभा और अन्तर्दृष्टि के सन्दर्भ आदि भी मूल्यवान् हैं। यात्रा-साहित्य अपने वर्तमान से भी अधिक अपनी सम्भावनाओं के महत्त्व को व्यंजित करता है। भू-मण्डलीकरण के युग में विश्व एक नीड़ का रूप ले रहा है और विभिन्न संस्कृतियों में परिचय और संवाद की गति तेज हो रही है। सूचना और प्रौद्योगिकी के विकसित युग में मनुष्य वस्तु-व्यापारों की समुचित व्याख्या करना चाहता है। इस प्रकार मानवी जिजीविषा, अस्तित्व और नियति सम्बन्धी प्रसंगों के फैलते हुए क्षितिज के फलस्वरूप यात्रा-साहित्य, कला, समाज-विज्ञान, इतिहास, भूगोल, पत्रकारिता, सिनेमा आदि की सरहदों में तेजी से प्रवेश कर रहा है। इसके कारण यात्रा-साहित्य विधा-विशेष न होकर विधा-क्षेत्र बन गया है। इसमें इसकी सगोत्रीय विधाओं, जैसे—रेखाचित्र, चरित-लेख, जीवनी, आत्मकथा, रिपोर्ताज, आँचलिक परिकथा और ऐतिहासिक उपन्यास की सर्जनात्मकता के बहुलांश रचित-पचित हो रहे हैं। इस तथ्य के उदाहरणार्थ फणीश्वरनाथ रेणु की 'परती परिकथा' कृति का यह अंश द्रष्टव्य है—"परानपुर गाँव के पूरब-उत्तर-कछुआ भूमि पर खड़ा होकर एक नौजवान देख रहा है—अपने कैमरे की कीमती आँख से—धूसर, वीरान, अन्तहीन प्रान्तर, पतिता भूमि, बलूचरों की शृंखला। हिमालय की चोटी पर डूबते हुए सूरज की रोशनी चमकती है।"[2]

देश-काल और जीवन-जगत् की सच्चाइयों के प्रत्यक्ष दर्शन के क्षेत्र-विस्तार को समाविष्ट करने के कारण यात्रा-साहित्य की मूल्यवत्ता के नये सन्दर्भ भी उभर रहे हैं। इस दृष्टि से चिन्तकों ने अन्तर—अनुशासनात्मक अध्ययन, सांस्कृतिक विविधा के संचय में संलग्न विषय-क्षेत्र, भू-मण्डलीय पर्यटन और प्रव्रजन की यायावरी के वृत्तान्त आदि की नयी भूमिका में इस साहित्य-विधा की पहचान की है। मनोवैज्ञानिकों ने भी यात्रा वृत्तान्तों को मानवीय स्मृतियों का मनोवैज्ञानिक प्रतिरूप (साइकोलॉजिकल कोरोलेटिव) की दृष्टि से भी परखा है। वर्तमान काल में यात्राओं को धार्मिक, ऐतिहासिक, पुरातात्त्विक आदि स्थलों के केवल पर्यटन योग्य ही नहीं, बल्कि मानवीय सभ्यता के विविध अनुसन्धान और प्रशिक्षण का उर्वर माध्यम भी माना जा रहा है। सैलानी देश-दुनिया की चीजों को केवल देखना ही नहीं चाहते, बल्कि उन्हें पूरी तरह से जीना चाहते हैं, जैसे, केरल के समुद्र तटों पर डोंगियों में सैर करते हुए नाव खेने की विधि समझना, वहाँ के नारियल वृक्षों के पत्तों और छाल से तरह-तरह की चीजों को गढ़ना, पुरी के समुद्र-तट पर सीपियों को चुनकर खिलौना बनाना, मरुभूमि में मिट्टी का घर बनाना आदि। इस प्रकार विदेशी यात्री भारत के ताजमहल को निहार कर सन्तुष्ट होने के बजाये यहाँ के गृह-धन्धों और उद्योगों को सीखना भी चाहते हैं।

यात्रा-साहित्य का मानवीय स्मृतियों पर आधृत विधाओं के अभिव्यंजनात्मक उदाहरणों में विशेष महत्त्व है। यात्रा के लिए घर से निकलने और पुनः यात्रा से वापस आने के बीच के अन्तराल में यात्री की विविध मनः स्थितियाँ प्रकट होती हैं। इनमें सम्मोहन, उल्लास, उत्साह आदि के अतिरिक्त मार्ग की बाधाओं और अन्य आपात्कालीन चिन्ताओं में भी डूबना आदि उल्लेखनीय हैं। लेकिन जब यात्री घर लौटता है तो बड़े सलीके और उत्साह से एक सधे हुए किस्सागो की भूमिका में अपने पास-पड़ोस के लोगों को बताता है कि उसने

क्या, कहाँ और कैसे देखा। ऐसा करते हुए वह कभी-कभी आनन्द की तरंगों में बहने लगता है। उसे गर्व होता है कि उसने अपनी आँखों से हिमाच्छादित हिमालय के शिखरों को देखा है, मानसरोवर की निर्मल और शुभ्र जल-राशि के ऊपर पंखों को फैलाकर उड़नेवाले राजहंसों का अवलोकन किया है। ऐसा करते हुए वह सुननेवाले के मन में दर्शित के प्रति आकर्षण, जिज्ञासा और अन्तर्दृष्टि को उत्प्रेरित करता है। इस के कारण घर से निकलकर आदमी सदियों से जल, थल और नभ की यात्रा पर निकलता रहा है।

जीवन-जगत् की अभिव्यक्ति से जुड़ी ज्ञान-सरणियों में यात्रा-साहित्य की विशेष प्रकृति और प्रयोजन प्रकट होते हैं। इस साहित्य की सम्पूर्ण विषय-वस्तु प्रत्यक्षीकृत होती है। जब भी हम यात्रा के प्रसंग में विशाल पर्वत-श्रेणियों, असीम सागर और दूर-दूर तक फैली हुई पृथ्वी के रूप-रंग को देखते हैं तो हमारा चित्त सृष्टि के उदार चरित से आह्लादित हो जाता है और उसका परिष्कार भी होता है। विख्यात चिन्तक ज्याँ पाल सार्त्र ने अपने एक निबन्ध में लिखा है कि अगर मनुष्य नहीं होता तो यह प्रकृति एक भौतिक पदार्थ बन कर रह जाती। ऐसा इसलिए कि संवेदनशील व्यक्ति तादात्म्य की प्रक्रिया में प्रकृति के साधारण प्रतीत होनेवाली चीजों को अपने जीवन्त भावों में रूपायित करता है तो वह प्रकृति सदा के लिए सनातन हो जाती है, अर्थात् जड़-चेतन हो जाता है और सम्पूर्ण सृष्टि साधारणीकृत होकर मानव के अस्तित्व का अभिन्न अंग बन जाती है।[3] इसी सन्दर्भ में पुरातत्त्व, इतिहास प्रकृति आदि के स्थलों के यात्रा-सम्बन्धी अनुभवों को परिगणित करना चाहिए।

पण्डित हजारीप्रसाद द्विवेदी ने अपने ललित लेखों में पुष्पों का जो वर्णन किया है या शान्तिनिकेतन का जो चित्र खींचा है, उसे पढ़कर पाठक भूल जाता है कि वह कोई लेख पढ़ रहा है। वसन्त ऋतु में लाल गुच्छोंवाले फूलों से लदे हुए वृक्षों के नीचे आकर वह सब दुःख, विषाद, चिन्ता आदि से मुक्त होकर अथर्ववेद की इस सूक्ति का अनुभव करता है कि, "ओ पृथ्वी तुम मेरी माँ हो और मैं तेरा पुत्र हूँ।" इसी क्रम में रवीन्द्रनाथ की सुप्रसिद्ध कविता 'वसुन्धरा' के भावों का उल्लेख करना संगतपूर्ण है। कवि धरती से बालक-भाव में आकर कहता है कि, "ओ माँ, तुम अपनी गोद की सन्तान को अपनी गोद में ले लो।" वह आगे लिखता हैः तुम्हारी गोद में बैठकर न जाने कितनी बार इस पूरी पृथ्वी की परिक्रमा की है और विभिन्न भू-खण्डों में फैले हुए मानव-समूहों के बीच होने की इच्छा प्रकट की है।[4] इसी प्रसंग में पाश्चात्य विद्वान् मैथ्यू आर्नाल्ड ने 'स्टडी ऑफ पोएट्री' लेख में कहा है कि मानव की नियति का स्थायी ठहराव कविता ही हो सकती हैं। कविता अन्य ज्ञान-विज्ञान की अपेक्षा सबसे अधिक जीवन की सच्ची व्याख्या करती है। वह हमें सान्त्वना देती है और जीवन में आशा का संचार करती है।[5]

इसी प्रकार अतीत को ठीक से जानने और उसके मूल्य को पहचानने के लिए यात्रा-साहित्य सबसे अधिक उपयोगी सिद्ध होता है। इस प्रसंग में चिन्तकों ने यात्रा-साहित्य को इतिहास के पुनर्लेखन के लिए विशवसनीय स्रोत माना है। मोहनजोदड़ों और हड़प्पा ऐसे

प्राचीन अवशेषों को देखकर निश्चयपूर्वक यह पता चलता है कि प्राणी-विकास की यात्रा में मनुष्य कब से और किस दिशा में निरन्तर आगे बढ़ता गया है? इसे देखकर यह भी मालूम होता है कि हमारी प्राचीन कथाएँ, अर्थशास्त्र और इतिहास तथा पुराण आदि में वर्णित आख्यान मानव-सभ्यता के विकास में किस प्रकार उपयोगी रहे हैं।[6]

यात्रा-वृत्तान्त गद्य-सृजन है। इसमें लोक-हृदय की उच्छ्वसित आशा और उमंग की वाचिकता व्यक्त होती है। वृत्तान्तों के इस गद्य में विचारों के संवाहक वाक्य पृष्ठ के अन्त तक एक ही दिशा में दौड़ते हैं और उनकी गत्वरता से लय का निर्माण होता है। इससे वृत्तान्तों में रसात्मक प्रगाढ़ता आती है। यात्रा-साहित्य में 'दृश्य' को 'श्रव्य' बनाने के क्रम में उनके चित्रण-वर्णन को आगे-पीछे भी किया जाता है। साथ ही, लम्बे वाक्य छोटे पदबन्धों में विषय को बाँधते हैं और उनकी सह-छवियों की वैयक्तिकता को प्रकट करते हैं।[7] कभी-कभी देश-काल के देखे हुए क्षणों को मोहक बनाने के लिए कविता की वचन-भंगिमा में भी सामासिक वाक्य-विन्यासों का प्रयोग करना पड़ता है। इन विन्यासों का मुख्य उद्देश्य होता है, – उन्हें वाचिकता प्रदान करते हुए आकर्षक बनाना और आवश्यकता होने पर विशेष-विशेष दृश्यों को बिम्बात्मक वाक्यों में गूँथना। इस क्रिया में सादृश्य-मूलक अलंकारों का आवश्यकतानुसार विनियोग किया जाता है। मुख्य रूप से इसमें उपमा, रूपक तथा विभावना आदि अलंकारों का प्रयोग किया जाता है। इससे दृश्य-मूर्तन में अधिक सहायता होती है। गद्य के उपर्युक्त प्रयोगों के कारण ही यात्रा-वृत्तान्तों की भाषा कथात्मकता का रूप ले लेती है और आद्योपान्त अपने घेरे से पाठकों को निकलने का मौका नहीं देती है। इस कथात्मक (नैरेटिव) शैली का इसलिए विशेष रूप से प्रयोग किया जाता है ताकि श्रोता या पाठक कथा-रस के प्रवाह में अद्योपान्त सब-कुछ सुनता रहे और देखता भी रहे। किन्तु ऐसे प्रयोगों में सावधानी बरतने की आवश्यकता होती है। क्योंकि यात्रा-वृत्तान्त में देखे हुए क्षणों का वर्णन करना अपेक्षित होता है, न कि कल्पित दृश्यों को रंजित करने का उत्साह दिखाना। इस प्रकार यात्रा-वृत्त की गद्यात्मक भाषा की शैली पारदर्शी, फिसलनभरी और वाचिक संरचना से सम्पूरित होती है। इस सन्दर्भ में किसी ने कहा है कि यात्रा की भाषा का असर शराब की तरह धीरे-धीरे अपने सरूर में आता है और इसमें जब श्रोता या पाठक को कथा अपनी गिरफ्त में ले लेती है तो यात्रा-कथा अपनी चरम-सीमा पर पहुँचकर अपने वृत्त का अन्त करते हुए वृत्तान्त में रूपान्तरित हो जाती है।

यात्रा-साहित्य गद्य की अन्य विधाओं की भाषा-शैली का सोद्देश्य विनियोग करता है। इस प्रसंग में स्फीत वाक्य-विन्यास, रंजित शब्दावली आदि की छटा इस साहित्य में देखने को मिलती है। विशेषतः यात्रा की वर्णात्मक भाषा के वाक्य-विन्यास में पद-व्युत्क्रमता, अग्रगामिता और मुक्त-आसंगपरक उक्तियों की शैलियाँ प्रयुक्त होती हैं।[8] पद के क्रम को तोड़ना, एक ओर वर्णन को विस्तार देने और दूसरी ओर काव्य-रस को उद्दीप्त करने के लिए किया जाता है। इसी प्रकार वाक्य-समूहों में प्रारम्भ में आनेवाले वाक्य पीछेवाले वाक्यों का स्थान ले लेते हैं। इससे यात्रा-वृत्त की शैली में विषय या प्रसंग की अग्रगामिता का

निर्वहण होता है और दूसरी ओर डायरी या चेतना-प्रवाह (स्ट्रीम ऑफ कॉनसस्नेस) परक औपन्यासिक प्रविधि का प्रयोग किया जाता है। ऐसा इसलिए होता है क्योंकि दृश्यों के अवलोकन-क्रम में जब यात्री को देखे हुए स्थानों की पुनः याद आती है तो वह चेतना के स्तर पर वाक्य के विन्यास को तोड़ देता है। इस विशिष्ट शैली के पीछे यात्रा-वृत्त का स्वकीय स्वभाव सक्रिय रहता है।[9]

## 0.2 यात्रा के अभिप्रेरक प्रयोजन

यात्रा के प्रयोजन जिजीविषा और अस्तित्व से जुड़ी मनुष्य की स्वाभाविक चेतना के क्रियात्मक परिणाम हैं।[10] कार्य-कारण की सम्बद्धता में मानवीय जीवन के विविध प्रयोजन, अनुप्रेरक भाव और विचार के रूपों में यात्री को सक्रिय करते हैं। ये निमित्त भेद से स्रोत, क्रिया और लक्ष्य के प्रकारों में यात्रा सम्मत आवेग या उत्तेजना की भूमिका सम्पन्न करते हैं। मूलतः ये संकल्पात्मक ऊर्जाएँ हैं, जो व्यक्ति की मानसिक शिथिलता को तोड़कर उसे 'चलते रहो' की भावना में जागृत करती हैं। ये ही यात्री के मन-प्राणों में सम्मोहन, उल्लास तथा आस्था आदि के भावों का संचार करती हैं। इन्हीं को सँजोकर आदमी अकेले या कारवाँ में सभ्यता के उषा-काल से ही यात्रा के पथ पर चलता रहा है। इतिहास इस सत्य का भी साक्षी है कि दुस्तर मार्गों पर चलकर दुःसाहसी इन्सानों ने अलग-अलग भू-खण्डों में बिखरे हुए मानव-समूहों को अपरिचय के अन्धकार से उबरते हुए सभ्यता-संस्कृति के अटूट सूत्रों में बाँधा है। यात्रा की इन ऊर्जस्वित महत्त्वाकांक्षाओं ने ही सघन वन-पर्वत, तप्त मरुभूमि और अकूल सागर को लाँघकर दूर देशों में ही नहीं, बल्कि ग्रह-नक्षत्रों के लोक में भी आदमी को अपना स्थायी बसेर ढूँढ़ने का विरल अवसर दिया है।[11]

यात्रा के उपर्युक्त अभिप्रेरक प्रयोजनों के ये प्रमुख प्रकार माने जा सकते है, यथाः **क.** आत्म-विस्तार और उच्चतर सत्ता से तादात्म्य, **ख.** अभियान और अन्वेषण, **ग.** लोक-कल्याण और जन-जागरण, **घ.** तीर्थाटन, शिक्षण और वाणिज्य-व्यापार **ङ.** जिजीविषा और आनन्द **च.** सुरक्षा और संरक्षण, **छ.** साक्षात्कार और भेंट-वार्त्ता तथा **ज.** आखेट और पशुचारण।

### क. आत्म-विस्तार और उच्चतर सत्ता से तादात्म्य

प्राणी मात्र में स्वयं से बड़ी इकाई में मिल-जुल जाने की इच्छा रहती है। सृष्टि का सर्वाधिक विवेकशील और सहृदय प्राणी होने के कारण मनुष्य सर्वोच्च सत्ता से तादात्म्य स्थापित करने हेतु प्रयत्नशील रहता है। वस्तुतः मनुष्य की महत्त्वाकांक्षाएँ, जीवन-जगत् में वृहत्, उच्चतम एवं असीम प्रतीत होनेवाले वस्तु-व्यापारों के प्रति अदम्य आकर्षण पैदा करती हैं। दर्शन, साहित्य, मनोविज्ञान, जीव-विज्ञान आदि में उपर्युक्त मानवीय प्रवृत्ति की व्याख्या अनेक दृष्टियों से की गयी है। भारतीय वाङ्मय, विशेषतः वैदिक साहित्य, वेदान्त और न्याय-मीमांसा, में आत्मा और परमात्मा, अणु और परमाणु आदि के सम्बन्धों की अनेकशः व्याख्याएँ की गयी है।[12] इस देश के साहित्य और लोकवार्त्ता में इसके बहुविध सन्दर्भ मिलते हैं। सृष्टि के सत्यम्, शिवम् और सुन्दरम् से तादाम्य स्थापित करने सम्बन्धी मनुष्य के आवेगों को अभिव्यक्त करनेवाले काव्यांश उल्लेखनीय हैं।[13]

## ख. अभियान और अन्वेषण

यात्रा-साहित्य के अभिप्रेरणात्मक मनोभावों में यह प्रयोजन सर्वाधिक सशक्त रहा है। भारतीय महाकाव्य, पुराण, आख्यान गाथा आदि के अनेक प्रसंग, जैसे— दाशराज्ञ-युद्ध, अश्वमेध, राम-रावण युद्ध एवं महाभारत वर्णित कुरुक्षेत्र, मनुष्य के मन में उद्वेलित जय-विजय की कामनाएँ और आदिकालीन अभियानों की यात्राएँ, इनके साक्ष्य हैं। इसी क्रम में सिकन्दर महान्, सम्राट् अशोक और मुगल बादशाहों आदि के अभियान स्मरणीय हैं। ये मनुष्य के विजय-उन्माद सभ्यता के उत्थान-पतन के सूत्र हैं। इसके साथ ही ये वर्तमान और भविष्य के लिए मूल्यवान् सन्देश सिद्ध होते हैं।[14]

अन्वेषण और खोजें, मनुष्य की अदम्य जिज्ञासा तथा अपार साहस के अवदान हैं। मनस्विता अज्ञात के प्रति अधिक आकर्षित होती है और हार्दिकता ज्ञात के प्रति ममत्व से आह्लादित होते हुए उसके कण-कण को बार-बार सहेजने के लिए प्रेरित हो उठती है। विशेषतः ज्ञान-विज्ञान और प्रौद्योगिकी के क्षेत्र में हुई खोजें मानव-सभ्यता की श्रेष्ठ विरासत हैं। इन्हीं खोजपूर्ण अन्वेषणों के कारण मानव-जाति प्रस्तरयुग से चलकर रोबोट के युग में पहुँच गयी है। निश्चयपूर्वक सभ्यता के क्रान्तिकारी विकास में भूमि, जल और आकाश के मार्गों से की जानेवाली महान् यात्राओं के युगान्तकारी-योगदानों को भूला नहीं जा सकता।[15]

इस सम्बन्ध में विशेष रूप से वेनिस यात्री मार्कोपोलो, पुर्तगाली यात्री वास्कोडिगामा (1470-1524), क्रिस्टोफर कोलम्बस (1446-1506) आदि की सामुद्रिक यात्राएँ उल्लेखनीय हैं। इन यात्रियों ने अपने प्राण हथेली पर लेकर नावों के बेड़ों से पृथ्वी के अनदेखे द्वीपों और देशों की खोज की। इस प्रसंग में संसार के सर्वोच्च पर्वत एवरेस्ट के पर्वतारोही एडमण्ड हिलेरी और शेरपा तेनसिंह का उल्लेख करना उपयुक्त होगा। इसी क्रम में चन्द्रमा की सतह पर पहली बार मानव के पद-चिह्नों को अंकित करनेवालों में नील ए. आर्मस्ट्राँग और एडविन एल्ड्रिन के नाम भी स्मरणीय हैं। ये सभी यात्री मनुष्य के साहस, पराक्रम एवं धैर्य के मानदण्ड है। इसलिए कि इनके इन्हीं गुणों को पाथेय बनाकर प्रत्येक देश और काल में मानव-समुदाय विजय अभियान में निकलता रहा है।[16]

## ग. लोक-कल्याण और जन-जागरण

महात्माबुद्ध तीर्थंकर महावीर, अशोक प्रियदर्शी, दिग्विजयी शंकराचार्य, रामानुजाचार्य, चैतन्य, शंकरदेव, नानक, विवेकानन्द, महात्मा गाँधी तथा विनोबा भावे आदि अनेक महापुरुषों की कल्याणी यात्राओं की स्मृतियाँ अक्षय विरासत हैं। इनमें भारत सहित सम्पूर्ण मानव-जाति की एकता और समन्वय के सारभूत साक्ष्य अनुस्यूत हैं। इन सभी महापुरुषों ने संसार को प्रेम, मैत्री और सद्भाव के सूत्रों में संगठित करने का अद्भुत प्रयत्न किया। शंकराचार्य ने भारत की सभी दिशाओं में जिन तीर्थ-धामों की स्थापना की, उनसे देश समरसता के भावों से स्पन्दित हो उठा। वस्तुतः भारत राजनीतिक सत्ता से अधिक सांस्कृतिक एकता की भूमि पर स्थापित उपमहाद्वीप है। इसलिए विश्व में यह अनेकता में एकता के आदर्श रूप में याद किया जाता है। आर्यावर्त्त के इस यश में यहाँ के

त्यागी-तपस्वियों के योगदान के उज्ज्वल सन्दर्भों के रूप में गुरु विश्वामित्र से लेकर गाँधी जी की अनेक यात्राओं के पग-चिह्न स्मरणीय हैं।[17] इन उपर्युक्त महापुरुषों के यात्रा-पन्थों के सान्धानों और मानवता तथा राष्ट्रहित के प्रति उनके पूर्ण समर्पण की स्मृतियों से आलोक-स्तम्भ की भाँति अशेष प्रकाश की किरणें प्रस्फुटित होती हैं।

### घ. तीर्थाटन, शिक्षण और वाणिज्य-व्यापार

ये उपर्युक्त सभी प्रयोजन मनुष्य के धार्मिक, बौद्धिक और आर्थिक उन्नयन के प्राचीनतम क्रिया-कलाप है। तीर्थाटन परमसत्ता से एकाकार होने की अभिलाषा का अभिन्न अंग है। तीर्थ मानवों को सद्भाव, एकता और सह-अस्तित्व के सूत्रों में समन्वित करने के भी साधन है। मन्दिर, चैत्य, स्तूप, मस्जिद, मजार, चर्च, नद-नदियों की संगम भूमि आदि की परिक्रमाएँ, दिव्य सत्ता की अनुभूति के प्रेरणा-स्रोत हैं।[18] इसी प्रकार आचार्य पाणिनि, चिन्तक चाणक्य और तक्षशिला, नालन्दा विक्रमशिला आदि के आचार्यो की यात्राओं के वृत्तान्त भी विद्यादान और ज्ञानार्जन सम्बन्धी साधना और श्रम के स्मृति-पुंज हैं। इसी प्रसंग में अर्थोपार्जनपरक पुरुषार्थों की यात्रा-कथाएँ, सार्थवाहों और व्यापारियों के उद्यमों को आलोकित करती हैं। इस सम्बन्ध में डॉ. वासुदेवशरण अग्रवाल के ये विचार उद्धरणीय हैं—

"भारतीय सार्थ घर में बैठे लोगों को बाहर निकालकर वातातपिक जीवन बिताने के लिए प्रबल आह्वान देता था। सार्थ की यात्रा व्यक्ति के लिए भार या बोझिल न होती थी। उसके पीछे आनन्द, उमंग, मेलजोल, अन्यान्य हित-बुद्धि की सरस भावनाएँ छायी रहती थीं। सार्थ के इस आनन्दप्रधान जीवन की कुंजी महाभारत के उस वाक्य में मिलती हैं, जो यक्ष-प्रश्न के उत्तर में युधिष्ठिर ने कहा था।"[19]

### ङ. जिजीविषा और आनन्द

आनन्द, मानवीय जिजीविषा का केन्द्रीय प्रकाश है। जिजीविषा और आनन्द की अनुभूतियाँ परस्पर सम्पृक्त हैं। आदमी जीना चाहता है, इसलिए कि वह इसके जरिये खुश रहना चाहता है। वह अपनी प्रत्येक सुखात्मक अनुभूति को उसकी पूर्णता में पाने के प्रयोजन से मन-वचन-कर्म के स्तरों पर मृत्यु को अस्वीकार करता है। कठोपनिषद् का 'नचिकेता-यम संवाद' और 'महाभारत' वर्णित यक्ष-प्रश्न, इन दोनों के सन्दर्भ भी मनुष्य की आनन्दधर्मी जिजीविषा को परिभाषित करते हैं। इसलिए कि व्यक्ति घर से बाहर निकल कर आकाश के इस छोर से उस छोर तक छिटकी पूर्णिमा की चाँदनी या सुबह के सूर्योदय की लालिमा को मन-प्राणों में भर लेना चाहता है। मनुष्य की इस सुखात्मक मनोवृत्ति और इससे सम्बन्धित प्रयासों को 'नन्द' धातु से निष्पन्न और 'आ' उपसर्ग से युक्त 'आनन्द' शब्द पूरी तरह व्यंजित करता है। जीवन की उपर्युक्त मूल इच्छा से प्रेरित होकर मानव प्रारम्भ से ही प्रकृति को चिरसंगिनी मानकर सर-सरिता, सागर तथा वन-पर्वत आदि के बीच भ्रमण करता रहा है। इसके फलस्वरूप भारत की संवेदनशील चेतना, प्रकृति को न तो जड़ समझती है और न स्पर्द्धा से प्रेरित होकर उसे जेय या भेद्य पदार्थ ही। इसी सन्दर्भ में कवि कुल गुरु कालिदास ने मेघ को मित्र और हिमालय को देवात्मा कहा है और कवीन्द्र रवीन्द्र ने 'प्राण' शीर्षक कविता में समान भावों को अनुगुञ्जित किया है।[20]

### च. सुरक्षा और संरक्षण

कभी-कभी अस्तित्व से सम्बन्ध रखनेवाली विषम परिस्थितियाँ और नियति की विडम्बनाएँ मानव-समुदाय को बेहतर सुविधा, सुरक्षा और संरक्षण की खोज में सदा-सदा के लिए पूर्वजों की जन्म-भूमि छोड़कर सुदूर देशों की यात्रा करने के लिए विवश कर देती हैं। प्रायः युद्ध, अकाल, अनावृष्टि, जलप्लावन, भूकम्प, शोषण, प्रजातीय कलह आदि से प्रभावित होकर संसार के प्रायः सभी हिस्सों में जन-समूहों के प्रव्रजन और विस्थापन की दर्दनाक स्थितियाँ उत्पन्न हुई हैं। मानवीय त्रासदी की ऐसी स्मृतियों के चिह्न भारत सहित यूरोप, अमेरिका, रूस, अरब, सुदूर पूर्व आदि के इतिहास और भूगोल ही नहीं, उनकी सभ्यता-संस्कृति में भी पहचाने जा सकते हैं।

मन को द्रवित कर देनेवाले दृश्यों के संस्मरण यात्राओं के वृत्तान्तों में भी भरे-पड़े है। इस सन्दर्भ में कृष्णचन्द्र और मोहन राकेश की कहानियाँ, 'लाहौर एक्सप्रेस', 'क्लेम' आदि विशेष रूप से उल्लेखनीय है, इसी प्रकार विस्थापन से सम्बन्धित निर्मल वर्मा द्वारा लिखित यात्रा-संस्मरण में 'सिंगरौली-जहाँ कोई वापसी नहीं' का यह अंश सर्वथा उदाहरणीय हैं, ''लोग अपने गाँवों से विस्थापित होकर कैसी अनाथ, उन्मूलित जिन्दगी बिताते हैं, यह मैंने हिन्दुस्तानी शहरों के बीच बसी मजदूरों की गन्दी, दम घुटती, भयावह बस्तियों और स्लम्स में कई बार देखा था, किन्तु विस्थापन के पूर्व वे कैसे परिवेश में रहते होंगे, किस तरह की जिन्दगी बिताते होंगे, इसका दृश्य अपने स्वच्छ पवित्र खुलेपन में पहली बार अमझर गाँव में देखने को मिला।''[21]

### छ. साक्षात्कार और भेंट-वार्त्ता

व्यक्ति-सत्य व्यक्ति के बोल-चाल, परिवेश, रहन-सहन, तौर-तरीके आदि से प्रकट होता है। किन्तु भाषा कभी-कभी मुखौटे का भी काम करती है। इसलिए व्यक्ति के जन्म और कर्म की भूमियों का आमने-सामने होकर साक्षात्कार करना अधिक कारगर होता है। साक्षात्कार के लिए की जाने वाली विशेष व्यक्तियों की मुलाकात की यादें यात्रा-इतिवृत्त की भाँति स्थल या व्यक्ति को अपनी आँखों से आमने-सामने होकर देखने-समझने की तरह होती है। महर्षि व्यास ने इसी प्रसंग में मनुष्य को मूलतः प्रत्यक्षदर्शी कहा है (प्रत्यक्षदर्शी लोकानाम् भवेत् नरः)। इसी सत्य की अनुसारिता के व्यापक अर्थ में देश-काल के विशिष्ट व्यक्तियों से लिये गये साक्षात्कारों की स्मृतियों को यात्रा-वृत्तान्त में परिगणित किया गया है। स्थान हो या व्यक्ति, इनको अधिक-से-अधिक आमने-सामने देखना प्रकारान्तर से उन्हें आत्मानुभूति के लिए हुए क्षणों में उकेरने या भावात्मक रंग-रेखाओं में चित्रित करने के समान होता है।[22] इस प्रकार साक्षात्कार के लिए भी किये जानेवाले सफरनामा भी मनोवैज्ञानिक विश्लेषण, साहित्यिक रस-दशा आदि की तरह यात्री द्वारा विभिन्न मनोदशाओं में डूब जाने के समान होते हैं। इसलिए साक्षात्कारों को भी अभिप्रेरक रूप में यात्रा-वृत्त का अभिन्न अंग मानना चाहिए।

साक्षात्कार के उपक्रम तात्कालिकता से ज्यादा सरोकार रखनेवाली पत्रकारिता से सम्बन्धित माने जाते हैं। साथ ही व्यक्ति की विशेषताओं के आकलन के लिए उसके समकालीन व्यक्तियों, अर्थात् 'एक नाव में यात्रा करनेवाले जाने-पहचाने, को अधिक उपयुक्त माना जाता है।[23] कभी-कभी पूर्व परिचितों द्वारा लिये गये साक्षात्कारों में नोक-झोंक की भी स्थिति पैदा हो जाती है। इसलिए साक्षात्कार को 'मुठभेड़' की भी संज्ञा दी गयी है।[24]

साक्षात्कारों का प्रमुख उद्देश्य है– प्रख्यात लोगों की सृजनात्मक अभिप्रेरणाओं, वातावरण, रहन-सहन, जीवन-शैली, पसन्द-नापसन्द आदि की खोज करते हुए उनका सही सन्दर्भों में पहचान करना।[25]

प्रतिभाशाली व्यक्तित्व युगान्तकारी ऐतिहासिक धारा के अंग ही नहीं होते, बल्कि वे उस धारा का दिशा-निर्देशन भी करते हैं। किन्तु प्रसिद्ध व्यक्तियों के आचार-विचार में असन्तुलन, अन्तर्विरोध आदि के लक्षण भी देखे जाते हैं।[26] इसलिए व्यक्ति की विशिष्टताओं की खोज के लिए उनके सही ठौर-ठिकानों की यात्राएँ और उनकी स्मृतियाँ बहुत उपयोगी सिद्ध होती हैं।

## ज. आखेट और पशुचारण

यात्रा-साहित्य के अन्तर्गत वन्य प्राणियों के आखेट और चारागाह की खोज सम्बन्धी रोमांचकारी यात्राओं के वर्णन भी प्रासंगिक हैं। आखेट, विशेषतः मनुष्य की दो प्रवृत्तियों को इंगित करता है। **एक,** आनन्द जिसे मनुय के उत्साह, साहस और उल्लास आदि भाव संवर्द्धित करते हैं। **दूसरी,** प्रवृत्ति हिंसा से सम्बन्धित है यह मुख्य रूप से पाशविक होती है और शारीरिक स्तर पर यह आदमी की क्षुधा को मिटाती है। इन दोनों प्रवृत्तियों के उदाहरण केवल मानव-सभ्यता के इतिहास में ही नहीं, वरन् वैदिक, पौराणिक और महाकाव्यों में भी वर्णित हैं।[27] वेदों में उल्लिखित इन्द्र तथा शिव आदि की लीलाओं और सम्राटों के आमोद-प्रमोद की परम्परा में उक्त प्रसंगों के अनेक उदाहरण मिलते हैं। वन-पर्वत, नद-नदियों की उपत्यकाओं और कछारों में वन्य-पशुओं की खोजपरक यात्राओं के क्षणों में जो भावावेग उद्वेलित होते हैं, वे सभी यात्रा की प्रासंगिकता के अभिन्न अंग रूप में विचारणीय हैं। इसी दृष्टि से शिकार-कथाएँ भी अपना एक विशेष स्थान रखती हैं।[28]

आदमी सदियों से धनुष-बाण और अन्य शस्त्र लेकर अकेले या झुण्ड में घुमन्तुओं की जिन्दगी जीता रहा है। अपनी पहचान को रोज-रोज खोनेवाले ये लगभग 80 करोड़ भारतीय घुमन्तू खानाबदोश सदियों पुरानी परम्परा से चिपके हुए हैं और आधुनिक विश्व इनकी पहचान को भी जानने की चिन्ता नहीं करता है। अनेक विदेशी विद्वानों ने भारत की इन घुमन्तू जातियों का सर्वेक्षण किया है। उनमें से कई राजा-महाराजाओं के लिए अतीत में अस्त्र- शस्त्र बनाते रहे हैं और ऐसी ही इनकी कई उपजातियाँ बन्दर नचाना, साँप दिखाना, रस्सी पर चढ़ कर तरह-तरह की कसरतें करना आदि पेशों से अपना पेट भरती हैं। आश्चर्य तो तब है जबकि इनमें से अधिकांश राष्ट्र की जीवनधारा के अभिन्न-अंग बनने की चिन्ता से बेपरवाह होकर अशिक्षा और अन्धविश्वास के कारण बारिस, तपिस

आदि ऋतुओं में 'आज यहाँ और कल वहाँ' की जिन्दगी बिताने को ही अपनी नियति मानते हैं।[29] विज्ञान और प्रौद्योगिकी के विकास ने इन प्राचीन जीवन प्रणालियों के अवशेषों को धूमिल कर दिया है, पर आज भी आखेट और घुमन्तू जीवन के प्रति लोगों में उत्साह बना हुआ है।[30]

संसार के मान-चित्र पर अनेक ऐसे भू-भाग हैं, जो खेती के अनुरूप जमीन, जानवरों के लायक चारागाह तथा भरपूर भोजन की खोज में दूर देशों से आयी लड़ाकू तीरन्दाज और अश्वारोही प्रजातियों द्वारा जीते हुए क्षेत्र हैं।[31] इन सभी के स्मृति-चिह्न, खासकर आदिम जातियों की शिकारी प्रवृत्तियों में, जीवित हैं। इसी प्रकार यात्रा-साहित्य के एक अभिन्न अंग के रूप में शिकार की कथाएँ आखेट-युग का स्मरण कराती हैं।

## 0.3 यात्रा-विधा की रचना-प्रक्रिया

व्यक्ति अपनी सम्पूर्ण यात्रा में एक विशेष भौतिक परिवेश और मनोदशा से गुजरता है। इसमें उसका शरीर और मन ये दोनों युगपत् रूप से सक्रिय रहते हैं। उसकी ज्ञानेन्द्रियाँ बहिर्मुखी और अन्तर्मुखी होकर बाहर के रूप-जगत् को अन्तस् के भाव-लोक में रूपायित करती रहती हैं। इस प्रकार बाह्य जगत् के प्रत्यक्षीकरण द्वारा यात्री के मन-प्राणों में सृष्टि के रूप, रस, गन्ध, स्वर आदि के बिम्ब संचित होते रहते हैं।[32] इसके फलस्वरूप संवेदनशील यात्री की स्मृतियों में जीवन-जगत् के अन्तर्गत परिव्याप्त अनुपम, असीम और उदात्त आदि सत्ताओं की चित्र-विचित्र प्रतिच्छवियाँ सदा-सदा के लिए हृदय में रच-बस जाती हैं।[33] यात्रा की यादों के ये ही रूप-रंग, यथासमय प्रत्यभिज्ञान क्रिया द्वारा संस्मरणों की सृजनात्मक विधा में अभिव्यक्त होकर लेखकों के 'स्वान्तः सुखाय' के साथ सहृदय पाठकों की चेतना को सुदूर की यात्रा के लिए अनुप्राणित करते हैं।[34]

यात्रा-साहित्य के उपर्युक्त रचना-विधान की प्रासंगिकता में इसके ये दो आधारभूत संघटक सर्वथा विचारणीय हैंः 1. स्मृति-संचित यात्रा के अनुभव, और 2. यात्रा-वृत्त की अभिव्यंजना।

### 0.3.1 यात्री के अनुभव

यह घटक यात्रा-साहित्य का मेरुदण्ड है। इसमें यात्रा के लिए घर से निकलने के पूर्व की स्थितियों से लेकर घर लौटने तक के वृत्तान्त संचित होते हैं। इसके अन्तर्गत यात्रा के शुरुआती दौर में की जानेवाली तैयारी के साथ घर छोड़ने के समय आत्मीय जनों से होनेवाले संवाद, अधूरे काम-धन्धों को पूरा करने की हिदायतें, रास्ते की सुख-सुविधा की आशंका एवं गन्तव्य पर सकुशल पहुँचने की लालसापरक मनःस्थितियाँ उल्लेखनीय हैं।[35]

यात्रा के क्षणों में मनुष्य एक साथ देश और काल में जीते हुए पथ पर अग्रसर होता है। इन घड़ियों में पग और मन युगपत् रूप से गतिशील रहते हैं। राह पर चल पड़ने के बाद यात्री निरन्तर जीवन-जगत के परिदृश्यों के अवलोकन में मग्न हो जाता है। इसके सामने आकाश और पृथ्वी के बीच स्थित प्रकृति और परिवेश की विविधता मानस-पटल पर रूप,

रस, गन्ध, स्पर्श और स्वर के अनेक संवेदनों को अंकित करती रहती हैं। इस प्रकार यात्री की एक विशेष मनःस्थिति होती है जिसमें वह उल्लास, उत्कण्ठा, आश्चर्य और तृप्ति आदि के भावावेगों से आन्दोलित होता रहता है। उसकी चेतना बराबर अपने सामने के वस्तु-व्यापारों से सब-कुछ नहीं तो 'कुछ और, कुछ और' को आँखों में जी भर समाते हुए अपनी स्मृति में सदा-सदा के लिए पुंजीभूत करने के सात्त्विक लोभ का संवरन नहीं कर पाती है।[36] वस्तुतः प्रकृति के ये सम्भार मनुष्य के मन को ऐसी अन्तर्दृष्टि प्रदान करते हैं जिनके द्वारा आत्मा की गहराइयों में उतरना सम्भव होता है। इस क्रम में उसकी चेतना धरती के विशाल फलक पर स्थित शैलशृंग, घने जंगल, दूर-दूर तक फैले हुए मैदान, तटों के बीच प्रवहमान जल-धारा, पशु-पक्षियों के झुण्ड, गाँव और शहर, खेत-खलिहान, कल-कारखाना आदि के चित्र-विचित्र आकार-प्रकार में निमग्न रहती है। वसुधा में परिव्याप्त रूप-प्रतिरूपों को निहारते हुए यात्री की मनःस्थितियाँ बदलती रहती हैं। कभी वह मृण्मयी सृष्टि में चिन्मय की अनुभूति और कभी लोलुप होकर वह सामने के वैभव को पूरा का पूरा समेटने की मुद्रा में अपने को पाता है।[37] इतना ही नहीं एक क्षण ऐसा भी आता है, जब उसके भीतर बैठे हुए बनजारे का मन केवल आगे की दूरियों में खोया रहता है।[38]

इस यात्रा के दरमियान लोग अपने सपनों में रचे-बसे स्थानों में घूमने और जाने-माने व्यक्ति, सगे-सम्बन्धी, दोस्त-मुहिम आदि से भी मिलने-जुलने का भी मौका निकाल लेते हैं। यात्रा से लौटने के दौरान सैलानी की नजरें सामने के नजारों पर रहती हैं। किन्तु वापसी के सफर में वह अनदेखे-अनछुये रंग-रूपों में सहेजी हुई चीजों का स्मरण करता है। जब यात्री थका-मादा घर पहुँचता है, तब 'आप बीती-जग बीती' सम्बन्धी वृत्तान्त को एक सधे हुए किस्सागो की तरह सब को सुनाने में वह रस लेता है। निश्चयपूर्वक संसार के सभी देशों में ऐसी कथाएँ जीवन-सम्बन्धी अनुभवों के विभिन्न आयामों पर मानव-समुदाय की रागात्मक और बौद्धिक चेतना का विस्तार करती रही हैं। इस अर्थ में यात्रा-कथा अपने उपादेयता को सिद्ध करती है। इस सन्दर्भ में मानव-सभ्यता के विकास में भारत के 'पञ्चतन्त्र' के रचनात्मक अवदानों को विदेशी विद्वानों द्वारा उदाहृत किया जाना एक उल्लेखनीय ऐतिहासिक सन्दर्भ माना जाता है।

यात्रा-साहित्य मूलतः स्मृतिपरक मानवीय अनुभवों का कलात्मक संचयन है। इसलिए इसकी रचना-प्रक्रिया के मनोवैज्ञानिक सन्दर्भों पर विचार करना प्रासंगिक होगा। विशेष रूप से उपर्युक्त प्रक्रिया के ये निम्नलिखित मनोवैज्ञानिक सह-सम्बन्ध उल्लेखनीय हैं, 1. अभिप्रेरणात्मक प्रयोजनों से यात्री का प्रभावित होना, 2. व्यक्ति की योग्यता, अभ्यास और मानसिकता के अनुसार वस्तु-व्यापारों का प्रत्यक्षीकरण होना, 3. बोधात्मक विषय को मन में अवधारित करना एवं 4. अवधारित विषय को पहचानते हुए उनका प्रत्यभिज्ञान करना।

यात्रा-वृत्त के उपर्युक्त मनोवैज्ञानिक परिप्रेक्ष्य में स्मृति मनुष्य की सर्वाधिक सर्जनात्मक चेतना के रूप में विचारणीय है।[39] यात्रा में मनुष्य को बाह्य जगत् का अवलोकन करते हुए अनेक विषयों का ज्ञान होता है। यात्रा के समय स्मृति जिन तीन प्रक्रियाओं द्वारा

जीवन-जगत् के अनुभवों का संचयन करती है, उनमें सीखना, अवधारण और प्रत्याह्वान प्रमुख हैं। वस्तुतः स्मृति के ये ऐसे प्रकार्यात्मक प्रकार हैं, जिनके द्वारा आदमी को सृष्टि के वस्तु-व्यापारों का बोध होता है। यह बोध उसे बिम्बों के द्वारा मिलता है।[40] कोई विषय बिम्ब में रूपान्तरित होने के पूर्व सर्वप्रथम मनुष्य की चेतना में अभिव्यक्त होता है। इसीलिए मनस्वी ज्याँ पाल सार्त्र, बिम्बन-क्रिया को चेतना की प्रारम्भिक सारभूत क्रिया का द्वितीय सोपान मानते हुए इसके निर्माण में चिन्तक की वैयक्तिक सृजनात्मक भूमिका को अधिक महत्त्व देते हैं।[41] इसी तरह आद्यरूप इकाई के रूपों में आविर्भूत होते हैं। आद्यरूपात्मक बिम्ब मनुष्य के अचेतन स्थित प्रजातीय स्मृति माने गये हैं। तीर्थ, पुरातात्त्विक स्थल आदि की यात्रा में व्यक्ति को आद्यबिम्बों द्वारा अपने अचेतन स्थित उत्तराधिकार से प्राप्त प्रजातीय अनुभवों की प्रतीति होती है।

### 0.3.2 यात्रावृत्त की अभिव्यंजना

यात्रा-साहित्य देश-काल के संस्मरणों की विशिष्ट विधा है। स्मृति सृष्टि के व्यापक परिदृश्य पर पंखों को खोलते हुए दूर-दूर तक उड़ानें भरती है। उसकी सक्रियता से संवेदनशील साहित्यकार के मानस-लोक में मोती सदृश बिम्ब संचित होते हैं। साहित्य-स्रष्टा इन बिम्बों से संकेतिक भाव तथा विचार आदि को कृतियों में रूपायित और अभिव्यंजित करता है।

यात्रा-साहित्य, मूलतः भाव और भाषा की पारस्परिक अनुकूलता में सृजित स्मृतियों के धागों से बुनी सत्य-कथा है। इसके अन्तर्गत यात्रा के विविध प्रसंग अपनी पूरी संजीदगी के साथ चित्रित होते हैं। इसमें हरे-भरे वन-पर्वत, उफनती नदियाँ, तरंगायित सागर, उड़ानें भरते पक्षी, रश्मियों को बिखरते चाँद, सूरज, टिमटिमाते तारों से भरा हुआ आकाश, भागती हुई सड़क, शान्त मुद्रा में गाँव के भीतर प्रवेश करती हुई पगडण्डी, कस्बों-शहरों की भीड़, खेतों में झूमती हुई शस्यों की बालियाँ आदि की छवियों के बिम्ब अपनी गत्वरता के साथ चित्रित होते हैं। इस मायने में यात्रा के दौरान प्रकृति और परिवेश के बीच विचरण करना, अपने आपमें रूप-रस के अनेक इन्द्रिय-बोधों को निरन्तर मन में संचित करने का सिलसिला सिद्ध होता है।

यात्रा-साहित्य की विधा, संघटन और सम्प्रेषण के स्तरों पर स्वरूप धारण करती है। इसके अन्तर्गत कथावाचन की दृष्टि से घटनाओं के संयोजन हेतु एक अनुकूल कथात्मक संरचना अपना स्वरूप ग्रहण करती है। इसमें जीवन-जगत् के चित्रण-वर्णन की प्रमुखता होती है। इसके कारण पाठकों की जिज्ञासा में जगे प्राश्निक सर्वनाम जागरूक बने रहते हैं। यात्रा-साहित्य की ऐसी प्रकृति का अनुभव करते हुए अनेक प्रख्यात विदेशी लेखकों ने अपनी यात्रा विषयक रचनाओं को 'वृत्तान्त' (एकाउण्ट), कथा (नैरेटिव) आदि आख्यान परक नाम दिये हैं।[42]

यात्रा-विधा अपने आप में एक आकार हैं। इसलिए यह एक संरचना की परिधि में शब्द और शैली के ताने-बाने से अपनी भूमिका सम्पादित करती है। इसके लिए यह उन्हीं

शब्दों का विनियोग करती है, जो दृश्यात्मक अनुक्रियाओं को बढ़ावा देते हैं और जिनमें इन्द्रिय-ग्राह्य बोधों को उत्तेजित करने की सामर्थ्य होती है। इस विधा की रचनात्मकता शब्दों को क्रमबद्धता में गूँथकर उन्हें वाक्यों में विन्यासित करती है, ताकि उनकी त्वरा में दृश्य अन्तर्निहित सार्वभौमिक संवेदनों को उद्‌घाटित कर सकें। इस विन्यास में यह साहित्य-रूप, शैली के स्तर पर अग्रगामिता, पश्चमुखता एवं पदक्रमात्मक विपर्यता के साथ मुक्त आसंग से उत्पादित कथात्मकता का संगतपूर्ण विनियोग करता है।

यात्रा के स्मृति-कोष में एकत्र परिवेश की व्याप्ति और उसके अंग-प्रत्यंग की रूप-रचना से व्यंजित भावों के सम्भार को सही भंगिमाओं में मूर्तित करने हेतु विधा, अपनी अन्य सगोत्रीय स्मृति-कुलीन कलात्मक विधाओं से ही नहीं, साहित्य के अन्य रूपों से भी आवश्यकतानुसार ऊर्जस्वित होती है। इस सन्दर्भ में वह कविता की सघनता, नाटक की उत्तेजनशीलता, जीवनी और आत्मकथा की अन्वेषणात्मक प्रविधि, ऐेखा-चित्र की मूर्तनपरक कलात्मकता और ललित लेखों के मनमौजीपन की प्रवृत्ति से अपने को सामर्थ्यवान् बनाती है। इसी प्रकार इसमें पत्रकारिता से निकली रिपोर्ताज-विधा के तर्ज की सूक्ष्मदर्शिता तथा सपाटबयानी और डायरी-लेखन की निजतापरक आभाएँ अधिकाधिक बिखरी रहती हैं।

यात्रा-साहित्य के लेखन-क्रम में कुछ वर्जनाओं पर ध्यान रखना उपयोगी होता है। इस सम्बन्ध में लेखक को उस देश-काल की उन सच्चाइयों को अपने सभी सरोकारों के अन्तर्गत प्रमुखता देनी चाहिए, जिनका वह वर्णन करता है। उसे हमेशा अपने मन में यह सँजोकर रखना चाहिए कि उसने जो देखा और जैसा देखा 'वही यात्रा-वृत्तान्त की सीमा-रेखा के भीतर आ जाय। अगर वह चीजों का अपने मन पसन्द तरीके से वर्णन करता है, तो उसका कृतित्व कला न होकर शिल्प बन जायेगा। इसी प्रकार यात्रा-संस्मरणों को यथासम्भव बिना अन्तराल के लिख लेना चाहिए। ऐसा नहीं होने पर व्यक्ति विशेष होने के नाते उसके पूर्वग्रह, आवेग और राग-द्वेष यात्रा-वृत्तान्तों को अनावश्यक प्रभावित कर सकते हैं। इसलिए उसे अपने प्रत्यक्षीकरण के साथ अभिव्यंजन की स्थिति में भी वही करना चाहिए जिससे कि वृत्तान्त की सरसता और प्रभविष्णुता बनी रहे और उसकी सच्चाई पर भी खरोंच नहीं उभरें।[43]

## 0.4 भारतीय यात्रा-साहित्य का ऐतिहासिक परिप्रेक्ष्य

भारत का इतिहास देश की महान् जीवन-यात्रा का समुज्ज्वल साक्ष्य है। हमारे देश की रागात्मक, बौद्धिक और भौतिक सत्ताओं में इसके पूर्ववर्ती विकास के कालजयी पग-चिह्न अंकित हैं। इस राष्ट्र की उत्तरवर्ती पर्वतश्रेणियों और शेष तीन दिशाओं में फैले हुए महासागरों के दुर्लंघ्य मार्गों से समय-समय पर अनेक प्रजातियों का प्रवेश होता रहा है। नियति ने ही नहीं, बल्कि इतिहास और भूगोल ने भी इस देश को भूमण्डलीय संरचना को संगठित किया है। विशेष रूप से मनोरम प्रकृति, उपयुक्त जलवायु, पर्याप्त कृषि-क्षेत्र, विस्तृत चारागाह, प्रचुर खनिज तथा प्रशस्त मार्ग आदि के आकर्षणों ने भारत को विश्व-मानवता की मिलन-भूमि बना दिया है।

ईसा पूर्व की कई शताब्दियों से ही लगातार सुदूर देशों से विविध जन-समुदायों का यहाँ आगमन हुआ है। महत्त्वाकांक्षी सम्राट्, खूँखार लड़ाकू, साहसी सार्थवाह, दूरदर्शी व्यापारी और संन्यासी के अतिरिक्त खेल-तमाशा करनेवाले खानाबदोश लोग भी यहाँ आते रहे हैं। भारत की महागाथा के उपर्युक्त सन्दर्भ में गुरुदेव रवीन्द्रनाथ ठाकुर की प्रसिद्ध कविता 'भारततीर्थ' की ये पंक्तियाँ सर्वथा प्रासंगिक हैं–

*हे मोर चित, पुण्य तीर्थे जागो रे धीरे*
*एइ भारतेर, महा मानवेर सागर तीरे।*
*केइ नहिं जाने कार, आह्वाने कत मानुषेर धारा*
*दुर्वार स्रोते एल कोथा हते, समुद्र हल हारा।*
*हेथाय आर्य, हेथाय अनार्य, हेथाय द्राविड़ चीन*
*शक-हुन पठान मोगल एक देहे हल लीन।*
*: हे मेरा मन, इस पुण्यतीर्थ में जागो धैर्य धर, इस भारत के महामानव तट पर,*
*नहीं जानता कोई, किसके आवाहन पर कितनी मानुष धाराएँ,*
*दुर्वार स्रोत से किस होकर आ, हो गयी विलीन सागर में,*
*यहाँ आर्य, यहाँ अनार्य, यहाँ द्राविड़-चीन,*
*शक, हूण-पठान, मुगल एक देह में हुए लीन*

भारतीय वाङ्मय की प्रायः सभी शाखाओं में यात्रा-साहित्य की विकासधारा का दिग्दर्शन होता है। वैदिक साहित्य में इसके सर्वप्रथम बीज दृष्टिगत होते हैं। वैदिक मन्त्र 'चरैवेति' यात्रा के मूल सन्देश-रूप में सूक्तों के अन्तर्गत ध्वनित है। इस प्रसंग में ऋषियों द्वारा नौका से समुद्र सकुशल पार करने सम्बन्धी ऋग्वेद की यह ऋचा भी ध्यातव्य हैः "स नः पर्षदति दुर्गाणि विश्शा नावेव सिंधु दुरिवात्यग्निः" (1.16.7)। वेदों की अनेक उक्तियाँ आकाश, क्षितिज और पृथ्वी में व्याप्त सृष्टि की अपार शोभा के यात्रा-सुलभ अवलोकन से उद्भूत अनुभूतियाँ हैं। वैदिक साहित्य में अभिव्यक्त वरुण, उषा, मित्र, मरूत, मातिरिश्वा तथा सविता आदि के आह्वान-स्तवन सम्बन्धी सूक्त वस्तुतः मृण्मय सत्ता में भासित चिन्मय सत्ता के उदात्त सौन्दर्य-बोध हैं। उपर्युक्त सन्दर्भ में ऋग्वेद (5.65) के ये सूक्त सर्वथा उदाहरणीय हैं–

*ऽमित्रो अंहो श्चिदादुरूक्षयाय यातुं वनते।*
*मित्रस्य हि प्रतूर्वतः सुमतिरस्ति विधतः।।*

मित्र हमारी सीमित सत्ता में भी हमारे लिये व्यापकता पर विजय प्राप्त करता है। वह हमारे गृह तक जाननेवाले मार्ग को जीतता है।

*युवं मित्रोमं जनं यतथः संच नमयः।*
*मामधोनः परिख्यतं मो अस्मा मृषीणां गोपीये ने उरूष्यतम।।*

हे मित्रदेव ! आप दोनों इस मानव को यात्रा हेतु मार्ग पर आरूढ़ करते हैं। आप न तो हमारे ऐश्वर्य के स्वामी और सत्यद्रष्टाओं के चारों ओर घेरा डालें।

ऽअतारिश्म तमसस्पारमस्योषा उछन्ती वयुना कृणोति श्रिये छन्दो न स्मयते विभाती सुप्रतीका सौमनसायाजीगः। (ऋग्वेद 1.92.6)

हम अन्धकार को पारकर दूसरे तट पर पहुँच गये हैं। उषा प्रस्फुटित होकर ज्ञानमय जन्मों को रूप प्रदान कर रही है।

अथर्ववेद का पृथ्वी-सूक्त (12.11-55) विश्व के यात्रा-साहित्य का प्रथम प्रस्थान-स्थल हैं। इसमें माता के रूप में धरती की वन्दना की गयी है। (माता भूमि अहं पृथिव्याः) इसके एक सूक्त में मनुष्य के आवागमन के लिए निर्मित प्रशस्त पथों, उन पर चलनेवाले रथों और शकटों का वर्णन है, यथाः "येने पन्थानो वहनो जनायना रथस्य वर्त्मान सश्च यातवे। यैः संकचन्त्यु भद्र पापास्तं पन्थान जयेमान मित्रमतस्करम्, यच्छिवं तेन नो मृड्।" (12.1.47) इसी प्रकार वेद के अरण्यानी सूक्त में तपोवन और आश्रम अन्तर्गत विचरण करनेवाले वीतराग कविमनीषी भी आत्मीयता सहित वनश्री से पृच्छा करते हैं, यथाः

*अरन्यान्रण्यान्यसौ या प्रेव नश्यसि।*
*कथं ग्रामं पच्छसि न त्वा भीरिव विन्दतिमा।।*

अरण्यानी तुम देखते-देखते अन्तर्ध्यान होकर सुदूर चली जाती हो, दिखायी भी नहीं देती हो, तुम गाँव की ओर जानेवाले मार्ग का पता पूछती हो, क्या एकाकीपन से तुम्हें भय नहीं होता?

वेदों के बाद यात्रा-साहित्य की अजस्र काव्य-धारा देव-लोक से चलकर उपजीव्य-काव्य माने गये 'रामायण' और 'महाभारत' में मानवों की वास-स्थली शस्य-श्यामला भूमि पर अवतरित हुई। मादा क्रौंच पक्षी के करुण चीत्कार से विगलित आदि कवि के कालजयी कृतित्व के रूप, रस और गन्ध में वह समाविष्ट हुई। वस्तुतः 'रामायण' में राम की जीवन-कथा के माध्यम से पूरे भारत की यात्रा सम्पन्न हुई है। इस महाकाव्य का शीर्षक 'रामायण' अपनी पद-व्यवस्था द्वारा 'राम की यात्रा' के गूढ़ार्थ को अभिव्यक्त करता है।

आज भी अयोध्या से लेकर लंका तक की यात्रा लोक नाट्य-परम्परा में जीवित है। इसके राम, जानकी, लक्ष्मण, भरत, हनुमान, सुग्रीव, बालि, रावण और विभीषण आदि पात्रों के वृत्तान्तों में आर्यावर्त्त की संस्कृति और प्रकृति व्यक्त होती है।

'रामायण' के परिवेशात्मक और प्राकृतिक चित्रण-वर्णन में स्रष्टा कवि की सूक्ष्म दृष्टि और उसके आत्मीय मनोभाव साकार होते हैं। इसमें पर्वत, अरण्य, निर्झर, नदी, पुष्प-पादप और पशु-पक्षी आदि सम्बन्धी मर्मस्पर्शी रागात्मकता वाल्मीकि की प्रतिभा में एक प्रत्यक्षदर्शी सिद्धयात्री का प्रत्यभिज्ञान कराती है। 'रामायण' के कुछेक काव्यांश यहाँ ध्यातव्य है।

### अ. ऋतु-वर्णन

### वर्षा ऋतु

*अयं स कालः सम्प्राप्तः समयोऽद्य जलागमः।*
*सम्पश्य त्वं नमो मेघैः संवृतः गिरिसंनिभैः ॥2॥*

यह वह काल आ गया, आज वर्षा का दिन है देखो गिरि सदृश मेघों से आकाश आच्छन्न है।

**शरद ऋतु**

*समीक्ष्य विमलं व्योम गतविद्युद्वलाहकम्।*
*सारसकुलसंघुष्टं धुष्टं रम्यज्योत्स्नानुलेपनम्।।4.39.11।।*

मेघ, बिजली से युक्त, आकाश, सारस के स्वर से निनादित, रम्य चन्द्रकिरणों से अनुलेपित, यह शरद की छवि है।

**हेमन्त ऋतु**

*मृदुसूर्याः सुनीहाराः पटुशीता समारुताः।*
*शून्यारण्या हिमध्वस्ता दिवसा भान्ति साम्प्रतम्।।3.6.11।।*

हेमन्त में सूर्य की किरणें भली लगती हैं, घने कुहरे छाये रहते हैं। पछुआ के बहने से ठण्डक कँपकँपा देती है। भ्रमण करनेवालों के अभाव में वन-प्रान्तर सूना-सूना लगता है।

रामायण में प्रकृति-वर्णन के अतिरिक्त कई स्थलों पर भारत सहित पृथ्वी की सभी दिशाओं में स्थित अन्य देशों का भी अद्‌भुत वर्णन मिलता है। इस क्रम में दूरदर्शी सुग्रीव द्वारा उत्तर कुरु (4.3.40), क्षीर समुद्र (4.41.46), उदय पर्वत (4.40.55) आदि के उल्लेख और चित्रकूट (2.56.13) ऋष्यमूक (3.73.31) महेन्द्र (4.67.65) और हिमवन्त (1.1.17) के शिखरों के चित्रण यात्रा-साहित्य की दुर्लभ विरासत को उदाहृत करते हैं।

भारतीय यात्रा-साहित्य को गति प्रदान करनेवाले ग्रन्थों में 'महाभारत' एक स्मारकीय कृतिस्तम्भ है। यह जीवन-जगत् के सार्वभौमिक सत्य का साक्षात्कार कराता है। इसके लिए कथित यह उक्ति "जो इसमें नहीं है, वह अन्यत्र भी नहीं है" (यन्न भारते तन्न भारते) अपने पूरे अर्थ में सार्थक है। यह इतिहास एवं भूगोल का विश्व-कोष है। इसके अट्‌ठारह पर्वों में भारतवर्ष की सारभूत विरासत संचित है। इसमें भी 'रामायण' की तरह पाण्डव तेरह वर्षों तक अज्ञातवास की अवधि में देश के चतुर्दिक् क्षेत्रों की यात्रा करते हैं। इनकी कथा-वार्त्ता में भारत-यात्रा का अनुभव होता है। 'महाभारत' में यथाप्रसंग भारत के साथ देश-विदेश के सम्बन्धों, तत्कालीन राजनीति और आर्थिक गतिविधियों तथा राष्ट्रीय महिमा के विवरण मिलते हैं, यथा–

वनपर्व के नलोपाख्यान में चैदि जनपद की ओर अग्रसर हो रहे व्यापारियों के साथ दमयन्ती द्वारा मार्ग में मणिभद्र नामक अरण्य देव का स्मरण करना।

*पश्याम्य स्मिन्वने कष्टे अमनुष्य निषेविते। तथा नो मणिभद्रः प्रसीदतु।*

प्राचीन काल के भारतीय महापथों और जलमार्गों से पूरब-पश्चिम के देशों, जैसे-सीरिया, रोम, सिकन्दरिया तथा बगदाद आदि के साथ सम्पर्क होना (महाभारत, 2.28.49, 2.48.12, 3.48.13)।

'महाभारत' वर्णित राजाओं के महासमागमों से भारतीय एकता के साथ अन्तरदेशीय पथों से होनेवाली यात्राओं का भी पता चलना और समागमों में निम्नांकित क्षेत्रों के अधिपतियों का उल्लेख होना, यथा–

*गान्धार राजः सुबल शकुनिश च महाबला अचलो वृष-कश्चैव कर्णश्य रथिनावरः तथा शल्यश्च वलमान वाहूलि-कश्च महाबलीः। सोमदत्तोथ कौरव्यौ भूरिर् भूरिश्रवाः शेलः।। (सभापर्व, अध्याय 7, 42-48)।*

'रामायण' और 'महाभारत' के अनन्तर भारत के ऐतिहासिक युग का उदय होता है। इस कालावधि के लोक-नायकों में गौतमबुद्ध और वर्द्धमान महावीर सर्वाधिक स्मरणीय हैं। इन दोनों महापुरुषों के जीवन और कृतित्व में भारतीय यात्रा-साहित्य के अनेक गौरवशाली अध्याय उद्भासित होते हैं। शाक्यमुनि गौतम ने 'बहुजन सुखाय बहुजन हिताय' की भावना से प्रेरित होकर देश के अधिकांश जनपदों में स्थित वन-उपवन, नगर और ग्राम आदि की यात्राएँ कीं। बुद्धत्व-प्राप्ति के बाद इनकी यात्रा में भिक्षु राजपुरुष श्रेष्ठि आदि भी सम्मिलित रहते थे। इन यात्राओं के मार्मिक वर्णन बौद्ध साहित्य के पृष्ठों में संचित हैं। इसी प्रकार बिहार के वैशाली नगर में जन्म लेनेवाले वर्द्धमान महावीर लोक-मंगल के लिए साधु की वेश-भूषा में आजीवन देश की कठिन यात्रा में रत रहे। पटना के समीपस्थ पावापुरी में निर्मित भगवान् महावीर का समाधि-स्थल आज भी इनकी अक्षय यात्राओं की याद दिलाता है। बौद्धकाल के बाद कुषाण, मौर्य और गुप्त सम्राटों के युगों में यह देश अपनी गौरवशाली ऐतिहासिक यात्रा में प्रवेश करता है। इसमें सर्वाधिक अश्वघोष के 'सौन्दरानन्द' और 'बुद्धचरित' के साथ युगपत् रूप से कवि-कुल-गुरु कालिदास के 'मेघदूत' और 'अभिज्ञानशाकुन्तलम्' की साहित्य-सम्पदा में भारत-यात्रा के अद्वितीय ऐश्वर्य का प्रत्यक्षीकरण होता है। कालिदास का 'मेघदूत' रामगिरि के सानु-देश में बैठे हुए शापित यक्ष की केवल विरह-कथा नहीं है। वस्तुतः यह विश्व के यायावरी साहित्य का सर्वोच्च स्वर्णिम शिखर है। प्रकृति और मानवीय हृदय के अभिन्न सम्बन्धों के विभिन्न आयामों पर महाकवि कालिदास ने अपने प्रबन्ध-काव्यों और नाटकों के अतिरिक्त सृष्टि के सौभाग्य को शब्दों के माध्यम से अपनी अमृत-वाणी में झंकृत कर दिया है। वस्तुतः शकुन्तला कालिदास के चित्त में तरंगायित प्रकृति की मनोरम विविधता की सौन्दर्य मूर्ति है। इसी प्रकार इनका मुक्तक काव्य 'ऋतु-सम्भार' और 'दूत-काव्य' 'मेघदूत' सम्पूर्ण भारत के विशाल प्रांगण में अवतरित सभी ऋतुओं की सुन्दरता और प्रकृति की अनुपम विविधता का अद्वितीय असीम पट है। स्पष्टः मेघदूत का विरही यक्ष भारतीय भूगोल का अनुपम यात्री है और मेघ तो सचमुच यक्ष स्वयं ही है।

यह यात्रा-धारा संस्कृत की शेष कृतियों और पालि, प्राकृत एवं अपभ्रंश की साहित्य सम्पदा की शत-शत धाराओं में प्रवाहित होती हुई हिन्दी के सिद्ध महाकवि सरहपा के दोहों और कोकिल-कण्ठ विद्यापति के पदों में प्रवेश करती है।

भारतीय साहित्य के उपर्युक्त ऐतिहासिक परिप्रेक्ष्य को सही अर्थों में मध्यकाल के महान संन्यासी, सन्त, भक्त और कवि आदि की युगान्तकारी यात्राओं की यशोगाथाएँ पूर्णता प्रदान करती हैं। इस सन्दर्भ में शंकराचार्य, रामानुजाचार्य, रामानन्द, गोरखनाथ, कबीर, नानक, तुलसी, ज्ञानेश्वर, चैतन्य और शंकरदेव आदि महापुरुषों के यात्रा-प्रसंग उदाहरणीय हैं।

## 0.5 हिन्दी यात्रा-साहित्य

हिन्दी यात्रा-साहित्य की भूमिका के अन्तर्गत इसके आदिकाल, भक्तिकाल और रीतिकाल की अनेक रचनाएँ और उनके भेद-उपभेद विचारणीय हैं। विशेष रूप से

रासो-काव्य, पद्मावत, रामचरितमानस, सूरसागर और कई चरित काव्य तथा श्रतु-वर्णन प्रकारान्तर से यात्रा-साहित्य की आनुषंगिक स्रोत-सामग्री के रूपों में उल्लेखनीय हैं।

हिन्दी यात्रा-साहित्य अपनी गद्य-शैली के वर्तमान स्वरूप में आधुनिक काल में विकसित हुआ। विशेषतः पश्चिम के सम्पर्क, छापाखाना, संचार-साधन, पत्र-पत्रिका के प्रकाशन, निबन्ध-लेखन आदि के प्रचार-प्रसार के फलस्वरूप यह साहित्य सक्रिय हुआ। साथ ही इस दिशा में अनेक प्रतिभाशाली साहित्यकार, पत्रकार, चिन्तक, लोकनायक, इतिहासकार तथा पुराविद् आदि अग्रसर हुए। सम्प्रति यह साहित्य गुण, गणना और विस्तार में विश्व के स्तरीय यात्रा-साहित्य की श्रेणी में परिगण्य है। यह अपने सामर्थ्य को अपने बहुविध आकार-प्रकार के सन्दर्भों को प्रदीप्त करता है। नीचे काल-क्रम से इसका संक्षिप्त परिचय और मूल्यांकन प्रस्तुत है।

हिन्दी का भारतेन्दु-युग हिन्दी-गद्य के विकास का प्रारम्भिक काल माना जाता है। इसी काल में पत्र-पत्रिकाओं के प्रकाशन की शुरुआत हुई। विख्यात साहित्य-चिन्तक इलियट ने पत्रकारिता को मानसिक अवस्था का ऐसा प्रकार कहा है जो तात्कालिक अवसरों के दबाव से तुरन्त व्यक्तियों को अपनी प्रतिक्रिया व्यक्त करने के लिए अनुप्रेरित करता है। इस क्रम में देश-दुनिया को देखने-दिखाने की लालसा भी उल्लेखनीय है। विशेषतः पत्रकारिता और समकालीन परिस्थितियों से प्रेरित होने की मानसिकता ने भारतेन्दु और उनके समकालीन राजालक्ष्मण सिंह, शिवप्रसाद सितारे हिन्द, श्री निवास दास, बालकृष्ण भट्‌ट, प्रतापनारायण मिश्र, राधाकृष्ण दास, बालमुकुन्द गुप्त और काशीनाथ खत्री आदि ने पत्र-पत्रिकाओं के द्वारा मुक्तभाव से ललित निबन्ध की शैली में समकालीन परिस्थिति के अलावा सैर-सपाटा, यात्रा तथा भ्रमण आदि सम्बन्धी अनुभवों को निबन्धों में व्यंजित किया। इनमें लेखकों ने तीर्थ, मेला, तमाशा, होली, दशहरा, रामलीला और दीपावली आदि के साथ मनोवृत्तियों और ऋतुओं का भी मनोहारी वर्णन किया है।

भारतेन्दु-काल के दिखाये मार्ग पर महावीरप्रसाद द्विवेदी के नेतृत्व में लेखकों ने हिन्दी के भण्डार को गद्य की नयी विधा और शैली में समृद्ध किया। द्विवेदी जी द्वारा लिखित 'उर्मिला विषयक कवियों की उदासीनता' लेख द्वारा मैथिलीशरण गुप्त के 'साकेत' और 'यशोधरा' आदि के प्रेरणा-स्रोत पर प्रकाश पड़ता है। द्विवेदी जी का 'मेरी जीवन-रेखा' निबन्ध उनके द्वारा सम्पादित 'सरस्वती' पत्रिका के ऐतिहासिक योगदानों की उज्ज्वल रेखाओं को अंकित करता है। यह जीवनी-शैली में लिखित अपने समय का प्रामाणिक दस्तावेज भी है। आधुनिक साहित्य के इस द्वितीय उत्थान के काल-खण्ड में संस्मरण, जीवनी तथा यात्रा-विवरण आदि लिखे गये। इन विधाओं में रचना करनेवाले लेखकों में पं. माधव प्रसाद मिश्र, बालमुकुन्द गुप्त, श्यामसुन्दर दास, रामचन्द्र शुक्ल, चन्द्रधर शर्मा गुलेरी, सकलनारायण शर्मा, गुलाबराय, पद्म सिंह शर्मा आदि ने सामयिक विषयों के अतिरिक्त संस्कृति, पुरातत्त्व, इतिहास आदि पर पुस्तकें लिखीं। इनमें से प्रायः सभी स्वयं पत्र-पत्रिकाओं के सम्पादक थे। यहाँ यात्रा-साहित्य के क्रम में विशेषतः गुलेरी जी और सरदार पूर्ण सिंह

की कृतियों का उल्लेख करना संगतपूर्ण है। गुलेरी जी भारतीय इतिहास और पुरातत्त्व के विद्वान् थे। इन्होंने यात्रा-वृत्त की शैली में 'कछुआ धरम' एवं 'मारेसि मोहि कुठायँ' नामक लेखों में भारत सहित समस्त एशिया की मानव-संस्कृति का अद्भुत विवेचन किया है। इसी प्रकार सरदारपूर्ण सिंह ने 'आचरण की सभ्यता', 'मजदूरी और प्रेम' एवं 'सच्ची वीरता' शीर्षक लेखों में देश के सांस्कृतिक रिक्थ को उजागर किया है।

हिन्दी साहित्य के क्रमशः अगले उत्थानों के अन्तर्गत निबन्ध-शैली में लिखी सैकड़ों रचनाएँ यात्रा-साहित्य के उतुंग शिखरों का साक्षात्कार कराती हैं। इस दौर के शुरू के लेखकों में जयशंकर प्रसाद, मुंशी प्रेमचन्द, सूर्यकान्त त्रिपाठी निराला, राहुलसांकृत्यायन, पाण्डेय बेचन शर्मा उग्र, महादेवी वर्मा, वृन्दावन लाल वर्मा और देवेन्द्र सत्यार्थी के कृतित्व मानदण्ड के रूप में उदाहरणीय हैं। प्रसाद जी और इनके समकालीन रायकृष्णदास तथा लाला भगवान दीन ने विविध प्रसंगों में भारत की प्राचीन सभ्यता और संस्कृति सम्बन्धी अपने अध्ययनों और अनुभवों से इस काल को अनमोल रत्न दिये। प्रसाद जी की 'कामायनी' की भूमिका और उनका 'काव्य-कला तथा अन्य निबन्ध' शीर्षक आदि रचनाएँ सांस्कृतिक सम्पदा हैं। मुंशी प्रेमचन्द विख्यात किस्सागो कथाकार हैं। इन्होंने कथा-शैली में सम्पादक के नाते आधुनिक भारत की समस्याओं पर प्रकाश डाला। उनके लेख, देश और समाज के समकालीन इतिहास की कोटि में आते हैं। इस युग में स्मृति और यात्रापरक साहित्य-सृजन के वृहत् क्षेत्र में महादेवी वर्मा ने अनेक दुर्लभ कृतियों से हिन्दी को समृद्ध किया। इनकी स्मृति की रेखाएँ, शृंखला की कड़ियाँ, पथ के साथी और अतीत के चल-चित्र आदि रचनाएँ विशेष रूप से उल्लेखनीय हैं। यायावर साहित्य के सम्राट् रूप में राहुल जी की रचनाएँ मील के पत्थर हैं। इन्होंने हिन्दी में पहली बार 'घुमक्कड़ शास्त्र' की गौरवशाली परम्परा की सुदृढ़ भित्ति रखी। दरअसल राहुल जी ने हिन्दी के भण्डार को यात्रा-साहित्य से भर दिया। इनकी यात्रापरक कथाओं, यात्रा-वृत्तान्तों, डायरी और पत्र में 'वोल्गा से गंगा' 'हिमालय-परिचय', 'रूस में प्रवेश' आदि अपनी कोटि की दुर्लभ रचनाएँ हैं। इसी परम्परा में स्वामी प्रणवानन्द (कैलास मानसरोवर), शिवनन्दन सहाय (कैलास दर्शन) गोपाल नेवेटिया (भूमण्डल यात्रा) भिक्षु धर्मरक्षित ('नेपाल-यात्रा' तथा 'लंका-यात्रा') बेनीपुरी ('पैरों में पंख बाँध कर') आदि के अवदान उल्लेखनीय हैं। इसी श्रेणी में पाण्डेय बेचन शर्मा उग्र की रचनाएँ, 'अपनी खबर', 'पीली इमारत', 'चित्र-विचित्र', 'फागुन के चार दिन' तथा 'चुनार' आदि जीवन और परिवेश की सच्ची झाँकियाँ सिद्ध होती हैं।

हिन्दी का वर्तमान यात्रा-साहित्य अपने बृहत्तर माध्यमों की खोज का साक्ष्य है। इनमें अनेक कृतियाँ पुस्तक-रूप में प्राप्त हैं। ये कथा, वैयक्तिक, निबन्ध, रिपोतार्ज और छिटपुट रचनाओं के रूपों में बिखरी हुई हैं। इन सभी के संग्रह, संकलन तथा सम्पादन आदि का कार्य चुनौतीपूर्ण है। बेशक ये राष्ट्रीय-निधि की दृष्टि से महत्त्वपूर्ण हैं। इस उपर्युक्त काल के सभी लेखनों का ब्योरा देना यहाँ सम्भव नहीं है। इसलिए कुछेक कृतियों के सहारे इस साहित्य की उपलब्धियों और इसके वर्तमान तथा भविष्य को यहाँ रेखांकित

करना उचित है। हिन्दी का यह साहित्य अपनी विधा के व्यापक फलक पर विविध आकार-प्रकार और छवियों में दिखायी दे रहा है। इनमें कई रचनाएँ अपने कुल-शील के नये लक्षण, परिभाषा, व्याख्या आदि की अपेक्षा रखती हैं। इस क्रम में पण्डित हजारीप्रसाद द्विवेदी के 'अशोक के फूल', 'कुटज', 'मेघदूत एक एक पुरानी कहानी', 'बाणभट्ट की आत्मकथा', 'चारुचन्द्र लेख', 'अनामदास का पोथा', 'पुनर्नवा', 'भारत के कलात्मक विनोद' आदि कृतित्व उल्लेखनीय हैं। पण्डित जी व्यासकुल के अवतरण हैं और उस पर भी वे 'गप्प विद्या' के आचार्य हैं। इसीलिए प्रायः इनकी रचनाएँ भोर और सन्ध्या की तरह सांस्कृतिक इतिहास, आख्यान, जीवनी, विचार-प्रवाह, आत्म-कथा आदि की द्वाभाओं में अपनी असली पहचान को कोटिबद्ध करने के क्रम में चुनौतीपूर्ण लगती हैं। निस्सन्देह इनमें सदियों के भारत की जीवन्त चित्रावली उभरती है।

इसी प्रकार दिनकर, बच्चन, अज्ञेय, फणीश्वरनाथ रेणु, निर्मल वर्मा, विद्यानिवास मिश्र, कुबेरनाथ राय आदि की रचनाएँ हिन्दी की निधि को इतिहास, कथा, संस्मरण, डायरी तथा झाँकी आदि से नजदीकी रिश्ता कायम करती हैं। दिनकर का 'संस्कृति के चार अध्याय' भारतीय इतिहास की ही यात्रा है। पण्डित जवाहरलाल नेहरू, वासुदेवशरण अग्रवाल, भगवतशरण उपाध्याय, सत्यकाम विद्यालंकार तथा भगवतदत्त आदि के कृतित्व में भारतीय इतिहास की विस्मृत कड़ियों को जोड़ा गया है। इस प्रसंग में ये इतिहास की वेश-भूषा में सांस्कृतिक-यात्रा सिद्ध होते हैं।

यात्रा-वृत्तों के लेखकों में अज्ञेय यायावरी मूड के विख्यात रचनाकार हैं। ये अपनी यात्राओं के भोगे हुए क्षणों की गहराई में पाठकों को उतार देते हैं। इनकी रचनाएँ, 'स्मृति-लेखा', 'सब रंग और कुछ राग' तथा 'अरे यायावर रहेगा याद' आदि, स्वदेश एवं विदेश के आन्तरिक अनुभवों, स्मृतियों और संवेदनाओं से मन को भर देती हैं। इसी दौर में रेणु की 'ऋणजल-धन-जल' (संस्मरण) आदि के साथ 'मैला आंचल', 'परती परिकथा', 'ठुमरी' (कहानी) और 'आदिम रात्रि की महक' (कहानी) शीर्षक-कृतियाँ जनपदों की आत्मा को झंकृत करती हैं। इन कृतियों का रचना-संसार गीत, मिथक तथा रिपोर्ताज आदि की विधात्मक भंगिमाओं में गाँवों-कस्बों में बसे भारत की सच्ची तस्वीर उकेरता है। पूर्व में उल्लिखित निर्मल वर्मा का साहित्य भी भारतीय संस्कृति के इतिहास और परिवेश को कई रूप-रंगों में मूर्तित करता है। इस प्रसंग में वर्मा जी की रचनाएँ हिन्दी यात्रा-साहित्य के वर्तमान के साथ उसके भावी विकास की अनगिनत दिशाओं को इंगित करती हैं इस सिलसिले में इनकी ये कृतियाँ उद्धरणीय हैं—'चीड़ों पर चाँदनी', 'ढलान से उतरते हुए', 'भारत और यूरोपः प्रतिश्रुति के क्षेत्र', 'कब्वे और कालापानी,' पिछली गर्मियों में', 'परिन्दे' और 'वे दिन।' इसी प्रसंग में विद्यानिवास मिश्र और कुबेरनाथ राय के अधिकांश ललित लेखों की चर्चा करना संगतपूर्ण है। मिश्र जी के ललित-लेख, 'गाँव का मन', 'छितवन की छाँह' और 'मेरे राम का मुकुट भींग रहा है' आदि और कुबेरनाथ राय के निबन्ध-संग्रह 'विषाद योग', 'दृष्टि अभिसार', 'महाकवि की तर्जनी', 'रस आखेटक', 'निषाद बाँसुरी', 'कामधेनु' तथा 'प्रिया नीलकण्ठी' इत्यादि यात्रा-साहित्य की शोभा को बढ़ाते हैं।

इसी युग के लेखकों के स्तरीय लेखन के पग-चिह्नों पर आज का यात्रा-साहित्य अपने क्षेत्र-विस्तार और सर्जनात्मकता के आयोजन में पूरे उत्साह से संलग्न है। इस अद्यतन, हिन्दी यात्रा-साहित्य के व्यापक क्षितिज पर कई नक्षत्र ज्योति बिखेर रहे हैं। इनमें विष्णु प्रभाकर, रघुवीर सहाय, कमलेश्वर, विश्वनाथ तिवारी, मनोहर श्याम जोशी, गोविन्द मिश्र, रामशरण जोशी और हिमांशु जोशी आदि हिन्दी यात्रा-वृत्त के फैलते हुए क्षितिज का अहसास कराते हैं। इनके लेखन से हिन्दी-यात्रा-साहित्य की ध्वज-पताका को सर उठाकर आसमान में फहराते रहने का पूर्ण विश्वास हो रहा है (लेखकों का नाम यात्रा-साहित्य सूची में द्रष्टव्य)। हिन्दी यात्रा-साहित्य की अद्यतन सामग्री का अधिकांश 'आकाशवाणी' और 'दूरदर्शन के प्रसारणों के साथ इन नयी-पुरानी पत्रिकाओं की फाइलों में खोया हुआ है, जैसे– नवनीत, साप्ताहिक हिन्दुस्तान, धर्मयुग, दिनमान, प्रतीक, पूर्वग्रह, भारतीय साहित्य, गगनांचल, संस्कृति, बहुवचन, बया, स्वागत (उड़ान पत्रिका) आदि। यहाँ उदाहरणार्थ बहुवचन के कई अंकों में प्रकाशित इन कुछेक लेखों की चर्चा करना संगतपूर्ण है, जैसे–'बादल को घिरते देखा है', 'माता हिमालय', 'पिता हिमालय', 'मानस चलन्तिका की टीका के मटमैले पर्दे पर', 'दास्तान-ए-वैशाली', 'पर्यावरण और कला', 'मिथिला की लुप्त शिल्पकला और चित्रकला', 'उज्जैन में', 'संगीत के रंग पटल पर अवध का समाज' आदि। निश्यचपूर्वक इस यात्रा-साहित्य के विधिवत् संग्रह का कार्य सर्वथा आवश्यक है।

यात्रा-साहित्य के परिचय-प्रसंग में कवीन्द्र रवीन्द्रनाथ ठाकुर की 'वसुन्धरा' शीर्षक कविता का यह अनूदित अंश उदाहरणीय है:

'हे वसुन्धरे', गोद की सन्तान को अपनी गोद के भीतर लौटा लो, ताकि हे मृण्मयी वह तुम में व्याप्त होकर रहे। केवल घर के कोने में बैठकर देश-देशान्तर में किन लोगों ने भ्रमण किया है, कौतूहलवश मैं सदा इसका अध्ययन कर रहा हूँ और कल्पना का जाल बिछाकर मैं उन्हीं लोगों के साथ मन-ही-मन तुम्हारी प्रदक्षिणा कर रहा हूँ।" (वसुन्धरा, सोनारतरी, नवम्बर, 1893 ई.)।

रवीन्द्रनाथ ठाकुर की तरह अमेरिका के विख्यात कवि वाल्ट ह्विटमैन ने भारत की इन कालजयी भावात्मक यात्रा की अपनी इन अनुभूतियों को अभिव्यक्त किया है–

*'यात्रा, ओ मेरी आत्मा! भारत की यात्रा!*
*स्पष्टीकरण एशिया की उन दन्त कथाओं का,*
*उन पुरानी आख्यायिकाओं का,*
*केवल तुम्ही नहीं, संसार के गर्वोन्नत सत्यों!*
*और न केवल तुम्हीं, ओ, आधुनिक विज्ञान के तथ्यों!*

*आह, तुम कुमुदिनी से सुन्दरतर मन्दिरों,*
*जिनको उगता हुआ सूर्य अभिषिक्त करता है!*

ओह, तुम कहानियों, ज्ञात की अवहेलना, करती हुई, ज्ञात की पकड़ से छिटकती, दूर होती हुई, स्वर्ग की ओर आरोहण, करती हुई! तुम्हारा भी मैं अभिनन्दन करता हूँ, पूरे मन से, तुम्हारे लिये भी मैं हर्ष से गाता हूँ, जैसे औरों का, (वाल्ट ह्विटमैन, लीवज आफ ग्रास, 1850-1881, न्यूयार्क, चार्ल्स स्क्रिबर्नस सन्स, 1922, पृ. 448. हिन्दी लेखक द्वारा अनूदित)।

रवीन्द्रनाथ और ह्विटमैन के उपर्युक्त काव्यांश यात्रा-साहित्य के विरल महत्त्व को व्यंजित करते हैं। यात्रा की स्मृतियों को सँजोनेवाला साहित्य, धरती के विशाल दृश्यों को तो पाठकों के समक्ष केवल मूर्तित ही नहीं करता, बल्कि उन भौतिक छवियों के माध्यम से असीम और अज्ञात लोक के अनुभव हेतु अन्तर्दृष्टि भी प्रदान करता है।

## सन्दर्भ

1. घुमक्कड़ शास्त्र, अथातो घुमक्कड़-जिज्ञासा, राहुलसांकृत्यायन, पृ. 11.
2. परती परिकथा, फणीश्वरनाथ रेणु, राजकमल, पेपरबैक संस्करण, नयी दिल्ली, पृ. 14-15.
3. The need of feeling that we are essential in relationship to the world. xxx This is, I feel myself essential in relation to my creation. What is in literature, J.P. Sartre, Harpers, 1965.
4. 'वसुन्धरा' कविता, सोनार तरी, 11 नवम्बर, 1893, काव्य-संग्रह
5. 'दी स्टडी ऑफ पोएट्री', एसेज इन क्रिटिसिज म, मैथ्यू आर्नाल्ड, लन्दन, मैकमिलन, 1905.
6. 'कथा श्रृणोत्ति इन्द्रः', ऋग्वेद, 4. 23.3 : क्या इन्द्र सुनता है?
7. (A) "The rhythm of prose is continuous, not recurrent, and the fact is symbolized by the purely mechanical breaking of prose lines on a printed page. Of course every prose writer knows that the writing of prose is not as mechanical as the printing of it, and that it is possible for printing to injure or even spoil the rhythm of a sentence by putting an emphatic word at the end of a line instead of at the beginning of the next one, by hyphenating a strongly stressed word, and soon.'ANATOMY OF CRITICISM, NORTHROP FRYE, Princeton University Press, 1973, Page – 263.

   (B) There are, to be sure, instances of Cumming's using syntactic deviation conventionally as a device of foregrounding, so that the deviations do not pattern or appreciably after the statement of a poem. In such instances deviation provides relief and contrast within a context of otherwise parallel and regular constructions.' Linguistic perspectives on literature, Routledge and Kegan Paul, London, Page- 243.
8. लिंगविस्टिक प्रॉसपेक्टिव ऑफ लिटरेचर, पृ. 243-253.
9. Disconnected association is heightened and ordered by the passionate yet rational mind which conceives and controls it. Joyce's work, with its mastery of the abrupt shift from reflection to reflection, approaches the theory more nearly: 'Not there - In the trousers I left off. Must get it. Potato I have creaky wardrobe ... A Dictionary of Modern Critical Terms, Edited by R. Fowler, Page- 231.

10. 'People have been on the move since Pre-historic times: initially to find food or territory and then for trade, exploration and pleasure. Some have travelled great distance to escape danger or oppression.'

'Over the centuries people have been leaving their Country of Origin, searching for better life, escaping famine, war-care or hardship, famine, war and conflict have displaced millions of people, driving them from their homes. They are forced to find asylum or refuge to other countries and if they fail to do so many remain stateless'. DK Illustrated Family Encyclopedia, Page-845 Re-printed 2007, London.

11. 'For Xuanzang , a Budhist monk travelling the Silk Road in A.D. 629 the bones were reminder of the dangers that stalked the worlds's most vital through-fare. Swelling sandstroms in the desert beyond the western edge of the Chinese Empire had left the monk disoriented and on the verge of collapse. Rising heat played tricks on his eyes, torturing heat with visions of meanacing armies on distant dunes. More terrifying still were the sword-wielding bandits who preyed on caravans and their cargo- silk, tea, and ceramics heading west to the Courts of Persia and Meditearain...'. Ancient Buddhas draw millions of Dunhuang.' An article by Brook Larmver, Published in National Geographic, June, 2010, New York.

12. 'एकोऽहम् द्वितीयो नास्ति', एकोऽहम् बहुस्याम्, 'अहं ब्रह्मस्मि' 'स्तमोवैतरः आदि। इन्हें भारतीय मनस्विता महावाक्य कहती है।

13. (क) 'ओ, मैं चंचल हूँ, मैं हूँ सुदूर का प्यासा
बीत रहा दिन, हो अनमना लग वातायन से बैठा हूँ आशा में उसकी,
अरे, मन-प्राणों में स्पर्श उसी के,
पाने का मैं हूँ प्रयासी,
ओ सुदूर, अति सुदूर, बजाते हो तुम व्याकुल बाँसुरी,
पँख नहीं है मुझको, मैं हूँ एक जगह,
इस बात को जाता हूँ मैं भूल',

रवीन्द्रनाथ ठाकुर 'विचित्र', 1941

(ख) 'यह दीप अकेला स्नेह-भरा
है गर्व-भरा मदमाता, पर
इसको भी पंक्ति को दे दो।
यह अद्वितीयः यह मेराः यह मैं स्वयं विसर्जितः
जिज्ञासु, प्रबुद्ध, सदा श्रद्धामय
इसको भक्ति को दे दो।'

'यह दीप अकेला', अज्ञेय

(ग) "The fountain mingle with the river
and the river wih the ocean,
the wind of heaven mix forever with a sweet emotion.
Nothing in the world is single,
All things by a law divine,

In one spirit meet and mingle,
why not I with Thine."

"Thou demanded what is love? It is that powerful attraction towards all that we conceive or fear, or hope beyond ourselves. When we find within our own though the chasm of an insufficient void, and seek to awaken in all things that are a community with, what we experience within ourselves'. (P. B. Shelley, 1792-1822.)

14. 'Historical sense involves a perception, not only of the pastness of the past, but of present. The historical sense, which is a sense the timeless and of the temporal together ...', An Eassay entitled 'Tradition and individual talent', compiled in 'The Sacred Wood', by T.S., Eliot.

15. 'Since the earliest times, people have been curious about the world in which they live. For more than 3,000 years, explorers have charted most of earth's surface by land and sea. Often these brave pioneers went out into the unknown inspired by more then mere curiosity. Sometimes they went in search of riches, or to find new and less overcrowded place to live, or in a quest for scientific knowledge. In the course of mapping the world, explorers quashed many myths while bringing back true stories that could seem even stranger than fiction'. D.K. Family, Encyclopedia, London, 2007, p. 320.

16. 'When a true genius appears in the world you may know him by this sing, that the, dunces are in confederacy against him '. Jonathan Swift, Thoughts on various subjects, 1711.

17. (क) ऐसा क्यों है कि इस देश के राजनीतिक नेता भी धार्मिक व्यक्ति ही हैं, उदाहरणार्थ, गाँधी जी, तिलक, श्री अरविन्द, स्वामी विवेकानन्द, क्यों वे अपनी छाप इस देश पर छोड़ सके? यह उनकी राजनीतिक प्रतिभा के कारण सम्भव नहीं हुआ, बल्कि यह सम्भव हो सका है उनके त्याग और वैराग्य के कारण, जिनके वे जीते-जागते उदाहरण—सन्तो भूमिं तपसा धारयन्ति। सन्त अपने तक के प्रभाव से इस संसार को थामे हुए हैं। हमारी विरासत (हिन्दी अनुवाद), डॉ. राधाकृष्णन्, सरस्वती बिहार, दिल्ली, 1977, पृष्ठ, पृ. 05.

(ख) A. " Adi Shankara strove hand to synthesis the divers currents that were troubling the mind of India of his day, and to build a unity of outlook out of that diversity. In a brief of 32 years, he did the work of many long lives and left such an impression of his powerful mind and rich personality on india that it is very evident today. He was a curious mixture of a Philosopher and a scholar, an agnostic and a mystic, a poet and a saint, and in addition to all this, a practical reformer and an able organizer"- Jawaharlal Nehru in 'The Discovery of India'.

B. "Shankara appeared on the firmament of Indian thought at a time the country was caught in a great churning process – Politically, Socially– Culturally and even pedagogically. Buddhism, which had illuminated the empire of Ashoka Maurya, was in a flux, if not on the decline. The great Guptas and the imperial Harsha had patronized Buddhism as well as the Brahmanical faith, but their empires had also declined by the middle of the seventh century. The Gangetic plain was on political chaos when Shankara was traversing it towards Kashmir and Badrinath. 'Legendary walkathon through declining empires', an article written by R. Prasannan, THE WEEK, ANNIVESARY SPECIAL, publisher : Jacob Mathew, Mumbai Page 12.

18. उत्तमा सहजावस्था द्वितीया ध्यान धारणा।
तृतीया प्रतिमा पूजा होम यात्रा चतुर्थिका।।

(संस्कृत सूक्ति)

19. सार्थः प्रवसतो मित्रं भार्या मित्रं गृहेसतः

(वनपर्व, 297/45)

"घर से बाहर की यात्रा के लिए जो निकलता है, सार्थ उनका वैसा ही सखा है, जैसे घर में रहते हुए स्त्री।"

(सार्थवाह, बिहार-राष्ट्र-भाषा परिषद्, पटना, 1966 पृ 13-14)

20. (क) 'न क्षुद्रोइपि प्रथम सुकृता पेक्षया संश्रयाय
प्राप्ते मित्रे भवति विमुखः किं पुनर्यएत योच्चैः।'

(मेघदूतम।। 7।।)

(ख) 'अस्त्युत्तरस्यांदिशि देवात्मा हिमालयो नाम नगाधिराज'

(कुमारसम्भव।। 1।।)

(ग) मरिते चाहि ना आमि सुन्दर भुवने,
मानवेर माझे आमि बाँचिवारे चाई।
एइ सूर्यकरे एइ पुपित कानने
जीवन्त हृदय-माझे यदि स्थान पाइ।
: मरना नहीं चाहता मैं सुन्दर भुवन में
मानव के बीच चाहता हूँ जीना,
सूरज की किरणों में, इस पुष्पित कानन में
जीवन्त हृदय बीच पाऊँ यदि ठिकाना।

21. ढलान से उतरते हुए, राजकमल प्रकाशन, नयी दिल्ली 1985, पृ. 99.

22. "मेरी स्मृति में जो बार-बार आकार ग्रहण करते और मन को अनेक अनुभूतियों से अभिव्यक्त करते रहते है, उन्हें मैंने शब्दचित्रों द्वारा पाठक तक पहुँचाने का प्रयत्न किया है। इसमें मेरा आत्मकथ्य आलोक-वाही है, क्योंकि उसके अभाव में वे आलोकित नहीं हो सकेंगे।" (मेरे प्रिय संस्मरण, महादेवी वर्मा, नेशनल पब्लिशिंग हाउस, पृ. 6.)

23. "यह कहानी परमानन्द जी के साथ मेरी भी है। हम एक ही नाव के यात्री हैं। ऐसा कैसे सम्भव है कि उनके बारे में तो कहूँ और अपने बारे में चुप रह जाऊँ। (एक नाव के यात्री, विश्वनाथप्रसाद तिवारी, राजकमल प्रकाशन, दिल्ली, 2001 पृ. 70.)

24. "साक्षात्कार लेना मेरे लिये हमेशा एक रोमांचक अनुभव रहा है। जहाँ तक मुझे याद है, सक्रिय पत्रकारिता में कूदने के पश्चात् मेरी पहली मुठभेड़ तत्कालीन तुर्कनेता चन्द्रशेखर से हुई थी।" ('कठघरे में', रामशरण जोशी, सारांश प्रकाश न प्रा. लि., नयी दिल्ली, 1995 पृ-9)

25. इस तथ्य के उदाहरणार्थ मनोहर श्याम जोशी द्वारा लिये गये मनीषी साहित्यकार हजारीप्रसाद द्विवेदी के साक्षात्कार का यह अंश ज्ञातव्य हैः "बातचीत में अक्सर ततः किम का प्रयोग करते हुए हजारीप्रसाद द्विवेदी, चण्डीगढ़ के इस चौखटे में फिट होते हुए नजर नहीं आते। ऐसा लगता है कि एक छोटा-मोटा ट्रांजिस्टरकृत शान्तिनिकेतन वह अपने साथ लिये घूमते है। उनसे बातचीत की हर राह शान्तिनिकेतन की ओर मुड़ जाती है।" ('बातों-बातों में', मनोहर जोशी, राजकमल प्रकाशन प्रा. लि., नयी दिल्ली-1983, पृ. 9)

26. By what subtle art of tracing the mental processes effected, we are not philosophers enough to explain. But in that wonderful episode of the cave of amon, in which money God appears first in the lowest form of miser, is then a worker of metals and becomes the God of all the treasures of the world." ('Sanity of True Genius' Charles Lam's article, compiled in the Essays of Elia, London 1998.)

27. 'तत् प्रवृत्तं पुनर्युद्धं तुमुलं रोमहर्षणम्।।
गदानां मुसलानां च परिघाणां च निःस्वनैः।
शराणां पुङ्खवातैश्च क्षुभिताः सप्त सागराः।।
क्षुब्धानां सागराणां च पातालतलवासिनः।।
व्यथिता दानवाः सर्वे पन्नागाश्च सहस्रशः।।'

वाल्मीकीय रामायण, युद्धकाण्डम् 44-46।

(राम और रावण) दोनों में भयानक और लोमहर्षक युद्ध होने लगा, गदा, मूसल और परिधों की आवाज और बाणों के पंखों से क्षुभित वायु द्वारा सातों समुद्र विक्षुब्ध हो चुके और दानव तथा सहस्त्र नाग भी व्यथित हो गये।

28. I set out on my ten-mile walk. Ten miles under favourable conditions is a comfortable two-and-a-half hours walk, but there the conditions were anything but favourable. The track running along the east face of the hill wound in and out through deep ravines and was bordered alternately by rocks, dense undergrowth, and trees; and when every abstraction capable of concealing sudden death. In the form of a hungry man-eater, had to be approached with caution, progress was of necessity slow. (Man-eaters of Kunmaon, The chowgarh Tigers, By Jim carbet, Page. 37.)

29. लॉस्ट नोमैडस, जॉन लैंकास्टर, 'नेशनल ज्योग्रेफिक।'

30. "ऐसी घुमक्कड़ जातियों के लोगों की संख्या हमारे देश में लाखों हैं। जाड़ा हो या गर्मी या बरसात, वे लोग चलते ही रहते हैं। जीविका के लिए कुछ करना चाहिए, इसलिए वह चौबीसों घण्टे घूम नहीं सकते। उन्हें बीच-बीच में कहीं-कहीं पाँच-दस दिन के लिए ठहरना पड़ता है।. ..किसी वृक्ष के नीचे ऊँची जगह देखकर वह अपनी सिरकी लगाते हैं।"

31. "The Huns were a nomadic monal people from the high plains or steppes, of central Asia who invaded southeastern Europe in C. 370 . Fierc in fattle and famous for their skill on horseback, they conqured the Ostrogoths and drove the Vandals and other tribes westward." D.K. Family Encyclopedia, New York, 1997, p- 116

32. (क) 'संसार सागर की रूप-तरंगों से ही मनुष्य की कल्पना का निर्माण और इसी की रूप-गति से उसके भीतर विविध भावों या मनोविकारों का विधान हुआ। सौन्दर्य, माधुर्य, विचित्रता भीषणता तथा क्रूरता इत्यादि की भावनाएँ बाहरी रूपों और व्यापारों से ही निष्पन्न हुई हैं। हमारे प्रेम, भय, आश्चर्य, क्रोध, करुणा इत्यादि भावों की प्रतिष्ठा करनेवाले मूल आलम्बन बाहर ही के हैं–इसी चारों ओर फैले हुए रूपात्मक जगत के हैं।" (चिन्तामणि, पहला भाग, रामचन्द्र शुक्ल, इण्डियन प्रेस, प्रयाग, 1958, पृ. 242)

(ख) ''परन्तु साहित्य के पास शब्द का ऐसा माध्यम हैं, जिसकी प्रतीति चाक्षुस नहीं होती। प्रत्यक्ष ज्ञान में वस्तु का बिम्ब मनोजगत में बोध-ग्रहण के उपरान्त होता है। किन्तु साहित्य में शब्दों

द्वारा बिम्ब पहले मनोजगत् में बनाना पड़ता है, फिर मन में उद्वेलन में उसकी पहचान होती है।'' (मेरे प्रिय संस्मरण, महादेवी वर्मा, नेशनल पब्लिशिंग हाउस, नयी दिल्ली,1991 ई., पृ. च)

33. Sensibility... this idea of the 'aesthetic imagination ', which Ieads to the coleridgean 'primary imagination' where sensibility a man's perception, is a repetition in the finite mind of eternal act of creation in the infinite 1AM'. (Dictionary of Modern Critical Terms, & edited by Roger Flower Routledge and Kegan Paul, London, 987 pg. 219-220.)

34. 'अपने यात्रा-संस्मरणों में मेरा यह प्रयत्न रहा है कि उन यात्राओं के मेरी होने की बात उन्हें तात्कालिक अनुभव की प्रामाणिकता और टटकापन देने के लिए आयें, नहीं तो वे वृत्तान्त एक समग्र दृष्टि को उभारने का योग दें ''जिससे भविष्यत् यात्री अपने-अपने अनुभवों को और समृद्ध बना सकें।" (अरे यायावर रहेगा याद?, अज्ञेय, नेशनल पेपरबैक्स, नयी दिल्ली, 2009, पृ. 111.)

35. (क) 'यात्रा करने का मतलब है कि मन में चलने का वेग जुटाना। मन जब चलने को होता है, तब उसे खड़ा करके रखना उसकी एक शक्ति के साथ दूसरी शक्ति की लड़ाई लगाना है। आदमी जब घर में जमकर बैठा होता है, तब इसीलिए विदाई का आयोजन कष्टकर होता है, क्योंकि ठहरने और जाने का सन्धिस्थल मन के लिए मुश्किल की जगह होती है" रवीन्द्रनाथ के निबन्ध, भाग-2, 'जापानी यात्री', साहित्य अकादमी, नयी दिल्ली, 1977 पृ. 211.

(ख) 'बन्धु-बान्धवों के स्नेह-बन्धन के बारे में भी यही बात हैं। हजारों तरह की जिम्मेवारियों के बारे में इतना समझ लेना चाहिए कि घुमक्कड़ पथ सबसे परे, सबसे ऊपर है। इसलिए- 'निस्त्रै गुण्ये पथि विचरतः को विधिः' को निषेधः को फिर यहाँ दुहराना होगा।'

बाहरी जंजालों के अतिरिक्त एक भीतरी भारी जंजाल है, मन की निर्बलता। आरम्भ में घुमक्कड़ी-पथ पर चलने की इच्छा रखनेवाले को अनजान रास्ता होने से कुछ भय लगता है।" घुमक्कड़-शास्त्र (जंजाल तोड़ो), राहुलसांकृत्यायन, 1949, पृ. 22.

(ग) "बेड़े की तरह पार उतरने के लिए मैंने विचारों को स्वीकार किया, न कि सिर पर उठायें-फिरने के लिए।" बुद्धदेव का वचन।

(घ) "मैं पैदल ही लम्बी-लम्बी पर्वतीय यात्राएँ कर चुकी हूँ– जिनमें सफलता का मूल मन्त्र सामान कम रखना माना जाता है। अतः इस सम्बन्ध में मुझसे भूल होना सम्भव नहीं। फिर मैं यह विश्वास नहीं करती कि जिन यात्राओं में खाद्य सामग्री मिल जाने की सुविधाएँ हैं, वहाँ भी घी के पीपे और बिस्कुट के बीसियों टिन ढोते फिरा जाये। हिम के सुन्दर शिखरों की छाया में पाल्सन का बटर और हण्टले पार्मस के बिस्कुट खाना मेरी समझ में कम आता है, पर वहीं लकड़ी-कण्ठे बटोर कर, आलू भूनने और बाटी बनाने का सुख मैं विशेष रूप से जानती हूँ।" (मेरे प्रिय संस्मरण, पर्वतपुत्र, मयूर पेपरबैक्स, नयी दिल्ली, पृ. 46)

36. आखिरकार मैं तुम्हारी दुनिया से लौट आया
कई प्रकाशवर्षों तक चलता हुआ
खरबों, पद्म, शंख, नील मीलों की दूरियाँ तय करता
असंख्य पहाड़ों, नदियों और तारों को करीब से देखता
अब मैं लौट आया हूँ
एक जंगल में एक छोटे से मकान के निकट
एक बगीचे में सोये हुए मनुष्य की साँस के आस-पास

मैदान में खेलते बच्चों की कल्पनाओं के इर्द-गिर्द
लौट आया हूँ
दूसरी एक यात्रा पूरी कर
दूसरी यात्रा की तैयारी में
(दूसरी यात्रा की तैयारी, विमल कुमार, पूर्वग्रह 103, दिसम्बर 1996-फरवरी 1997. भारत भवन प्रकाशन, भोपाल, पृ. 119.)

37. (क) 'जिन्होंने पाँच जल की धाराओं से घिरा और रंग-बिरंगे फूलों में छिपे चरणों से लेकर शून्य नीलिमा में प्रकट मस्तक तक सफेद हिम में समाधिस्थ केदार का पर्वत देखा है, वे ही उसका आकर्षण जान सकते हैं। मीलों दूर से ही वह उज्ज्वल शिखर अक्षरहीन आमन्त्रण के समान खुला दिखायी देता है। जैसे-तैसे हम उसकी ओर बढ़ते हैं, वह विस्तार में बढ़ता जाता है और उसकी विद्युत् रेखाओं के समान झिलमिलाती हुई रेखाएँ स्पष्टतर होती जाती हैं। लौटते समय जिस क्षण वह हमारी दृष्टि से ओझल हो जाता है, उस समय एक विचित्र अकेलेपन का अनुभव करते हैं।" (मेरे प्रिय संस्मरण, महादेवी वर्मा, नेशनल पब्लिशिंग हाउस, नयी दिल्ली, 1991 ई. , पृ. 53.)

(ख) 'वहीं से प्रकृति को देखा। देखता रह गया— चारों ओर चीड़ के मनोरम वृक्षों से सज्जित पर्वतमाला शोभायमान है। सामने है, मेघाच्छन्न शाश्वत हिमशिखर नीचे से निरन्तर कलकल-नादिनी का संगीत उभर रहा है। बायीं ओर के पर्वत पर क्रम से बसे हुए तीन गाँव एक-दूसरी के ऊपर मानों पाताल, मृत्यु-लोक और स्वर्ग के प्रतीक हों।" (ज्योतिपुंज हिमालय, विष्णु प्रभाकर, 'अमर-सत्य प्रकाशन, दिल्ली, 2011 ई. पृ. 38.)

(ग) "जब जहाज श्रीनगर की ओर उड़ा तो नजारा ही बदलने लगा। कुदरती नजारा तो वह था— बाहर मीलों तक साथ चलती बर्फ ढँकी चोटियाँ-पर्वत शृंखलाओं की सफेद पलटने, पामीर के पठार तक कतारबद्ध खड़ी हुई और उनकी घाटियों में भरा हुआ दूधिया कोहरा। फिर कुछ ही मिनटों बाद खुलती हुई क़श्मीर की घाटी—पतझड़ से पीले पड़ते हुए पेड़ बाहर सब-कुछ वही और वैसा ही था, जो सदियों से इस मौसम में दिखायी देता होगा।" (कश्मीर रात के बाद, कमलेश्वर, किताब घर प्रकाशन, नयी दिल्ली, 2010 ई., पृ. 11.)

38. "वास्तव में जितनी यात्राएँ स्थूल पैरों से करता हूँ, उससे ज्यादा कल्पना के चरणों से करता हूँ। लोग कहते है कि मैंने अपने जीवन का कुछ नहीं बनाया, मगर मैं बहुत प्रसन्न हूँ और किसी से ईर्ष्या नहीं करता। आप भी अगर इतने खुश हों तो ठीक, तो शायद आप पहले से मेरा नुस्खा जानते हैं—नहीं तो मेरी आप से सलाह है, जनाब यह अपना बोरिया-बिस्तर समेटिये और जरा चलते-फिरते नजर आइये। यह आप का अपमान नहीं है, एक जीवन-दर्शन का निचोड़ है। रमता राम इसीलिए कहते हैं कि जो रमता नहीं वह राम नहीं है। रुकना तो मौत है।" (अरे यायावर याद रहेगा?, अज्ञेय, नेशनल पेपर बैक, नयी दिल्ली, 2009, पृ.135)

39. 'Memory. The ability, process, or act of remembering or recalling and especially the ability to reproduce what has been earned or experienced. Memory is more than a mere registration, retention and recall. It is complex - mental functions'. (Psychiatric Dictionary, 4th Edition, Oxford University Press New York, 1969, page 460.)

40. 'To construct a certain consciousness of a table as an imaginative consciousness. The object as an image is therefore contemporaneous with the consciousness I have it, and it is determined exactly by that consciousness. It includes nothing

in itself but what I am conscious of but inversely, everything that consist my consciousness has its counterpart in the object'. (The psychology of Imagination, Jean Paul Sartre, Methen & Co. Ltd. London, 1972, pg.9-10)

41. "A myth is essentially a product of unconscious archetype and is therefore symbol which requires psychological interpretation." ('Civilization in Transtition, C.V. Jung, Routledge & Kegan Paul, London 1958 page. 329.)

42. Narrative of his marvelous Travels by Rudolph Raspl, 1785, Account of the Present State of the Gttoman Empire,... 1709, A faithfull Account of the Religion and Manners of the Mahomedans', 1704

43. (क) ''धरती-पुत्रों के राग-विराग की यह दुनिया अपनी छाया-छवियों में जितनी समृद्ध है, उतनी ही सामाजिक-सांस्कृतिक क्रियाकलापों में भी है। व्यापाररत जीवन और समाज के सम्बन्धों-तनावों तथा गहरे स्तर पर अन्तर्लयन से उत्पन्न जड़ता को मूर्त करनेवाले ये तमाम रिपोर्ताज निश्चित रूप से महत्त्व के हैं।'' (फणीश्वरनाथ रेणु : सुरेन्द्र चौधरी, साहित्य अकादमी प्रकाशन, नयी दिल्ली, 1987 ई. पृ 18.)

(ख) 'There stands my model, then: fearless, incorruptible, independent, a believer in frankness and veracity, one that will call a spade, make no concession on to likes and dislikes... A literary cosmopolite with neither suzerain nor king, never heeding what this or that man may think, but setting down the thing that befell'. The way to write History, an article written by Lucian, compiled in Gateway to the Great Books, Vol. 6 Encyclopedia, Britannica, Inc, London, 1963, page 384-387.

# हिन्दी यात्रा-साहित्य का काल-विभाजन

साहित्यिक कृतियाँ, वैयक्तिक प्रतिभाओं की अन्तः प्रेरणाओं और भावावेगों के साथ लोक-समुदाय के चेतन-अवचेतन को अनुप्राणित करनेवाली मनोवृत्तियों को प्रतिबिम्बित करती हैं। ये देश-काल की सच्चाइयों को व्यक्त ही नहीं करतीं, बल्कि विषय-विधान के माध्यम से उनकी व्याख्या भी करती हैं। इनकी रचनात्मकता में जन-जीवन की प्राणवन्त छवियाँ अंकित होती हैं। इस प्रकार साहित्य के भाव-प्रकाश और रूप-प्रतिरूपों में भू-खण्ड की रागात्मक और बौद्धिक सत्ताएँ प्रतिभासित होती हैं। इस विशेष प्रसंग में साहित्य युगीन इतिहास की सृजनात्मकता का उपजीव्य सिद्ध होता है।[1] इसके फलस्वरूप साहित्य की चिन्ताधाराओं में प्रवाह-पराभव, संयोजन-बिखराव एवं समकालिकता-बहुकालिकतापरक प्रवृत्तियाँ प्रकट होती हैं। इस अर्थ में साहित्य समय का सर्वाधिक सशक्त संवाहक माना गया है।[2]

साहित्य और इतिहास के अन्तर-सम्बन्धों के उपर्युक्त सन्दर्भ में हिन्दी यात्रा-साहित्य की सर्वांगीण उपलब्धियों पर विचार करना युक्तिसंगत है। अतः इसी दृष्टिकोण की अनुसारिता में इतिहास-लेखन की मान्य पद्धति को दृष्टि में रखते हुए हिन्दी यात्रा-साहित्य का काल विभाजन किया गया है। इसके लिए अध्ययन के उद्देश्य और विषय-सीमा को ध्यान में रखते हुए काल-विभाजन के विविध आधार निर्धारित किये जा सकते हैं। किन्तु साहित्य के एक अभिन्न अंग के रूप में यात्रा सम्बन्धी वृत्तान्तों की विषय-वस्तु को ध्यान में रखते हुए प्रस्तुत अध्ययन में हिन्दी यात्रा-साहित्य की विकासधारा को विभिन्न युगों और उनकी प्रमुख प्रवृत्तियों के आधार पर प्रस्तुत किया गया है।[3]

## 1.1 काल-विभाजन के आधार

काल-खण्डों के नामकरण के निमित्त हिन्दी-साहित्य के इतिहास-ग्रन्थों की सामान्य पद्धति का अनुसरण करते हुए प्रतिनिधि व्यक्तित्व और विधात्मक विचारधारा को दृष्टि में रखा गया है।[4] महान् साहित्य किसी देश-काल का न होकर सर्वकालिक एवं सार्वभौमिक होता है। किन्तु साहित्य का सृजन किसी विशेष देश-काल और भाषा में होता है। इसलिए उसमें युग के प्रमुख विचार, झुकाव और प्रवृत्तियों का प्रकट होना स्वाभाविक है। वस्तुतः साहित्य स्रष्टा के मानस में उसका देश-काल जीवन्त स्थिति में रहता है। उसमें समकालीन

रस-बोध और अभिव्यंजनात्मक उपादान निहित होते हैं। इसीलिए पूर्ववर्ती या अतीतकालीन कृतियों का आस्वादन उनके समय के सन्दर्भ में करना समुचित है। अतीत की कृतियों का मूल्यांकन युग विशेष की प्रतिभा और मौलिकता के मानदण्ड पर करना आवश्यक होता है। अंग्रेजी के विख्यात आलोचक टी. एस. इलियट ने अपने 'परपरा और वैयक्तिक प्रतिभा' शीर्षक लेख में अतीत के अन्तर्गत निहित वर्तमान की संगति को रेखांकित किया है। उपर्युक्त प्रसंग में सृष्टि-नियमों को पूर्णतः निरपेक्ष और शाश्वत समझना वैज्ञानिक दृष्टि से उचित नहीं है। ऐसा इसलिए कि भूत, वर्तमान और भविष्य के बीच भी सम्बद्धता बनी रहती है।[5] इस तथ्य के अनुसार तुलसीदास या शेक्सपियर ऐसी साहित्यिक प्रतिभाओं की रचनाओं को भी समय-सापेक्ष मानना चाहिए। किन्तु साथ ही इनमें जो सार्वभौमिक अनुभूतियाँ संकेतित रहती हैं। वे भी निःसन्देह यथा प्रसंग युगपत रूप से सर्वथा उल्लेखनीय हैं।

इस उपर्युक्त वैचारिक पृष्ठभूमि से यह सिद्ध होता है कि साहित्यिक मूल्य और अभिव्यंजनात्मक माध्यम भी परम्परा और ऐतिहासिकता की सीमा और मूल्यवत्ता को इंगित करते हैं। साहित्य की विकासधारा को काल-खण्डों में वर्गीकृत करने की दृष्टि से उन्हें उनकी ऐतिहासिक पृष्ठभूमि में समझना उचित है। इस क्रम में इतिहास सम्बन्धी मार्क्सवादी सोच और सिद्धान्त का उल्लेख करना संगतपूर्ण है। मार्क्सवादी विचारधारा में इतिहास को भौतिकवादी द्वन्द्वात्मकता के दृष्टिकोण से विश्लेषित किया गया है। इस विचारधारा के अनुसार साहित्य अपने समय के उस संघर्ष को व्यक्त करता है, जिसके मूल में पूँजीवादी व्यवस्था के शोषणपरक यथार्थ प्रकट होते हैं। इसी के फलस्वरूप पूँजीपति और श्रमिकों के बीच संघर्ष की स्थिति बनी रहती है। मार्क्सवादी विचारधारा का मानना है कि साहित्य भी उपर्युक्त संघर्ष या द्वन्द्व का साक्ष्य होता है और अपने समय की सामाजिक और आर्थिक स्थितियों का संवाहक होता है। किन्तु ऐतिहासिक द्वन्द्वात्मक भौतिकवाद की भी अपनी सीमाएँ हैं।[6]

वर्तमान की प्रासंगिकता में अतीत के साहित्य की होनेवाली समीक्षा को भी निरपेक्ष नहीं माना जा सकता। साहित्य के काल-विभाजन के सन्दर्भ में गणित की दृष्टि से काल का मापन और निर्धारण नहीं किया जा सकता है। इसलिए कि साहित्य में मानवीय मूल्यों का अपना महत्त्व है, और स्वयं साहित्य भी अपने युग की प्रवृत्ति तथा भाषा-शैली, सृजनात्मक प्रक्रिया और उपादानों से सम्बद्ध तथा अनुशासित होता है। प्रत्येक विषय की प्रकृति और प्रवृत्ति अपने इतिहास-लेखन की प्रक्रिया को प्रभावित और अनुशासित करती हैं। इसी प्रसंग में हिन्दी यात्रा-वृत्तान्तों के ऐतिहासिक अध्ययन के विभिन्न पक्ष भी विचारणीय हैं।[7]

यात्रा-संस्मरण एक संश्लिष्ट कृतित्व है। इसमें विषय-विधान के स्तरों पर उसकी विकासधारा की खोज और उसकी प्रस्तुति के कुछ सन्दर्भ विशेष रूप से उल्लेखनीय हैं। यात्रा-वृत्तान्त की आधारभूत भित्ति संस्मरणात्मक और साहित्यिक होती है। एक ही स्थान

या स्थल सम्बन्धी संस्मरण, व्यक्ति-भेद से भिन्नता प्रकट करते हैं। इसके फलस्वरूप यात्रा-वर्णन देश-काल और लेखक की सापेक्षता के आयामों पर भिन्नता प्रकट करते हैं। स्मृतिकार के भी अपने व्यक्तित्व, प्रशिक्षण, जातीय स्मृति और पूर्वग्रहों के कारण भी यात्रा-वृत्तान्तों में भिन्नता परिलक्षित होती है।[8] इन कारणों से एक ही कालवधि से सम्बद्ध होकर भी हिन्दी यात्रा-साहित्य के अनेक रचयिताओं के समान उनकी कृतियों में अन्तर दिखायी पड़ते हैं। इस प्रकार यात्रा-वृत्तान्त में विविधता के अनेक रचनात्मक तत्त्व उद्भासित होते हैं। फलस्वरूप हिन्दी के यात्रा-साहित्य की विकास-यात्रा के अध्ययन में भी ये उपर्युक्त तथ्य निःसन्देह विचारणीय हैं।

साहित्य की इतिहास-धारा का काल-विभाजन अनेक प्रश्नों और कठिनाइयों को जन्म देता है। हिन्दी-साहित्य के साथ विश्व के अन्य साहित्य के इतिहासकार भी काल-विभाजन के सम्बन्ध में परस्पर विभिन्न विचार रखते हैं। वस्तुतः किसी भी भाषा के साहित्य-सृजन की धारा को भौतिक वस्तुओं के सदृश अलग-अलग खण्डों में विभाजित नहीं किया जा सकता। विशेषतः मनुष्य की रागात्मक सत्ता से जुड़े सृजन में नैरन्तर्य के लक्षण प्रकट होते हैं। इसलिए इस विकासधारा में आविर्भाव और तिरोभाव के लक्षण विकसित होते हैं। वस्तुतः मानवीय चित्त-वृत्तियों से उत्पन्न सृजन में कालिकता और कालातीतता के लक्षण युगपत् रूप से उच्छवसित होते हैं। इसी प्रकार साहित्य की विकासधारा के किसी एक काल विशेष में विगत और आगत कालों की द्वाभा भी बिम्बित होती है। साहित्य की विकासधारा को प्रायः विश्लेषण की सुविधा के लिए विभिन्न कालों में बाँटा जाता रहा है। हिन्दी-साहित्य के इतिहासकारों ने अपने अध्ययनों को विभिन्न वर्गों एवं उपवर्गों में विभाजित किया है। इन सभी ने किसी-न-किसी रूप में प्रत्येक युग के अन्तर्गत संगम-स्थल के साथ सन्धि-स्थलों और द्वीपों का समुचित विवेचन किया है। साहित्य के इतिहासपरक काल-विभाजन सम्बन्धी उपर्युक्त स्थितियों की अनुसारिता में हिन्दी यात्रा-साहित्य के सभी कालों के अन्तर्गत यात्रावृत्त की प्रवृत्तियों में भिन्नता दिखायी पड़ती है।

उपर्युक्त विचारों के सन्दर्भ में व्यावहारिक दृष्टि से साहित्य के काल-विभाजन के साथ कालों के नामकरण के आधार भी निर्धारित किये गये हैं। इसी क्रम में नदियों की सह-धाराओं के समान किसी युग विशेष की सहायक या समानान्तर प्रवृत्तियों को भी उपवर्गों में रखा गया है, यथा—

## 1.2 वर्गीकृत काल-खण्ड

1.2.1 प्रथम काल-खण्ड : भारतेन्दु-युग
1.2.2 द्वितीय काल-खण्ड : महावीरप्रसाद द्विवेदी-युग
1.2.3 तृतीय काल-खण्ड : राहुलसांकृत्यायन-युग
1.2.4 चतुर्थ काल-खण्ड : अज्ञेय-युग
1.2.5 पंचम काल-खण्ड : समकालीन-युग

'हिन्दी यात्रा-साहित्य' को यथासम्भव वैज्ञानिक पद्धति से प्रस्तुत करने हेतु उपर्युक्त काल-खण्डों का नामकरण नये ढंग से किया गया है। इस प्रसंग में काल विशेष के नाम के लिए युग-विशेष के ऐसे साहित्यकार को आधार बनाया गया है जिसके कृतित्व में उस काल-धारा के यात्रा-साहित्य की प्रवृत्तियाँ सामान्य रूप से व्यंजित होती हैं। स्पष्टतः इस प्रक्रिया को निरपेक्ष नहीं मानकर, इसे अध्ययन की सुविधा के लिए एक नयी दृष्टि के रूप में लिया जा सकता है।

## सन्दर्भ

1. (a) "The historian might place himself for a given period, say of ages or in the human soul or with some particular people he might study, describe, relate, all the transformations, all the revolutions which had been accomplished in the internal man and when a history of civilization amongst, and in the period he had selected." (Guizot, Civilization in Europe, P. 25.)

(b) "The very portion of history which are accustomed to call its philosophy, the relation of events to each other, the connection which unites them, their causes and their effects. These are all facts...' "Guizot's lectures on civilization" compiled in Gateway to the Great Book. (Encyclopedia Britannica Inc, London, 1963 p. 304.)

2. (क) "जबकि प्रत्येक देश का साहित्य वहाँ की जनता की चित्तवृत्ति का संचित प्रतिबिम्ब होता है, तब यह निश्चित है कि जनता की चित्तवृत्ति के परिवर्तन के साथ-साथ साहित्य के स्वरूप में भी परिवर्तन होता चला आता है।" (हिन्दी साहित्य का इतिहास, रामचन्द्र शुक्ल, काशी नगरी प्रवारिणी सभा, संवत् 2012 वि. पृ.13 ए)

(ख) "आज से लगभग हजार वर्षों पहले हिन्दी साहित्य बनना शुरू हुआ था। इन हजार वर्षों में भारतवर्ष का हिन्दी भाषी जन-समुदाय क्या सोच-समझ रहा था। इस बात की जानकारी का एकमात्र साधन हिन्दी साहित्य ही है। कम-से-कम भारतवर्ष के आधे हिस्से की सहस्त्र व्यापी आशा-आकांक्षाओं का मूर्तिमान प्रतीक यह हिन्दी साहित्य अपने आप में एक ऐसी शक्तिशाली वस्तु है कि इसकी उपेक्षा भारतीय विचारधारा के समझने में घातक सिद्ध होगी।" (हिन्दी साहित्य की भूमिका, हजारीप्रसाद द्विवेदी, पृ. 1.)

3. ''साहित्यिक पाण्डित्य को ज्ञान का व्यवस्थित रूप धारण करना है, संरचना में मानकों और कृत्यों की खोज करना है, जिसमें मूल्य निहित है। आन्तरिक साहित्यिक इतिहास की समस्या विकासवाद के केन्द्रीय प्रश्न पर नयी दृष्टि इस अनुभव के साथ डालनी होगी कि काल केवल घटनाओं का एक सारक्रम नहीं है और मूल्य केवल नवल नहीं हो सकता।" (आलोचना की धारणाएँ (कॉनसेप्ट ऑफ क्रिटिसिज म), रेनेवेलक, हिन्दी अनुवाद, हरियाणा हिन्दी ग्रन्थ अकादमी, चण्डीगढ़ 1978 ई. पृ. 27.)

4. "It was perceived that a literary work is not a mere individual play of imagination, the isolated caprice of an excited brain, but a transcript of contemporary manners, a manifestation of a certain kind of mind. It was concluded that we might recover from the movements of literature, knowedge of manner in which men thought and felt centuries ago." ('History of English Literature', by Hippolite A Taine, Frederick Unger Publishing Co. 1965.)

5. "केवल वर्तमान के प्रकाश में ही अतीत हमारे समझने योग्य बन पाता है और हम अतीत के प्रकाश में ही वर्तमान को पूरी तौर से समझ सकते हैं। अतीत के समाज को मनुष्य के लिए सुबोध बनाना और वर्तमान समाज पर उसकी पकड़ को और मजबूत करना, इतिहास का दुहरा कर्त्तव्य है।" (इतिहास क्या है, ई. एच. कार, समाज और व्यक्ति, पृ. 43.)
6. 'बहुत से मनीषी मार्क्सवाद तथा उसकी शाखाओं की ओर आकृष्ट हुए और इसमें कोई सन्देह नहीं कि मार्क्सवाद ने ऐतिहासिक विकासवाद का विश्लेषण उपस्थित करके समस्याओं पर सोचने और समझने के काम में हमारी सहायता की। लेकिन, आखिरकार, वह संकीर्ण मतवाद बन गया और जीवन की आर्थिक स्थिति के रूप में उसका चाहे जो भी महत्त्व हो, हमारी बुनियादी शंकाओं का समाधान निकालने में वह भी नाकामयाब है। यह मानना तो ठीक है कि आर्थिक उन्नति जीवन और प्रगति का बुनियादी आधार है, लेकिन जिन्दगी वहीं तक खत्म नहीं होती। वह आर्थिक विकास से कहीं ऊँची चीज है।" (प्रस्तावना : जवाहरलाल नेहरू, संस्कृति के चार अध्याय, रामधारी सिंह दिनकर, लोकभारती प्रकाशन, इलाहाबाद, 2013, पृ. 15.)
7. 'Once we have grasped this fact, we begin to perceive how art may belong to society and yet be autonomous within its own limits, and are no longer puzzled by the apparent polarity of social and formal criticism. These, in the last analysis, are complementary frames of reference whereby we may discriminate the complexities of a work of art." (Literature as an Institution, Accent, Spring, 1946, This essay written by Harry Levin is compiled in LITERARY CRITICISM, Edited by Justin O'Brien London 1960, Page 416.)
8. द्रष्टव्य, 'यात्रा-साहित्य' के भूमिका भाग का खण्ड 0.3 'यात्रा की रचना-प्रक्रिया।'

# भारतेन्दु-युग

हिन्दी साहित्य के भारतेन्दु-युग की कालावधि 1850 ई. से 1900 ई. तक निर्धारित की जाती है। भारतवर्ष के इतिहास में इसे आधुनिक काल माना गया है। अंग्रेजों द्वारा अन्तिम मुगल बादशाह बहादुरशाह को माण्डले जेल भेजने, प्लासी युद्ध (1757 ई.), बक्सर की लड़ाई (1764 ई.) और सिपाही विद्रोह (1857 ई.) के मूल कारण थे, विदेशी शासन की दमनकारी नीति, भारत की पूँजी का विदेश जाना, ब्रिटेन के उत्पादनों का भारत के बाजार में बेचना आदि। सिपाही विद्रोह की अग्नि जब प्रज्वलित हुई तो धीरे-धीरे इसमें सैनिक ही नहीं, जन-समूह भी शामिल होते गये। यह विद्रोह बंगाल से चलकर अवध, राजस्थान, मध्य-भारत, सुदूर पश्चिमोत्तर क्षेत्र आदि में फैल गया। अनेक जननायकों, जैसे बाबू कुँवर सिंह, झाँसी की रानी लक्ष्मीबाई और तात्याँ टोपे आदि ने इस विद्रोह को नेतृत्व दिया और अपने प्राणों का उत्सर्ग किया।[1] 1857 ई. के विद्रोह के धीमा पड़ते ही देश के शासन की बागडोर पूरी तरह से अंग्रेजों के हाथ में चली गयी। ईस्ट इण्डिया कम्पनी के अंग्रेज शासक हिन्दुस्तान को अपने अधीन शासित राष्ट्र के रूप में व्यवस्थित करने लगे। फलस्वरूप परतन्त्रता की स्थिति में राष्ट्र संक्रमण-काल से गुजरने लगा। नयी और पुरानी मनोदशाओं के बीच की टकराहट से जन-जीवन में हताशा, किंकर्त्तव्यविमूढ़ता और आक्रोश की भावनाएँ उभरने लगीं। इसी उपर्युक्त काल में भारतेन्दु का उदय हुआ और धीरे-धीरे देश नये युग में प्रवेश करने लगा। इसके फलस्वरूप लोकचेतना में नवोत्थान की प्रवृत्तियाँ पनपने लगीं। भारतेन्दु के पूर्व, विशेष रूप से बंगाल के लोकनायकों के साथ दयानन्द सरस्वती और श्रद्धाराम फिलौरी लोकमानस में स्वावलम्बन, राष्ट्र-गौरव और एकता के भावों को पुष्ट करने लगे। भारतेन्दु ने अपनी इस रचनात्मक विरासत से प्रभावित होते हुए राष्ट्रीय पुनर्निर्माण, सांस्कृतिक उत्थान और भाषा-साहित्य के परिमार्जन और नवोन्मेष में बहुमूल्य योगदान दिया। इनके कार्यों में उनकी मित्रमण्डली के लेखकों ने भी भरपूर सहयोग किया। इस प्रकार भारतेन्दु के ऐतिहासिक पराक्रमों से देश के लोकमानस में विदेशी शासन से मुक्ति हेतु संघर्ष करने की प्रेरणा मिली। वस्तुतः भारत के स्वाधीनता आन्दोलन के बीज के अंकुरन के स्रोतों में भारतेन्दु के साहित्य और भाषा सम्बन्धी कृतित्व अविस्मरणीय हैं।[2]

भारतेन्दु ने लोक-जागरण के जो मूल मन्त्र दिये वे सारभूत रूप से उनके दो नाटकों के इन काव्यांशों में ध्वनित होते हैं—[3]

*(क) रोवहु सब मिलिकै आवहु भारत भाई।*
*हा हा! भारत दुर्दशा न देखी जाई।। ध्रुव ।।*
*अँगरेजराज सुख साज सजे सब भारी।*
*पै धन बिदेश चलि जात इहै अति ख्वारी।।*

*(भारत दुर्दशा)*

*(ख) जगत पिता जगजीवन जागो मंगल मुख दरशाओ।*
*तुव सोए सबहीं मनु सोए तिन कहँ जागि जगाओ।।*
*अब बिनु जागे काज सरत नहिं आलस दूरि बहाओ।*
*हे भारतभुवनाथ भूमि निज बूड़त आनि बचाओ।।*

*(भारत जननी)*

यात्रा-साहित्य के प्रसंग में भारतेन्दु-काल का महत्त्व नयी कृतियों की रचना की अपेक्षा उनके लिए उपयुक्त विषय और भाषा-शैली सम्बन्धी उर्वर भूमि प्रदान करने में सर्वथा अधिक उल्लेखनीय है। विशेष रूप से इस युग में भारतेन्दु और उनके अन्य समकालीन साहित्यकारों द्वारा प्रकाशित होनेवाली 'पत्र-पत्रिकाओं', 'कवि-वचन सुधा', 'हरिश्चन्द्र मैगजीन', 'हिन्दी प्रदीप' तथा 'आनन्द कादम्बिनी' आदि ने गद्य-विधा के विकास से विविध विषयों पर निबन्ध लेखन के लिए उन्मुक्त द्वार खोले। इसके फलस्वरूप यात्रा-वृत्तान्तों की रचना हेतु अनुकूल भूमि के साथ समुचित दिशा-निर्देश मिला। उपर्युक्त सन्दर्भ में आचार्य रामचन्द्र शुक्ल का यह कथन निश्चयपूर्वक अपनी प्रासंगिकता को व्यक्त करता है, यथा "हरिश्चन्द्र तथा उनके सम-सामयिक लेखकों में जो एक सामान्य गुण लक्षित होता है वह है सजीवता या जिन्दादिली। सबमें हास्य या विनोद की मात्रा थोड़ी या बहुत पायी जाती है।"

"सबसे बड़ी बात स्मरण रखने की यह है कि उन पुराने लेखकों के हृदय का मार्मिक सम्बन्ध भारतीय जीवन के विविध रूपों के साथ पूरा-पूरा बना था। भिन्न-भिन्न ऋतुओं में पड़नेवाले त्योहार उनके मन में उमंग उठाते थे, परम्परा से चले आते हुए आमोद-प्रमोद के मेले उनमें कुतूहल जगाते और प्रफुल्लता लाते थे।" (हिन्दी-साहित्य का इतिहास पृ. 453)

## 2.1 भारतेन्दु

भारतेन्दु अपने युग के ऐसे लोकनायक थे, जिन्होंने देश के नवोत्थान के लिए भाषा और साहित्य को एक प्रभावशाली माध्यम के रूप में चुना। इन्होंने हिन्दी गद्य को आधार बनाकर पत्र-पत्रिकाओं और पुस्तकों के प्रकाशन द्वारा जागृति की भावना पर विशेष बल दिया। वस्तुतः यह तथ्य भारतेन्दु की विशिष्ट अन्तर्दृष्टि एवं लोकनायकत्व का साक्ष्य है। सम्भवतः भारत में भारतेन्दु एक ऐसे मनीषी पुरुष हैं, जिन्होंने गद्य की विधा और भाषा को जन-साधारण का स्रोत बनाया। यह भारतेन्दु की दूरदृष्टि थी, जिसने गद्य की शक्ति को पहचाना और सामान्य लोगों की बोल-चाल की भाषा को लोक-जागरण के लिए सशक्त औजार समझा। इसके प्रमाण स्वरूप भारतेन्दु और उनके युग में की जानेवाली गद्य-रचनाएँ

उदाहरणीय हैं। उस काल में लगभग राष्ट्रीय स्तर पर तीस-चालीस पत्रिकाओं का प्रकाशन हुआ और हिन्दी में, बँगला, संस्कृत और अंग्रेजी आदि भाषाओं के श्रेष्ठ ग्रन्थों के अनुवादों के साथ नाटक तथा निबन्ध की विधाओं में राष्ट्रीय समस्याओं को दृष्टि में रखते हुए विचारोत्तेजक और मनोरम रचनाएँ की गयीं। इनमें देश की राजनीतिक, आर्थिक और सामाजिक परिस्थितियों, ऋतु-वर्णन, पर्व-त्योहार, महापुरुषों के चरित्र आदि के साथ जीवन-जगत् सम्बन्धी विषयों पर सम्पादकीय और लेख लिखे जाते थे।[4]

यह एक आश्चर्य का विषय है कि भारतेन्दु की प्रतिभा के विकास में सर्वाधिक उनके द्वारा की जानेवाली भारतवर्ष की यात्राओं का विशेष योगदान रहा है। वे अपने जीवन के अन्त-अन्त तक देश के विभिन्न भागों की यात्रा करते रहे। इन यात्राओं ने भारतेन्दु को मानसिक रूप से राष्ट्र को नयी दिशा में ले जाने की प्रेरणा दी।

हिन्दी भाषा के उन्नयन में उनके द्वारा किये गये भारत भ्रमण के अनुभवों ने उन्हें रचनात्मक भूमिका सम्पन्न करने में अभिप्रेरित किया। भारतेन्दु ने अपनी युवा अवस्था में ही जगन्नाथपुरी, अयोध्या, देवघर, अजमेर, अमृतसर तथा आगरा आदि विख्यात स्थानों की यात्रा की। इतना ही नहीं उन्होंने इस क्रम में पूरे पूर्वी एवं पश्चिमी प्रदेशों की भी यात्रा की। भारत दर्शन के दौरान भारतेन्दु को देश के गौरवशाली स्थलों को देखने के क्रम में जन-जीवन की वास्तविक स्थितियों और उनकी आशा तथा विश्वास को समझने-बूझने का अवसर मिला। ऐसा प्रतीत होता है कि युग-जागरण की भी अभिप्रेरणा इन्हीं यात्राओं ने उन्हें दी। भारतेन्दु की सूक्ति– "निज भाषा उन्नति अहै, सब उन्नति को मूल। बिनु निज भाषा ज्ञान के, मिटत न हिय का सूल" और 'हरिश्चन्द्र पत्रिका' अन्तर्गत काल-चक्र नामक पुस्तक में लिखी गयी ऐतिहासिक टिप्पणी 'हिन्दी नयी चाल में ढली, सन् 1873 ई.' अपने ऐतिहासिक महत्त्व को उद्घोषित करती है। ऐसे तो सातवीं शताब्दी में नाथ और सिद्ध सम्प्रदाय के कवियों ने जो रचनाएँ की हैं उनमें खड़ी बोली का स्वरूप अपभ्रंश के माध्यम से ही बिम्बित होने लगता है। किन्तु खड़ी बोली का हिन्दी-गद्य स्पष्ट रूप से भारतेन्दु काल में ही प्रकट होता है। उपर्युक्त टिप्पणी इस सन्दर्भ में विशेष रूप से एक स्थायी अभिलेख सिद्ध होती है। ऐसा कहा जा सकता है कि भारतेन्दु अपने युग के ऐसे महान् व्यक्तित्व हैं जिन्होंने राजनीति के बदले भाषा को भारत के पुनर्निर्माण के लिए कारगर औजार बनाया। उन्होंने यह समझा कि हिन्दी भाषा का गद्य स्वरूप ही जन-जागरण के लिए सर्वाधिक उपयुक्त है। यही कारण है कि अपने पैंतीस वर्ष के जीवन-काल में उन्होंने देश के उत्थान के लिए लोगों की चेतना में राष्ट्र-गौरव और स्वाभिमान की भावना को जागृत किया और इसके लिए उन्होंने और उनकी मित्रमण्डली ने अनेक पत्रिकाओं का प्रकाशन और सम्पादन किया तथा विभिन्न भाषाओं, विशेषतः बँगला, अंग्रेजी और संस्कृत, से नये प्रकार के सामाजिक, ऐतिहासिक और पौराणिक नाटकों का अनुवाद किया। उनका विख्यात 'विद्यासुन्दर' नाटक मूलतः बँगला से अनूदित कृति है।[5] दरअसल भारतेन्दु ने अनुवाद के लिए अनुवाद नहीं किया, बल्कि हिन्दी भाषा और साहित्य के नवोन्मेष की दृष्टि से मौलिक ग्रन्थों के

अलावा नाटकों का अनुवाद किया।[6] इतना ही नहीं अपना नाटक-चक्र तैयार करते हुए भारतेन्दु ने नाट्यकला का शास्त्रीय विवेचन भी किया। एक लेख में उन्होंने नाटकों के विभिन्न भेदों और पारस्परिक अन्तर पर प्रकाश डाला। इसके अन्तर्गत आचार्यों की शैली में नाटक, प्रकरण, भाण या योग, समवकार, डिम, ईहामृग, अंक, वीथी, प्रहसन आदि का उन्होंने विस्तृत विवेचन किया। उनके लेख के ये अंश ज्ञातव्य हैं, 'नाटक शब्द का अर्थ नट लोगों की क्रिया। नट कहते हैं विद्या के प्रभाव से अपने वा किसी वस्तु के स्वरूप के फेर वा स्वयं दृष्टि रोचन के अर्थ फिरना। नाटक में पात्रगण अपना स्वरूप परिवर्तन करके राजादिक का स्वरूप धारण करते हैं वा वेषविन्यास के पश्चात् रंग-भूमि में स्वकीय कार्य-साधन के हेतु फिरते हैं। काव्य दो प्रकार के हैं—दृश्य और श्रव्य। दृश्य काव्य वह है जो कवि की वाणी को उसके हृदयगत आशय और हाव-भाव सहित प्रत्यक्ष दिखला दे। जैसा कालिदास ने शाकुन्तल में भ्रमर के आने पर शकुन्तला की सूधी चितवन से कटाक्षों का फेरना जो लिखा है, उसको प्रथम चित्रपटी द्वारा उस स्थान का, शकुन्तलावेषमज्जित स्त्री द्वारा उसके रूप-यौवन और वनोचित शृंगार का, उसके नेत्र, सिर, हस्तचालानदि द्वारा उसके अंगभंगी और हाव-भाव का, तथा कवि-कथित वाणी के उसी के मुख से कथन द्वारा काव्य का, दर्शकों के चित्त पर खचित कर देना ही दृश्यकाव्यत्व हैं।'[7]

भारतेन्दु की प्रेरणा और प्रभाव से उनके सहयोगियों ने गद्य में पुस्तकों और पत्रिकाओं के अन्तर्गत विभिन्न विषयों पर निबन्ध लिखे। इनमें यात्रा-वृत्त की शैली के पर्याप्त उदाहरण मिलते हैं। इसके अन्तर्गत ऋतु वर्णन, राष्ट्रीय-परिस्थिति, पर्व-त्योहार और भारत के गौरवपूर्ण इतिहास पर प्रकाश पड़ता है। इस सन्दर्भ में 'नीलदेवी' नाटक के वक्तव्य का यह अंश उदाहरणीय है—

"आज बड़ा दिन है, क्रिस्तान लोगों को इससे बढ़कर कोई आनन्द का दिन नहीं है। किन्तु मुझको आज उलटा और दुःख है। इसका कारण मनुष्य-स्वभाव-सुलभ ईर्ष्या मात्र है। मैं कोई सिद्ध नहीं कि राग-द्वेष से विहीन हूँ। जब मुझे अँगरेजी रमणी लोग मेदसिंचित केशराशि, कृत्रिम कुन्तलजूट, मिथ्या रत्नाभरण, विविध-वर्ण वसन से भूषित, क्षीण कटिदेश कसे, निज निज पतिगण के साथ प्रसन्नवदन इधर-से-उधर फर-फर कल की पुतली की भाँति फिरती हुई दिखायी पड़ती हैं और तब इस देश की सीधी-सादी स्त्रियों की हीन अवस्था मुझको स्मरण आती है। और यही बात मेरे दुःख का कारण होती है।"

भारतेन्दु के साहित्य में सर्वाधिक नाटकों की संख्या अधिक है। किन्तु इनमें यत्र-तत्र और खास कर भारत के ऐतिहासिक सन्दर्भों पर यात्रा-वृत्तान्त की शैली में विचार प्रकट किये गये हैं। भारतेन्दु ने 'काश्मीर-कुसुम', 'बादशाह-दर्पण' आदि में ऐतिहासिक विषयों पर रचना की। उन्होंने जिन भारतीय स्थलों का भ्रमण किया, उनकी स्मृतियों पर अलग-अलग निबन्ध लिखे। विशेषतः प्रकृति, पुरातत्त्व, जन-साधारण की सामाजिक दशा आदि विषयों का इनमें वर्णन किया गया।[8] भारतेन्दु की ये यात्राएँ अपने आप में बहुत महत्त्वपूर्ण सिद्ध होती हैं। इसलिए कि इन यात्राओं के कारण उनकी चेतना में राष्ट्र-गौरव और तत्कालीन

भारत-दुर्दशा सम्बन्धी विचार जगे। इस सम्बन्ध में रामविलास शर्मा जी का यह विचार उल्लेखनीय है, "उनके यात्रा सम्बन्धी निबन्धों में कहीं हम उन्हें पानी न मिलने की शिकायत करते देखते हैं" कहीं "पैदल धूप में गर्म रेती पर सरजू के किनारे" चलते देखते हैं। कहीं गुड़ जैसी बर्फी, भूर के लड्डू और काठ के टुकड़े जैसी बालूशाही की तारीफ करते पाते हैं। कहीं मेले में, कहीं रामलीला में, कहीं अलाव के पास हम उन्हें अपने देशवासियों के चरित्र का अध्ययन करते देखते हैं। इसी प्रकार बस्ती की यात्रा के सिलसिले में भारतेन्दु ने लिखा है, "चूल्हे जल रहे हैं, सैकड़ों अहरे लगे हुए हैं, कोई गाता है, कोई बजाता है, कोई गप हाँकता है। रामलीला में अवध प्रान्त के लोगों का स्वभाव, रेल, अयोध्या और इधर राह में मिलने से खूब मालूम हुआ।"[9]

भारतेन्दु ने यात्रा-वृत्तान्त की शैली में अपने निबन्धों और नाटकों के अन्तर्गत अनेक रचनाएँ भी कीं। इनमें, 'अद्‌भुत अपूर्व स्वप्न', शीर्षक लेख, 'विद्यासुन्दर' नाटक अन्तर्गत वर्द्धमान नगर (बंगाल) की शोभा, 'भारत-दुर्दशा' में देश की दशा आदि विशेष रूप से प्रासंगिक है। 'विद्यासुन्दर' नाटक में वर्णित वर्द्धमान की शोभा, 'हरिश्चन्द्र' नाटक में चित्रित 'गंगा-वर्णन' और मुकरियों के विविध विषय लिये जा सकते हैं। 'अद्‌भुत अपूर्व स्वप्नः' शीर्षक लेख यात्रा-वृत्त की सगोत्रीय विधा, डायरी तथा चेतनाप्रवाह आदि की शैली में लिखित है। वस्तुंतः यह विषय और विधान की दृष्टि से भारतेन्दु की अद्‌भुत स्वप्न-यात्रा है। प्रकारान्तर से यात्रा-वृत्तान्त भी निबन्ध की भंगिमा में अपेक्षाकृत अधिक व्यक्त हुए हैं। इसका प्रमुख कारण है, यात्रा-वृत्तान्त का धारा-प्रवाह की शैली में गतिशील होना और पाठकों को भी गतिशील करना। .

भारतेन्दु ने उक्त लेख के अन्तर्गत मनोविनोद एवं व्यंग्य की भाषा-भंगिमा में वाराणसी के वातावरण में विद्यमान नकारात्मक गुरुडम, अहं और पाखण्ड पर चोट किया है। इस स्वप्न में वाराणसी के पण्डितों की जीवन शैली और सोच में दिखायी पड़नेवाले ढोंग का उद्‌भेदन किया गया है। इसकी शैली के अन्तर्गत हिन्दी भाषा का आधुनिक स्वरूप निखरता है। इसके कुछ अंश उदाहरणार्थ दिये जा रहे हैं।

1. ''आज रात्रि को पर्यंक पर जाते ही अचानक आँख लग गयी। सोते में सोचता हूँ कि इस चलायमान शरीर का कुछ ठीक नहीं। इस संसार में नाम स्थिर रहने की कोई युक्ति निकल आवे तो अच्छा है, क्योंकि यहाँ की रीति देख मुझे पूरा विश्वास होता है कि इस चपल जीवन का क्षण भर का भरोसा नहीं।''

2. "उसी दिन हमने हिमालय की कन्दराओं में से खोज-खोजकर अनेक उद्‌दण्ड पण्डित बुलवाये, जिनकी संख्या पौन दशमलव से अधिक नहीं है। इस पाठशाला में अगणित अध्यापक नियत किये गये परन्तु मुख्य केवल ये हैं, पण्डित मुग्धमणि शास्त्री तर्कवाचस्पति प्रथम अध्यापक। पाखण्ड-प्रिय धर्माधिकारी, अध्यापक धर्मशास्त्र। प्राणान्तक प्रसाद वैद्यराज, अध्यापक वैद्यकशास्त्र। लुप्तलोचन ज्योतिषाभरण, अध्यापक ज्योतिषशास्त्र। शीलदावानल नीतिदर्पण, अध्यापक आत्माविद्या।'

3. "रहे पण्डित शीलदावानल नीतिदर्पण! इनके गुण अपार हैं। समय थोड़ा है, इस हेतु थोड़ा-सा आप लोगों के आगे इनका वर्णन किया जाता है। ये महाशय बालब्रह्मचारी हैं। अपने आयु भर नीतिशास्त्र पढ़ते-पढ़ाते रहे हैं। इनसे नीति तो बहुत से महात्माओं ने पढ़ी थी, परन्तु वेणु, वाणासुर, रावण, दुर्योधन, शिशुपाल और कंस आदि इनके मुख्य शिष्य थे।"[10]

4. 'वर्द्धमान की शोभा का वर्णन मैंने जैसा सुना था उससे कहीं बढ़कर पाया। आहा! कैसे सुन्दर-सुन्दर घर बने हैं, कैसी चौड़ी-चौड़ी सुन्दर स्वच्छ सड़कें हैं, वाणिज्य की कैसी वृद्धि हो रही है, दुकानें अनेक स्थान की अनेक प्रकार की सब वस्तुओं से पूर्ण हो रही हैं, सब लोग अपने-अपने काम में लगे हैं, और बहुतेरे लोग नदी के प्रवाह की भाँति इधर-उधर दौड़ रहे हैं, स्थान-स्थान पर पहरेदार लोग सावधानी से पहरे दे रहे हैं, प्रजा लोग सुख से अपना कालक्षेप करते हैं।"

भारतेन्दु की कविताओं में भी यात्रा-वृत्तपरक प्रकृति-चित्रण द्रष्टव्य हैं, यथा,

**गंगा-वर्णन**

*नव उज्ज्वल जलधार हार हीरक-सी सोहति।*
*बिच-बिच छहरत बूँद मुक्ता मनु पोहति।।*
*लोल लहर लहि पवन एक पै इक इमि आवत।*
*जिमि नरगन मन विविध मनोरथ करत मिटावत।।*
*कासी कहँ प्रिय जानि ललकि भेंट्यो उठि धाई।*
*सपनेहू नहिं तजी रही अंकम लपटाई।।*
*कहूँ बँधे नव घाट उच्च गिरिवर सम सोहत।*
*कहूँ छतरी, कहूँ मढ़ी बढ़ी मन मोहत जोहत।।*

**जमुना-वर्णन**

*'तरनि-तनूजा-तट तमाल तरुवर बहु छाये।*
*झुके कूल सों जल परसन हित मनहु सुहाये।।*
*किधौं मुकुर में लखत उझकि सब निज-निज सोभा।*
*कै प्रनवत जल जानि परम पावन फल लोभा।।'*

*'कहूँ तीर पर कमल अमल सोभित बहु भाँतिन।*
*कहूँ सैबालन मध्य कुमुदिनी लगि रहि पाँतिन।।*
*मनु द्दग धारि अनेक जमुन निरखति बगज सोभा।*
*कै उमगे पिय-प्रिया-प्रेम के अगनित शोभा।।'*[11]

उपर्युक्त सन्दर्भ में उदाहरणार्थ उनकी यह मुकरी भी उद्धृत है—

*"भीतर-भीतर सब रस चूसै।*
*हंसि-हंसि कै तन-मन-धन मूसै।।*

*जाहिर बातन में अति तेज।*
*क्यों सखि साजन नहिं अँगरेज।।"*

भारतेन्दु गद्य के विकास में आलोक पिण्ड की तरह उदित हुए। इनके पूर्व खड़ी बोली के गद्य की भाषा को स्वरूप देनेवालों में मुंशी सदासुख लाल, इंशा अल्ला खाँ, लल्लू लाल और सदल मिश्र की ऐतिहासिक देन भी उल्लेखनीय है। इनकी भाषा में हिन्दी-गद्य अपने को निखारने की स्थिति में दृष्टिगत होता है। इन्होंने फोर्ट विलियम कॉलेज की ओर से हिन्दी में जो अनुवाद किये, उनमें खड़ी बोली की आभाएँ दिखायी पड़ती हैं। इनमें अरबी-फारसी और हिन्दी की बोलियों के रूप में प्रकट होते हैं। इन लोगों के बाद राजा लक्ष्मण सिंह और राजा शिवप्रसाद ने हिन्दी-गद्य को निखारने की दिशा में प्रयत्न किया। इनके लेखन में भी हिन्दी को वह स्वरूप नहीं मिल सका, जो भारतेन्दु और उनके काल की कृतियों में आविर्भूत हुआ।

इस प्रकार निस्सन्देह भारतेन्दु आधुनिक हिन्दी-साहित्य के इतिहास में एक बहुआयामी प्रतिभा के रूप में दिखायी पड़ते है।[12] इन्होंने अपनी अन्तर्दृष्टि, दूरदर्शिता, साहस, कर्मठता, त्याग-तपस्या आदि से हिन्दी के सरस्वती-मन्दिर में अनेक अक्षय-पुष्प अर्पित किये। भारतेन्दु की तेजस्विता सर्वोपरि हिन्दी गद्य के माध्यम से राष्ट्र के पुनर्निर्माण और स्वतन्त्रता की चेतना के जागरण में अमोघ सिद्ध होती हैं। इन्होंने हिन्दी गद्य की सर्जनात्मकता और सम्प्रेषणात्मकता के सामर्थ्य को पहचानते हुए, उसे देश को नयी दिशा में ले जाने के कार्यों में अपूर्व नेतृत्व प्रदान किया। तत्कालीन अंग्रेजी शासन के विरुद्ध जाकर भारतेन्दु ने भारत की जन-शक्ति को भाषा और साहित्य के माध्यम से संगठित किया। निस्सन्देह आज के भारत की उपलब्धियों में भारतेन्दु और उनके काल में किये गये सांस्कृतिक निर्माण नींव के पत्थर सिद्ध होते हैं। इसीलिए इस दुनिया से चले जाने के बाद बड़े मार्मिक शब्दों में याद करते हुए कहा गया है कि, "कहेंगे लोग आखिन में नीर भरि-भरि प्यारे हरिश्चन्द्र की कहानी रह जायेगी।"

हिन्दी भाषा और भारतवर्ष को भारतेन्दु की देन अन्य प्रसंग में भी उल्लेखनीय है। उन्होंने अपनी समकालीन अनेक प्रतिभाओं को तत्कालीन युग के निर्माण में संगठित किया। भारतेन्दु के साथ उनकी मित्रमण्डली और उनके समकालीन लेखकों के अवदानों का अपने-आप में विशेष महत्त्व है। भारतेन्दु की ही तरह उनके सम्पर्क और परिचय-क्षेत्र में आये अनेक रचयिताओं ने राष्ट्रहित की दिशा में पत्र-पत्रिकाओं के प्रकाशन और मौलिक लेखन से हिन्दी की ऐतिहासिक सेवा की। इनमें बालकृष्ण भट्ट, प्रताप नारायण मिश्र, उपाध्याय बद्रीनारायण चौधरी 'प्रेमघन', लाला श्रीनिवास दास, पण्डित केशवराम भट्ट, अम्बिकादत्त व्यास, पण्डित राधाचरण गोस्वामी, काशीनाथ खत्री तथा राधाकृष्ण दास विशेष रूप से उल्लेखनीय हैं। नीचे इन सभी के विशेष योगदानों पर विचार किया जा रहा है।

## 2.2 बालकृष्ण भट्ट

भारतेन्दु मण्डल के लेखकों में बालकृष्ण भट्ट हिन्दी-साहित्य के एक नक्षत्र के रूप में उल्लेखनीय हैं। इनकी ज्ञान राशि में हिन्दी के अतिरिक्त संस्कृत और अंग्रेजी के विषय और विधान प्रकट होते हैं। स्वभावतः अपने वृहत् भाषा-ज्ञान के कारण भट्ट जी ने हिन्दी को निबन्धों के माध्यम से एक नया आयाम दिया। विभिन्न विषयों के अतिरिक्त ये अपने मनोविज्ञानपरक निबन्धों के लिए विख्यात हैं। इन्होंने हिन्दी-भाषा, राष्ट्र-प्रेम और नैतिक जीवन को दृष्टि में रखते हुऐ विभिन्न विषयों पर लेख लिखे। भट्ट जी हिन्दी-साहित्य के एक ऐसे रचयिता माने जाते हैं, जिन्होंने हिन्दी आलोचना को श्रीनिवासदास कृत 'संयोगिता स्वयंवर' नाटक पर समालोचना लिख कर हिन्दी की उक्त विधा को जन्म दिया। इनकी रचनाओं में यात्रा-वृत्त की संख्या अधिक नहीं है। ऐसे, इनके नाटकों, 'कलिराज की सभा', 'रेल का विकट खेल' आदि में यात्रा-वृत्त की शैलीगत छटा प्रकट होती है। अपनी नवोन्मेषशालिनी प्रतिभा से प्रेरित होकर भट्ट जी ने 'हिन्दी प्रदीप' पत्रिका का सम्पादन किया और वर्षों तक समाज, साहित्य तथा राजनीति आदि विषयों पर हास्य-विनोद की भाषा में भावपूर्ण निबन्ध लिखा। मुहावरों के सटीक प्रयोग में तो ये एक विरल लेखक माने जाते हैं। इनके सम्बन्ध में रामचन्द्र शुक्ल जी ने लिखा है कि—"उनके लिखने का ढंग पण्डित प्रतापनारायण के ढंग से मिलता-जुलता है। मिश्र जी के समान भट्ट जी भी स्थान-स्थान पर कहावतों का प्रयोग करते थे, पर उनका झुकाव मुहावरों की ओर अधिक रहा है। व्यंग वक्रता उनके लेखों में भरी रहती है और वाक्य भी कुछ बड़े-बड़े होते हैं। ठीक खड़ी बोली के आदर्श का निर्वाह भट्ट जी ने भी नहीं किया है।"[13]

## 2.3 प्रताप नारायण मिश्र (1913 ई. - 1951 ई.)

ये अपने मनमौजीपन, खुशमिजाज, स्वाभिमान और तीक्ष्ण बुद्धिमत्ता के लिए स्मरणीय हैं। इनकी भाषा में मुहावरेदार, चटुल और हँसमुख गद्य-शैली की छटा देखने को मिलती है। इन्होंने 'ब्राह्मण' पत्रिका के सम्पादकीय और लेखों के माध्यम से हिन्दी-भाषा को विशिष्ट पहचान दी और उसकी सर्जनात्मक शक्ति को संवर्द्धित किया। इनके सम्पादकीय और लेखों में ऐसे अनेक विषय उभरकर आये, जो आगे चलकर हिन्दी लेखन के लिए आदर्श बने। इनके कुछ ऐसे लेख हैं, जिनमें हिन्दी यात्रा-साहित्य की पृष्ठभूमि और सामर्थ्य का पता चलता है। प्रताप नारायण मिश्र ने भारतेन्दु मण्डल के अभिन्न अंग के रूप में हिन्दी गद्य को अनेक प्रकारों से समृद्ध किया। भारतेन्दु-युग के एक प्रसिद्ध लेखक बालमुकुन्द गुप्त ने इनके सम्बन्ध में सही लिखा है कि, 'मिश्र जी के विचारों में ऊर्जा, उत्साह और संकल्प की वृद्धि देखी जाती है।' इन्होंने गद्य के अन्तर्गत जो सैकड़ों लेख लिखे हैं बे विषय-वस्तु की दृष्टि से बहुआयामी हैं जैसे, 'धर्म और मत', 'धरती माता', 'काल', 'समाधि', 'आत्मीयता', 'सत्य', 'ममता', 'मनोयोग' आदि। ऐसे मनोवृत्तिपरक इनके लेखों को देखकर लगता है कि ये अंग्रेजी के महान् लेखक 'बेकन' के समान प्रतिभासम्पन्न साहित्यकार हैं। इसी प्रकार उन्होंने 'मुच्छ', 'भौ', 'दाँत' आदि विषयों पर भी व्यंग्य-विनोद

की शैली में छोटे-छोटे निबन्ध लिखे और भारतेन्दु से प्रभावित होकर अपने सम्पादकीयों में हिन्दी गद्य और देवनागरी के महत्त्व को दर्शाते हुए बहुत ही प्रेरक विचार प्रकट किये।

प्रत्यक्ष रूप से इनके लेखन में यात्रापरक रचनाएँ नहीं हैं लेकिन उनके कुछ ऐसे लेख हैं, जो यात्रा-वृत्त की श्रेणी में परिगण्य हैं, जैसे, गंगा जी, गंगा जी की स्थिति, रथ-यात्रा, कन्नौज में तीन दिन, कचहरी में शालीग्राम आदि। नीचे कुछेक उदाहरण दिये जा रहे हैं।

1. "क्यों न कहिये कि गंगा हमारी एक महत्तमं प्रेमाधार है। धन्य गंगे! सर्वदेवमयी गंगा जिन्होंने कहा है, निहायत ठीक कहा है, क्योंकि, ''श्रीहरिपद-नख-चन्द्रकान्त-मनि-द्रवित सुधारस। ब्रह्म-कमण्डल-मण्डन, भव-खण्डन, सुर-सरबस। शिवसिर मालती-माल, भागीरथ नृपति-पुण्य-फल। ऐरावत-गज गिरिपति हिम-नग कण्ठहार कल।।''

"अच्युतचरणरंगिणि! शशिशेखरमौलिमालतीमाले। मम तनुवितरणसमये हरता देया न मे हरिता।'' अर्थात् विष्णु बनाओगे तो मुझे कृतघ्नता का दोष होगा, क्योंकि तुम उनके चरण से निकली कहाती हो। अतएव शिव बनना, जिसमें तुम्हें शिर पर धारण करूँ। अन्य मतवाले देख लें कि अच्छे मुसलमान भी हमारी गंगा को क्या कहते हैं। फिर उन हिन्दुओं को हम क्या कहें जो गंगा की प्रीति नहीं करते।"[14]

2. "कन्नौज में तीन दिनः गत मास में श्री स्वामी भास्करानन्द जी के साथ तीन दिन के लिए कनौज जाना पड़ा था।...हमारे प्रिय मित्र हरिशंकर वर्मा एवं श्यामसुन्दर वर्मा तथा कविवर गदाधर के कारण रेल के तीन घण्टे तो ऐसे आनन्द से बीते कि मीरासराय स्टेशन पर उतरने को जी न चाहता था। वह मार्ग में हरियाली का दृश्य, जल की वृष्टि, कविता की छटा, यारों का जमघटा, हम तो हमीं है अन्य यात्रियों को भी मस्त कर रखा था। रेल से उतरे तो इक्कों पर चढ़े। डॉक्टर श्री दुबरीप्रसाद जी से भेंट कर आगे बढ़े। कुछ ही दूर चल के कन्नौज के खँडहर शुरू हुए जिन्हें देख के अनुराग ओ विराग ने हृदयांगण में द्वन्द्व युद्ध मचाया। कभी तरंग आती थी। धन्य यह अवसर कि पुरखों की पुण्य भूमि का दर्शन हो रहा है। कभी यह छन्द स्मरण होने से कि, ''जलता है आज क्या खसो खाशक में मिला, वह गुल जो एक उम्र चमन का चिराग था। गुजरूँ हूँ जिसे खराषे में कहते है बाँके लोग। है चन्द दिन की बात यह घर था यह बाग था।"[15]

ऊपर दिये गये उदाहरण से यह संकेतिक होता है कि भारतेन्दु की तरह मिश्र जी की रचनाओं में भी हिन्दी यात्रा-वृत्तान्त के विषय और भाषा-शैली के बीज विद्यमान हैं। वस्तुतः प्रताप नारायण मिश्र भारतेन्दु-युग के ऐसे लेखकों में है जिन्होंने विषय-वस्तु और भाषा-शैली के स्तर पर हिन्दी गद्य को समृद्ध किया। ये हिन्दी-साहित्य में व्यंग्य-विनोद, कहावत तथा मुहावरा आदि से पूर्ण लेखन के लिए विशेष रूप से याद किये जाते हैं। यही कारण है कि ये आलोचकों की दृष्टि में हिन्दी के एक विधायक और निर्माता लेखक के रूप में स्मरण किये जाते हैं।

## 2.4 उपाध्याय बद्रीनारायण चौधरी 'प्रेमघन'

ये भारतेन्दु पथ के दावेदार लेखकों में माने जाते हैं और उन्हीं की तरह रईस मिजाज

और हिन्दी हितैषी के रूप में इनकी गणना होती है। इन्होंने भारतेन्दु की राह पर चल कर नाटक और प्रहसन लिखे और दो पत्रों – 'आनन्द कादम्बिनी', 'नागरी नीर' का सम्पादन किया। हिन्दी यात्रा-वृत्त की दृष्टि से ये याद किये जाते हैं। बनारस के एक विख्यात सांस्कृतिक आयोजन और मेला माने गये 'बुढ़वा मंगल', इनका यात्रा-वृत्त निश्चयपूर्वक अपने आप में हिन्दी की एक अविस्मरणीय कृति है। इस वृत्तान्त में उन्होंने बनारस की ही संस्कृति का ही नहीं, बल्कि पर्व-त्योहार आदि के अवसर पर भारत में आयोजित कुम्भ जैसे मेले का वर्णन किया है। इसमें भारत की संस्कृति और शताब्दियों के रीति-रिवाज, शान-शौकत तथा रहन-सहन आदि का जीवन्त चित्र व्यक्त होता है। 'बुढ़वा मंगल' का मेला महादेव शिव को 'बुढ़वा' मानकर मंगल के दिन अस्सी घाट से लेकर राजघाट तक फैले हुए क्षेत्र में आयोजित होता है।[16] इस मेले का आँखों-देखा हाल यात्रा-वृत्त की शैली में लिखा गया है। प्रेमघन जी ने स्वयं इस मेले की जो यात्रा की है, उसी के अनुपम अनुभवों को अपनी जीवन्त भाषा में उड़ेल दिया है। भारतेन्दु के समय यह मेला रौनक के साथ आयोजित होता था। इसलिए इस यात्रा-वृत्तान्त में प्रेमघन जी ने भारतेन्दु का पग-पग पर स्मरण किया है। बनारस ऐसे विख्यात स्थान में आयोजित सांस्कृतिक मेले में प्रायः पूरे भारतवर्ष के विभिन्न भाषा-भाषी लोग एकत्र होते हैं। चौधरी जी ने अपनी इस यात्रा-स्मृति में उपर्युक्त सभी सन्दर्भों का उल्लेख किया है। इसमें विशेष रूप से बंगाल से आये हुए लोगों की मजेदार हिन्दी का जो उदाहरण दिया है, उसमें रचनात्मक हास्य का अद्भुत पुट है। उपर्युक्त प्रसंगों में 'बनारस का बुढ़वा मंगल' यात्रा-वृत्त के ये अंश उदाहरणीय (स्तबक, बनारस का बुढ़वा मंगल, साहित्य अकादमी प्रकाशन, 1986, पृ. 27-28):

(क) "वाह आज तो स्टेशन दाल मण्डी को मात कर रहा है, इधर रण्डियों का समूह तो दर्शकों का झुण्ड, इधर मिर्जापुर और प्रयाग, तो पटना और कलकत्ते की चलान। वाह यह छमाछम का रव सुन कैसे लोग शीघ्र गति से चलने लगे हैं। कोई खीस बाहर कर पूछता है कि, "मोशा तुमार नेवास कोतथाय" एक बोलता कि– "माशा नहीं माशी कहो नहीं दन्त सकार का उच्चारण करो", "भाई जिसका जैसा नाता हो", "हाँ मोशा तुमार नाम की आछी", "ओवीर और ये", "होरी दासी", "आय हाय? यह अबीर और यह होरी। होरी-होरी यह तो मन में होरी लग गयी" मैं इस लीला को देख जो निकट पहुँचा, तो देखता हूँ कि मेरा एक लखन ऊ का मित्र यों बावला-सा बेहाल घूमना बैतलमाल बन रहा है, मुझे देखते ही वह दौड़कर आ लिपटा, पूछा कि भई तुम कहाँ, "कहा कि जहाँ जान वहाँ" दो दिन बहुत दिल को समझाया, मगर उसने एक न सुना, और यहाँ ला पटका।"

(ख) 'काशी के पूर्व छोर से लेकर पश्चिम पर्यन्त के प्रत्येक घाटों पर जो अनुमान ढाई तीन कोस के विस्तार में होंगे, काशीराज और नगर प्रतिष्ठित महाजनों से लेकर मदनपुर के जुलाहों तथा श्मशान के डोमड़ों तक की नौकाएँ निज शक्ति और श्रद्धा के अनुसार सुसज्जित देख पड़ने लगीं। संख्या भी और वर्षों की अपेक्षा है, कोई पटैले पर बासों के ठाट ठाटे हैं, तो कोई घटहा पाटे हैं, बजड़े पर झाड़ फानूस की सजावट कर नाच-नाच देखता,

तो कोई मोरपंखी सजाये अपना अखाड़ा ला खड़ा किये है, किसी ने कोई छोटा-मोटा कटर भाड़े पर रंगीन चोब वा तूल लपेट कर गोटे की लहरिया देकर झालदार चाँदनी तान चार ठो हाँड़ी नाँद जलाकर उजाला किये अपनी सूरत और झलामल कपड़ों की सजावट ही दीखता घूमता तो कोई एक पनसुही पर सवार नाचवाली नौकाओं की ताक में डोलता-फिरता मानो मेले में भिक्षा-सी माँग रहा है।"

(ग) 'कहीं विथक थिरकते तो कहीं कलावन्त भाँड रागिनी गाकर माड़वारियों को भी मस्त किये देते, कहीं भाँड़ो की तालियाँ बजतीं, तो कहीं कव्वालों की नकलें होतीं, कहीं गँवार लोग तन भड़-भड़ लगाये, तो कहीं जोगीड़े होली मचाये भड़तल्ले की ताल पर ललकार रहे हैं।"

(घ) "अब कुछ और ही शोभा हो चली, रात बीत गयी, दिन दिखलायी देने लगा। उजाले में दूर-दूर की भी हर ओर नौकाएँ पहवान पड़ने लगीं। घाट छोड़ नौकाओं के झूमड़ धारा में पड़ चले, सब राग-रागिनियों का गाना बन्द हुआ। अब केवल भैरवी ही राग का सनाका सुर सारे सुरसरि धार पर सुनायी दे रहा है। कहीं "पनिघटवा रोके ठाढ़ो" "तड़प-तड़प सारी रैन गुजारी करवटिया लेन दे", "सैयाँ आवन की बरियाँ री, गुइयाँ दरवाजा लगी रहूँ", "अब मोसो प्रीत क्यों लगाई रे, साँवरे कँधैया, मैं तो गाली दूँगी तोको छाड़ दे कलाई", "कहीं—आजकल जोशे जुनूँ है तेरे दिवाने पर'।'

इसी प्रकार प्रेमघन जी ने यात्रा-वृत्तान्त की शैली में वर्षा ऋतु का वर्णन 'परिपूर्ण पावस' शीर्षक लेख में किया है। इसमें इनकी संवेदनशीलता और अनुप्रास तथा लम्बे वाक्यों से परिपूर्ण शैली की झलक मिलती है, यथा,

(ङ) "जैसे किसी देशाधीश के प्राप्त होने से देश का रंग-ढंग बदल जाता है। तद्रूप पावस के आगमन से इस सारे संसार ने भी दूसरा रंग पकड़ा, भूमि हरी-भरी होकर नाना प्रकार की घासों से सुशोभित भई, मानो मारे मोद के रोमांच की अवस्था को प्राप्त भई। सुन्दर हरित पत्रावलियों से भरित तरुगणों की सुहावनी लताएँ लिपट मानो मुग्ध मंयकमुखियों को अपने प्रियतमों के अनुरागालिंगन की विधि बतलाती। इनसे युक्त पर्वतों के शृंगों के नीचे सुन्दरी-समूह के स्वच्छ श्वेत जल-प्रवाह ने मानो पारा की धारा और विल्लौर की ढार को तुच्छ कर युगल पार्श्व की हरी-भरी भूमि के, कि जो हरेपन की श्यामता की झलक दे अलक की शोभा लायी है।'[17]

## 2.5 ठाकुर जगमोहन सिंह

भारतेन्दु की मित्रमण्डली के एक अभिन्न सदस्य के रूप में ठाकुर जगमोहन सिंह जी का नाम उल्लेखनीय है। ये संस्कृत और अंग्रेजी के भी ज्ञाता थे। पद्य-गद्य दोनों में समान रूप से उच्च कोटि की रचनाएँ इनकी याद दिलाती हैं। विन्ध्य प्रदेश से घनिष्ठ सम्बन्ध होने के कारण उन्होंने वहाँ की प्रकृति का मनोहारी वर्णन किया है। रामचन्द्र शुक्ल जी ने लिखा है कि—

(क) "प्राचीन संस्कृत साहित्य के अभ्यास और विन्ध्यावटी के रमणीय प्रदेश में निवास के कारण विविध-भावमयी प्रकृति के रूप-माधुर्य की जैसी सच्ची परख, जैसी सच्ची अनुभूति, उनमें थी वैसी उस काल के किसी हिन्दी-कवि या लेखक में नहीं पायी जाती। अब तक जिन लेखकों की चर्चा हुई उनके हृदय में इस भूखण्ड की रूपमाधुरी के प्रति कोई सच्चा प्रेम-संस्कार न था।"[18]

'श्यामा स्वप्न' इनकी विख्यात कृतियों में से एक है। इन्होंने प्रकृति का जो वर्णन किया है, उसमें प्रकृति के साथ मानवीय चेतना के स्वाभाविक सम्बन्ध पर प्रकाश पड़ता है। उदाहरण के लिए नर्मदा नदी की दक्षिण दिशा में स्थित दण्डकारण्य सम्बन्धी उनके भावपूर्ण वर्णन के कुछ अंशों को लिया जा सकता है, यथा,

(ख) "इसके दक्षिण विन्ध्याचल-सा अचल उत्तर-दक्षिण को नापता भगवान् अगस्त्य का किंकर दण्डवत् करता हुआ विराजमान है। इसके पुण्य-चरणों को धोती मोती की माला की नाई मेलकन्या बहती है। यह पश्चिमवाहिनी जिसकी सबसे विलग गति है, अपनी बहन तापती के साथ होकर विन्ध्य के कन्दरों में तप करती सूर्य के ताप में तापित, सौतों के सदृश अपने बहुबल्लभ सागर में जा मिलती है। इसी नर्मदा के दक्षिण दण्डकारण्य का एक देश कोशल के नाम से प्रसिद्ध है।

*याही मग ह्वै कै गये दण्डक वन श्रीराम।*
*तासों पावन देस यह बिन्ध्याटवी ललाम।।*

मैं कहाँ तक इस सुन्दर देश का वर्णन करूँ? कहीं-कहीं कोमल श्याम, कहीं भयंकर और सूखे-सूखे वन, कहीं झरनों का झंकार, कहीं तीर्थ के आकार मनोहर-मनोहर दिखते हैं। कहीं कोई बनैला जन्तु प्रचण्ड स्वर से बोलता है, कहीं कोई मौन ही होकर डोलता है। कहीं विहंगमों का शोर, कहीं निष्कूंजित कुंजों के छोर, कहीं नाचते हुए मोर, कहीं विचित्र तमचोर, कहीं स्वेच्छाहार विहार करके सोते हुए अजगर, जिसका गम्भीर घोष कन्दरों में प्रतिध्वनित हो रहा है, कहीं भुजंगों की श्वास से अग्नि की ज्वाला प्रदीप्त होती है, कहीं बड़े-बड़े भारी भीम भयानक अजगर सूर्य की किरणों में घाम लेते हैं, जिनके प्यासे मुखों पर झरनों के कनूके पड़ते हैं, शोभित हैं।"

(ग) "जहाँ के गिरिविवर कोहरे के तिमिर से छाये हैं। इसमें भालुनी थुत्कार करतीं निकलकर पुष्पों की टट्टियों के बीच प्रतिदिन विचरती दिखायी देती हैं। जहाँ के शल्लकी वृक्षों की छाल में हाथी अपना बदन रगड़-रगड़ खुजली मिटाते हैं और उनमें से निकला क्षीर सब वन के शीतल समीर को सुरभित करता है। ये वही गिरि हैं, जहाँ मत्त मयूरों का जूथ बरूथ-का-बरूथ होकर वन को अपनी कुहूक से प्रसन्न करता है। ये वही वन की स्थली हैं, जहाँ मत्त हिरण-हिरणियों समेत विचरते हैं।

ठाकुर जगमोहन सिंह की उपर्युक्त रचना उनके विख्यात निबन्ध-संग्रह, 'श्यामा स्वप्न' में संगृहीत हैं। इनके निबन्धों से संस्कृत के महान् रचनाकार कालिदास की कृतियों में वर्णित प्रकृति के प्राणवन्त चित्रण का स्मरण होता है। कालिदास ने जिस प्रकार विशेष

रूप से 'शाकुन्तलम्' और 'कुमारसम्भवम्' में मनुष्य के मन-प्राणों में रची-बसी प्रकृति का विशद् वर्णन किया है, उसकी झलक जगमोहन जी के प्रकृति-चित्रण में भी मिलती है।

भारतेन्दु-युग की गद्य विधा में सर्वाधिक नाटक लिखे गये। इसलिए भारतेन्दु की संगति और प्रभाव से उनकी मण्डली के अन्य लेखक बाबू तोताराम, लाला श्रीनिवास दास, केशवराम भट्ट, राधाचरण गोस्वामी, भीमसेन शर्मा, काशीनाथ खत्री तथा अम्बिकादत्त व्यास आदि ने नाटकों के माध्यम से देश के पुनर्जागरण, नवोत्थान, राष्ट्रीय गौरव और भारतीय महापुरुषों आदि को केन्द्र में रखकर रचनाएँ कीं। इनमें प्रकारान्तर से यत्र-तत्र यात्रा-वृत्तान्तों में प्राप्त प्रकृति-चित्रण के मनोरम उदाहरण मिलते हैं।

भारतेन्दु और उनके युग के लेखकों की महान् देन हिन्दी-गद्य के विकास में अविस्मरणीय हैं। वस्तुतः इस युग की रचनाओं में हिन्दी के सहज, स्वाभाविक और निखारपूर्ण स्वरूप की आधारशिला रखी गयी है और गद्य विधा के माध्यम से हिन्दी यात्रा-साहित्य ने अपने प्रारम्भिक स्वरूप को उद्भासित किया है। इस दृष्टि से भारतेन्दु-युग की कृतियाँ यात्रा-साहित्य के प्रस्थान-स्थल के समान ऐतिहासिक महत्त्व रखती हैं।

भारतेन्दु-काल की ऐतिहासिक रचनात्मकता में हिन्दी यात्रा-साहित्य ने प्रातः काल की पहली किरण के समान जो आभा बिखेरी उसमें लेखन-सामर्थ्य से अधिक उसकी विश्वसनीय सम्भावनाएँ अभिव्यंजित होती हैं। इस काल के युग-पुरुष भारतेन्दु ने अपनी युवावस्था में आस-पास की ही नहीं सुदूर प्रान्तों की जो यात्राएँ कीं, उनकी स्मृतियाँ प्रकारान्तर से हिन्दी यात्रा-साहित्य के शुभारम्भ का भी सम्बल सिद्ध हुईं। इस प्रसंग में डॉ. विद्यानिवास मिश्र जी के ये विचार पूर्णतः संगतपूर्ण हैं, यथा, 'हिन्दी गद्य के प्रारम्भिक इतिहास से लेकर अब तक व्यक्तिव्यंजक निबन्ध लिखे जाते रहे हैं। जो भी कृतित्व सामने उभरे हैं, उनमें समान रूप से कुछ चीजें मिलती हैं निस्संग फ  क्कड़पन के साथ-साथ आसपास के जीवन से गहरी सम्पृक्तता, भाषा के सभी धरातलों पर उसकी सम्भावनाओं की खोज और नयी भाषा की रचना का उत्साह (सामने उपस्थित भाषा में से नयी भाषा रचने का उत्साह), जो नये शब्दों के गढ़ने, पुराने शब्दों को नया अर्थ देने और अत्यन्त सामान्य जीवन के वाचक शब्दों को या अत्यन्त सामान्य मुहावरों को विशेष दीप्ति से दमकाने में संलक्ष्य होता है तथा आधुनिक बोध, जो सम-सामयिक चेतना को कालातीत चेतना के साथ जोड़ने का संकल्प लेकर ही उपस्थित होता है।[19]

भारतेन्दु-युग हिन्दी-साहित्य के इतिहास में नये प्रभात के समान अपनी रचनात्मक भूमिका का साक्ष्य है। वस्तुतः भारतेन्दु-काल हिन्दी-भाषा की गद्य-विधा की प्रसव-भूमि है। साथ ही यह काल हिन्दी में पत्र-पत्रिकाओं के प्रकाशन की दृष्टि से भी अपना महत्त्व प्रमाणित करता है। ज्ञातव्य है कि यात्रा-वृत्तान्त का प्रत्यक्ष और अभिन्न सम्बन्ध उस पत्रकारिता के विधान से है जो किसी भी भाषा की रचनात्मकता को तात्कालिकता की स्फूर्ति और उत्साह से सम्बद्ध करती है। हिन्दी-साहित्य का इतिहास इस तथ्य का साक्षी है कि भारतेन्दु-काल में ही गद्य का सहारा लेकर पत्र-पत्रिकाओं का प्रकाशन हुआ और इससे प्रेरित होकर यात्रा-वृत्तान्त के अनुकूल धरातल का निर्माण भी हुआ। ..

# सन्दर्भ

1. 'The Revolt started with Bengal Army sepoys, from the premier of the three presidency British Indian armies, either leaving their cantonment for their homes in the middle Gangetic plains or halted by their white officers, rising against them and their families in massacre and plunder before marching towards the traditional later Mughal Capital of Delhi. FRONTLINE, Printed & Published by N. Ram, Chennai, Nov., 2012, Cover Story, The Call of 1857, Page- 04.

2. "We are here because our national back-story is populated by people who are more interesting. Canonized by history, exaggerated by memory, they are not just the protagonists of a great yesterday, they are ones who set the stage for those who came after them to play out their romance. Pioneers, warriors, revolutionaries, innovators, dreamers, adventurers and creators, they stretched the limits of the freedom they were born into. They challenged the dead certainties of their times with the power of ideas, conviction— and faith in themselves. They shattered the idyll of consensus and pitted their own will against the skepticism of the majority. Some of them played good." 60 Great Indians, Prasann Rajan, India Today, Special Issue, April, 2008, Page 10.

3. (क) "उन्होंने (भारतेन्दु) यह किया कि साहित्य को नवीन मार्ग दिखाया और उसे वे शिक्षित जनता के साहचर्य में लाये। नयी शिक्षा के प्रभाव से लोगों की विचारधारा बदल चली थी। उनके मन में देश-हित, समाज-हित आदि की नयी उमंगें उत्पन्न हो रही थीं।...भारतेन्दु ने उस साहित्य को दूसरी ओर मोड़कर हमारे जीवन के साथ लगा दिया।' (हिन्दी-साहित्य का इतिहास, रामचन्द्र शुक्ल, काशी, 2012, पृ. 449-450.)

(ख) "भारतेन्दु ने खड़ी बोली के हिन्दी रूप को सँवार कर हमारी जाति की सांस्कृतिक आवश्यकताएँ पूरी कीं। इस हिन्दी के कारण यहाँ की जनता भी अन्य प्रदेशों के साथ संस्कृति की एक सामान्य दिशा में बढ़ने में समर्थ हुई। भारतेन्दु के साहित्य में परम्परागत सांस्कृतिक धाराओं के साथ नये युग की राष्ट्रीय और जनवादी धाराएँ आ मिलीं।" (भारतेन्दु हरिश्चन्द्र, डॉ. रामविलास शर्मा, राजकमल प्रकाशन, दिल्ली, 1996, पृ. 144.)

4. हिन्दी साहित्य का इतिहास, रामचन्द्र शुक्ल।

5. भारतेन्दु द्वारा अनूदित और मौलिक नाटक निम्नांकित है– अनुवचन, विद्यासुन्दर, रत्नावली, प्रवास नाटक, पाखण्ड-विडम्बन, वैदिकी हिंसा हिंसा न भवति, धनंजय विजय, कर्पूरमंजरी, मुद्राराक्षस, सत्य हरिश्चन्द्र, प्रेमयोगिनी, श्री चन्द्रावली, भारत दुर्दशा, नीलदेवी, अन्धेर नगरी, सती प्रताप, भारत-जननी और दुर्लभ बन्धु, नाटक-चक्र आदि विशेष आलोचना।

6. 'उपक्रम' शीर्षक के अन्तर्गत अपने नाट्यलेखन के उद्देश्य पर प्रकाश डालते हुए उन्होंने लिखा है कि, "इसके लिखित विषय दशरूप, भारतीय नाट्यशास्त्र, साहित्य दर्पण, काव्य-प्रकाश, विल्सन्स हिन्दू थिएटर्स, लाइफ आव् दि एमिनेण्ट परसन्स, ड्रामेटिस्ट्स ऐण्ड नावेलिस्ट्स, हिस्टरी डि इटालिक थिएटर्स और आर्य दर्शन से लिये गये हैं।" भारतेन्दु ग्रन्थावली (नाटक), सम्पादक, ब्रजरत्नदास, (परिशिष्ट, उपक्रम, चैत्र शुक्ल 15 , संवत् 1940)।

7. भारतेन्दु ग्रन्थावली (नाटक), द्वितीय भाग, सम्पादक ब्रजरत्नदास, प्रकाशक, रामनारायण लाल, सं 1993 परिशिष्ट पृ. 421.

8. भारतेन्दु हरिश्चन्द्र (रामविलास शर्मा) राजकमल प्रकाशन प्राइवेट लिमिटेड, पृ. 8.

9. (क) भारतेन्दु हरिश्चन्द्र (रामविलास शर्मा) राजकमल प्रकाशन प्राइवेट लिमिटेड, पृ. 8.

(ख) भारतेन्दु की यात्रा-स्मृतियों के लिए देखिये– (1) भारतेन्दु के निबन्ध, सं. डॉ. केसरीनारायण शुक्ल, बनारस, सं. 2008, पृ. 53 (2) भारतेन्दु के निबन्ध, सं. डा. केसरीनारायण शुक्ल, बनारस,

सं. 2008, उप, पृ. 53 (3) भारतेन्दु के निबन्ध, सं. डॉ. केसरीनारायण शुक्ल, बनारस, सं. 2008, उप, पृ. 70।

10. स्तबक, साहित्य अकादमी, सम्पादक विद्यानिवास मिश्र, अद्‌भुत अपूर्व स्वप्न, पृ. 18-21.
11. भारतेन्दु हरिश्चन्द्र कृत 'सत्यहरिश्चन्द्र' नाटक से उद्धृत।
12. इस प्रसंग में भारतेन्दु की सारभूत आत्म-जीवनी के रूप में उनकी एक कविता की ये पंक्तियाँ उदाहरणीय हैं—

(क) "सेवक गुनीजन के, चाकर चतुर के, कविन के भीत चित्त हित गुनी ग्यानी के।
सीधन सों सीधे, महा बांके हम बांकेन सों, 'हरिश्चन्द' नगद दमाद अभिमानी के।
चाहिबे की चाह काहू न की परवाह, नेही नेह के दिवाने सदा सूरत निवानी के।
सरबस रसिक के सुदास दास प्रेमिन के, सखा प्यारे कृष्ण के गुलाम राधा रानी के।"

(ख) "अकेले दम जीवन भर भारतेन्दु हिन्दी के लिए जूझते रहे। उन्होंने हिन्दी गद्य को सुव्यवस्थित, साफ-सुथरा रूप दिया तथा नाटक, इतिहास, पुरातत्त्व, धर्म, आख्यान इत्यादि पर ग्रन्थ लिखकर हिन्दी का क्षीण भण्डार परिपुष्ट किया। इसी प्रकार पद्य की भाषा परिमार्जित करके उन्होंने आनेवाली हिन्दी कविता का मार्ग प्रशस्त किया और द्रष्टा की भाँति यह देख लिया कि एक स्वतन्त्र राष्ट्र की अपनी भाषा होनी चाहिए।" भारतेन्दु हरिश्चन्द्र शीर्षक 'युग निर्माता भारतेन्दु हरिश्चन्द्र', ले. मोतीचन्द्र, सूचना और प्रसारण मन्त्रालय, भारत सरकार 1969 ई., पृ. 5-6.

13. हिन्दी-साहित्य का इतिहास, लेखक रामचन्द्र शुक्ल, काशी नागरीप्रचारिणी सभा, दसवाँ संस्करण, पृ. 466.
14. प्रताप-ग्रन्थावली, नागरीप्रचारिणी सभा काशी, सम्पादक विजय शंकर मल्ल, सं. 2046, गंगा जी शीर्षक, पृ. 79.
15. प्रताप-ग्रन्थावली, नागरीप्रचारिणी सभा काशी, सम्पादक विजय शंकर मल्ल, सं. 2046, गंगा जी शीर्षक, पृ. 144.
16. महादेव शिव को बुढ़वा कहने की लोक परम्परा के पीछे हिन्दी में तत्सम 'वृद्ध' का तद्‌भव बूढ़ा हो जाना नहीं है। बल्कि शिव का प्राचीन पर्याय 'वृहदेश्वर' शब्द यहाँ अपनी संगति रखता है।
17. हिन्दी साहित्य का इतिहास, लेखक रामचन्द्र शुक्ल, काशी नागरीप्रचारिणी सभा, दसवाँ संस्करण, सामान्य परिचय, पृ. 474.
18. वही, पृ. 475-476.
19. स्तबक, साहित्य अकादमी प्रकाशन, 1986, भूमिका, पृ. 17.

# महावीरप्रसाद द्विवेदी-युग

हिन्दी साहित्य के इतिहास ग्रन्थों में सामान्यतः आधुनिक-काल के अन्तर्गत द्विवेदी-युग की कालावधि संवत् 1950 से लेकर 1955 तक निर्धारित की गयी है। रामचन्द्र शुक्ल से किंचित् अन्तर रखते हुए हजारीप्रसाद द्विवेदी ने इस काल का कुछ विस्तार किया है और एक इतिहासकार ने द्विवेदी-युग को हरिश्चन्द्र युग की विकास-धारा का अंग माना है। उपर्युक्त काल-निर्धारण के प्रसंग में ऐतिहासिक दृष्टि से युगीन प्रवृत्तियों और भाषा-शैली के आयामों पर द्विवेदी-युग की अपनी इयत्ता प्रकट होती है। साथ ही इस युग में ऐतिहासिकता की दृष्टि से नवीनता के साथ विगत युग के कुछ लक्षण भी पाये जाते हैं। एक अर्थ में ऐतिहासिक काल-विभाजन की दृष्टि से विगत युग के संस्कार और लक्षण आगत युग में अनुस्यूत होते हैं। इस दृष्टि से गद्य के उद्‌भव और विकास के सन्दर्भ में आधुनिकता के लक्षण भारतेन्दु-युग में स्पष्टतः उद्‌भासित हुए, किन्तु स्वयं भारतेन्दु-युग के काव्य पूर्णतः परवर्ती-युग के प्रभावों से मुक्त नहीं हैं। यहाँ तक कि स्वयं भारतेन्दु ने काव्य ब्रज भाषा में रचा, लेकिन नाटक और निबन्ध गद्य में लिखे। इन प्रसंगों में द्विवेदी-काल को परिष्कार और संवर्द्धन की प्रवृत्तियों के युग के रूप में मानना चाहिए। द्विवेदी-काल की सबसे बड़ी देन को खड़ी बोली के काव्य-सृज़न के साथ गद्य-लेखन में रेखांकित किया जा सकता है। आचार्य रामचन्द्र शुक्ल ने द्विवेदी-काल की विशिष्टताओं के रूप में इस विचार को रेखांकित किया है। इन निबन्धों में अनेक यात्रा-वृत्तान्त की विधा से समीपता रखते हैं। निबन्ध में लेखक का व्यक्तित्व सर्वाधिक प्रकट होता है, इतिवृत्तात्मकता अनिवार्य रूप से रहती है और इसमें यात्रा-साहित्य के तात्त्विक उपादान उभरते हैं।

इस युग में 'आचार्य महावीरप्रसाद द्विवेदी', युग-पुरुष के रूप में उदित हुए। उन्होंने हिन्दी गद्य को नये विषयों के लेखन की ओर प्रेरित किया और हिन्दी भाषा में अभिव्यक्तिपरक सामर्थ्य को उन्नत और अनुप्रेरित किया। इसी द्विवेदी युग में गद्य की विधाओं अन्तर्गत कहानी, उपन्यास, निबन्ध और नाटक आदि की पंक्ति में संस्मरणपरक रचनाओं का सृजन हुआ। द्विवेदी-युग के निबन्ध-साहित्य की विशेषताओं पर प्रकाश डालते हुए आचार्य शुक्ल ने निबन्धों में विचारात्मक विषयों के साथ भावात्मक और वर्णात्मक विषयों का भी विशेष रूप से उल्लेख किया। शुक्ल जी का यह मानना सर्वथा उल्लेखनीय है कि, "निबन्ध-लेखन अपने मन की प्रवृत्ति के अनुसार स्वच्छन्द गति से

इधर-उधर फूटी हुई सूत्र-शाखाओं पर विचरता चलता है। यही उसकी अर्थ-सम्बन्धी व्यक्तिगत विशेषता है। अर्थ-सम्बन्धी-सूत्रों की टेढ़ी-मेढ़ी रेखाएँ ही भिन्न-भिन्न लेखकों का दृष्टिपथ निर्दिष्ट करती हैं। एक ही बात को लेकर किसी का मन किसी सम्बन्ध-सूत्र पर दौड़ता है, एवं किसी का किसी पर। इसी का नाम है एक ही बात या जीवन को भिन्न-भिन्न दृष्टियों से देखना।''[1] इसी प्रकार निबन्धकार के व्यक्तित्व की प्राणवन्त मुखरता को यह विधा व्यंजित करती है।

संस्मरण पर आधृत कृतियाँ तो द्विवेदी-युग में लिखी गयीं, किन्तु ये यहाँ विशुद्ध रूप से गुण की अपेक्षा गणना में कम हैं। द्विवेदी-युग के अन्तर्गत महावीरप्रसाद द्विवेदी, मिश्र-बन्धु, श्यामसुन्दर दास, रामचन्द्र शुक्ल, श्रीधर पाठक, अयोध्या सिंह उपाध्याय, रामनरेश त्रिपाठी, सरदार पूर्ण सिंह, शिवनन्दन सहाय, मैथिलीशरण गुप्त, माखनलाल चतुर्वेदी, प्रेमचन्द और वृन्दावनलाल वर्मा आदि की रचनाएँ उल्लेखनीय हैं। गद्य हो या पद्य, ये दोनों , संवेदना, विचारणा और अभिव्यजंना की दृष्टि से अपनी विधाओं में पूर्णतः सीमित नहीं होते हैं। औपचारिक रूप से केवल छन्द सहित और छन्द रहित रचनाओं को गद्य-पद्य के वर्गों में विभाजित किया जा सकता है, किन्तु सूक्ष्म दृष्टि से देखा जाये तो साहित्यकार की प्रतिभा गद्य में पद्य और पद्य में गद्य के संस्कारों और तत्त्वों को अभिव्यक्त करती है।[2] द्विवेदी-युग में ही रामनरेश त्रिपाठी की विख्यात रचना 'पथिक' में जो प्रांजल प्रकृति-वर्णन है, उसे रचयिता के काश्मीर-भ्रमण की परिणति माना जाता है।[3] ऐसे अनेक उदाहरण द्विवेदी-युग के गद्य और पद्य में सहज रूप से प्राप्तव्य हैं। द्विवेदी-युग के जिन प्रमुख लेखकों की चर्चा ऊपर की गयी है, उनकी यात्रा-वृत्तान्त सम्बन्धी कृतियों पर क्रमशः नीचे विचार किया जा रहा है।

## 3.1 महावीरप्रसाद द्विवेदी

महावीरप्रसाद की रचनाओं में मौलिकता की आभाएँ सर्वप्रथम उनके एक विख्यात निबन्ध 'मेरी जीवन रेखा' में बीज की तरह अंकुरित हुआ है। इसमें अपनी आत्मकथा लिखते हुए आचार्य ने युग की कथा को भी संकेतित कर दिया है। प्रसंगवश इसमें उन्होंने अपने द्वारा सम्पादित महान ऐतिहासिक पत्रिका 'सरस्वती' की रचना-यात्रा का उल्लेख किया है। इसमें 'मेरी जीवन रेखा' रचना में संस्मरण के सभी लक्षण प्राप्त हैं। वस्तुतः द्विवेदी जी का सम्पूर्ण कृतित्व अपने युग के साहित्य और भाषा के युगान्तकारी परिष्कारक रूप में विचारणीय है। हिन्दी गद्य के विकास के उपरान्त भारतेन्दु काल के बाद हिन्दी लेखन में उत्साह और आवेग का संचार हुआ। स्वभावतः इस परिस्थिति में जो रचनात्मक प्रयोग हुए उनमें विचलन की भी स्थितियाँ विकसित हुईं। किन्तु एक मानक साहित्य और भाषा के लिए सुदृढ़ परम्परा और व्यवस्था की जरूरत होती है। इसलिए द्विवेदी जी के दूरदर्शी आचार्यत्व ने उक्त स्थिति को व्यवस्थित करने का ऐतिहासिक प्रयत्न किया और इसमें उन्हें अपेक्षित सफलता मिली। इसी क्रम में निबन्ध की शैली में यात्रा-वृत्तान्तों के विकास चिह्न इस युग में भी परिलक्षित होते हैं।

आचार्य का उपर्युक्त लेख उनके जीवन की यात्रा के साथ हिन्दी-साहित्य के आधुनिक-काल की सुदूर यात्रा का भी प्रामाणिक वृत्तान्त है। वस्तुतः द्विवेदी जी ने यात्री बनकर 'सरस्वती' पत्रिका की कथा लिख दी है। इसके प्रारम्भ में तो उन्होंने अपनी आत्मकथा लिखी है, किन्तु बाद के अंशों में 'सरस्वती' के सम्पादन-क्रम में जो वर्णन किया है वह ऐसा लगता है कि लेखक 'सरस्वती पत्रिका' को विषय या स्थल मानकर किसी यात्रा का वृत्तान्त दे रहा हो। उदाहरण के लिए इसके कुछेक अंश उल्लेखनीय हैं, जैसे- "मेरे कारण सोलह-सत्रह वर्ष के दीर्घकाल में, एक बार भी 'सरस्वती' का प्रकाशन नहीं रुका। जब मैंने अपना काम छोड़ा तब भी मैंने नये सम्पादक को बहुत से बचे हुए लेख अर्पण किये। उस समय के उपार्जित और अपने कुछ लिखे हुए लेख अब भी मेरे संग्रह में सुरक्षित हैं। मेरी सेवा से 'सरस्वती' का प्रचार जैसे-जैसे बढ़ता गया और मालिकों का मैं जैसे-जैसे अधिकाधिक विश्वासभाजन होता गया वैसे-वैसे मेरी सेवा का बदला भी मिलता गया, और मेरी आर्थिक स्थिति प्रायः वैसी ही हो गयी जैसी की रेलवे की नौकरी छोड़ने के समय थी। इनमें मेरी कार-गुजारी कम, दिवंगत बाबू चिन्तामणि घोष की उदारता अधिक कारणीभूत थी। सरस्वती में प्रकाशित मेरे लघु लेखों (नोटों) और आलोचनाओं ही से सर्वसाधारण जन इस बात का पता लगा सकते हैं कि मैंने कहाँ तक न्याय-मार्ग का अवलम्बन किया है। जान-बूझकर मैंने कभी अपनी आत्मा का हनन नहीं किया, न किसी के प्रसाद की प्राप्ति की आकांक्षा की, न किसी के कोप से विचलित हुआ। इस प्रान्त के कितने ही न्यायनिष्ठ सामाजिक सत्पुरुषों ने 'सरस्वती' का जो 'बायकाट' कर दिया था वह मेरे किस अपराध का सूचक था, इसका निर्णय सुधीजन कर सकते है।"[4]

द्विवेदी जी के निबन्धों के सम्बन्ध में आचार्य रामचन्द्र शुक्ल की यह मान्यता पठनीय है कि, "उनके लेखों में छोटे-छोटे वाक्यों का प्रयोग अधिक मिलता है। नपे-तुले वाक्य को कई बार शब्दों के कुछ हेर-फेर के साथ कहने का ढंग वही है जो बाद या संवाद में बहुत शान्त होकर समझाने बुझाने के काम में लाया जाता है। उनकी यह व्यास-शैली विपक्षी को कायल करने के प्रयत्न में बड़े काम की है।"[5]

महावीरप्रसाद द्विवेदी, आधुनिक हिन्दी-साहित्य की ऐसे विरल प्रतिभा हैं जिन्होंने विलक्षण-स्रष्टा के रूप में हिन्दी को ऐसी मजबूत आधार शिला पर प्रतिष्ठित किया, जिसके ऊपर काल-क्रम में स्तरीय रचनाएँ की गयीं। इसके लिए उन्होंने मौलिक कृतियों के साथ संस्कृत-अंग्रेजी आदि में अनुवाद करने और 'सरस्वती', 'इन्दु', 'नागरी प्रचारिणी पत्रिका' के प्रकाशन का मार्ग प्रशस्त किया। इस विशेष प्रसंग में द्विवेदी जी को हिन्दी कभी भूल नहीं सकती, इसलिए कि वृक्ष की नियति तो सर्वाधिक उसकी जड़ पर निर्भर करती है।

### 3.2 माधव प्रसाद मिश्र (1871-1907 ई.)

ये अपने युग के अत्यन्त तेजस्वी और भारतीय विरासत के संरक्षण के प्रति जागरूक मनस्वी थे। इन्होंने विशेषतः अपने द्वारा सम्पादित पत्रिकाओं – 'वैश्योपकारक', 'सुदर्शन'

और 'सरस्वती' द्वारा राष्ट्र-निधि के साथ समकालीन समस्याओं पर प्रेरक विचार प्रकट किये। ये सतत लेखन में संलग्न रहते थे। पाठक इनसे प्रभावित होकर इनके पत्रों के अगले अंक की उत्कण्ठा से प्रतीक्षा करते थे। मिश्र जी ने गम्भीर विषयों पर भी समीक्षाएँ लिखी हैं। समय-समय पर ये साहित्यकारों की यथोचित सहायता करते थे और उन्हें सार्थक दिशा में अग्रसर होने के लिए उत्साहित करते थे। इनके समकालीन विख्यात लेखक चन्द्रधर शर्मा 'गुलेरी' ने इनके बारे में निम्नांकित विचार व्यक्त किया है—"मिश्र जी बिना किसी अभिनिवेश के लिख नहीं सकते। यदि हमें उनसे लेख पाने हैं तो सदा एक-न-एक टण्टा उनसे छेड़ ही रखा करें।"[6]

माधव प्रसाद मिश्र ने हिन्दी भाषा और साहित्य के अतिरिक्त अंग्रेजी का भी गम्भीर अध्ययन किया था। अपने कई लेखों में इन्होंने पाश्चात्य जगत् के साहित्यकारों और इतिहासकारों के मतों का सतर्क तथा विश्वसनीय तरीके से खण्डन किया है। मूलतः ये निबन्धकार रहे हैं। उनकी रचनाएँ ओजस्वी मन-मस्तिष्क को प्रभावित करती हैं। पत्रकारिता अपने समय से ज्यादा जुड़ी हुई होती है। इसमें विषय और विधान के स्तरों पर समकालीनता के साक्ष्य निहित होते हैं। भाषा-शैली के आयाम पर तो निबन्धों में रचयिता का व्यक्तित्व अधिक व्यंजित होता है। इसी उपर्युक्त प्रसंग में विख्यात साहित्यकारों ने मिश्र जी की शैली को प्रगल्भ, शक्तिशाली और प्रभावपूर्ण माना है। निश्चयपूर्वक मिश्र जी के अनेक निबन्धों में यात्रा-साहित्यपरक भावुकता, वर्णनात्मकता और मननशीलता व्यक्त होती हैं। इनके कुछ ऐसे निबन्ध हैं जो पूरी तरह पर्व-त्योहार, विशेष-स्थल तथा प्रकृति सम्बन्धी हैं। इनमें बीच-बीच में स्वदेश प्रेम सम्बन्धी भाव मोती की तरह बिखरे हुए हैं। इस कोटि के अन्तर्गत इनकी 'सब मिट्‌टी हो गया' शीर्षक रचना विशेष रूप से वर्णनीय है। उपर्युक्त कृति में लेखक ने वसुधा के वैभव के प्रति हृदय को खोलकर रख दिया गया है। ऐसा लगता है कि विषय के प्रति अत्यन्त समर्पित होकर लेखक ने अपनी निष्ठा व्यक्त की है। इसमें प्राकृतिक स्थल की यात्रा से लौटकर आने के बाद की हार्दिक स्मृतियाँ व्यक्त हुई हैं। यह अवश्य है कि इसके अन्तर्गत विषय की व्यापकता न होकर अनुभूति की गहराई ही घनीभूत हो उठी है। इसकी शैली में कहानी के तत्त्व भी यत्र-तत्र दिखायी पड़ते हैं। लेकिन सबसे अधिक यह रचना विषय को माध्यम बनाकर मन के उद्वेलित क्षणों की स्मृतियों से आद्योपान्त कृति के पट की बुनावट करती है। इस तरह इसके प्रतिरूप में यात्रा के आनन्द की झलकें मिलती हैं। यात्रा-वृत्तान्त के अन्तर्गत मार्ग के दृश्य द्रष्टा को ऐसी स्मृतियों में डुबो देते हैं जिनके आधार पर यात्री-लेखक अपनी कृति को एक वृत्त की संरचना में बाँध लेता है।

मिश्र जी द्वारा लिखित स्वामी विशुद्धानन्द की जीवनी, भाषा-शैली और प्रस्तुति के स्तरों पर संस्कृत के संस्कार से भरी हुई है। इसमें उन्होंने विद्वान् और समृद्ध लोगों की जीवन-शैली पर प्रकाश डाला है। इस जीवनी में मिश्र जी विषय से अलग होकर संस्कृति का अधिक वर्णन करते हैं। इसका प्रमुख कारण हो सकता है, इनके द्वारा सम्पादित

'वैश्योपारक' का प्रभाव पड़ना। किन्तु इनकी कृति में प्रत्यक्ष रूप से यात्रा सम्बन्धी भाव और भाषा की छटा मिलती है। उक्त पत्रिका में मिश्र जी ने बराबर पर्व-त्योहार, उत्सव तथा तीर्थ-स्थान आदि की यात्राओं के आनन्द को प्रस्तुत किया है। इतना ही नहीं, इसमें यथा प्रसंग ऋतुओं के सौन्दर्य का भी मनोरम चित्रण किया गया है। शुक्ल जी के ऐसे लेखनों में द्विवेदी-काल के स्मृतिपरक अनुभवों पर आधृत लेखन का समापन माना जा सकता है।[7]

स्मृतिकुल की रचनाओं से मिलते-जुलते हुए मिश्र जी के एक लेख 'सब मिट्टी हो गया' शीर्षक संस्मरण का विवेचन करना अपेक्षित है। यह एक रचना के माध्यम से कई रचनाओं की विशेषताओं को समाहित करता है, इसलिए इसमें यादों के प्रसंग के साथ कथा के पुट का आनन्द प्राप्त होता है। लेकिन सर्वाधिक मिश्र जी की यह कृति प्रकृति के प्रति मनुष्य के अनन्य प्रेम को प्रस्तुत करती है। वस्तुतः यात्रा-वृत्तान्तों के स्थलों में 'वसुन्धरा' पर फैले हुए सौन्दर्य अपने-आप में महत्त्वपूर्ण होते हैं। इसी प्रकार यात्राओं से लौटकर आते हैं तो हृदय में यात्रा निस्पन्द नहीं हो जाती है। यात्रा से भी अधिक यात्रा की स्मृति घनीभूत हो उठती है। 'सब मिट्टी हो गया' शीर्षक रचना में एक सामान्य प्रसंग के सहारे लेखक ने अथर्ववेद से चली आती हुई पृथ्वी सम्बन्धी आह्लादात्मक भावों की परम्परा को साकार किया है। 'सब मिट्टी हो गया' हिन्दी का एक ऐसा मुहावरा है, जिसकी ध्वनि में भाषा निरर्थक वस्तु को उदाहृत करती है, किन्तु मिश्र जी ने उक्त रचना के अन्तर्गत खिलौने को तोड़ देनेवाले 'दैनन्दिन' प्रसंग में प्रकृति और मनुष्य के अन्तःस्थल के शाश्वत सम्बन्ध को बहुत ही भावुकता के साथ मात्र प्रकट ही नहीं किया है, बल्कि पाठक के हृदय को भी झकझोर दिया है। इसमें माधव प्रसाद मिश्र जी ने एक सभा के समक्ष उक्त मुहावरे की व्यंजना को मोड़ देते हुए धूल-धूसरित पृथ्वी के अपार सौन्दर्य और उसमें ध्वनित 'माता वसुन्धरे' के प्रति पूरी मानवता की ओर से अपने भाव-पुष्प अर्पित किये हैं। इन्होंने अपने ऐसे लेखनों से हिन्दी निबन्ध-साहित्य को यात्रा-वृत्तान्त की शैली के रचनात्मक पथों की ओर प्रेरित किया है। दरअसल यात्रा-वृत्तान्त भी रचना में 'निबन्ध' होते हैं किन्तु इनमें शैली के साथ विषय स्मृति के गाढ़े रंग में व्यंजित होती है। कहा जा सकता है कि द्विवेदी युग की उपर्युक्त रचनाएँ हिन्दी यात्रा-वृत्तान्त के वास्तविक प्रस्थान स्थल हैं। मिश्र जी की अन्य रचना के साथ उपर्युक्त रचना के ये अंश उदाहरणीय हैं।

(क) ''जहाँ महा महीधर लुढ़क जाते थे और अगाध अतलस्पर्शी जल था वहाँ अब पत्थरों में दबी हुई एक छोटी-सी किन्तु सुशीतल वारिधारा बह रही है। जहाँ के महा प्रकाश से दिग-दिगन्त उद्भासित हो रहे थे वहाँ अब एक अन्धकार से घिरा हुआ स्नेह शून्य प्रदीप टिमटिमा रहा है जिससे कभी-कभी यह भूभाग प्रकाशित हो जाता है। XXX भारतवर्ष की सुखशान्ति और भारतवर्ष का प्रकाश अब केवल 'राम नाम, पर अटक रहा है। XXX पर जो प्रदीप स्नेह से परिपूर्ण नहीं है तथा जिसकी रक्षा का कोई उपाय नहीं है, वह कब तक सुरक्षित रहेगा? XXX किसी का धन खो जाय, मान-मर्यादा भंग हो जाय, प्रभुता और क्षमता चली जाय तो कहेंगे कि 'सब मिट्टी हो गया।' इससे जाना गया कि नष्ट होना ही

मिट्टी होना है। किन्तु मिट्टी को इतना बदनाम क्यों किया जाता है? अकेली मिट्टी ही इस दुर्नाम को क्यों धारण करती है?

भगवती वसुन्धरे ! तुम्हारा 'सर्वहारा' नाम यथार्थ है। XXX अच्छा, माँ ! यह तो कहो तुम्हारा नाम 'वसुन्धरा' किसने रखा है? यह नाम तो उस समय का है। यह नाम व्यास, वाल्मीकि, पाणिनि, कात्यायन आदि सुसन्तानों का दिया हुआ है। जाने वे तुम्हारे सुपुत्र कितने आदर से , कितनी श्लाघा से और श्रद्धा से तुम्हें पुकारते थे।"[8]

(ख) "भावुकता को प्रतिष्ठा करनेवाले मूल आधार या उपादान प्रत्यक्ष रूप ही हैं। इन प्रत्यक्ष रूपों की मार्मिक अनुभूति जिनमें जितनी अधिक होती हैं वे उतने रसानुभूति के उपयुक्त होते हैं। जो किसी मुख के लावण्य, वनस्थली की सुषमा, नदी या शैलतटी की रमणीयता, कुसुमविकास की प्रफुल्लता, ग्रामदृश्यों की सरल माधुरी देख मुग्ध नहीं होता, जो किसी प्राणी के कष्टव्यंजक रूप और चेष्टा पर करुणार्द्र नहीं होता, जो किसी पर निष्ठुर अत्याचार होते देख क्रोध से नहीं तिल-मिलाता, उसमें काव्य का सच्चा प्रभाव ग्रहण करने की क्षमता कभी नहीं हो सकती। जिसके लिए ये सब-कुछ नहीं है, उसके लिए सच्ची कविता की अच्छी-से-अच्छी उक्ति भी कुछ नहीं है।"[9]

स्पष्टतः माधवप्रसाद मिश्र द्विवेदी-युग के एक ऐसे रचनाकार हैं जिनके लेखन में युग अपनी प्रवृत्तियों को उदाहृत करता है। विद्यानिवास मिश्र जी ने माधवप्रसाद जी की शैली के सम्बन्ध में जो निम्नांकित विचार प्रकट किया है वह उनकी स्मृतिपरक कृतियों पर भी घटित होता है, यथा, "मिश्र जी के निबन्ध प्रायः पर्वों, त्योहारों, धार्मिक रुचि के स्थानों से सम्बद्ध हैं, जिनसे उनके सांस्कृतिक लगाव का अनुमान किया जा सकता है...(स्तबक, साहित्य अकादमी प्रा., पृ. 200)।"

## 3.3 बालमुकुन्द गुप्त (1922-1964 ई.)

द्विवेदी-युग के ये अत्यन्त अनुभवी और निष्णात सम्पादक रहे हैं। इतना ही नहीं उर्दू भाषा की कई पत्र-पत्रिकाओं का भी उन्होंने सम्पादन किया है। कलकत्ता से सम्पादित होनेवाले 'बंगवासी' समाचार पत्र के ये ही सम्पादक थे और अन्त में इनका सम्बन्ध विख्यात पत्र 'सरस्वती' से प्रमुख सम्पादक के रूप में स्थापित हुआ। उन्होंने अपनी पत्रकारिता की प्रतिभा को सभी रचनाओं में प्रमाणित किया है। समय-समय पर ये विविध विषयों पर निबन्ध लिखते रहे और 'रत्नावली नाटिका' के अनुवादक के रूप में इनकी प्रसिद्धि को भुलाया नहीं जा सकता। विशेषतः समकालीन प्रसंगों पर लिखी रचना 'शिवशम्भू का चिट्ठा' अपना सानी नहीं रखता। इसमें व्यंग्य-विनोद की बहार है और अत्यन्त गहरे व्यंग्य-विनोद के साथ इन्होंने लेखों और सम्पादकीय में तत्कालीन ब्रिटिश शासन की साम्राज्यवादी नीतियों का विरोध किया। साथ ही इन्होंने अपने इस भंग की तरंग की मस्ती के समान के तंरग-स्रोत से निकले संवाद की शैली का उपयोग करते हुए कई विषयों पर व्यक्ति-व्यंजक निबन्ध लिखा है।

'शिवशम्भू के चिटटों' में विनोदपूर्ण शैली के साथ विभिन्न प्रकार की सामाजिक विद्रूपताओं, अन्तर्विरोधों और आडम्बर पर करारा प्रहार किया गया है। यात्रा-साहित्य के

प्रसंग में इनका एक लेख 'मेले का ऊँट' उल्लेखनीय है। 'भारत मित्र' के सम्पादक के रूप में अपनी प्रस्तुति के लिए विख्यात यह निबन्ध एक मेले की यात्रा के अनुभवों के धागों से बुना हुआ है। कलकत्ता निवास के क्रम में मोहन मेले का भ्रमण करते हुए यात्रा के वृत्तान्त की शैली में यह सृजित हुआ है। इसमें व्यंग्य-विनोद की बाढ़ है और उसी के बीच साहुकारों की अहम्मन्यता तथा मूल से कटी हुई मानसिकता को व्यक्त किया गया हैं। दरअसल यह एक यात्रा-प्रसंग का वर्णन है, जिसमें अपने सामाजिक वातावरण और उसमें निहित विडम्बना और अन्तर्विरोध पर लेखक ने करारी चोट की है। इस सन्दर्भ में ज्ञातव्य है कि एक सूक्ष्मदर्शी लेखक के रूप में बिल्कुल सामान्य प्रसंग के बीच उभरे हुए जीवन-सत्य का निरीक्षण करना यात्री-लेखक की सफलताओं में परिगण्य है। महादेवी वर्मा ने अपनी रचना 'पथ के साथी' में परिवेश के प्रिय व्यक्तियों के साथ-साथ अप्रिय समाज की स्थिति को भी गहराई से समझने-बूझने को चिन्तक साहित्यकार की सफलता मानी हैं, जैसे– "हमारे दर्शन, साहित्य आदि विविध साधनों से प्राप्त संस्कार हमें अपने परिवेश को प्रिय उदार बनाने का ही लक्ष्य रखते हैं पर मनुष्य का अहम् प्रायः उन साधनों से विद्रोह करता रहता है।"[10]

बालमुकुन्द गुप्त जी की उक्त रचना उनके द्वारा सम्पादित पत्र से आकलित 'शिवशम्भू का चिट्टा' पुस्तक में संकलित है। इसका एक अंश द्रष्टव्य है, यथा, 'मोहन मेले' में आप का ध्यान दो एक पैसे की पूरी की तरफ गया। न जाने आप घर से कुछ खाकर गये थे या यों ही। शहर की एक पैसे की पूरी मेले में दो पैसे हो तो आश्चर्य न करना चाहिए, चार पैसे भी हो सकते थे। यह क्या देखने की बात थी? तुमने व्यर्थ बातें बहुत देखी, काम की एक भी तो देखते, दायीं ओर जाकर तुम ग्यारह सौ सन्तरों का एक पोस्टकार्ड देख आये पर बायीं तरफ बैठा ऊँट भी तुम्हें दिखायी न दिया।[11] इस रचना के दो महत्त्वपूर्ण गुण हैं, एक विनोदपूर्ण भाषा-शैली और दूसरा देश-काल में दर्शित अन्तर्विरोधों और विडम्बना पर गहरी चोट करने की भाव-भंगिमा। यह अपने-आप में विभिन्न वृत्तान्तों से आर्विभूत द्विवेदी-काल की विरल उपलब्धि है। भाषा के सहारे विरोध या व्यंग्य करना ही गूढ़ कला है। अंग्रेजी साहित्य में विख्यात नाटककार 'ब्रेक्खत' ने सामाजिक बुराइयों पर या व्यक्ति की जिन दो विरोधी चित्त-वृत्तियों पर जो व्यंग्य किया है, उसे आलोचकों ने 'बेतुकापन' पर आघात करना कहा है। दरअसल व्यंग्य करना अपने-आप में उद्देश्य नहीं होता, उसके पीछे लेखक की नैतिक दृष्टि होती है। जहाँ विचार आचारित नहीं होता और आचार विचारित नहीं होता, वहाँ लेखक व्यक्ति या समाज की विद्रूपता पर आघात करता है। कथन की यह अत्यन्त परोक्ष प्रक्रिया खासकर नाटकों में अधिक पायी जाती है।[12]

### 3.4 रामचन्द्र शुक्ल

इनका जन्म सन् 1884 ई. में हुआ। जिस प्रकार हिन्दी साहित्य के इतिहास में काव्य के अन्तर्गत तुलसीदास नक्षत्र की तरह उदित हुए उसी प्रकार रामचन्द्र शुक्ल हिन्दी निबन्ध

और आलोचना जगत् में प्रकाशवान् हुए। ऐसे व्यक्तित्व और सिद्ध रस-द्रष्टा साहित्य में कभी-कभी अवतरित होते हैं। इस प्रमाण में विशेष रूप से उनकी कृतियाँ; हिन्दी- साहित्य का इतिहास', 'चिन्तामणि (भाग 1 और 2)' और उनके विरल लेख उदाहरणीय हैं। आलोचक रूप में ये एक साथ अंग्रेजी-साहित्य के तीन महान् चिन्तकों आई. ए. रिचर्ड, मैथ्यू आर्नाल्ड और जॉनसन सदृश सारभूत प्रतिभाओं के समवाय प्रतीत होते हैं।[13] ये सभी वस्तुतः उनकी मानवीयता और मौलिकता के विशेष साक्ष्य हैं। हिन्दी-साहित्य के इतिहास में आधुनिक-काल के अन्तर्गत द्विवेदी-युग में लिखित निबन्ध विधा के अन्तर्गत इनकी कुछ कृतियों के ऐसे स्थल हैं, जिनमें यात्रा-साहित्य की सारभूत विषय-वस्तु और इसकी विनियोगात्मकता प्रकट होती हैं। हिन्दी साहित्य के इतिहास में आदि-काल से लेकर आधुनिक-काल के साहित्य में आचार्य शुक्ल ने प्रकारान्तर से उन्हीं कृतियों को उत्कृष्ट माना है, जिनमें धर्म-दर्शन, मानवता, लोक-चित्त की रस-दशा आदि के साथ विधानगत अनुकूलता हों। इस तथ्य की ओर संकेत करते हुए भारत के सभी महाकवियों और आचार्यों ने अपने महावाक्यों द्वारा साहित्य को परिभाषित किया है, जैसे, 'शब्दार्थों सहितो काव्यं', 'वागार्थ इव सम्पृक्तो वागार्थ प्रतिपत्तये, जगतः पितरौ वन्दे, पार्वती परमेश्वरौ','वर्णानाम् अर्थसंघानां रसानाम छन्द सामऽपि' आदि।

यात्रा-साहित्य की रचना प्रक्रिया के साथ उसके व्यापक सन्दर्भ में आचार्य शुक्ल के कुछेक निबन्ध 'कविता क्या है' (चिन्तामणि भाग-1) 'रसात्मक-बोध के विविध रूप' (चिन्तामणि भाग-1), 'काव्य में प्राकृतिक दृश्य' (चिन्तामणि भाग-2) तथा यात्रा-वृत्तान्त 'प्रेमघंन' की छाया-स्मृति (चिन्तामणि भाग-3) विशेष रूप से उदाहरणीय हैं। 'कविता क्या है' निबन्ध में उन्होंने साहित्य के महत्त्व पर प्रकाश डालते हुए मानवीय हृदय के भाव-लोक को उदाहृत किया है, जैसे— "जब तक कोई अपनी पृथक सत्ता की भावना को ऊपर किये इस क्षेत्र से नाना रूपों और व्यापारों को अपनी योग-क्षेम, हानि-लाभ तथा सुख-दुःख आदि से सम्बद्ध करके देखता रहता है तब तक उसका हृदय एक प्रकार से बद्ध रहता है। इन रूपों और व्यापारों के सामने जब कभी वह अपनी पृथक् सत्ता की धारणा से छूटकर अपने आपको बिल्कुल भूलकर विशुद्ध अनुभूति मात्र रह जाता है, तब वह मुक्त-हृदय हो जाता है। XXX जिस प्रकार आत्मा की मुक्तावस्था ज्ञानदशा कहलाती है, उसी प्रकार हृदय की यह मुक्तावस्था रसदशा कहलाती है। हृदय की इसी मुक्ति की साधना के लिए मनुष्य की वाणी जो शब्द विधान करती आयी है, उसे कविता कहते हैं। इस साधना को हम भावयोग कहते हैं और कर्मयोग और ज्ञानयोग के समकक्ष मानते हैं।[14]

'काव्य में प्राकृतिक दृश्य' निबन्ध में शुक्ल जी ने बिम्ब-ग्रहण कराने की अनुकूलता को काव्य का प्रधान विधान माना है। इसीलिए आचार्य शुक्ल ने रस-निष्पत्ति को दृष्टि में रखते हुए 'विभावों' को प्रमुखता दी है और उसके दो पक्ष, आलम्बन और आश्रय, का उल्लेख करते हुए दोनों की सहित स्थिति के वर्णन को साहित्य की सार्थकता मानी है। उनका कहना है कि इनमें से केवल एक को प्रमुखता या उस पर बल देने की क्रिया को

साहित्य-सृजन स्वीकार नहीं किया जा सकता। काव्य में प्रकृति-चित्रण के वैसे स्थलों को शुक्ल जी उत्कृष्ट मानते हैं, जहाँ प्रकृति और मानव-चित्त एक रूप हो जाते हैं। शुक्ल जी का यह कथन यात्रा-वृत्तान्तों में सार्थक सिद्ध होता है। यात्रा के क्षणों में भौतिक तथ्यों से रची हुई यह वसुधा यात्री के मन में उतरकर चेतनशील हो जाती है। यहाँ वह विभिन्न मानवीय सम्बन्धों में अपने रंग-रूप को प्रस्फुटित करती है। इसका मुख्य कारण यह है कि प्रकृति के बीच घूमता हुआ यात्री-मानव अपने बाहर और भीतर के बीच पूर्णतः तादात्म्य स्थापित करता है। इस सम्बन्ध में शुक्ल जी के एक निबन्ध का यह अंश उदाहरणीय है : "प्राकृतिक दृश्यों के चित्रण में वाल्मीकि, कालिदास, भवभूति आदि सच्चे कवियों की कल्पना ऐसे रूपों की योजना करने में, ऐसी वस्तुएँ इकट्ठी करने में प्रयुक्त होती थीं जिससे किसी स्थल का चित्र पूरा होता था, और जो श्रोता के भाव का स्वयं आलम्बन होती थी। वे जिन दृश्यों को अंकित कर गये हैं उनके ऐसे ब्योरों को उन्होंने सामने रखा है जिनसे एक भरा-पूरा चित्र सामने आता है। ऐसे दृश्य अंकित करने के लिए प्रकृति के सूक्ष्म निरीक्षण की आवश्यकता होती है; उनके स्वरूप में इस प्रकार तल्लीन होना पड़ता है कि एक-एक ब्योरे पर ध्यान जाय। उन्हें इस बात का अनुभव रहता था कि कल्पना के सहारे चित्र के भीतर एक-एक वस्तु और व्यापार का संश्लिष्ट रूप में भरना कितना जरूरी है।"[15]

आचार्य शुक्ल का एक विख्यात संस्मरणात्मक लेख है 'प्रेमघन की छाया-स्मृति।' इसमें यात्रा-संस्मरण के साथ-साथ अत्यन्त सहज ढंग से एक साहित्यकार के व्यक्तित्व के भी साक्षात्कार सम्बन्धी अनुभवों को यात्रा-वृत्तान्त के ढंग पर प्रस्तुत किया गया है। इस कृति को 'छाया-स्मृति' के समस्त पद से अभिहित किया गया है। यहाँ 'छाया-स्मृति' पद अनेक अर्थों की सम्भावना को संकेतित करता है। ऐसा इसलिए कि स्मृति वस्तुतः प्रकाश की छाया के समान होती है। किसी के हृदय में किसी की याद अपनी सम्पूर्णता में एक साथ बिम्बित नहीं होती है। वस्तुतः स्मृति में स्मृतिकार का व्यक्तित्व झलकता है। महान् मनोविश्लेषक सिगमन फ्रायड ने उक्त प्रसंग में 'आई' को हिज मास्टर वायस (His master voice) कहा है, अर्थात् 'मैं', 'तुम' और 'वह' को अधिकांशत मन में सँजोते हुए हृदय में बसा लेता है। इसलिए स्पष्टतः यहाँ एक साहित्यकार की यादों को 'छाया' शब्द से व्यक्त किया गया है।

उपर्युक्त कृति के नायक भारतेन्दु मण्डली के अभिन्न साहित्यकार माने गये बद्री नारायण चौधरी 'प्रेमघन' है। इन्हीं को पहली बार देखने की लालसा से बनारस के यात्रा-क्रम में चौधरी जी के आलोक से प्रस्फुटित छवियों को उक्त यात्रा-वृत्त में व्यंजित किया गया है। नीचे इसके निम्नलिखित अंश उदाहरणस्वरूप उद्धृत किये जा रहे हैं–"एक बार एक आदमी साथ करके मेरे पिता जी ने मुझे एक बारात में काशी भेजा। मैं उसी के साथ घूमता-फिरता चौखम्भे की ओर जा निकला। वहीं पर एक घर में से पं केदारनाथ जी पाठक निकलते दिखायी पड़े। पुस्तकालय में वे मुझे प्रायः देखा करते थे। इससे मुझे देखते ही वे वहीं खड़े हो गये। बात-ही-बात में मालूम हुआ कि जिस मकान में से वे निकले थे,

वह भारतेन्दु जी का घर था। मैं बड़ी चाह और कुतूहल की दृष्टि से कुछ देर तक उस मकान की ओर, न जाने किन भावनाओं में लीन होकर, देखता रहा। पाठक जी मेरी यह भावुकता देख, बड़े प्रसन्न हुए और बहुत दूर तक मेरे साथ बात-चीत करते हुए गये। भारतेन्दु जी के मकान के नीचे का यह परिचय बहुत शीघ्र ही गहरी मैत्री में परिणत हो गया। XXX आप इधर-से-उधर टहल रहे हैं। एक छोटा-सा लड़का पान की तश्तरी लिये पीछे-पीछे लगा हुआ है। बात की काट-छाँट का क्या कहना! जो बातें उनके मुँह से निकलती थीं, उसमें एक विलक्षण वक्रता रहती थी। उनकी बात-चीत का ढंग उनके लेखों के ढंग से एकदम निराला होता था। नौकरों तक के साथ उनका संवाद सुनने लायक होता था। अगर किसी नौकर के हाथ से कभी कोई गिलास वगैरा गिरा, तो उनके मुँह से यही निकलता कि 'कारे बचा त नाहीं।' उनके प्रश्नों के पहले 'क्यों साहब' अक्सर लगा रहता था। XXX एक दिन वे सड़क पर चौधरी साहब के ऊपर एक कवित्त जोड़ते चले जा रहे थे। अन्तिम चरण रह गया था कि चौधरी साहब अपने बरामदे में कन्धों पर बाल छिटकाये खम्भे के सहारे खड़े दिखायी पड़े। चट कवित्त पूरा हो गया और वामन जी ने नीचे से यह कवित्त ललकारा, जिसका अन्तिम अंश था—'खम्भा टेकि खड़ी जैसे नारि मुगलाने की।'''[16] इस प्रकार रामचन्द्र शुक्ल की कृतियों की विषय-वस्तु की तरह उनका विधान-पक्ष भी सर्वथा अनुकूल और उपयुक्त है। इसमें तत्सम और तद्भव शब्दों का प्रयोग, यथा-आवश्यक वाक्य-विन्यासों का गठन और गम्भीर प्रसंगों के बीच व्यंग्य-विनोद का पुट है। ये सभी इनकी भाषा-शैली में भरे-पड़े हैं। ऐसा लगता है कि ये आचार्य शुक्ल के चिन्तन और व्यक्तित्व के लिए ही बने हैं। निश्चयपूर्वक शुक्ल जी की तरह युगान्तकारी आलोचक और निबन्धकार इने-गिने साहित्य को प्राप्त हैं। इस प्रकार उक्त लेख साक्षात्कार की शैली में लिखित यात्रा-वृत्तान्त की तरह है।

## 3.5 पण्डित चन्द्रधर शर्मा 'गुलेरी' (1940 सं.-1977 सं.)

ये विद्वत्ता और भाषा-शैली की दृष्टि से हिन्दी साहित्य में बादलों के बीच विद्युत् की तरह उदित हुए और अपनी कुछेक रचनाओं द्वारा ही इतिहास, पुरातत्त्व, कहानी तथा निबन्ध के सिद्ध लेखक के रूप में विख्यात हुए। इसके साथ ही इन्होंने 'समालोचक' नाम के एक मासिक पत्र का भी सम्पादन किया। इनकी 'उसने कहा था' कहानी हिन्दी की ही नहीं, छोटी कहानियों के क्षेत्र में विश्व-स्तर पर भी एक मानदण्ड के रूप में परखी जाती है। कहानी के अतिरिक्त इन्होंने जो निबन्ध लिखे, उसमें 'कछुआ धरम' और 'मारेसी मोहि कुठाँव' भी उत्कृष्ट और अविस्मरणीय हैं। इन दोनों निबन्धों में यात्रा-वृत्तान्त के पुरातात्त्विक, ऐतिहासिक और सांस्कृतिक स्थलों की श्रेणी अन्तर्गत परिगण्य मानव सभ्यता की अकथ कहानी उजागर होती है। भाषा का एक महत्त्वपूर्ण गुण होता है, संक्षिप्तता। यह तो इनकी रचनाओं की प्रत्येक पंक्ति में प्रकट होती हैं। वस्तुतः मानव सभ्यता के विकास की प्रासंगिकता में इन्होंने विशेषतः एशिया की अद्भुत गाथा लिख दी है। एक विचारक ने इस

शैली को विज्ञान का 'सिस्मोग्राफ' कहा है। इसके द्वारा पृथ्वी का हर कम्पन का अनुभव किया जा सकता है। पुरातात्त्विक यात्राओं के अन्तर्गत प्राणि-विकास में मानव के आविर्भूत होने के बाद विभिन्न भूखण्डों पर उसका जीवन-यापन किस प्रकार हुआ, कैसे उसने क्रमशः अपनी जीवन-प्रणाली के अन्तर्गत धर्म, संस्कृति मिथक आदि के क्षेत्रों में अपने विविध समूहों का विस्तार किया और उसके पदचिह्न आज भी कहाँ, कितनी और कैसे सुरक्षित हैं, इन जिज्ञासाओं को यात्रा-वृत्तान्तों की श्रेणी में सहज रूप से 'गुलेरी जी' के लेखों में पाया जाता है। उपर्युक्त तथ्यों के साक्ष्य के रूप में उनके दोनों निबन्धों के निम्नांकित अंश पठनीय हैं—"पुराने-से-पुराने आर्यों की अपने भाई असुरों से अनबन हुई। असुर असु-रिया में रहना चाहते थे, आर्य सप्त-सिन्धुओं को आर्यावर्त्त बनाना चाहते थे आगे चल दिये। पीछे वो दबाते आये। विष्णु ने अग्नि, यज्ञपात्र और अरणी रखने के लिए तीन गाड़ियाँ बनायीं। उसकी पत्नी ने उनके पहियों की चूल को घी से ऑज दिया। उत्खल, मूसल और सोम कूटने के पत्थरों तक को साथ लिये हुए यह 'कारवाँ' मूँजवत हिन्दुकुश के एक मित्र दर्रे खैबर में होकर सिन्धु की एक घाटी में उतरा। पीछे से श्वान, भ्रज, अम्भारि, हस्त, सुहस्त, कृशन शण्ड और मर्क मारते चले आते थे। XXX पर ईरान के अंगूरों और गुलों का मूँजवत् पहाड़ की सोमलता का चस्का पड़ा हुआ था। लेने जाते तो वे पुराने गन्धर्व मारने दौड़ते। हाँ, उनमें से कोई उस समय का चिलकौआ नकद नारायण लेकर बदले में सोमलता बेचने को राजी हो जाते थे। उस समय का सिक्का गौएँ थीं। जैसे आजकल लखपति, करोड़पति कहलाते हैं वैसे तब 'शतगु' 'सहस्रगु' कहलाते थे। ये दमड़ीमल के पोते करोड़ीचन्द अपने 'नवग्वाः' 'दसग्वाः' पितरों से शरमाते न थे, आदर से उन्हें याद करते थे। आजकल के मेवा बेचनेवाले पेशावरियों की तरह कोई-कोई 'सरहदों' यहाँ पर भी सोम बेचने चले आते थे। कोई आर्य सीमाप्रान्त पर जाकर भी ले आया करते थे। XXX अच्छा अब उसी पंचनद में 'वाहीक' आकर बसे। अश्वघोष की फड़कती उपमा के अनुसार धर्म भागा और दण्ड कमण्डल लेकर ऋषि भी भागे। अब ब्रह्मावर्त्त, ब्रह्मर्षि देश और आर्यावर्त्त की महिमा हो गयी; और वह पुराना देश- न तत्र दिवसं वसेत्। बहुत वर्ष पीछे की बात है। समुद्र पार के देशों में और धर्म पक्के हो चले। वे लूटते मारते तो थे ही, बेधरम भी कर देते थे। बस, समुद्र-यात्रा बन्द।"[17]

गुलेरी जी की 'उसने कहा था' शीर्षक कहानी की तरह यह निबन्ध भी हिन्दी के इतिहास में भारतीय आर्य-जाति की सुदूर यात्रा का अविस्मरणीय वृत्तान्त सिद्ध होता है। यात्राएँ केवल व्यक्ति द्वारा ही नहीं मानव-समूहों द्वारा भी समय-समय पर सम्पन्न हुई हैं। जिस प्रकार अनेक भौतिक व्यापारों के फलस्वरूप इस पृथ्वी का कई बार गठन हुआ है उसी प्रकार पर्वत, समुद्र और नद-नदी आदि को पार करते हुए इस मानव-जाति ने अपना बसेरा स्थापित किया है। आधुनिक इतिहास साक्ष्यों के अभाव या पूर्वग्रहों के कारण इतिहास की भ्रामक प्रस्तुति कर देते हैं। लेकिन पृथ्वी की मानव-जाति की सभ्यता और संस्कृति की सच्चाइयों को यात्रा-वृत्तान्त की शैली में चन्द्रधर शर्मा 'गुलेरी' ऐसे ही सत्य-द्रष्टा पुरुष सही

सन्दर्भों में विश्वसनीय साक्ष्यों सहित प्रस्तुत करते हैं, यथा, "बकौल शेक्सपियर के जो मेरा धन छीनता है, वह कूड़ा चुराता है, पर जो मेरा नाम चुराता है वह सितम ढाता है, आर्य समाज में मर्मस्थल पर वह मारमार की है कि कुछ कहा नहीं जाता, हमारी ऐसी चोटी पकड़ी है कि सिर नीचा कर दिया। औरों ने तो गाँव को कुछ न दिया, उन्होंने अच्छे-अच्छे शब्द छीन लिये। इसी से कहते हैं कि 'मारेसि मोहि कुठायँ।' अच्छे-अच्छे पद तो यों सफाई से ले लिये हैं कि इस पुरानी दुकानों का दिवाला निकल गया। लेने के देने पड़ गये।"[18]

गुलेरी जी ने 'मारेसि मोहि कुठायँ' के अन्तर्गत भारतीय विरासत की मौलिकता और विश्व को उसकी देन सम्बन्धी ऐतिहासिक, पुरातात्त्विक, पौराणिक आदि स्रोतों से विद्वत्ता और पूर्वग्रह से मुक्त होकर विचार किया गया है। 'मारेसि मोहि कुठायँ' यह गोस्वामी तुलसीदास के 'रामचरितमानस' से उद्धृत दशरथ-कैकेयी सम्बन्धी संवाद के प्रसंग में प्रयुक्त पद है। इसमें जिस प्रकार भारतीय सभ्यता सम्बन्धी अनेक देशी-विदेशी इतिहासकारों के विचार को अपने उक्त निबन्ध में उन्होंने प्रामाणिकता के साथ भ्रामक और पूर्वग्रह युक्त सिद्ध किया है वह अनुपम है। इसी तथ्य को सिद्ध करने के लिए गुलेरी जी ने वन-गमन के प्रसंग में दशरथ और कैकेयी संवाद को उद्धृत करते हुए भारत की अपूर्व सांस्कृतिक यात्रा की है। विशेषतः विदेशी विद्वानों के पूर्वग्रहों पर उन्होंने गहरी चोट की है। ऐसा इसलिए कि मूलतः हमारा देश उदारता के साथ मुक्त भाव से पूरे संसार के उज्ज्वल विचारों और भावों को अपना सदभाव अर्पित करता रहा है।[19]

द्विवेदी-काल के उत्थान में गुलेरी जी की विद्वत्ता और रसिकता ये दोनों एक साथ उल्लेखनीय हैं। इसलिए कि पाण्डित्य ने इनको पुरातत्त्व और इतिहास के लम्बे पथों पर आरूढ़ किया है। उसी प्रकार रस की हार्दिकता ने उन्हें कहानियों के नये संसार की रचना में प्रवृत्त किया है। वस्तुतः गुलेरी जी की तरह बहुआयामी प्रतिभा साहित्य के विभिन्न कालों को कभी-कभी ही उपलब्ध होती हैं।

### 3.6 गुलाब राय

द्विवेदी-युग के अनेक निबन्धकार उल्लेखनीय हैं, जैसे श्यामसुन्दर दास, सरदार पूर्ण सिंह, पद्म सिंह शर्मा तथा गुलाब राय आदि। इनमें से गुलाब राय ने अत्यंत भावुकता के साथ प्रांजल भाषा में कुछ ऐसे निबन्ध लिखे हैं, जिनमें लेखक ने अपने हृदय को खोलकर रखते हुए भाव-यात्रा की है, यथा, 'ठलुआ क्लब', 'फिर निराशा क्यों', 'मेरे निबन्ध', 'कुछ उथले-कुछ गहरे', 'मेरी असफलताएँ' आदि। विशेषतः इसमें आत्मकथा की शैली में अन्तर-यात्रा की छवि उभरती है। वस्तुतः राय जी की भावुकता ने हृदय को टटोलते हुए अपनी असफलताओं के बहाने प्रकारान्तर से अपनी सफलताओं को पाठकों के समक्ष रख दिया है। उपर्युक्त विचार के साक्ष्य में उनकी 'प्रभु जी'! मेरे औगुन चित्त न धरो' शीर्षक लेख लिया जा सकता है। राय जी ने भाव-सम्पदा को उड़ेलते हुए लिखा है– "फिर भी मुझ जैसा प्राचीनपन्थी चील के घोसलें में मांस की भाँति अर्थाभाव के होते हुए भी, यशलोलुपता से पल्ला नहीं छुड़ा सका है। रेल की यात्राओं की यमयातनाओं के कारण (कभी-कभी वे

बहुत लम्बी यात्रा करा देती हैं) दूर के स्थानों की सभाओं का सभापतित्व करना छोड़ दिया है और उनके लिए मुझे इतना ही श्रेय मिल सकता है जितना कि वृद्धा वेश्या को सती होने का। किन्तु निकट के मथुरा और अलीगढ़ आदि स्थानों को कुछ अधिक आग्रह करने पर नहीं छोड़ता। XXX यशलोलुप होते हुए भी नेतागिरी से कुछ दूर रहा हूँ। लेखनकार्य में तो चारपाई पर पड़े-पड़े भी यश-लाभ की जुगति लग जाती है, नेतागिरी में खैर पैदल तो नहीं मोटर-ताँगों में घूमना पड़ता है। (रक्तचाप के कारण तथा धनाभाव के कारण वायुयान में बैठकर देवताओं की स्पर्द्धा नहीं करना चाहता, मनुष्य बना रहना मेरे लिये काफी है); XXX हाँ इतनी बात अवश्य है कि मैं उपकृत का सम्मान बहुत करता हूँ उस पर अहसान जताते हुए उसमें हीनता का भाव उत्पन्न नहीं होने देता हूँ। मुझे तुलसीदास जी की बात याद आ जाती है 'दानमान-सन्तोष।' उपकृत मुझे बड़ा बनने का अवसर देता है। उसका मैं सदा आभारी हूँ। अहसान जताने के लिए जब हार्दिक ग्लानि होती है तब माफी भी माँग लेता हूँ, एक जगह यह भी सुनने को मिला, 'जूता मारकर दुशाले से पोछने से क्या लाभ?''[20]

यात्रा-साहित्य के प्रौढ़ि प्रकर्ष की दृष्टि से गुण और गणना के आयामों पर द्विवेदी-काल की उपलब्धियाँ पूर्ववर्ती भारतेन्दु-काल से कुछ कम हैं। किन्तु गद्य की उन्नति के इस युग में भाषा-अन्तर्गत जो परिष्कार और परिमार्जन हुए, उनसे इस युग के यात्रापरक लेखों में भी निखार आया और इस युग ने भी इस प्रकार यात्रा की विकासधारा को गति दी। इसलिए जो भी यात्रा-संस्मरण द्विवेदी-युग में लिखे गये, वे गद्य की रचना के नाते अपना स्थायी महत्त्व रखते हैं।[21]

## सन्दर्भ


1. हिन्दी साहित्य का इतिहास, लेखक रामचन्द्र शुक्ल, प्रकाशक नागरीप्रचारिणी सभा, काशी, संवत् 2012, पृ. 506
2. (क) "Is Verse a dying technique?", Edmund Wilson, From the Capital thinkers: Twelve Essays on Literary Subjects, revised edition, by Edmund Wilson. New York : University Press, Inc., 1948.
   (ख) बहुवचन, महात्मा गाँधी अन्तरराष्ट्रीय विश्वविद्यालय, वर्धा।
3. हिन्दी साहित्य का दूसरा इतिहास, लेखक बच्चन सिंह, पृ. 342.
4. ये स्मृतियाँ, पुस्तक से उद्धृत 'मेरी जीवन रेखा' लेख, संम्पादक डॉ. शशिशेखर तिवारी, डॉ. बेचन, राजकमल प्रकाशन प्राइवेट लिमिटेड, प्रथम संस्करण 1976।
5. हिन्दी-साहित्य का इतिहास, लेखक रामचन्द्र शुक्ल, काशी नागरीप्रचारिणी सभा, गद्य-साहित्य का प्रसार, पृ. 506.
6. हिन्दी साहित्य का इतिहास, लेखक रामचन्द्र शुक्ल, प्रकाशक : नागरीप्रचारिणी सभा, काशी, गद्य का साहित्य प्रसार, पृ. 511.
7. हिन्दी साहित्य का इतिहास, लेखक रामचन्द्र शुक्ल, प्रकाशक : नागरीप्रचारिणी सभा, काशी, पृ. : 512.

8. हिन्दी साहित्य का इतिहास, लेखक रामचन्द्र शुक्ल, प्रकाशक : नागरीप्रचारिणी सभा, काशी, गद्य का साहित्य प्रसार, पृ. 513-14.
9. लोकजागरण और हिन्दी-साहित्य, लोकहृदय और रस-दशा, पृ. 199.
10. महादेवी वर्मा, पथ के साथी, दो शब्द।
11. स्तबक, साहित्य अकादमी प्रा., मेले का ऊँट, पृ. 54.
12. "Satire demands at least a token fantasy, a content which the reader recognizes as grotesque, and at least in implicit moral standard, the letter being essential in a militant attitude to experience. Some phenomena, such as the ravages of diseases, may be called grotesque, but to make fun of them would not be very effective satire. The satirist has to select his absurdities, and the act of selection is a moral act." ANATOMY OF CRITICISM, NORTHERN FRYER, PRINCETON, NEW JERSEY, PRINCETON UNIVERSITY PRESS.
13. "(a) The immediate appeal of Jonson is to the mind; his emotional tone is not in the single verse, but in the design of the whole. But not many people are capable of discovering for themselves the beauty which is only found after labour; and Jonson's industrious readers have been those whose interest was historical and curious, and these who have tought that in discovering the historical and curious, interest they had discovered the artistic value as well." T.S. Eliot Selected Prose, Edited By John Hayward, Penguin Books, BEN JONSON, Page-110.
(b) "ARNOLD was not a man of vast or exact scholarship, and he had neither walked in hell nor been rapt to heaven; but what he did know, of books and men was in its way well-balanced and well-marshalled." T.S. Eliot Selected Prose, Edited By John Hayward, Penguin Books, ARNOLD, Page-174.
14. 'चिन्तामणि' भाग-1, लेखक रामचन्द्र शुक्ल, कविता क्या है?, पृ. 141.
15. (क) 'चिन्तामणि' भाग-2, लेखक रामचन्द्र शुक्ल, काव्य में प्राकृतिक दृश्य, पृ. 12.
(ख) 'हमारी परिस्थिति हमारे जीवन का आलम्बन है, इस उपचार से वह हमारे भावों का भी आलम्बन है। उसी परिस्थिति में, उसी संसार में, उन्हीं दृश्यों के बीच जिनमें हम रहते हैं, राम-लक्ष्मण को पाकर हम उसके साथ तादात्म्य-सम्बन्ध का अधिक अनुभव करते हैं, जिससे साधरणीकरण पूरा होता है।" काव्य में प्राकृतिक दृश्य, चिन्तामणि, भाग 2, पृ. 3.
16. स्तबक, सं. विद्यानिवास मिश्र, प्रेमघन की छाया-स्मृति, पृ. 66-67.
17. हिन्दी साहित्य का इतिहास, प्रकाशक : नागरीप्राचारिणी सभा, काशी, संवत् 2012, गद्य-साहित्य का प्रसार, पृ. 520-521.
18. स्तबक, सं. विद्यानिवास मिश्र, साहित्य अकादमी, प्रथम संस्करण : 1986, 'मारेसि मोंहि कुठायँ' पृ. 63.
19. "कवि मनीषी रवीन्द्रनाथ ने अपनी प्रसिद्ध, 'भारततीर्थ' शीर्षक कविता में भारतीय इतिहास को काव्य की धारा में रससिक्त कर दिया है, यथा—

केह नाहि जाने, कार आह्वाने कत मानुषेर धारा
दुर्वार स्रोते एल कोथा हते, समुद्रे हल हारा।
हेथाय आर्य, हेथाय अनार्य, हेथाय द्रविड़ चीन-
शक-हुन-दल पाठान मोगल एक देहे हल लीन।

पश्चिम आजि खुलियाछे द्वार, सेथा हते सबे आने उपहार
दिबे आर निबे, मिलाबे मिलिबे, याबे ना फिरे-
एइ भारतेर महामानवेर सागरतीरे।।

कोई नहीं जानता किसके आह्वान पर मानव की कितनी धाराएँ दुर्वार स्रोत से कहाँ से आकर सागर में विलीन हो गयीं। यहाँ आर्य, अनार्य द्रविड़, चीनी, शक-हूण, पठान, मुगल आदि भारत-तीर्थ की देह में आकर विलीन हो गये। पश्चिम ने आज अपना द्वार खोला है और उससे होकर सभी उपहार लाते हैं। हम भारतवासी परस्पर देंगे और लेंगे, मिलेंगे-मिलायेंगे लौटकर नहीं जायेंगे, इस महामानव भारत के सागर तीर्थ से।''

20. स्तबक, सं. विद्यानिवास मिश्र, साहित्य अकादमी, प्रथम संस्करण : 1986, 'प्रभुजी ! मेरे औगुन चित्त न धरो', पृ. 70-71.
21. "भारतेन्दु के सहयोगी लेखक स्थायी विषयों के साथ-साथ समाज की जीवन-चर्या, ऋतु-चर्या, पर्व-त्योहार आदि पर भी साहित्यिक निबन्ध लिखते आ रहे थे उनके लेखों में देश की परम्परागत भावनाओं और उमंगों का प्रतिबिम्ब रहा करता था। होली, विजयादशमी, दीपावली, रामलीला इत्यादि पर उनके लिखे प्रबन्धों में जनता के जीवन का रंग पूरा-पूरा रहता था। इसके लिए वे वर्णनात्मक और भावात्मक दोनों विधानों का बड़ा सुन्दर मेल करते थे।'' हिन्दी-साहित्य का इतिहास, लेखक रामचन्द्र शुक्ल, काशी नागरीप्रचारिणी सभा, गद्य-साहित्य का प्रसार, पृ. 506.

# राहुलसांकृत्यायन-युग

हिन्दी यात्रा-साहित्य का राहुल-युग वस्तुतः उपलब्धियों की दृष्टि से एक गौरव-शृंग है। राहुल और उनका युग यात्रा-वृत्तान्त सम्बन्धी अपनी कृतियों की ऊँचाई के द्वारा हिन्दी के साथ विश्व-वाङ्मय में विशिष्ट स्थान पाने का अहसास जगाते हैं। विशेषतः राहुल जी ने इस समस्त भूमण्डल पर अपने पग-चिह्नों को अंकित करने की जिस महागाथा को सार्थक किया है, वे अपने-आप में अक्षय प्रतिमान और मानदण्ड हैं। राहुल-युग के पूर्व हिन्दी का यात्रा-साहित्य एक अर्थ में अपने निर्माण की प्रक्रिया में विकसित होता रहा है। यहाँ आकर वह विषय, वस्तु और भाषा-शैली के स्तरों पर अपने स्वतन्त्र स्वरूप को उद्‌भासित करता है।

आधार-आधेयपरक परस्परता की दृष्टि से यात्रा-साहित्य के मूलतः दो ध्रुव होते हैं, एक यात्राएँ और दूसरा उनके संस्मरण। इन दोनों ध्रुवों की प्रासंगिकता में यह युग, राहुलसांकृत्यायन और महादेवी वर्मा की कृतियों के साथ अन्य प्रसिद्ध लेखकों की रचनात्मक प्रवृत्तियों का प्रतिनिधित्व करता है। राहुल और महादेवी, ये दोनों, हिन्दी यात्रा-साहित्य के उतुंग शिखरों के समान आविर्भूत होते हैं। दोनों की परस्परता में समानता के अनेक स्थल देखे जा सकते हैं। राहुल जी की पहली लम्बी यात्रा के वृत्तान्त 'हिमालय की उपत्यकाओं' में मनुष्य के चित्त, जिज्ञासा और सौन्दर्य-चेतना को तृप्त करने के अनगिनत दृश्य विद्यमान हैं। कन्हैया लाल मिश्र, 'प्रभाकर' द्वारा की गयी एक पृच्छा 'आपको संसार में सबसे सुन्दर क्या लगता है?', के उत्तर में राहुल जी ने कहा है– "पर्वतों की चोटियों पर बिखरे हुए हिम ने देवदारु वृक्ष को सर्वाधिक आकर्षक और सुन्दर रूप में व्यक्त किया है।" 'देवदारु' शीर्षक चारू लेख में इस वृक्ष के अद्‌भुत आकार-प्रकार का चित्रण करते हुए हजारीप्रसाद द्विवेदी ने भी लिखा है– "पता नहीं किसने इस पेड़ का नाम देवदारु रख दिया था, नाम निश्चय ही पुराना है, कालिदास से भी पुराना, महाभारत से भी पुराना। सीधे ऊपर की ओर उठता है, इतना ऊपर की पासवाली चोटी के भी ऊपर उठ जाता है, एकदम द्युलोक को भेद करने की लालसा से। नीचे शाखाएँ मत्युलोक को अभयदान देने की मुद्रा में फैलती चली जाती हैं, मानो कह रही हों, भय नहीं, मैं जो हूँ।

प्रत्येक शाखा को झबरीली टहनियाँ कँटीले पत्रों के ऐसे लहरदार छन्दों का वितान तानती हैं कि छाया चेरी-सी अनुगमन करती है।"[1]

हजारीप्रसाद द्विवेदी जी ने अपनी रचना 'मेघदूत : एक पुरानी कहानी' में भी एक श्लोक (संख्या : 50-52) की मोहक व्याख्या करते हुए "पार्वती के पुत्रवत् देवदारु के विशालकाय और तुषारगौर-हिमालय की ऊँचाइयों पर शोभित देवदारु का वर्णन किया है।"[2] इसी प्रकार अपने एक संस्मरण 'बिट्टो' में महादेवी जी ने भी पर्वतराज हिमालय की शोभा का आह्लादकारी शब्दों में उल्लेख किया है, यथा, "पर्वतीय भूमि मेरी धात्री से माँ बन गयी है। पैदल ही कई सौ मीलों की यात्रा कर मैंने उसकी प्रशान्त, सुषमा और प्रमुख जीवन को अनेक रूपों में देखा है ; परन्तु उस निस्तब्ध सौन्दर्य और नगर के कोलाहल में मैं अब तक कोई समझौता न करा सकी। अपनी धूल भरी धरती का अंक छोड़ करके मुझे उन्हीं तुषार धैत चरणों में विश्राम मिलता है, जिन्होंने साधना से धूल के विशाल दुर्ग बनाकर अपनी करुणा को हमारे लिये सुरक्षित रखा है।"[3]

### 4.1 राहुलसांकृत्यायन

राहुल जी का सम्पूर्ण जीवन, विरल उल्लास, अपूर्व साहस और सर्वाधिक प्रकृति तथा मानव-जीवन के बीच वर्षों तक निरुद्देश्य निरन्तर विचरण करने के ऐतिहासिक सन्दर्भों से प्लावित है। यह वस्तुतः गुण और गणना के स्तरों पर मनुष्य की संवेदनशीलता और चिन्तन-मननपरक अपार पुरुषार्थ की दुर्लभ जीवन-कथा है। लगभग पाँच दशकों तक अनवरत की जानेवाली यात्राओं की स्मृतियों में भी राहुल जी ने हिमालय के चतुर्दिक् फैले हुए परिदृश्य और संस्कृति की चित्र-विचित्र छवियों का अद्भुत वर्णन किया है। इसी प्रसंग में नेपाल, तिब्बत, सिक्किम, चीन, जापान, सोवियत संघ, यूरोप आदि की यात्रा-कथाएँ उनकी विख्यात कृति 'मेरी जीवन-यात्रा' के विविध खण्डों में सर्वत्र परिव्याप्त हैं। उनकी यायावरी के अन्तर्गत सर्वाधिक उनका प्रकृति-प्रेम और सदा घूमते रहने की उच्छवल इच्छा दर्शित होती हैं। उनके यात्रा-वृत्तों के अतिरिक्त उनके कृतित्व भण्डार में भी उनका यह स्वभाव सर्वत्र अंकित है। राहुल की 'वोल्गा से गंगा' शीर्षक कथा-कृति में जो कहानियाँ यात्रा-वृत्तान्त के स्वरूप में पिरोई हुई हैं, उनमें से अधिकांश उनके जेल-जीवन में लिखित हैं। इस पुस्तक की कहानियों में इतिहास, पुरातत्त्व तथा दर्शन आदि के साथ-साथ प्रकृति और जन-जीवन सम्बन्धी वर्णन सर्वत्र मिलते हैं। सभ्यता के विकास में मानव कबीलों की शताब्दियों तक की यात्रा का उल्लेख करते हुए राहुल जी ने वैदिक-काल से लेकर आधुनिक-काल तक के विकास का पाण्डित्यपूर्ण विवेचन किया हैं। इस क्रम में उन्होंने सिन्धु-घाटी में बिखरे हुए पुरा-अवशेषों के वृत्तान्त का उल्लेख किया हैं। विश्व-संस्कृति का उनका जो चिन्तन-मनन है, उसमें भी मानव-जाति के संघर्ष और पारस्परिक लेन-देन के अनेक सन्दर्भ पाठक को चमत्कृत कर देते हैं, उपर्युक्त तथ्यों के प्रमाणस्वरूप इस कृति का शीर्षक 'वोल्गा से गंगा' विशेष रूप से राहुल के प्राचीन-इतिहास और प्रकृति प्रेम सम्बन्धी आन्तरिक लगाव को व्यक्त करता है। पर्वत, महानद तथा वन-उपवन आदि के आख्यानों

से पूरित उनकी जीवन-यात्रा, प्रकृति और मनुष्य की जीवन-गाथा को उदाहृत करती है। स्वदेश और भारतेतर देशों की यात्राओं में तिब्बत की दुःसाहस पूर्ण उनकी घुमक्कड़ी उन्हें विश्व का महान् यायावर घोषित करती है। राहुल ने भारत के उत्तर में बसे पर्वतीय देश नेपाल होकर वर्षों तक जो यात्राएँ की हैं, वे उन्हें संसार के विरल यात्री के अद्वितीय और अपूर्व पद पर प्रतिष्ठित करती हैं।

राहुल जी के व्यक्तित्व और कृतित्व को दृष्टि में रखते हुए हिन्दी के सुप्रसिद्ध संस्मरणकार कुबेरनाथ राय ने उनके सम्बन्ध में जो विचार प्रकट किया है वह उक्त सन्दर्भ में उल्लेखनीय है, यथा, ''महापण्डित राहुलसांकृत्यायन हिन्दी साहित्य के भगीरथ थे। उनके साहित्य का विस्तार बहु-आयामी है। शोध और रचनात्मक साहित्य, दोनों की दृष्टि से वे आधुनिक हिन्दी में अनुपम हैं। ज्ञान-विज्ञान की अनेक शाखाओं में उन्होंने अपनी प्रतिभा का योगदान दिया है। ऐसा बहुमुखी साहित्य रचनेवाला बहुश्रुत व्यक्ति हिन्दी में अब निकट भविष्य में शायद ही आये। ऐसा इसलिए कह रहा हूँ कि हिन्दी में ही नहीं, विश्व-स्तर पर साहित्य और संस्कृति आज उतार पर है, ज्वार खत्म हो गया लगता है, भाटा चालू है।"[4]

राहुल जी ने अपने अन्तःरथ अथक यात्री के अनुभवों की संचय-सम्पदा से हिन्दी को लगभग एक सौ पचास कृतियाँ अर्पित कीं। इनके कृतित्व में यात्रा-साहित्य के अन्तर्गत जो रचनाएँ परिगण्य हैं उनका उल्लेख नीचे किया जा रहा है। इस सम्बन्ध में राहुल जी द्वारा लिखित 'घुमक्कड़-शास्त्र' सर्वप्रथम उल्लेखनीय है। यात्रा में जिस प्रकार चलचित्र की भाँति यात्रा में मार्ग के दोनों पार्श्वों में प्रकृति और मानवीय-जीवन की चित्र-विचित्र छवियाँ और निरन्तर बदलते हुए परिवेश के पुष्ट खुलते जाते हैं, उसी प्रकार, राहुल जी ने अपनी समस्त 'जीवन-यात्रा' में अपने पग-चिह्नों को अंकित कर दिया है। यात्रा सम्बन्धी संसार का प्रथम ग्रन्थ 'घुमक्कड़ शास्त्र' के अन्तर्गत 164 पृष्ठों में राहुल जी ने यात्रा और यात्री के अभिन्न अंग-प्रत्यंग को उजागर कर दिया है। इसमें उन्होंने प्रसंगवश घुमक्कड़ी के आनन्द का उल्लेख करते हुए 'नवा जिन्दा बा जिन्दा' की कथा 'खुदाई का नतीजा' के इस शेर को उद्धृत करते हुए परोक्षतः अपनी सम्पूर्ण जिन्दगी के मर्म को इसमें अंकित कर दिया है, यथा—

*सैर कर दुनिया की गाफि ल, जिन्दगानी फिर कहाँ।*
*जिन्दगानी गर रही, तो नौजवानी फिर कहाँ।।*

(घुमक्कड़-शास्त्र, अथातो घुमक्कड़ जिज्ञासा, पृ. :11.)

इस पुस्तक में उन्होंने लिखा है कि— "दुनिया में मनुष्य-जन्म एक बार ही होता है और जवानी भी केवल एक बार ही आती है। साहसी और मनस्वी तरुण-तरुणियों को इस अवसर से हाथ नहीं धोना चाहिए। कमर बाँध लो भावी घुमक्कड़ो! संसार तुम्हारे स्वागत के लिए बेकरार है।"[5]

राहुल जी की जीवनी अपने-आप में एक अविराम यात्रा की अमर कथा है। जीवन से मरण तक वे फक्कड़, संन्यासी, भिक्षुक, जिज्ञासु तथा अन्वेषक आदि के रूपों में यात्री

बने रहे। यात्री की मानसिकता का उल्लेख करते हुए बुद्ध-वचन 'चरथ भिखवे बहुजन-हिताय बहुजन-सुखाय' के साथ संस्कृत की सूक्ति 'न गृह ग्रहमित्याहुः गृहणी ग्रहंमुच्यते' को राहुल जी ने चरितार्थ किया है। उन्होंने क्रमशः केदार पाण्डेय से रामउदार दास और दामोदर सांकृत्यायन से राहुलसांकृत्यायन तक की अपनी अभिधान यात्रा को उजागर किया। इतना ही नहीं अपनी आस्था, रुचि और अध्ययन के क्षेत्र में भी 'क्षेत्रे भोजन मठे निद्रा' से लेकर आर्य समाजी, बौद्ध तथा साम्यवादी आदि केचुलों को उतारकर दार्जिलिंग के एक टीले पर बसे घर की सहधर्मिणी के साथ स्मरण शक्ति का भी त्याग करते हुए महा प्रस्थान पर वे निकल पड़े।

अपनी कृतियों के अनेक स्थलों पर राहुल जी ने यात्रा के प्रयोजन पर प्रकाश डालते हुए दार्शनिक सन्दर्भों में उसे प्रयोजनातीत सिद्ध किया है। उनकी दृष्टि में यात्रा अपने-आप में सृष्टि प्रक्रिया की भाँति अविरल और चिरन्तन है। 'एशिया के दुर्गम भूखण्डों में' शीर्षक कृति की भूमिका अन्तर्गत उन्होंने लिखा है कि– "मुझे घुमक्कड़ी में स्वतः एक प्रकार का आनन्द आया था– 'आनन्द आता है' भी कह सकता हूँ, यद्यपि शरीर उसके लिए पहले की तरह सहायक नहीं हैं। मैंने प्रायः 'स्वान्तः सुखाय' यात्राएँ की थीं, पर उससे दूसरों के हृदयों को भी सुख मिल सकता है, और किन्हीं-किन्हीं यात्राओं का उद्देश्य 'स्वान्तः सुखाय' से भी कुछ अधिक था। मुझे यह जानकर प्रसन्नता है कि तरुण पीढ़ी अपने देश के महान् घुमक्कड़ों की परम्परा को उच्छिन्न होने देना नहीं चाहती। XXX अब हमारे घुमक्कड़, यात्रा लिखने के महत्त्व को समझने लगे हैं। लेकिन, जिस वक्त मैंने 1919-1920 ई. में पहले-पहल पैरों के साथ लेखनी को भी उठाया, उस समय हिन्दी में बहुत कम ही यात्राएँ लिखी गयी थीं। यात्रा ने ही मेरे हाथ में जबर्दस्ती कलम पकड़ा दी और स्वयं ही लेखन-शैली बनती गयी। कलम के दरवाजे को खोलने का काम मेरे लिये यात्राओं ने ही किया, इसलिए मैं इनका बहुत कृतज्ञ हूँ।"[6]

राहुल जी 'यात्रा के लिए यात्रा' को ही सन्देश मानकर आजीवन घूमते रहे। लेकिन एक संवेदनशील और भारतीय चिन्ता-धारा के महापण्डित के रूप में उन्होंने एशिया एवं यूरोप के देशों की यात्राएँ कीं। मनुष्य का मनोविज्ञान यह बतलाता है कि आदमी अन्य प्राणियों की अपेक्षा कई सन्दर्भों में इसलिए श्रेष्ठतर है कि उसके चित्त में जीवन-जगत् को जानने की इच्छा का उद्वेलन होता है। वह जिस वस्तु या विचार को जान लेता है उसकी स्मृतियों को अपने मन-प्राणों में सँजो लेता है और पुनः अज्ञात की खोज में यात्रा के पथ पर अग्रसर हो जाता है। इस क्रम में शिवप्रसाद सिंह द्वारा लिखित 'किस-किस को नमन करूँ', शीर्षक संस्मरण 'बीहड़ पथ के महायात्रिक : राहुल' के ये अंश उद्धरणीय हैं – "जब-जब मैंने राहुल जी के बारे में सोचा है, मेरी आँखों के सामने गाँव के छपरों पर खड़ा बूढ़ा पीपल खड़ा हो गया है – सैकड़ों गर्मी-बरसातें झेले हुए, फिर भी उदग्र कण्ठ और उन्नत वृक्ष का बूढ़ा पीपल। अनगिनत पंछी जिसकी सघन पत्तियों की छाया में नीड़ बसाये विश्राम लेते हैं। अनेक दिशा-देशान्तरों से आते हुए, आते-जाते हुए पक्षी आकाश में

इन्द्रधनुषी बितान बनाते जिसके शीश पर निरन्तर मँडराया करते हैं। गर्मी तपती है, तो जड़ से सटकर चौगिर्द गाय-बैल, भैंस-पड़वे, खड़े, बैठे और अधलेटे जुगाली करते रहते हैं और जिसकी आश्वस्तकारी छाया में प्रकृति के उत्पातों से परेशान कृषक निरन्तर शरण ढूँढ़ते रहते हैं। XXX सामने खड़े थे राहुल, सहज उन्मुक्त स्वप्नदर्शी जीवन के हिमायती राहुल, जिनकी आँखों में बौद्धकालीन गणराज्य और बाईसवीं सदी की रंगीन ग्राम्य संस्कृति को साकार करने के लिए आतुर-आकुल आकांक्षा का प्रकाश था और जिनके शरीर में आखेट-प्रिय आर्यों की निर्भीकता और सह नृत्य से थककर चूर युवकों की मस्ती का बोध था।"[7]

वस्तुतः राहुल जी ने दुर्गम भूखण्डों में वर्षों तक विश्व की परिक्रमा करते हुए जो अनुभव संचित किये हैं वे भारत ही नहीं विश्व के यात्रा-साहित्य में अनुपम हैं। राहुल जी ने 'यात्रा के पन्ने' में यात्रावृत्त के जिन प्रमुख पड़ावों का वर्णन किया है उनमें तिब्बत का अपना विशेष स्थान है। हिमालय का यह प्रदेश दुर्गम और निरन्तर उत्तुंग होती हुई पर्वतीय पगडण्डियों को पार करने के बाद दिखायी पड़ता है। यह लद्दाख से पूर्वी वर्मा की सीमा तक फैला हुआ हिमालय का वह भाग है जिसमें ब्रह्मपुत्र, सिन्धु और सतलज आदि नद-नदियों को सींचनेवाली झील मानसरोवर स्थित है। इसी क्षेत्र में मंगोल प्रजाति से सम्बन्ध रखनेवाली भोट-भोटियों का निवास है। अपने उक्त ग्रन्थ के 'दो शब्द' में राहुल जी ने तिब्बत यात्रा के प्रिय दिवसों को याद करते हुए लिखा है– "मेरी चारों तिब्बत-यात्राओं (1929,1934,1936,1938 ई.) को आज तेरह वर्ष हो चुके हैं, लेकिन तिब्बत ने जैसे अपने भीतर शताब्दियों को ताजा बनाये रखा, उसी तरह से इतिहास की दृष्टि से वह अब भी अचल सिद्ध होता, किन्तु अब वहाँ शताब्दियों का परिवर्तन वर्षों में होने लगा है। भारत और तिब्बत की जिन सांस्कृतिक अनमोल निधियों को मैं वहाँ के मठों में देख आया था, अब उनके गुणग्राहक वहाँ पैदा हो गये हैं...।"[8] राहुल जी की तिब्बत यात्रा भारतीय संस्कृति के महान् योगदान सम्बन्धी उज्ज्वल साक्ष्यों की दृष्टि से भी अपना ऐतिहासिक महत्त्व रखती हैं। इसलिए कि इसी यात्रा में उन्होंने अपार साहस और संघर्ष करते हुए उन ग्रन्थों की खोज की जो भारत के पण्डितों की विख्यात रचनाओं के तिब्बती अनुवाद थे।

इस उपर्युक्त सत्य के साक्ष्य हेतु तिब्बत यात्रा के क्रम में राहुल जी द्वारा अर्जित अनमोल ऐतिहासिक और दार्शनिक प्राचीन पोथी पर प्रकाश डालनेवाले ये अंश द्रष्टव्य हैं, यथा, ''पुस्तकों की सूची मिलाने पर मालूम हुआ, कि 1934 में जितनी ताल पोथियाँ हमने देखी थीं, उनमें से दो - 'सद्धर्म-पुण्डरीक' और 'काशिका-पंजिका' अब नहीं थीं। यदि दो साल में दो पुस्तकें गुम हो सकती थीं, तो कई शताब्दियों से यहाँ रखी हुईं इन पुस्तकों में से न जाने कितनी गुम हुई होंगी। मुझे यह भी याद है कि पहली तिब्बत-यात्रा में मुझे यहाँ से सात-आठ सौ बरस पुरानी एक तालपत्र की पोथी मिली थी, जिसे पढ़ने पर मालूम हुआ, कि अनुवादित 'वज्रडाक तन्त्र' है। पुस्तक को मैंने पटना-म्यूजियम में रख दिया। यह तो निश्चय ही था, कि अगर दस-पाँच हजार खर्च करने के लिए कोई तैयार होता, तो मेरी देखी

हुई पुस्तकों में से आधी उसे आसानी से मिल सकती थी। इस प्रकार तिब्बत में होने से वह सुरक्षित है, यह नहीं कहा जा सकता।''[9]

इसी उपर्युक्त क्रम में राहुल जी का दूसरा यात्रा-संस्मरण 'एशिया के दुर्गम भूखण्डों में' वर्णित सन्दर्भ भी अपना विशेष महत्त्व रखते हैं। राहुल जी ने अपनी यात्रा का वर्णन करते हुए 'एशिया के दुर्गम भूखण्डों' के स्वरूप और उसमें की जानेवाली अपनी यात्राओं के अनुभवों को व्यक्त किया है, यथा,

(क) ''खोक्-सर से कुल्लू 53 मील है। पहली अक्टूबर को तैयारी करते मुझे ख याल आया कि मनाली से मोटर द्वारा आज ही कुल्लू चल देना चाहिए। खच्चरवालों के साथ तीन दिन बरबाद करने का क्या प्रयोजन? तो भी मैं पूरे निश्चय पर नहीं पहुँचा था साथियों को अपनी चाल से तैयारी करते देखकर घोड़े को कसवाकर 7 बजे मैं चल पड़ा। थोड़ी-सी चढ़ाई तो मामूली थी, फिर खूब कड़वी चढ़ाई शुरू हुई, यद्यपि वह खड़ी न थी। तीन मील चलने के बाद कुछ समान मार्ग आया। व्यास-कुण्ड मिला। लोगों ने कहा—व्यास ऋषि का स्थान व्यास-कुण्ड आ गया। यहीं से व्यास नदी निकली है, मैंने कहा—भाई, यह तो सोलहों आने जालसाजी है ! व्यास नदी का असली नाम तो विपाट् है। उससे व्यास का क्या सम्बन्ध? एक छोटे से ग्लेशियर (हिमानी) से पानी की पतली धार आती है।"[10]

(ख) ''मैत्रेय की बायीं ओर एक विचित्र-सी भारतीय लामा की मूर्ति देखी। पूछने पर मालूम हुआ, यह सिद्ध फ्-दम्-पा-सङ् स्-गेयेस् (सत्पिता बुद्ध, मृत्यु 1118 ई.) हैं। बहुत जीर्ण-शीर्ण मूर्ति है। सामने नीचे कुछ और भी छोटी-बड़ी पीतल की मूर्तियाँ हैं, जिनमें अधिकांश भारत से लायी गयी हैं—यह उनकी नाक, नीची भौंह, कम चौड़ा मुँह, सुन्दर छाती और कमर बतला रही है। ढूँढ़ने पर भी उन पर अक्षर नहीं मिले। एक ओर बहुत-सी पुरानी, भोट अक्षर में लिखी हुई पुस्तकें बे-परवाही से रखी हुई हैं। पीछे के बने देवालयों तथा पुराने स्तूपों को देखकर हम लौट आये। धर्मवर्द्धन ने बीजक से खास-खास बातों का नोट लेना शुरू किया। नाती-ला ने फोटो लिये।"[11]

(ग) "फिरदौसी की कब्र के चारों ओर एक अच्छा बाग लगा हुआ है। उसी के भीतर एक पुस्तकालय भी है। पास में छोटा-सा गाँव है, जिसके बागीचे फिरदौसी के बाग तक चले गये हैं। दोपहर की धूप थी, हम थोड़ा विश्राम करने के लिए पास के बाग में चले गये। बागवाले ने झट से एक सुन्दर कालीन बिछा दी और चाय बनाने का आग्रह करने लगा, उस दोपहर बिना दूध की चाय पीने की अपेक्षा ईरानी मीठे खरबूजे कहीं अच्छे थे; लेकिन उन लोगों के सामने मीठे खरबूजे (सर्दे) की क्या कदर? उनके लिए तो चीज जितनी महँगी हो उतना ही अच्छी। दो-तीन हरे खरबूजे आये। इनकी उपरली हरियाली जहाँ-जहाँ सफेद पपड़ी पड़ी हुई थी, लेकिन काटने पर भीतर बिल्कुल हरा था। मिठास के बारे में क्या कहना! खरबूजा खाकर थोड़ा विश्राम किया। दो बजे मशहद के लिए लौट पड़े।''[12]

(घ) "चार-दि-गुर्बन एक बड़ा गाँव है। सड़क के किनारे पचीसों दुकानें हैं। हमें एक होटल में जगह मिली। एक लम्बा, चौड़ा कमरा मिला! जिसमें मकान गर्म करने के

लिए मुँह-बन्द अँगीठी जल रही थी। अँगीठी के ऊपरी भाग में रखा पानी चाय के लिए खौल रहा था। हमारे पहुँचते ही किटसन लैम्प जला दिया गया। कालीन बिछा दिया गया। जरीफ खान ने पूछा– अंगूर खायेंगे? मेरे हाँ कहने पर मिट्टी की गोल छोटी डेहरी (कोठिली) सामने लाकर रखी गयी। कोठिली के मुँह का पिहान मिट्टी से ही चिपकाया हुआ था। मिट्टी तोड़कर पिहान को अलग कर दिया गया; और भीतर दो सेर पक्के सफेद मीठे अंगूर रखे हुए थे। जरीफ खान ने गुच्छा ऊपर उठा हमारी ओर बढ़ाते हुए कहा–"अंगूर अच्छे हैं, सड़े और सूखे नहीं हैं। पूछने से मालूम हुआ कि अंगूरों को वैसे तो रखने पर सूख जाते हैं, रूई डालकर पिटारी में रखने पर खर्च ज्यादा पड़ जाते हैं, इसलिए यहाँ के लोगों ने इन सूखी मिट्टी की कोठिलियों में रखने का ढंग निकाला है।"[13]

राहुल जी ने 'एशिया के दुर्गम भूखण्डो में' यात्रा करते हुए जो संस्मरण लिखे हैं वे साहित्य ही नहीं विश्व इतिहास की दुर्लभ स्मृतियाँ सिद्ध होती हैं। इसलिए कि इनमें ऐसे भी प्रसंग हैं जो इतिहासकारों द्वारा प्रायः विस्मृत कर दिये गये हैं।

राहुल जी की कृतियों में उनकी 'मेरी जीवन-यात्रा' (पाँच भाग) का सर्वाधिक ऐतिहासिक महत्त्व है। रचना के पाँच भागों में राहुल जी ने सोलह सौ अट्ठारह मुद्रित पृष्ठों के अन्तर्गत अपनी जीवन-यात्रा के क्रम में संचित जानकारियों को मुख्यतः आधार बनाकर प्रस्तुत किया है। इनमें राहुल जी का सम्पूर्ण जीवन और कृतित्व अपने सम्पूर्ण विस्तार और अपूर्व उपलब्धियों से सम्पूरित होकर अपने-आप में एक विश्व-कोष के प्रतिरूप में व्यक्त हुआ है। इन्हें पढ़ने हुए ऐसा लगता है कि ये चारों खण्ड किसी एक कालावधि और किसी एक मनुष्य के द्वारा लिखित नहीं हैं। महर्षि व्यास देव के 'महाभारत' की तरह इसकी विषय वस्तुपरक व्यापकता और विविधता वर्तमान काल की मनस्विता के लिए एक साथ आदर्श और चुनौती सिद्ध होती हैं।

'मेरी जीवन-यात्रा– 1' में संस्मरणकार ने 1883 ई. से लेकर 1927 ई. तक की अपनी जीवन-कथा को प्रस्तुत किया है। राहुल जी की इस जीवनी में केवल वे ही नहीं, बल्कि जीवन की विभिन्न परिस्थितियाँ और देश-विदेश के विस्तृत परिदृश्य मूर्तित हो उठे हैं। इनको संक्षेप में प्रस्तुत करना पूरी तरह असम्भव है, इसलिए इसमें वर्णित कुछ अंशों को उदाहरणार्थ नीचे दिया जा रहा है, यथा,

(क) "उन्हीं पुरानी स्मृतियों में है – एक दिन मैं माँ के साथ ननिहाल से कनैला आ रहा था। चलते वक्त आसमान ठीक था, किन्तु रास्ते में पानी बरसने लगा। मैं किसी की गोद में था। मेरे हाथ में गुड़ में राँधे सत्तू की पिण्डी थी। पानी से पिण्डी भीग गयी थी, किन्तु उस पिण्डी को बड़े यत्न से मैंने हाथ में दबा रखा था। हमारे परिवार जैसी स्थिति की बहुएँ एक या दो बार ही पालकी पर पीहर-नैहर जाती-आती हैं, बाद में वह लाल चादर ओढ़े घूँघट किये पैदल ही आती-जाती हैं। मेरी माँ वैसी ही लाल चादर ओढ़े 10 मील का रास्ता तय कर रही थीं। वर्षा शायद सारे रास्ते भर नहीं रही।"[14]

(ख) "दूसरे दिन सबेरे, चाचा मुँह धोने या किसी से बात करने में लगे थे, मैं चुपके से निकला। मठ के दरवाजे से बाहर वह पत्थर का शेर था, जिसके लिए पिछले सालों हिन्दू-मुसलमानों का झगड़ा होने लगा था; और अब वह कठघरे के अन्दर चबूतरे पर रखा है। उस वक्त उस शेर को कोई नहीं पूछता था, रास्ते की बगल में आधा धरती में दबा और आधा ऊपर पड़ा हुआ था। वहाँ से होते सड़क पर आया, फिर सीधे चौक। रास्ते में कई जगह मुड़ना था, किन्तु मालूम होता है, वह सारे मुड़ाव मेरे दिमाग पर नक्श थे।"[15]

(ग) " 'सैर कर दुनिया की गाफिल' का मन्त्र चैन नहीं लेने दे रहा था। पहली उड़ान के लिए घी का गिरना और नाना की डाँट का डर भी कारण था, किन्तु अब की बार के लिए उसकी आवश्यकता न थी।"

"रास्ते के लिए पैसे की जरूरत होती है, यह तो मैं शैशव से जानता था, जबकि सुना था कि नाना अपने पिता के रखे सौ रुपयों को लेकर सुदूर दक्षिण हैदराबाद की ओर चम्पत हुए थे। मुझे अब की बार एक या दो रुपये तथा रुपयों की मालावाला जेवर हाथ लगा। माला को तो प्रश्नोत्तर के डर से मैं नहीं बेच सका, और आठ महीने बाद उसे वैसा ही लौटा लाया, लेकिन रुपयों ने कलकत्ता पहुँचने में मदद दी।"[16]

(घ) "इस प्रकार कभी लद्दाख, कभी मानसरोवर, कभी ब्रह्मपुत्र की उपत्यका में टशील्हुन्पो, कभी ल्हासा और कभी खम् (चीन के पास पूर्वीय तिब्बत का प्रान्त) हमारे पैरों के नीचे रहता। फिर सोचा, मानसरोवर और तिब्बत के डाकुओं से हम दोनों बच कैसे निकलते? और जीवन की और भी तो बहुत-सी लालसाएँ हैं, जवानी भी चिरस्थायी नहीं है; यह तो तब हो सकता था, जब कि जीवन हजार वर्ष का होता, जिसमें जवानी के नकद पाँच सौ साल होते।"[17]

इस प्रथम-खण्ड के विस्तार को डॉ. नामवर सिंह जी ने अत्यन्त उपयुक्त नाम देते हुए इसे 'केदार से राहुल' की संज्ञा दी है। ऐसा इसलिए कि यह खण्ड विशेष रूप से राहुलसांकृत्यायन के निर्माण की जन्म-भूमि ही नहीं धात्री भी है।

"मेरे जीवन-यात्रा-2" के अन्तर्गत लेखक ने लंका, नेपाल, यूरोप, सोवियत भूमि, कोरिया तथा ईरान आदि के साथ तिब्बत की यात्राओं की यादों को संचित किया है। ये सभी अपने गुण और गणना में इतने विस्तृत हैं कि इन्हें कुछ पन्नों में प्रस्तुत करना अत्यन्त दुरूह कार्य है। इसलिए यात्रा-वृत्तान्त की विधात्मक रचना की दृष्टि से मूल्यवान् माने जा सकनेवाले इसके कुछ अंश नीचे उद्धृत किये जा रहे हैं, यथा,

(क) "अनुराधपुर लंका की पुरानी राजधानी है। यहीं से लंका का इतिहास शुरू होता है और बौद्ध धर्म का भी। प्रथम बौद्ध धर्म-प्रचारक अशोक-पुत्र ने ईसा पूर्व तीसरी सदी में यहीं धर्म ध्वजा गाड़ी थी। तब से आज तक बौद्ध-धर्म ही इस द्वीप का प्रधान धर्म बना है। अनुराधपुर आज न राजधानी है और न उसे छोटा नगर ही कह सकते हैं। अशोक-पुत्री भिक्षुणी संघमित्रा बोधगया के पीपल-वृक्ष की एक शाखा लेकर यहाँ आयी थी, यही वह ऐतिहासिक वृक्ष है...।"[18]

(ख) "21 को 5 बजे सबेरे हमने पहले-पहल यूरोप के भूखण्ड को देखा। दाहिनी तरफ इताली के छोटे-छोटे पर्वत थे, जिन पर सब जगह गाँव बसे दिखायी पड़ते थे। पहाड़ों की रीढ़ों पर भी बगीचे लगे हुए थे। मसीना नगर दूर से देखने में पाँती से लगाए छोट-छोटे घरौंदों-सा मालूम होता था; उसकी सीधी सड़कें पतली रेखा-सी मालूम होती थीं, बायीं तरफ एक पर्वत को दिखलाकर हमारे एक सहयात्री ने बतलाया, कि यही सिसिली का एटना ज्वालामुखी है। कुछ ही साल पहले वह जगा था और अपने मुहँ से धुआँ और अँगारे उगल रहा था। सिसिली द्वीप के गाँव और नगर भी इतली-जैसे मालूम होते हैं।"[19]

(ग) "जर्मनी के शिक्षित मध्यम-वर्ग में बुद्ध के प्रति अनुराग रखनेवाले आदमियों की बहुत काफी तादाद थी। संस्कृत और पाली भाषाओं के बड़े-बड़े विद्वान् जर्मनी में पैदा हुए। उन्होंने हजारों ग्रन्थों का सम्पादन और अनुवाद किया। उन्हें मालूम हुआ कि एक ऐसा भी व्यक्ति संसार में पैदा हुआ था, जिसके जीवन में ईसा से भी ज्यादा स्नेह, माधुर्य और सादगी थी, जिसकी प्रतिभा कितनी ही बातों में ढाई हजार बरस बाद आज भी बिल्कुल ताजी है। ऐसे व्यक्ति के प्रति निम्न-मध्यम-वर्ग के शिक्षितों का आकृष्ट होना स्वाभाविक है।"[20]

(घ) "उस दिन हम नदी-पार के विहार का दर्शन कर आये थे, अब हमें पहाड़ के पचासों मन्दिरों को देखना था। हमारे ठहरने के स्थान के पास ही पुराने महन्तराजों के स्तूप थे। इनके भीतर उनके शव रखे हैं। शवों के साथ मृत व्यक्ति की बहुमूल्य वस्तुएँ और पुस्तकों के रखने का रिवाज है। इन स्तूपों में न जाने कितनी तालपत्र की पोथियाँ होंगी; लेकिन, उनका दर्शन तभी हो सकता है, जब तिब्बत 15 वीं से 21 वीं सदी में आये। गोरिम् ल्हखङ् एक पुस्तकागार है। शाक्य श्रीभद्र इसी में ठहरे थे।"[21]

'मेरी जीवन-यात्रा, संयुक्त संस्करण, भाग 3/4' में विशेषतः ईरान और रूस आदि देशों के परिभ्रमण से लौट कर पुनः स्वदेश आने के वृत्तान्त संकलित हैं। इसकी दुर्लभ ऐतिहासिक सामग्री के कुछेक अंश निम्नांकित हैं, यथा,

(क) "1944 के अक्टूबर के अन्त में किसी तरह पासपोर्ट पाकर मैं रूस के लिए रवाना हुआ। स्थल-मार्ग ही सस्ता तथा उस वक्त निरापद था, इसलिए मैंने ईरान की ओर पैर बढ़ाया। वैसे मेरी कोई यात्रा पैसे के बल पर कभी नहीं हुई, किन्तु उनमें यह सुभीता अवश्य था, कि, "तेते पाँव पसारिए, जेती लम्बी ठौर" की नीति का पालन कर सकता था। आदतीत के तरद्दुपों को जल्दी भूल जाता है, किन्तु ईरान की बस और लारी की यात्रा तो पूरी तपस्या है—शोफर (ड्राइवर) मुसाफिर की जान-माल के बादशाह हैं, जब मर्जी हुई चल पड़े, जब मर्जी हुई खड़े हो गये। रज ाशही कड़ाई हट गयी थी, इसलिए फिर सड़कों पर बुर्का (पर्दा) आम दिखायी देता था, कितनी ही पगड़ियाँ भी दिखलायी पड़ती थीं, यद्यपि हैट बिल्कुल उठ नहीं गयी थी।"[22]

(ख) 'दाइउल-इस्लाम की ज्येष्ठ कन्या जाहिरा ने एक दिन उस्मानिया विश्वविद्यालय के एम.ए. के अपने निबन्ध को सुनाया। मुलण्टों या पुराने-पुराने पण्डितों जैसी खोज थी—अशोक एकेश्वरवादी था। वह ईरान के अखामनी (दारा) खानदान में पैदा हुआ था। उसने

परसेपोलिस के कारीगरों को बुलाकर भारतवर्ष में इमारतें बनवायी थीं। अशोक का दादा चन्द्रगुप्त ईरान के नगर मूरू से भागकर आया था, जो कि (तख्तेजम्शीद) का ही दूसरा नाम था। अशोक बौद्ध नहीं था। अजन्ता की गुफाएँ बौद्ध विहार नहीं थे, बल्कि पुलकेशी और दूसरे दक्खिनी राजाओं की चित्रशालाएँ हैं, जिनमें उनकी वास्तविक जीवनी और इतिहास लिखा हुआ है।"[23]

(ग) ''लेकिन स्टालिनग्राड की अजेय भूमि पर पैर रख के यह कैसे हो सकता था, कि मैं कल्पना-जगत् में न चला जाउँ। सोवियत भूमि एक ऐसी भूमि है, जिसके बारे में दुनिया में दो ही पक्ष हैं– या तो उसके समर्थक या प्रशंसक होवें, या उसके कट्टर शत्रु। मध्य का रास्ता कोई अत्यन्त मूढ़ ही पकड़ सकता है। मैं सदा सोवियत का प्रशंसक रहा हूँ, बल्कि कह सकता हूँ, कि जिस वक्त घोर निद्रा के बाद अभी मुझे जरा-ही-जरा अपनी राजनैतिक आँख खोलने का अवसर मिला, उसी समय मुझे विरोधियों के घनघोर प्रचार के भीतर से रूसी क्रान्ति की खबरें सुनायी पड़ीं, जिन्होंने मेरे दिल में नये प्रकाश को देकर इस भूमि के प्रति इतना आकर्षण पैदा कर दिया...। पाँच बजे के बाद अब हम ऐसी भूमि में आये, जहाँ देवदार के जंगल दिखायी पड़ते थे। मालूम होता था, धान के हरे-हरे खेत हैं। काकेशश की बड़ी-बड़ी पहाड़ियाँ यदि छोटे भिण्डों जैसी मालूम होती थीं, तो यहाँ की छोटी-छोटी पहाड़ियों के बारे में तो कहना ही क्या है। गाँवों के घर अब लम्बे राजपथ के किनारे पाँती से बसे दिखायी पड़ रहे थे। राजपथ काफी चौड़े भी होंगे, किन्तु हमें ऊपर से सरल रेखा जैसे मालूम होते थे। बड़े-बड़े जलाशय छोटे-छोटे डवरों-जैसे दीख पड़ रहे थे। हाल ही में जुते और फसलवाले खेत रंग से साफ मालूम होते थे। नदियाँ सर्पाकार दीख पड़ रही थीं। नीचे रेल की चलती ट्रेन मालूम होती थी, कोई बड़ा साँप जा रहा है। एक जगह कुछ देर तक बादल में चलना पड़ा।"[24]

(घ) ''अपने सात महीने की तपस्या के बाद लेनिनग्राड में पहुँचकर पुराने मित्रों कलियानोफ, विस्क्रोब्नी, सुलेकिन आदि से मिलकर खुशी होनी ही चाहिए थी, किन्तु इस बात का खेद होता था, कि अकादमिक श्चेर्वात्स्की का वह प्रसन्न मुख और वह गम्भीर संलाप अब प्राप्त नहीं होगा। अपनी सोवियत भूमि की द्वितीय यात्रा मैंने उन्हीं के निमन्त्रण पर की थी। उस समय मैं कुछ ही महीनों रह सका था, लेकिन उतने ही में हमारी घनिष्ठता इतनी बढ़ गयी थी, कि मालूम होता था, हम युगों से एक-दूसरे के साथ अत्यन्त घनिष्ठ सम्बन्ध रखते आये थे। मेरे भारत लौटने के बाद भी उसका बार-बार आग्रह था, कि मैं अब दीर्घकाल के लिए लेनिनग्राड आऊँ।''[25]

(ङ) "11 नवम्बर को हमें बरान्निकोव के घर जाना था, आज वहाँ अगली छमाही का प्रोग्राम बनाना था। कल तक बादल, बूँदों और कीचड़ से लोग परेशान थे, रात को बरफ पड़ गयी थी, जिससे जमीन डेढ़-दो इंच ढँक ही नहीं गयी थी, बल्कि कीचड़ से भी जान छूट गयी थी। बरान्निकोव उन अकादमिकों में से हैं, जो सोवियत के सबसे अधिक सम्मानित, सम्भ्रान्त और धनी व्यक्ति है।...बरान्निकोव खाने-खिलाने के बारे में बड़े ही उदार थे। जब

भी अध्यापकों और छात्रों की बैठक उनके घर पर होती और वह अक्सर होती रहती तो खान-पान की अच्छी तैयारी होती थी। वह अपने पुराने मकान में ही थे, इसलिए लेनिनग्राड के मकानों की किल्लत का सामना उन्हें नहीं करना पड़ा। उनके पास चार-पाँच बहुत अच्छे-अच्छे कमरे थे,... ।''[26]

(च) "19 सितम्बर को म्यूजियम देखने गये। म्यूजियम के साथ मेरा वर्षों से सम्बन्ध रहा है, तिब्बत से लाई अपनी चीजें मैंने इसी को प्रदान की हैं। तिब्बत की चौथी और अन्तिम यात्रा में मैं बहुत-सी संस्कृत की ताल-पोथियों का फोटो उतरवाकर लाया था, जिनके प्रकाशित करने का कोई प्रबन्ध नहीं हुआ था। यह जानकर सन्तोष हुआ कि फोटो खराब नहीं हुए हैं। ज्ञानश्री के ग्रन्थ बड़ा महत्त्व रखते हैं, उनका किसी भाषा में अनुवाद नहीं हुआ है।"[27]

(छ) ''8 अक्टूबर को क्रोंच के प्राचीन इतिहास की ओर मेरा ध्यान गया। क्रोंच, जैसे हमारे देश में सैकड़ों नगर हैं, जो अपने समय में काफी महत्त्व रखते थे, लेकिन इनके इतिहास का कोई उल्लेख नहीं मिलता। क्रोंच का नाम ही बतला रहा था, कि मुस्लिम काल का नहीं है। संस्कृत में शायद यह क्रोंच नगर रहा हो, पर क्रोंच पक्षी के नाम पर किसी नगर के होने का पता नहीं लगता। पूछने पर बारहखम्भा स्थान का पता लगा। 8 अक्टूबर को एक काफी जमात मेरे साथ वहाँ पहुँची। बारहखम्भा के पास बड़ी माता का मन्दिर है, जिसमें गुप्तकालीन या तुरन्त बाद की छठी या सातवीं सदी की पाषाण मूर्तियाँ हैं।"

"सुन्दर छाती और भुजमूल गुप्त और पश्चात् गुप्तकाल की मूर्तिकला की विशेषता है।"[28]

(ज) "लिखने का अभ्यास धीरे-धीरे छूट गया, अब खोलकर लिखने में बहुत सुभीता मालूम होता था। नागार्जुन लिपिक का काम करते, मुझे यह बहुत बुरा मालूम होता था। मैं और अधिक समय तक उनके श्रम और समय को बर्बाद करने के लिए तैयार नहीं था। साथ ही मुझे किसी लिपिक की जरूरत थी। श्री सत्यनारायण 1944 में इस काम को बड़ी अच्छी तरह कर चुके थे, लेकिन मालूम नहीं इस समय वह खाली थे या नहीं, ऊपर से उनकी छूआछूत के खयाल से यात्रा करने में कठिनाई थी। साहित्य-सम्मेलन क सभापति होने से मुझे इस साल के काफी भाग को यात्रा में बिताना था।''[29]

(झ) ''8 दिसम्बर को सबेरे गढ़मुक्तेश्वरवाली सड़क के ऊपर टहलने निकले। सड़क पर कण्डे बेचनेवाले शहर की ओर जा रहे थे। उनकी बातचीत मैं गौर से सुनने लगा। हिन्दी आखिर इन्हीं की भाषा है। जमुना के दोनों तरफ फैले कुरु और कुरुजंगल देश की वह जनभाषा है, इसलिए कौरवी भाषा की जिज्ञासा उठनी स्वाभाविक थी। कितने ही समय से मैं सोचता था, प्रेमचन्द को कुरु देश में पैदा होना चाहिए था, ताकि वह अपनी अनमोल कृतियों द्वारा बोल-चाल की हिन्दी कैसी होती है, इसके नमूने पेश करते। उपलेवाले एक दूसरे से बात कर रहे थे। मैंने पूछा—'घर से उपले ला रहे हो?' जवाब मिला—'नहीं जी, मोल के लाते है।'[30]

(ञ) "15 फरवरी को पं. हजारीप्रसाद द्विवेदी के लखनऊ से डॉक्टर उपाधि पाने के उपलक्ष्य में सभा हुई। शान्तिनिकेतन की इस सभा से मैं बहुत प्रभावित हुआ। उसे न आधुनिक कहना चाहिए, और न प्राचीन, अथवा वह दोनों की कितनी ही बेकार की रूढ़ियों से मुक्त थी। एक कलापूर्ण ढंग से सुन्दर चौक पूरा गया था, जिस पर आम्रमंजरी के साथ मिट्टी का सुन्दर कलश रखा गया था। उससे जरा-सा हटकर एक पतला लम्बा-सा तख्त पड़ा था, जिसके ऊपर पुरोधा (सभापति) और दो-एक और व्यक्ति बैठे थे। सभा का आरम्भ और समाप्ति शंखनाद से हुई। आचार्य क्षिति सेन पुरोधा थे।"[31]

"मेरी जीवन-यात्रा का यह अन्तिम पाँचवाँ भाग राहुल जी के देहावसान के बाद उनकी श्रीमती कमला जी के द्वारा प्रकाशित किया गया है। इसमें उन्होंने अनेक स्थलों पर अपने जीवन के पुरुषार्थ और मन के गहरे भावों को व्यक्त किया है। विशेष रूप से यह भाग अन्य विषयों के अतिरिक्त राहुल जी के जीवन की सन्ध्या में उनकी कर्मभूमि, छपरा सम्बन्धी स्मृतियों से भींगा हुआ है। साथ ही इसके अन्तर्गत उन्होंने अपनी विख्यात कृति 'दोहाकोश' के महान् सिद्ध कवि सरहपा के बारे में बहुत ही प्रामाणिक सन्दर्भों को उद्घाटित किया है।" उदाहरणार्थ इस भाग के कुछेक अंश निम्नांकित हैं, यथा,

(क) "1934 में दूसरी बार मैं तिब्बत गया था। तालपोथियों को ढूँढ़ते अपने प्रिय मित्र गेशे धर्मवर्द्धन के साथ-सात्तया क्या पहुँचा। पुजारी के यहाँ तालपोथियों के पत्तों के बण्डल काट-काटकर भक्तों में प्रसाद बाँटने के लिए रखे हुए थे, उन्हीं में आदिसिद्ध सरहपा के दोहाकोश के पत्ते भी थे। दोहाकोश पहले महामहोपाध्याय हरप्रसाद शास्त्री और फिर उससे अच्छा डॉ. प्रबोधचन्द्र बागची द्वारा सम्पादित होकर प्रकाशित हो चुका था। सा-क्या से लाये हुए ये पत्ते बीस वर्ष से मेरे पास पड़े थे।*** बागची के दोहाकोश में 112, तिब्बती अनुवाद में 134 और इसमें 163 दोहे हैं। मैंने तालपत्र से उतारना शुरू किया और महसूस किया कि इसे सम्पादित करना चाहिए।"[32]

(ख) "शाम को 6 बजे सम्मेलन भवन में गोष्ठी हुई। सौ के करीब साहित्यकार आये थे। सभा से साहित्यकारों की गोष्ठी अच्छी होती है, क्योंकि इसमें हिल-मिलकर लोग बैठते, अपने विचार को प्रकट करते हैं। लेकिन, गोष्ठी की संख्या सीमित होनी भी जरूरी है। मैं भाषा और लिपि पर बोला। सारे देश की सम्मिलित भाषा होने और हमारे साहित्य और संस्कृति के वाहन बनने के कारण हमारी प्रेमास्पद है। लेकिन, मैं यह मानने के लिए तैयार नहीं हूँ कि हमारी मातृभाषा-भोजपुरी, मगही, मैथिली आदि उपेक्षित कर दी जायें। वहाँ उपस्थित साहित्यकार बन्धुओं में किसी की भी मातृभाषा हिन्दी नहीं थी, और कुछ तो ठेठ भोजपुरिया थे, जिनका प्रायः सारा कथा-संलाप अपनी मातृभाषा में होता है।"[33]

(ग) "जिस वक्त मैं पंक्तियों को लिख रहा हूँ, उस समय तीस वर्ष बाद मठ को जाकर देखे तीन ही महीने हुए हैं। पर, मेरे मानस-पटल पर तीस वर्ष पहले का मठ अंकित है। शायद बुढ़ापे के मन पर प्रतिबिम्ब अधिक गाढ़ा नहीं होता, और जल्दी मिट भी जाता

हैं। तब ईंट-चूने का नहीं, और मिट्टी और खपरैल का यह मठ था, उस समय सौ-सौ मूर्ति साधु यहाँ रहा करते थे। हर जगह चहल-पहल चलती थी।"[34]

(घ) "9 अप्रैल के सोमवार को संवत् 2012 चैत बदी 13 रही। 63 साल पहले वैशाख बदी 8 रविवार को संवत् 1950 विक्रमी को पन्दहा में मैं पैदा हुआ। यहीं आकर 60वें जन्म-दिन को कमला ने विशेष तौर से मनाया था। आज 64वाँ जन्मदिन था। हम निश्चय कर चुके थे कि उस दिन अपने घर ही में विशेष खाना-पीना कर लेंगे, पार्टी-वार्टी नहीं करेंगे। सबेरे नित्य नियम के अनुसार तीन घण्टे टाइप कराया। दोपहर को और अपराह्ण की चाय में कुछ विशेष भोजन रहा। इस प्रकार यह दिन समाप्त हो गया।"[35]

यात्रा-वृत्तान्त की दृष्टि से ही नहीं, बल्कि मनुष्य के सभी रागात्मक और भौतिक पराक्रम के प्रसंग में भी राहुल जी का समस्त अद्‌भुत व्यक्तित्व और सम्पूर्ण कृतित्व एक साथ विश्व की मनस्विता को प्रकाश भी देता है और चुनौती भी। संसार के प्रायः सभी दुर्गम भूखण्डों में घूमते हुए उन्होंने जो अनुभव बटोरे हैं, वे अनुपम हैं। कन्धे पर कैमरा लटकाकर और जेब में डायरी सँजोते हुए इन्होंने अपनी जीवन यात्रा में जो और जितना अर्जित किया वह निःसन्देह विश्व के वाङ्मय की दुर्लभ विरासत है। इस प्रसंग में पूरे विश्वास के साथ यह कहा जा सकता है कि, किसी के चित्त में विपुल पृथ्वी पर फैले हुए वन-पर्वत, नद-नदी और पुष्प-पादप आदि के साथ फक्कड़ साधु-सन्तों के रूप में बेपरवाह यात्रियों की जीवन-छवियों को निहारने की तीव्र इच्छा जग जाये तब उसे सबसे पहले राहुल नाम के विश्व-विख्यात घुमक्कड़ यात्री की जीवन-यात्रा के संस्मरणों को पढ़ना चाहिए।

राहुल जी ने जो और जितना लिखा है उसे भाषा-शैली के किसी वर्ग में बाँधना सम्भव नहीं है। एक साथ उसमें 'सिस्मोग्राफ' की तरह सफर के हर स्पन्दन को अंकित करने और डायरी लेखन, पत्राचार की शैली आदि में पुंजीभूत करने के अनेक रंग-रूप दिखायी पड़ते हैं। राहुल जी के यात्रा-लेखन में स्मृतिजनित विभिन्न विधाओं का संगम दिखायी पड़ता है। यात्रा-वृत्तान्त के अतिरिक्त उन्होंने कथा-साहित्य, अनुवाद, आत्म-कथा तथा जीवनी, यात्रा-विवरण, राजनीति, विज्ञान, दर्शन, इतिहास, कोश-निर्माण तथा भोजपुरी-नाटक आदि के सुविस्तृत क्षेत्र में अपनी प्रतिभा के अशेष प्रकाश को बिखेर दिया है। चिन्तकों ने राहुल जी ऐसे महान् यात्रा-संस्मरणकार को शायद ध्यान में रखते हुए यात्रा-वृत्तान्तों को विचारों की प्रवहमान् नदी की तरह माना है और उसमें महाकाव्य की उदात्त गरिमा और ऐश्वर्य की छवि को निहारा है।"[36]

## 4.2 महादेवी वर्मा (1907-1987 ई.)

महादेवी वर्मा के यात्रा-साहित्य के प्रसंग में हजारीप्रसाद द्विवेदी और कई रचनाकार स्मृत हो उठते हैं। इससे एक दुविधा की स्थिति भी सामने आती है। वह यह कि राहुल जी के बाद महादेवी वर्मा और हजारीप्रसाद द्विवेदी में पहले किसकी चर्चा की जाये? स्मृतिकार रूप में दोनों सुविख्यात हैं। महादेवी ने यात्राएँ कम की हैं, लेकिन यात्रा के संस्मरणों की दृष्टि से महादेवी वर्मा के कृतित्व में व्यापकता की अपेक्षा सघनता अधिक महसूस होती है।

जहाँ महादेवी एक वृत्त के केन्द्र की ओर गतिशील ऊर्जा के सदृश प्रतीत होती हैं, वहाँ हजारीप्रसाद द्विवेदी परिधि की ओर अधिक अभिमुख लगते हैं। द्विवेदी जी की कृतियों में यात्रा-संस्मरण अप्रत्यक्ष रूप से भारत के सांस्कृतिक इतिहास के रूप में प्रकट हुआ है। इनका सम्पूर्ण साहित्य इन्हें व्यास-कुल के उत्तम पुरुष के रूप में उद्भासित करता है। इसी प्रकार महादेवी काव्य और संस्मरण की दृष्टि से निराला की कविता 'तुम और मै' में व्यंजित भाव को प्रतीकित करती हैं, यथा,

*''तुम तुंग हिमालय शृंग, और मैं कोमल गति सुर-सरिता।*
*तुम विमल हृदय-उच्छ्वास, और मैं कान्त कामिनी-कविता।*
*तुम दूर पथिक के श्रान्त, और मैं बाट जोहती आशा।*
*तुम भव-सागर दुस्तार, पार जाने की मैं अभिलाषा।*

*(तुम और मैं, शीर्षक कविता, निराला)*

महादेवी वर्मा आधुनिक हिन्वी-साहित्य के छायावाद-युग की प्रतिभाशाली व्यक्तित्व हैं। गद्य-विधा की एक लेखिका के रूप में भी इन्होंने अपनी प्रतिभा को प्रकट किया। मुंशी प्रेमचन्द को याद करते हुए उन्होंने 'स्मरण : प्रेमचन्द' शीर्षक रचना के अन्तर्गत लिखा है कि—''जब वे अपनी किशोरावस्था पार कर तारूण्य में पग रख चुकी थीं, उस समय 'दद्दा मैथिलीशरण' हमारे सांस्कृतिक इतिहास को खड़ी बोली में पुनर्जन्म दे रहे थे, हरिऔध जी संस्कृत के वर्णवृत्तों में कृष्णकथा को बाँच रहे थे। प्रसाद, निराला खड़ी बोली को, बाह्य लचीलेपन के साथ आत्मा की नयी संवेदनशीलता दे रहे थे।''[37] हिन्दी-संस्मरणों के इतिहास में महादेवी को आलोक स्तम्भ के रूप में याद किया जाता है। उनकी संस्मरणात्मक कृतियों और निबन्धों में स्मृति-कुल की विधा-उपविधा की असाधारण विशिष्टताएँ पाठक को मोहित कर लेती हैं। इस प्रसंग में ऐसा लगता है कि महादेवी 'वर्जीनिया वुल्फ' (अंग्रेजी की लेखिका) की भाँति संस्मरणों के लेखन का प्रतिमान हैं। ये संस्मरणों की परिधि में स्मृति-कुल की अन्य विधाओं के रंग-रूप को भी समाविष्ट कर लेती हैं। यह उनकी बहुत बड़ी विशेषता है।

उनके संस्मरणों में 'शृंखला की कड़ियाँ', 'पथ के साथी','अतीत के चलचित्र', 'स्मृति की रेखाएँ' 'मेरा परिवार' आदि रचनाएँ पद्चिह्नों की तरह प्रतीत होती हैं। उन्होंने संस्मरणों के सन्दर्भ में लिखा है कि, ''भाषा मनुष्य का जटिल सृजन है, परन्तु साहित्य उससे बहुत अधिक जटिलतर और रहस्यमय सृजन है। साहित्यकार को देशकाल बाधित नहीं करता और वह अपने अचाक्षुष शब्द-संकेतों में समय और अनुभूतियों को पुनर्जन्म देता रहता है। XXX मेरी स्मृति में जो बार-बार आकार ग्रहण करते और मन को अनेक अनुभूतियों से अभिव्यक्त करते रहते हैं, उन्हें शब्दचित्रों द्वारा पाठक तक पहुँचाने का प्रयत्न किया है। इससे मेरी आत्मकथा आलोक-वाही है, क्योंकि उसके अभाव में वे आलोकित नहीं हो सकेंगे।''[38] उपर्युक्त प्रसंग व्यंजित करते हैं कि मानव-जीवन में यात्राएँ तो साधन हैं, साध्य तो वस्तुतः यात्रा की स्मृतियाँ हैं। इस तथ्य को दृष्टि में रखते हुए नीचे महादेवी के संस्मरणों का विवेचन किया गया है।

महादेवी वर्मा ने स्मृति-विधाओं के बीच 'रेखा-चित्र' के मार्ग से प्रवेश किया। इस विद्या में शब्दों द्वारा बिम्बन, चित्रण और रेखांकन करते हुए लेखक विषय के प्रति गहरी संवेदनशीलता प्रकट करता है। वह जीवन-जगत् के वस्तु-व्यापार और परिस्थितियों-परिवेश को उसके पूरे परिप्रेक्ष्य के कैनवास पर रंग-रेखाओं का उपयोग करते हुए जीवन्त बनाता है। उपर्युक्त सन्दर्भ में महादेवी वर्मा के रेखा-चित्र, संस्मरण, यात्रा-वृत्त तथा निबन्ध आदि की भूमिकाएँ पूरी तरह सार्थक सिद्ध होती हैं। महादेवी वर्मा ने अपनी स्मृतियों के चयन हेतु विशेषतः पर्वतीय प्रदेशों की यात्रा करने के साथ अपने जीवन के सहयात्रियों और सहचरों को मधुर यादों में जिस प्रकार अभिव्यक्त किया है, वह अपने-आप में विरल है। उनके सहयात्रियों और परिवार में महान साहित्यकार ही नहीं अनेक स्त्री-पुरुष, पशु-पक्षी भी के संग बीते क्षण आदि। उनकी परिगण्य सृजनात्मकता के अन्तः स्रोत हैं। उनकी 'ये स्मृतियाँ' उनके हृदय में उच्छ्वसित गहरी करुणा, विचारणा, संव्यथा और अपनत्व की रंग-रेखाओं को उजागर करती हैं। निस्सन्देह वे हिन्दी की विख्यात कवयित्री नहीं भी होतीं तो भी गद्य की रचनाओं द्वारा यशस्विनी साहित्यकार के रूप में पाठकों के हृदय में रची-बसी रहतीं। ऐसे तो साहित्यकारों और उनके कृतित्व की तुलना विभिन्न कारणों से न तो सम्भव है, और न अपेक्षित ही। किन्तु उसमें अंग्रेजी-साहित्य की महान् लेखिका 'वर्जीनिया उल्फ' के कृतित्व के समान बहुत कुछ प्राणवन्त और पारदर्श रूप में प्रकट होता है।

इनके सम्बन्ध में एक आलोचक की निम्नांकित धारणा सर्वथा सार्थक प्रतीत होती है, "जीवन-वृत्त की कला किसी इतिहास लेखन की भाँति नहीं होती।" दोनों विधाएँ उत्तर से अधिक प्रश्नों को ही उछालती हैं। ये तथ्य विशेष रूप से 'वर्जीनिया उल्फ' के ललित लेखों में उदाहृत होते हैं। इनकी कृतियाँ पाठकों से पूछती है कि क्या जीवनियों को कला के अन्तर्गत माना जा सकता है? अगर ऐसा नहीं है तब वर्जीनिया उल्फ आश्चर्य करती हैं कि उक्त स्थिति में क्या वे विज्ञान हैं? और अगर ऐसा नहीं है तो क्या वे शिल्प हैं?

इन सभी प्रश्नों के उत्तर में 'वर्जीनिया उल्फ' के ये विचार तर्क संगत ही नहीं पूर्णतः सत्य सिद्ध होते हैं, "Why are great biographies so rare? The answer, says Mrs. Woolf lies in the limitations of the genre itself .The biographer is caught in a kind of trap. If he decides to be bound by such facts about his subject as he can discover from written records and from his subject's friends and relations, he soon discovers that there are gaps in the story that must either be left unfilled or be filled by his own intuitions and knowledge of general human nature. On the other hand, if he decided to 'create' in an artistic sense, a unfiled, meaningful character out of his subject, he will find that this character is in some cases, at least, contradicted by the facts. It is the biographer's misfortune, she suggests, that something is known about everybody, but not everything about anybody. The biographer is thus limited in his use of facts, and frustrated in the use of his imagination."[39]

महादेवी वर्मा ने रेखा-चित्र, संस्मरण, यात्रा-वृत्तान्त तथा निबन्ध आदि में जो भूमिकाएँ लिखी हैं, वे अपने आप में हिन्दी-गद्य की महान् विरासत हैं। उन्होंने इन सभी विधाओं के प्राण-तत्त्व और उसकी सारभूत-शैली की पारदर्श व्याख्या की हैं। इन सभी के उदाहरण देना स्वभावतः सम्भव नहीं है। इसलिए इनके संग्रह 'मेरे प्रिय संस्मरण' के सम्बन्ध में जो लिखा गया है, वे अपने सार-संक्षेप में उदाहरणीय हैं। नीचे इन सभी के कुछेक उदाहरण निम्नांकित हैं–

"परन्तु साहित्य के पास शब्द एक ऐसा माध्यम है, जिसकी प्रतीति चाक्षुष नहीं होती। प्रत्यक्ष ज्ञान में वस्तु का बिम्ब मनोजगत् में बोध-ग्रहण के उपरान्त बनता है, किन्तु साहित्य में शब्दों द्वारा बिम्ब पहले मनोजगत् में बनाना पड़ता है, फिर मन के उद्वेलन में उसकी पहचान होती है। XXX रेखाचित्र को साहित्य में लाकर मनुष्य ने उसे अपने अचाक्षुष माध्यम के अनुरूप गढ़ा है और इस गढ़ने-ढालने में उसके अनेक रूप अनायास बन गये हैं रेखाचित्र, संस्मरण, आत्मकथा, जीवनी तथा रिपोर्ताज आदि में कुछ विधाएँ पुरानी हैं कुछ नयी, किन्तु उनके बीच की विभाजक रेखाएँ बहुत क्षीण होने के कारण वे एक-दूसरे से प्रभाव ग्रहण करती रहती हैं। XXX भाषा मनुष्य का जटिल सृजन है, परन्तु साहित्य उससे बहुत अधिक जटिलतर और रहस्यमय सृजन हैं। साहित्यकार को देशकाल बाधित नहीं करता और वह अपने अचाक्षुष शब्द-संकेतों में समय और अनुभूतियों को पुनर्जन्म देता रहता है।"[40]

महादेवी वर्मा की स्मृतियों में रचे-बसे विषयों में प्रकृति और उनके बृहत् परिवार के पशु-पक्षी सहित साहित्यकारों, सहचर-अनुचर आदि प्रमुखता रखते हैं यात्रियों के लिए प्रकृति सर्वाधिक एक सम्मोहक स्थली रही है। इसका प्रमुख कारण यह है कि उसकी निर्मिति सहज, साकार और मर्मस्पर्शी होती है। यहाँ आकर यात्री व्यक्ति से विराट् की ओर प्रस्थान करता है। वस्तुतः वह रस-दशा की मुक्ता अवस्था में पहुँचता है और उसका चित्त आकाश, क्षितिज और वसुधा की व्यापकता में निमज्जित हो जाता है। वह व्यक्ति से समष्टि में परिणत हो जाता है। भाव के स्तर पर वह पूर्वग्रहों और नाकारात्मक प्रवृत्तियों से स्वतन्त्र होकर निर्मल चेतना के आनन्द में निमग्न हो जाता है।

महादेवी जी ने अपनी अनेक रचनाओं में हिमालय के पर्वतीय क्षेत्र से अपना आन्तरिक लगाव व्यक्त किया है। इसी प्रकार अपनी गलतियों को लेकर महान् होनेवाली मानवीयता तथा धूल-धूसरित भूमि से महादेवी का अत्यन्त अभिन्न नाता रहा है। उन्होंने हिमालय सम्बन्धी प्रसंगों को साकार करनेवाले काव्यमय सन्दर्भों का संकलन भी किया है। अपने काव्यानुवाद 'सप्तपर्णा' की भूमिका में भारतीय-साहित्य के परम्परागत इतिहास को साकार किया है।[41] इसी सन्दर्भ में उन्होंने वेदों के बाद महाकाव्यों के उद्‌भव के सन्दर्भ में निम्नांकित उद्‌गारों को मूर्तित किया है, "ऋषि कवि की करुणा दृष्टि के आकर्षण से, उषा, मरुत् आदि के दिव्य रूपों में आकाशचरिणी प्रकृति अपने धूलि के देश और तृणों के कुटीर में लौट आयी। जिस प्रकार मानव अपनी महानता में महान् है, उसी प्रकार तृण अपनी

तृणता में महान् है। प्रकृति कठोर और कोमल, सुन्दर और विरूप, लघु और विशाल सब रूपों से आदि कवि की जैसी आत्मीयता है, उसका यथार्थ मूल्य समझने के लिए अनेक परवर्ती संस्कृत काव्य की दीर्घ परम्परा की शक्ति और दुर्बलता से परिचित होना आवश्यक है।''[42]

उन्होंने अपनी कृति 'अतीत के चलचित्र' में 'बिट्टो' नामक अपने परिवार के एक सदस्य के बारे में लिखते हुए प्रकृति के प्रति अपनी आन्तरिक संगति को इस प्रकार व्यक्त किया है, ''कुलमणि मल्लीताल के बाजार से तब लौट नहीं पाया था; पर झील के किनारे पड़ी हुई उस शिला पर बैठे-बैठे मेरा मन ऊबने लगा और पत्तियों से झालदार शाखाओं को पानी में झूलती हुई छाया के साथ प्राणायाम करते-करते मेरी दृष्टि थक चली। सहसा 'अरे यह तो महादेवी हैं' सुनकर जब मैंने पार्श्ववर्ती मार्ग की ओर मुँह फेरा तो सैण्डल की दो पतली ऊँची एड़ियों पर अपने स्थूल शरीर का सन्तुलन-सा करती हुई मेरी एक पुरानी, साथिन, विचित्र व्यायाम की मुद्रा में खड़ी दिखायी पड़ी। XXX यहाँ के बवण्डर की गठरी बाँध ले जाकर उसे वहाँ खोल देना मुझे कभी नहीं आया, इसी से नैनीताल, मंसूरी आदि मेरे निकट उस अपटु नट जैसे रहे हैं, जो अपना व्यक्तित्व भी खो देते हैं और दूसरे की भूमिका भी नहीं निभा पाते।''[43]

महादेवी ने कभी-भी अपने मन-प्राणों के भीतर विविध प्रसंगों में साथ-साथ जीवन बितानेवाले लोगों को पराया नहीं समझा। सदा उनके संवेदनशील मन में उन सभी को मानवीयता के सूत्रों में गूँथ दिया। बहुत दिनों तक साथ रहनेवाली 'भक्तिन' नाम की नौकरानी कहलानेवाली सहचरी को अपने स्नेह की छाया में रखा और उसमें बहन सदृश अनेक आत्मीय सम्बन्धों की परतों को उद्‌घाटित किया। शब्द-बिम्बों में उसकी आकृति-प्रकृति को उकेरते हुए उन्होंने लिखा है कि, ''छोटे कद और दुबले शरीरवाली भक्तिन अपने पतले होठों के कोनों में दृढ़ संकल्प और छोटी आँखों में एक विचित्र समझदारी लेकर जिस दिन पहले-पहले आ मेरे पास उपस्थित हुई थी तब से आज तक एक युग का समय बीत चुका है। पर जब कोई जिज्ञासु उससे इस सम्बन्ध में प्रश्न कर बैठता है, तब वह पलकों को आधी पुतलियों तक गिराकर और चिन्तन की मुद्रा में ठुड्डी को कुछ ऊपर उठाकर विश्वास भरे कण्ठ से उत्तर देती है—'तुम पचै का का बताई- यहै पचास बरिस से संग रहित है।'''[44]

इसी प्रकार अपने संस्मरण 'स्मृति की रेखाएँ', 'अतीत के चलचित्र' 'पथ के साथी' आदि के अन्तर्गत अनेक प्रकार के संगी एवं साहित्यकार सम्बन्धी स्मृति को उन्होंने संचित किया। इनमें से अनेक उनकी रचना 'मेरे प्रिय संस्मरण' अन्तर्गत संकलित किये गये हैं। इनमें से कई पशु-पक्षी भी प्रिय पात्रों के रूप में चुने गये हैं। महादेवी छुट्टियों में ज्यादातर हिमालय की उपत्यका में बसे प्राकृतिक क्षेत्रों में भ्रमण करती थीं। उनमें से एक है, उनका 'पर्वत पुत्र-डोटियाल।' अपनी यात्राओं में जो भी उनके समीप होता, उसे आत्मीयता के कोमल भावों में वे बाँध लेती थीं। उसी डोटियाल के सम्बन्ध में अपनी एक स्मृति को मार्मिक शब्दों में व्यक्त करते हुए, उन्होंने लिखा है— "ऐसी यात्रा में चलचित्र के सामने जो

जीवन दिखायी देता है, उससे हम किसी जाति के सम्बन्ध में ऐसा बहुत कुछ ज्ञातव्य जान सकते हैं, जो अन्य किसी प्रकार सम्भव नहीं। घर में व्यक्ति अपने आश्रितों और सेवकों के प्रति अपने व्यवहार को छिपा सकता है, कृत्रिम बना सकता है; परन्तु यात्रा में ऐसा सहज नहीं होता। मनुष्य में जो भी स्वार्थपरता, विवेकहीनता, क्रूरता और असहिष्णुता रहती है, वह ऐसी यात्रा में पग-पग पर प्रकट होती चलती है। कुली को पैसे देते समय, उसके विश्राम, भोजन का समय निश्चित करते हुए, साथियों के सुख-दुःख की चिन्ता और सहायता के अवसर पर मनुष्य अपने अन्तरमन का ऐसा आभास दे देता है, जिससे उसके चरित्र की अच्छी व्याख्या हो सकती हैं।''[45]

महादेवी एसे ही पात्रों में 'रामा', 'बिन्दा', 'सबिया', 'घीसा', 'आलोपी' तथा 'बदलू' आदि चरित्र उनके मार्मिक शब्दों में चित्रित होते हुए सहज रूप से अपनी मनुष्यता की आभा से पाठकों को आँसू और मुस्कानों में बाँध लेते हैं। ऐसे चरित्रों के बारे में महादेवी ने हृदय खोलते हुए 'अपनी बात' को इस प्रकार कहा है, ''समय-समय पर जिन व्यक्तियों के सम्पर्क ने मेरे चिन्तन की दिशा और संवेदन को गति दी है, उनके संस्मरणों का श्रेय जिसे मिलना चाहिए, उसके सम्बन्ध में मैं कुछ विशेष नहीं बता सकती। कहानी एक युग पुरानी, पर करुणा से भीगी है। **XXX** इन स्मृति-चित्रों में मेरा जीवन भी आ गया है। यह स्वाभाविक भी था। अँधेरे की वस्तुओं को हम अपने प्रकाश की धुँधली या उजली परिधि में लाकर ही देख पाते हैं। उसके बाहर तो वे अनन्त अन्धकार के अंश हैं। पर जीवन की परिधि के भीतर खड़े होकर चरित्र-जैसा परिचय दे पाते हैं, वह बाहर रूपान्तरित हो जायेगा।''[46]

महादेवी के संस्मरणों की परिधि में कुछेक उनके समकालीन साहित्यकार भी रहे हैं। इन सबके बारे में अपनी यादों को सहेजते हुए, उन्हें 'पथ के साथी' में प्रस्तुत किया है। इस रचना के 'दो शब्द' अन्तर्गत उन्होंने इन शब्दों में अपने मार्मिक विचारों को उड़ेल दिया है : ''यह कसौटी जितनी अकेली है उतनी निर्भ्रान्त नहीं। देश-काल की सीमा में आबद्ध जीवन न इतना असंग होता है कि अपने परिवेश और परिवेशियों से उसका कोई संघर्ष न हो और न यह संघर्ष इतना तरल होता है कि उसके आघातों के चिह्न शेष न रहें। **XXX** जो हमें प्रिय है, वह हमारे हित के परिवेश में ही प्रिय है और अप्रिय है, वह हमारे अहित के परिवेश में ही अपनी स्थिति रखता है। यह अहित, प्रत्यक्ष कर्म से सूक्ष्म भाव-जगत् तक फैला रह सकता है।''[47]

उपर्युक्त रचना में महादेवी जी ने रवीन्द्रनाथ ठाकुर, मैथिलीशरण गुप्त, सुभद्रा कुमारी चौहान, निराला, जयशंकर प्रसाद, सुमित्रानन्दन पन्त और सियाराम शरण गुप्त के साथ अपने अन्तरंग सम्बन्धों को प्रस्तुत किया है, उदाहरण के लिए 'निराला' और 'पन्त' सम्बन्धी उनकी स्मृतियों को नीचे प्रस्तुत किया जा रहा है। 'निराला' के सम्बन्ध में अपने संस्मरण की शुरुआत करते हुए महादेवी ने 'निराला' को भ्रातृ भाव में बाँधते हुए, इस प्रकार अपने संस्मरण का प्रारम्भ किया है, ''उस दिन मैं बिना कुछ सोचे हुए भी भाई

निराला जी से पूछ बैठी थी, "आपको किसी ने राखी नहीं बाँधी?" अवश्य ही उस समय मेरे सामने उनकी बन्धनशून्य कलाई और पीले कच्चे सूत की ढेरों राखियाँ लेकर घूमनेवाले यजमान-खोजियों का चित्र था। पर अपने प्रश्न के उत्तर ने मुझे क्षण-भर के लिए चौंका दिया। 'कौन बहिन हम ऐसे भुक्खड़ को भाई बनावेगी!' मेरे उत्तर देनेवाले के एकाकी जीवन की व्यथा थी या चुनौती, यह कहना कठिन है। पर जान पड़ता है कि किसी अव्यक्त चुनौती के आभास ने ही मुझे उसे हाथ के अभिषेक की प्रेरणा दी, जिसने दिव्य वर्ण-गन्ध मधुवाले गीत-सुमनों से भारती की अर्चना भी की है और बर्तन माँजने, पानी भरने जैसी कठिन साधना से उत्पन्न स्वेद-बिन्दुओं से मिट्टी का शृंगार भी किया है।[48]

खासकर संस्मरणों में स्मृत के साथ अप्रत्यक्ष रूप से स्मृतिकार भी आलोकित हो उठता है। 'सुमित्रानन्दन पन्त' महादेवी वर्मा के समकालीन साहित्यकार रहे हैं, इतना ही नहीं दोनों एक नगर में भी निवास करते थे। सुमित्रानन्दन पन्त को याद करते हुए मुक्त-आसंग की रीति से महादेवी का प्रकृति-प्रेम छलछला उठा है। इस तथ्य के साक्ष्य के स्वरूप पन्त जी के बहाने महादेवी का प्रकृति प्रेम सहज रूप से बिम्बित होता है, यथा, "सुमित्रानन्दन पन्त जी हिमालय के पुत्र हैं पर उन्हें देखकर न उन्नत हिम-शिखरों का स्मरण आता है और न ऊँचे चिर सजग प्रहरी जैसे देवदारु याद आते हैं। न सभीत करनेवाले गहरे गर्त की ओर ध्यान जाता है और न उच्छृंखल निर्झर स्मृति में उदित होते हैं। वे उस प्रशान्त छोटी झील से समानता रखते हैं जो अपने चारों ओर खड़े शिखरों और देवदारुओं की गगनचुम्बी ऊँचाई को अपने हृदय में प्रतिबिम्बित कर उसे धरती के बराबर कर देती हैं, गहरे गर्त्तों को अपने जल से सम कर देती हैं और उच्छृंखल निर्झर के पैरों के नीचे तरल आँचल बिछाकर उसे गिरने, चोट खाने से बचा लेती है।"[49]

इस प्रकार महादेवी अपने सम्मोहक संस्मरणों और यात्रा-वृत्तान्तों के साथ काव्य की कोमल और कल-कल निनाद करनेवाली धाराओं तथा बिम्बों, उपमाओं तत्सम शब्दों आदि की भाषा-शैली से हिन्दी-साहित्य को जो महनीयता दी है, वह सर्वथा अविस्मरणीय है।

## 4.3 हजारीप्रसाद द्विवेदी (1907-1979 ई.)

पण्डित जी के कृतियों में साहित्य, इतिहास तथा ललित-लेख आदि में व्यक्त उनका पाण्डित्य और अभिव्यंजन आश्चर्यचकित कर देते हैं। पण्डित जी ने विशेषतः 'ललित लेखों' और 'मेघदूत एक पुरानी कहानी' के अन्तर्गत विरल सिद्ध स्मृतिकार के रूप में अपने समुज्ज्वल व्यक्तित्व और अपनी उदात्त मानवीय संवेदनाओं को जिस प्रकार व्यक्त किया है, वह हिन्दी की अक्षय विरासत है। पण्डित जी की संवेदना अपनी लालित्ययोजना में जीवन, जगत और प्रकृति के सहज संवादों और जीवन्त सन्दर्भों को समाहित करती है। विशेषतः 'अशोक के फूल', 'कल्पलता', 'कुटज', 'प्राचीन भारत के कलात्मक विनोद' और 'कालिदास की लालित्ययोजना' आदि भारतीय वसुधा के रूप-रस-गन्ध के साथ उसकी सामाजिक संरचना को प्रतिभासित करती हैं। 'अशोक के फूल' तो पाठकों के हृदय में द्विवेदी जी की रची-बसी पहली प्राणवन्त मूर्ति का अविस्मरणीय साक्ष्य हैं। पण्डित जी के ललित लेख

उनके मुक्त आसंगों में आवर्तित होते रहनेवाले भास्वर रसोद्रकों के मानसरोवर हैं। इनमें उन्होंने अपनी जन्मभूमि भारत की भौगोलिक, वैचारिक और रागात्मक सत्ताओं के अनेक भूले-बिसरे सन्दर्भों का परिदृश्य-पटल प्रस्तुत किया है। अशोक वृक्ष के झबराये गुल्म को देखते ही उनका व्यास-मन आह्लादित हो कह उठता है 'अशोक में फिर फूल आ गये हैं। इन छोटे-छोटे, लाल-लाल पुष्पों को छोड़कर सिर्फ पाँच को ही अपने तूणीर में स्थान देने योग्य समझा था। एक वह अशोक ही है।"...भारतीय-साहित्य में, और इसलिए जीवन में भी इस पुष्प का प्रवेश और निर्गम दोनों ही विचित्र नाटकीय व्यापार हैं।...''अशोक को जो सम्मान कालिदास से मिला वह अपूर्व था। सुन्दरियों के आसिंजनकारी नूपुरवाले चरणों के मृदु आघात से वह फूलता था, कोमल कपोलों पर कर्णावतंस के रूप में झूलता था और चंचल नील अलकों की अचंचल शोभा को सौ-गुना बढ़ा देता था। वह महादेव के मन में क्षोभ पैदा करता था, मर्यादा-पुरुषोत्तम के चित्त में सीता का भ्रम पैदा करता था और मनोजन्मा देवता के एक इशारे पर कन्धों पर से ही फूट उठता था।''[50]

हिन्दी-साहित्य जगत् में, 'अशोक के फूल' निबन्ध-संग्रह आज भी पण्डित जी के यश का स्मृति-शेष माना जाता है। जहाँ एक ओर अशोक के फूल आचार्य के रसिक हृदय को विभोर कर देते हैं, वहीं वे उन्हें देश की स्मृति-परम्परा से उद्बुद्ध भी करते हैं। वे अशोक को निहारकर भारतीय रस-साधना के इतिहास में संचित भारत की सामासिकता के अनचिह्ने साक्ष्यों के कथा-सूत्रों को पकड़ते हुए कहते हैं, ''अशोक की भी अपनी स्मृति-परम्परा है। आम की भी है, बबूल की भी है, चम्पे की भी है। सब क्या हमें मालूम है? जितना मालूम है, उसी का अर्थ क्या स्पष्ट हो सका है?" अशोक को वे गन्धर्वों की देन के रूप में देखते हुए इस वृक्ष को कथा ही नहीं पुराण, कल्प तथा इतिहास आदि का भी आभिप्रायिक अध्याय बना देते हैं। वे अशोक के स्तबकों में गुरुदेव रवीन्द्रनाथ की प्रख्यात कविता 'भारततीर्थ' को चरितार्थ करते हैं। इन फूलों में वे यक्ष, गन्धर्व, किरात तथा कौल आदि अनार्य जातियों की भेंट से मण्डित भारत के घर-आँगन की अनुपम छवि निहारते हैं।

पण्डित जी ने जहाँ अशोक पुष्प के प्रत्येक दल में भारतवर्ष के स्वर्णयुग की मादक स्मृतियों का भण्डार पाया है, वहाँ निर्धूम अग्निकुण्ड बनी हुई 'जेठ की जलती धूप' में ही माघ से लेकर आषाढ़ तक मस्ती से निर्धात फूलते रहनेवाले शिरीष के तरु में मनुष्य के अवधूत मन की निस्संग अपराजेयता का जीवन्त प्रतिरूप देखा है, यथा ''एक-एक बार मुझे मालूम होता है कि वह शिरीष एक अद्भुत अवधूत है। दुःख हो या सुख, वह हार नहीं मानता। न ऊधो का लेना, न माधो का देना। जब धरती और आसमान जलते रहते हैं, तब भी यह हजरत न जाने कहाँ से अपना रस खींचते रहते हैं। मौज में आठों याम मस्त रहते हैं। एक वनस्पतिशास्त्री ने मुझे बताया है कि वह उस श्रेणी का पेड़ है जो वायुमण्डल से अपना रस खींचता है। जरूर खींचता होगा। नहीं तो भयंकर लू के समय इतने कोमल तन्तुजाल और ऐसे सुकुमार केसर को कैसे उगा सकता था?" ऐसे फक्कड़ अपने राम शिरीष में पण्डित जी को अपने प्रिय कवि कालिदास और कबीर एक साथ आभासित हो

उठते हैं, यथा, ''अवधूतों के मुँह से संसार की सबसे सरस रचनाएँ निकली हैं। कबीर बहुत कुछ इस शिरीष के समान ही थे, मस्त, बेपरवा, पर सरस और मादक। कालिदास भी जरूर अनासक्त योगी रहे होंगे। शिरीष के फूल फक्कड़ाना मस्ती से ही उपज सकते हैं और 'मेघदूत' का काव्य उसी प्रकार के अनासक्त अनाविल उन्मुक्त हृदय में उमड़ सकता हैं।''[51]

द्विवेदी जी ने अवधूत शिरीष के बाद 'शिवालिक की सूखी नीरस पहाड़ियों पर मुस्कराते हुए' द्वन्द्वातीत, अलमस्त को 'पाषाण की छाती फाड़कर न जाने किस अतल गह्वर से अपना भोग्य खींच लानेवाले' कूट से जन्म लेनेवाले कुटज से तो पूरा-का-पूरा तादात्म्य ही स्थापित कर लिया है। 'मेघदूत' की सम्भाषण-शैली में वे कुटज से गाढ़ी दोस्ती स्थापित करते हुए मानव की संज्ञान प्रक्रिया को उधेड़कर रख देते हैं, यथा "लगता है, बहुत बार देख चुका हूँ। पहचानता हूँ उजाड़ के साथी, तुम्हें अच्छी तरह पहचानता हूँ। नाम भूल रहा हूँ। प्रायः भूल जाता हूँ। रूप देखकर प्रायः पहचान जाता हूँ। नाम नहीं याद आता। पर नाम ऐसा है कि जब तक रूप से पहले ही हाजिर न हो जाय तब तक रूप की पहचान अधूरी रह जाती है। भारतीय पण्डितों का सैकड़ों बार का कचरा-निचोड़ा प्रश्न सामने आ गया — रूप मुख्य है या नाम? नाम बड़ा है या रूप? पद पहले है या पदार्थ?'' 'कुटज' पण्डित जी की उत्तरवर्ती जीवन-यात्रा का, द्राक्षा की भाँति निचोड़ा हुआ रस-स्रोत है। अपनी आन्तरिक द्राक्षा के निचोड़े हुए रस को उन्होंने इस लेख में यत्र-तत्र प्रवाहित किया है, जैसे, ''मेरा मन नाम के लिए व्याकुल है, समाज द्वारा स्वीकृत, इतिहास द्वारा प्रमाणित, समष्टि-मानव की चित्त-गंगा में स्नात।" 'यह दूर पर्वतराज हिमालय की हिमाच्छादित चोटियाँ हैं, वहीं कहीं भगवान् महादेव समाधि लगाकर बैठे होंगे...। वहीं आसन मारकर बैठे हैं मेरे चिर परिचित दोस्त कुटज। एक बार अपने गदरीले मूर्धा को हिलाकर समाधिनिष्ठ महादेव को स्तबक का उपहार बढ़ा देते हैं और एक बार नीचे की ओर अपनी पातालभेदी जड़ों को दबाकर गिरिवन्दिनी सरिताओं को संकेत से बता देते हैं कि रस का स्रोत कहाँ है। जीना चाहते हो। कठोर पाषाण को भेंदकर, पाताल की छाती चीरकर अपना भाग्य संग्रह करो।'' इस कुटज को गाढ़े के साथी मानते हुए अपनी 'मेघदूत एक पुरानी कहानी' कृति में आर्त्तचित्त की वाणी अपनाकर वे वर्णन करते हैं, "उत्तर की ओर सिर उठाकर देखता हूँ, सुदूर तक ऊँची काली पर्वत श्रृंखला छायी हुई है और एकाध सफेद बादल के बच्चे उससे लिपटे खेल रहे हैं। मैं भी इन पुष्पों का अर्घ्य उन्हें बढ़ा दूँ?" उन्होंने 'युग-युगान्त की संचित अनुभूति' से भरे-पूरे, गौरी-शंकर के ताण्डव और साक्ष्य को लहरदार वितानों की छाया प्रदान करनेवाले 'देवदारु' में भारतीय संस्कृति की अराधना का उतार-चढ़ाव देखा है। शिव-पार्वती के दुलार से पालित-पोषित इस देव-वृक्ष को द्विवेदी जी ने 'पाताल तक से भी रस ग्रहणवाले' के साथ 'धरती के आकर्षण को अभिभूत करके लहरदार वितानों की श्रृंखला को सावधानी से सँभालता हुआ, विपुल व्योम की ओर एकाग्रीभूत मनोहर छन्द' कहकर स्मरण किया है। साथ ही उन्होंने इसमें, 'वागर्थ के समान सम्पृक्त शिव-पार्वती की युगलमूर्ति से भासित उस छन्द का दुर्लभ सादृश्य पाया है, यथा, 'प्राणों का उल्लास-दर्शन, जड़शक्त्ति के दुर्वार

आकर्षण को पराभूत करके विपुल व्योमण्डल में विहार करने का अर्थातीत आनन्द।

पण्डित जी की एक विशिष्ट कृति है 'मृत्युंजय रवीन्द्र।' काशी में द्विवेदी जी की शिक्षा-दीक्षा हुई, किन्तु उसके बाद उनकी साधना और कृतित्व में शान्तिनिकेतन की प्रमुख भूमिका रही है। यहाँ उन्हें रवीन्द्रनाथ की स्नेह-छाया के साथ आचार्य क्षितिज मोहन सेन, एण्ड्रूज, नन्दलाल बोस आदि अनेक व्यक्तित्वों का साहचर्य प्राप्त हुआ। अपने जीवन-वृत्त की कालावधि के अन्तर्गत शान्तिनिकेतन को स्मृतियों में स्पन्दित करते हुए द्विवेदी जी ने उक्त कृति की रचना की। दरअसल उनका यह कृतित्व उनके शान्तिनिकेतन के सुदीर्घ-वास की अनुभूतियों से लबालब है। इन स्मृतियों में गुरुदेव रवीन्द्रनाथ के संग व्यतीत क्षण उक्त प्रसंग में सर्वप्रथम उल्लेखनीय हैं। उनका प्रारम्भिक यात्रा-वृत्तात्मक लेख 'गुरुदेव के संस्मरण', रवीन्द्रनाथ के जन्म-दिन के अवसर पर सम्पूर्ण शान्तिनिकेतन के उल्लास और आनन्द के साथ अपने आराध्य के प्रति श्रद्धा व्यक्त करता है। ऐसे अवसर पर द्विवेदी जी को कई बार मंगलपाठ करने का मौका मिला है। विशेषतः इन्हीं विरल क्षणों को याद करते हुए द्विवेदी जी ने निम्नांकित शब्दों में उक्त अवसर को मूर्तित किया है। "बहुत सौभाग्य था। रवीन्द्रनाथ के जन्मोत्सव का पौरोहित्य! उस दिन गुरुदेव शुभ्र कौशेय वस्त्र की धोती पहनते थे। कौशेय वस्त्र का लम्बा कुर्ता और उसी की सुन्दर चादर। उस देव-मनोहर शरीर पर यह वस्त्र इतने सुन्दर लगते थे कि क्या बताऊँ! उन बड़ी-बड़ी प्रेमपूर्ण आँखों की जब याद आती है तो हूक-सी उठती है। आज हम उनका चित्र रखकर उनका जन्मोत्सव मनाते हैं, उनके विषय में व्याख्यान सुना करते हैं। कितना बड़ा भाग्य-विपर्यय है–

*'आँखिन में जो सदा रहते तिनकी यह कान कहानी सुन्यो करे।'*

मुझे यह छवि प्रत्यक्ष-सी दिखायी देती है। गुरुदेव उत्सव-स्थल पर पधारते थे। शंखध्वनि से वायुमण्डल मुखरित हो उठता था। मैं वेदमन्त्रों से गुरुदेव का स्वागत करता था, आचार्य नन्दलाल बोस और उनके शिष्यों द्वारा रचित मनोहर अग्निमन्त्र से सजा हुआ सभास्थल मांगल्यगान से गूँज उठता था और गुरुदेव स्मित हास्य के साथ आसन ग्रहण करते।"[52] इसी क्रम में द्विवेदी जी ने् कई ऐसे विभिन्न शीर्षकों के अन्तर्गत लेख लिखे हैं, जो अपनी सृजनात्मकता और स्वभाव में शान्तिनिकेतन के कैनवस पर बिम्बित रवीन्द्रनाथ के जीवन और कृतित्व की अनुपम स्मृतियाँ प्रतीत होती हैं, जैसे, 'रवीन्द्रनाथ की दिनचर्या (पृ. :10)', 'एक कुत्ता और एक मैना (पृ. : 15)' आदि। इस प्रसंग में द्विवेदी जी के एक और लेख के कुछ अंशों से अपने को सम्पृक्त करना सर्वथा अपेक्षित है। रवीन्द्रनाथ की ये समस्त कृतियाँ अपने आप में अद्वितीय हैं, किन्तु द्विवेदी जी ने उक्त रचना में रवीन्द्रनाथ की जिन कविताओं के भावार्थ की ओर ध्यान आकर्षित किया है, उनमें से 'शाहजहाँ' के निम्नांकित प्रसंग उदाहरणीय हैं, "तीर्थराज प्रयाग में बैठकर भारतेश्वर शाहजहाँ के प्रेम में स्मारक शाहीमहल, 'ताजमहल' को लक्ष्य करके लिखी गयी कवि सम्राट् की यह कविता सचमुच ही कविताओं की रानी है। कवि ने ताजमहल को कुछ ही शब्दों में इस यथार्थरूप में चित्रित कर दिया है कि उससे अधिक कह सकना शायद सम्भावना की

सीमा के बाहर है। XXX कविकुल गुरु कालिदास के मेघदूत से तुलना करके कवि ने ताजमहल के बारे में सब-कुछ कह दिया है। उस अद्‌भुत काव्य में मन्दाक्रान्ता का प्रत्येक पदविक्षेप विरही विश्व की अपार वेदना के भार से क्लान्त है। कितनी विशाल अनुभूति का केन्द्र था वह कवि का हृदय! और ताजमहल! सम्राट कवि के हृदय का वह चित्र?''[53]

हजारीप्रसाद द्विवेदी की एक और अपने ढंग की व्याख्यात्मक कृति है– 'मेघदूत एक पुरानी कहानी।' इसमें उन्होंने कालिदास की महान् कृति 'मेघदूतम्' का संस्मरणात्मक भाष्य किया है। वस्तुतः किसी दूसरी कृति पर लिखते हुए विचारक प्रकारान्तर से अपने पर भी लिख देते हैं। यह विदित है कि 'मेघदूत' कविकुल गुरु कालिदास की ऐसी रचना है जो विरही यक्ष की वेदना में व्यक्त विश्व की अपूर्व प्राकृतिक-यात्रा का आनंद देती है। इस पर विस्तारित रूप से विचार करना स्थानाभाव के कारण सम्भव नहीं है, किन्तु इसमें मेघ की यात्रा के माध्यम से भारत के दक्षिण स्थित रामगिरि से लेकर हिमालय की गोद में बसी अलकानगरी की जो शोभा-यात्रा के वृत्तान्त दिये गये हैं, वे अपने-आप में मानव-हृदय में उद्वेलित भाव-राशि के अवशेष पुंज हैं। इसमें कालिदास के 'मन्दाक्रान्ता' में छन्दोबद्ध एक प्रसंग की द्विवेदी जी द्वारा की हुई यह व्याख्या अविस्मरणीय प्रतीत होता है– ''यह मैं मानता हूँ कि संग्रह करने के लिए ओछों के पास नहीं जाना चाहिए, जिससे लिया जाय वह भी समानधर्मा होना चाहिए– मस्त-मौला, कल की फिकर न रखनेवाला। सो सुनो, तुम्हें ऐसा रास्ता बताये देता हूँ, जो तुम्हारे इस महान् व्रत का सहायक होगा। ऐसा रास्ता, जिससे चलो तो जितना चाहो लुटाओ और जितना चाहो फिर भर लो। ऐसी-ऐसी नदियाँ जो बिल्कुल तुम्हारी ही तरह फक्कड़, तुम्हारी ही तरह आत्मदान में समर्थ और तुम्हारे एक इशारे पर अपना सर्वस्व तुम्हें दे देने को कटिबद्ध! धन्य हैं ये नदियाँ, जो पवित्र और निर्मल धारा को दिवारात्रि लुटा रही हैं, कभी रुकती नहीं, कभी थकती नहीं!" XXX "लम्बी यात्रा है, तुम उच्च स्तर के यात्री हो, कुछ ऊँचे-ऊँचे पर्वतों का पता नहीं रहेगा, तो कष्ट होगा तुम्हें। इसलिए पहले मैं तुम्हें उस मार्ग को समझा दूँ जिसमें थक जाने पर विश्राम करने योग्य पर्वत मिलते रहेंगे और जल-सम्पत्ति के चुक जाने पर उसे प्रचुर मात्रा में नदियों से प्राप्त कर सकोगे।''[54]

हजारीप्रसाद द्विवेदी जी ने जिन विषयों पर अपने विचार व्यक्त किये हैं उनमें 'प्राचीन भारत के कलात्मक विनोद' भी इस राष्ट्र की सांस्कृतिक यात्रा की कड़ी में स्मरणीय हैं। अपनी कृति 'हिन्दी-साहित्य की भूमिका' के अन्त में इतिहासकार ने कुछ ऐसे विषयों पर अपने विचार व्यक्त किये हैं, जो भारतीय-साहित्य की अभिन्न विरासत सदृश हैं। 'हिन्दी-साहित्य की भूमिका' के अन्त में उन्होंने कवि प्रसिद्धियों पर पाण्डित्यपूर्ण विचार किया है। निःसन्देह इस शीर्षक के अन्तर्गत द्विवेदी जी ने इस देश के सांस्कृतिक रिक्थ को यात्रापरक दृश्यावली के रूप में प्रस्तुत किया है। इसमें 'वृक्ष दोहद का मूल', 'अशोक', 'कर्णिकार', 'कामदेव ', 'कुन्द', 'कुमुद', 'कुरबक', 'कोकिल', 'चकोर', 'चन्दन', 'तिलक', 'सुमेरू' तथा 'नीलोत्पल' आदि विषय पूर्णतः भारतीय-संस्कृति की यात्रा के क्रोशस्तम्भ

सदृश हैं, उदाहरण के लिए उनमें से 'वृक्ष-दोहद का मूल' का यह अंश उल्लेखनीय है— "विक्रम के सैकड़ों वर्ष पहले भारतवर्ष में एक समृद्ध आर्येतर सभ्यता वर्तमान थी। आर्यों की राजनीतिक और भाषा-सम्बन्धी विजय के बाद यह जाति भी धीरे-धीरे उनकी छत्रच्छाया के अन्दर आ गयी। पर इसके पहले आर्यों के साथ इसका पर्याप्त संघर्ष हुआ होगा। राजनीतिक दृष्टि से इसकी विजय हुई हो या पराजय, परन्तु भारतीय साहित्य और शिल्प पर इन जाति ने अपनी ऐसी अमिट छाप लगा दी है कि हजारों वर्ष की निरन्तर अपेक्षा के बाद भी वह अपने सम्पूर्ण रस-सौन्दर्य के साथ जीवित है। हमारा मतलब यक्षों और नागों से है।"[55]

हजारीप्रसाद द्विवेदी हिन्दी-साहित्य के एक युगान्तकारी एवं बहुआयामी व्यक्तित्व सम्पन्न लेखक हैं। इनकी भाषा-शैली अपने-आप में विशिष्ट भी है और आदर्श भी। विशेषतः इनके लेखों के संग्रह ने हिन्दी-साहित्य में सांस्कृतिक यात्रा-वृत्तान्तपरक व्यक्ति-व्यंजक रचनाओं की नयी परम्परा को स्थापित किया है। इनकी भाषा में कालिदास के तत्सम और कबीर के तद्‌भव रूपों के साथ लोकमानस से उपजी बोलियों के उदाहरण भी अपने-आप में हिन्दी-गद्य की बहुमूल्य निधि हैं।

## 4.4 स्वामी प्रणवानन्द

इन्होंने 1943 में 'कैलास-मानसरोवर' शीर्षक पुस्तक की रचना की। स्वामी जी अनेक दशकों तक हिमालय की यात्रा करते रहे और मानसरोवर को केन्द्र बनाकर भक्ति में लीन रहे। डॉ. वासुदेवशरण अग्रवाल ने इस पुस्तक की भूमिका लिखी है और उसकी दुर्लभ विशेषताओं पर प्रकाश डाला है। इस क्रम में उन्होंने स्वामी जी द्वारा 'कैलास मानसरोवर' की यात्रा को पिपीलिका मार्ग के वर्ग की यात्रा बताया है और स्वामी प्रणवानन्द द्वारा पन्द्रह बार कैलास और सत्रह बार मानसरोवर की परिक्रमाओं के क्रम में संचित विरल खोजों और विचारों को बहुमूल्य निधि के रूप में स्वीकार किया है। डॉ. अग्रवाल जी के मन्तव्य के कुछ अंश सर्वथा उदाहरणीय हैं, यथा, 'शुकादि पक्षी एक स्थान से दूसरे स्थान तक उड़कर पहुँच जाते हैं, पर अपने पीछे वे कोई पदचिह्न नहीं छोड़ते। परन्तु चींटी एक-एक पैर उठाती हुई श्रमपूर्वक मार्ग को तय करती है और उसकी पूरी पगडण्डी स्पष्ट हमारे सामने दिखायी पड़ती है। यों तो अनेक भारतवासी हर साल हिमालय के दुर्गम पथों को पार करके कैलास-मानसरोवर के दर्शन को जाते हैं, परन्तु स्वामी प्रणवानन्द का कैलास-दर्शन एक स्तुत्य घटना है। उसका कारण यह है कि उन्होंने अपनी कैलास-यात्रा की पिपीलिका गति को हमारे सामने स्पष्ट मूर्तिमान् करने का एक सुन्दर और सराहनीय प्रयत्न किया है। कैलास-मानसरोवर के दर्शन से उनको जो स्फूर्ति प्राप्त हुई और उनके मन तथा नेत्रों को जो स्वर्गीय सुख पहुँचा, उसमें उन्होंने सबको हिस्सा दिया है। वह अपने प्रसाद में सबको सम्मिलित करने के उत्साह से प्रेरित हुए हैं। कैलास यात्रा पर इतनी पूर्ण और प्रशस्त पथ-प्रदर्शक पुस्तक शायद ही किसी भाषा में अब तक लिखी गयी हो।'[56]

'कैलास-मानसरोवर' की कठिन यात्राओं के क्रम में एक प्रत्यक्षदर्शी यात्री होकर

प्रणवानन्द ने हिमालय की समस्त अंचल सम्बन्धी प्राकृतिक संरचना, खनिज, निवासी, आर्थिक स्थिति आदि के साथ वहाँ की प्रजातियों के जीवन के बारे में विस्तार से सूचनाएँ दी हैं। इस कृति के तीन सौ छप्पन मुद्रित पृष्ठों में नेपाल और तिब्बत आदि के मार्गों से कैलास और मानसरोवर की यात्रा करने सम्बन्धी सभी प्रसंगों और अपेक्षाओं पर विस्तार से विचार किया गया है। इस प्रकार यह पुस्तक विश्व के पुरातात्त्विक इतिहास का एक अनमोल आलेखात्मक कृतित्व हो गया है। स्वामी जी ने विभिन्न ऋतुओं में कैलास-मानसरोवर की परिक्रमा के क्रम में जो भी अनुभव किया है, उसे पुस्तक के प्रत्येक पृष्ठ में अंकित कर दिया है। इस प्रसंग में स्वामी जी के 'कैलास-मानसरोवर' सम्बन्धी अनुभव के यह अंश सर्वथा उल्लेखनीय हैं, यथा,

(क) ''कैलास पर्वत-श्रेणी कश्मीर से लेकर भूटान तक फैली हुई है। इसमें से ल्हा छू और झोङ छू नदियों से घिरे हुए भाग को कैलास पर्वत कहते हैं, जिसके उत्तरी सिरे पर शिवलिंग के आकार में कैलास-शिखर अवस्थिति हैं यदि कैलास पर्वत की परिक्रमा करनी हो, तो ग्रीष्म और वर्षा ऋतु में ही की जा सकती है। इसका कारण यह है कि शीतकाल में कैलास के चारों ओर 10 से लेकर 20 फीट तक बर्फ गिरती है। कैलास पर्वत की परिक्रमा शीघ्रता से दो दिन में और सुगमता से तीन दिन में कर सकते हैं। परन्तु कुछ तिब्बती लोग 'निङकोर' नामक परिक्रमा को एक ही दिन में पूरा कर डालते हैं।''[57]

(ख) ''कैलास-शिखर कैलास पर्वत की उत्तर दिशा में वज्रपाणि (छानादोर्जे) और अवलोकितेश्वर (चेनरेसी) नामक दो चोटियों के मध्य भाग से उत्तरादि मठ डिरफुक् के भिक्षुओं के साथ एकान्त में मौन-वार्त्तालाप करता रहता है। कैलास-शिखर का उत्तरी दृश्य अति चंचल प्रकृति के व्यक्तियों को भी पूर्णरूप से सम्मोहित करके एकाग्र बना देता है। उसकी नैसर्गिक शोभा और प्रतिभा यात्रियों को स्वर्गीय आनन्द प्रदान करनेवाली है।''[58]

(ग) ''सिन्धु नदी की लम्बाई 1700 मील, ब्रह्मपुत्र की 1680 मील, सतलज की प्रायः 900 मील, करनाली की (जो गंगा की उपनदी है) प्रायः 600 मील और गंगा की 1514 मील है। भौगोलिक जटिल वाद-विवादों को छोड़कर, साधारण जनता के लिए सीधी भाषा में यह कहा जा सकता है कि सतलज ही एक ऐसी नदी है, जो राक्षसताल के वायव्य कोण से निकलती है।''[59]

(घ) ''इस प्रकार प्रकृति की भाँति प्रतिक्षण बदलते रहने पर भी मानसराज का महोन्नत, सर्वोत्कृष्ट, अद्भुत, अनुपम और अवर्णनीय आध्यात्मिक वातावरण परब्रह्म के समान अखण्डैकरस-रूप अपनी छत्रच्छाया में रहनेवालों के मन को चाहे वह कैसी भी विपरीत परिस्थितियों में क्यों न हों– विपेक्षरहित बनाकर ब्रह्मनन्द में अचल और तन्मय बना देता है। किसी मठ से श्री कैलासराज के दिव्य सौन्दर्य का निरीक्षण करते समय या पुनीत मानसरोवर के तट पर ध्यानाविष्ट होकर बैठने में अक्लान्त और अज्ञान भाव से सारा दिन क्षण की भाँति व्यतीत हो जाता है। जिन कवियों ने श्री कैलास और मानसरोवर का भूलोक का नहीं, अपितु स्वर्ग की सृष्टि के रूप में वर्णन किया है, वह अतिशयोक्ति नहीं है।''[60]

प्रणवानन्द जी की इस पुस्तक 'कैलास-मानसरोवर' का महत्त्व यात्रा-वृत्तान्त से अधिक सांस्कृतिक, इतिहास तथा पुरातत्त्व आदि की दृष्टि से है। इसमें उन्होंने यात्री रूप में गन्तव्य तक पहुँचने के बीच उच्छ्वसित भावों को प्रायः व्यक्त ही नहीं किया है बल्कि प्रत्यक्षदर्शी रूप में हिमालय की उपत्यका के विशाल क्षेत्र में जो भी इन्होंने देखा, सुना और पाया, उन्हें प्रामाणिक रूप से अपनी कृति में प्रस्तुत कर दिया है। इसलिए इस पुस्तक की भाषा-शैली में उनके इतिहासकार और भक्त का स्वरूप अधिक प्रकट होता है।

राहुल-युग के विस्तृत फलक पर अनेक प्रतिभाओं का प्रादुर्भाव हुआ। इनमें से पाण्डेय बेचन शर्मा उग्र, शिवपूजन सहाय तथा रामवृक्ष बेनीपुरी आदि हिन्दी-साहित्य की गद्य-विधा से जुड़ी जीवनी-लेखा और यात्रा-वृत्तान्त की दृष्टियों से महत्त्वपूर्ण माने गये हैं। इनमें उग्र जी और शिवपूजन सहाय ने अपने संस्मरणों के क्रम में युगीनसाहित्य और साहित्यकारों की जिन्दगी के उज्ज्वल पन्नों को बहुत ही अपनत्व और पूर्वग्रह से मुक्त होकर प्रस्तुत किया है। यात्रा-वृत्त अथवा इसकी सगोत्रीय-शैली की रचनाओं को दृष्टि में रखते हुए उपर्युक्त लेखकों की कृतियाँ विवेचनीय हैं। नीचे क्रमशः इन सभी के स्मृतिजनक लेखन पर विचार किया गया है।

## 4.5 पाण्डेय बेचन शर्मा उग्र (1900-1967 ई.)

हिन्दी यात्रा-साहित्य के व्यापक परिदृश्य में यह एक तेजस्वी साहित्यकार हैं। उत्तर भारत से लेकर देश की पूर्वी सीमा के कलकत्ता ऐसे नगरों में इनका जीवन बीता है। यह खासकर बनारस से प्रकाशित 'दैनिक आज' और कलकत्ता से प्रकाशित होनेवाले 'आज दैनिक' और 'मतवाला' पत्रिका से दीर्घ अवधि तक जुड़े रहे। इन दोनों के अतिरिक्त पत्रकार, सम्पादक, सहसम्पादक के रूपों में इनका सम्बन्ध, 'स्वराज' 'मीना' तथा 'विक्रम' आदि पत्र-पत्रिकाओं से बना रहा। इनकी पुस्तकों में उपन्यासों की संख्या सबसे अधिक है, जैसे- चॉकलेट, 'चन्द हसीनों के खतूत', 'फागुन के दिन चार', 'सरकार तुम्हारी आँखों में', 'जब सारा आलम सोता है', 'गालिब और उग्र' आदि। यात्रा-संस्मरण की विधा में 'अपनी खबर' इनकी उल्लेखनीय कृति है। इनकी विख्यात कृति 'अपनी खबर' जीवन की सच्चाइयों तथा बे-बाकी साफगोई और व्यंग्य-विनोदपूर्ण शैली के लिए हिन्दी-साहित्य में मील का पत्थर मानी गयी है। इसमें उन्होंने आत्म-जीवनी, अपनी मातृभूमि, चुनार और वर्षों तक साथ रहनेवाले नाना प्रकार के लोगों, बाबू विष्णु पड़ारकर, लाला भगवान दीन एवं बाबू शिवप्रसाद गुप्त आदि प्रख्यात पत्रकारों के सम्बन्ध में अविस्मरणीय संस्मरण लिखे हैं। 'अपनी खबर' की पंक्ति का तो अब तक कोई लेखन हिन्दी में दिखायी नहीं पड़ता है। अपनी जन्म-भूमि विन्ध्याचल पर्वत और सुरसरि गंगा के बीच स्थित टीलों पर बसे चुनार में उग्र जी ने जीवन-यात्रा की है। इसमें जन्मभूमि सम्बन्धी स्मृतियों को उड़ेल कर रख दिया गया है। उग्र जी 'अपनी खबर' में 'चुनार' शीर्षक संस्मरणात्मक लेख के लिए गुलेरी जी की तरह एक रचना के कारण अमर हो जानेवाले लेखक रूप में सदा स्मरणीय रहेंगे। इन्होंने

चुनार को संस्मरण का रूप देते हुए उसकी आत्मा में यात्रा-वृत्तान्त की अनुपम शैली झंकृत कर दी है।

चुनार के गौरवपूर्ण सांस्कृतिक इतिहास का उल्लेख करते हुए उग्र जी ने अपनी जन्म-भूमि को हर माने में अयोध्या से भी अधिक महत्त्वपूर्ण सिद्ध किया है। ऐसा प्रतीत होता है कि उग्र जी ने बहुत दिनों तक रामलीला में सीता जी की भूमिका में बहुचर्चित अभिनय करने के कारण, स्वभावतः चुनार के प्रसंग में रामचन्द्र की अयोध्या को भारततीर्थ के रूप में ज्यादा महत्त्वपूर्ण नहीं माना है। उग्र जी बहुत ही स्पष्टवादी होने की वजह अयोध्या सम्बन्धी कथा-वर्णित प्रसंगों के अन्ध-भक्त नहीं रहे हैं। उनके व्यक्तित्व और लेखन, यह दोनों व्यास के इस वचन ''प्रत्यक्षदर्शी लोकानां भवेत् नरः'' को चरितार्थ करते हैं। उग्र जी ने अपने व्यक्तित्व के आईने में शील से भी ज्यादा महत्त्व शौर्य को दिया है। एक संस्मरण में निराला जी के मुख से निकले इस वाक्य को उग्र जी ने उद्धृत किया है–''उग्र तुम मर्द हो'।' उग्र जी पुराण-महाकाव्य से लेकर गाँधी-युग तक प्रवहमान् भारतीय इतिहास-धारा में चुनार को अनेक आयामों पर अयोध्या से भी अधिक श्रेष्ठ माना है। भले उनके उक्त विचारों और उदाहरणों से सभी की सहमति नहीं भी हो सकती है, किन्तु उनके संस्मरणों की अद्वितीय शैली से शायद ही कोई असहमति व्यक्त करेगा। नीचे इस लेख की विषय-वस्तु और भाषा-शैली के उदाहरणार्थ कुछ अंश निम्नलिखित हैं–"रामचन्द्र भगवान् सरयू नदी के किनारे पैदा हुए थे, मैं पैदा हुआ गंगा सुरसरि के किनारे। मुझे सरयू उतनी अच्छी नहीं लगती जितनी नर, नाग, विबुध बन्दनी गंगा। रामचन्द्र भगवान् अयोध्या में पैदा हुए थे, जो पवित्र तीर्थ मानी जाती है। मैं चुनार में पैदा हुआ, जो काशी के कलेजे और गंगा-तट पर होकर भी त्रिशंकु की साया में होने से तीर्थ नहीं है। इतना ही नहीं, तीर्थ का पुण्य हरण करनेवाला भी है। फिर भी, चुनार मुझे तीर्थ और अयोध्या और साकेत से भी अधिक प्रिय है।'' XXX "उसका वर्णन वाल्मीकि रामायण में पढ़िये और वर्तमान अयोध्या को जाकर देखिये। वैसे ही जैसे मेरे लकड़दादे ने घी खाया, मेरे हाथ सूँघिये। न कहीं साकेत, न कहीं स्वर्ग। चतुर्दिक् सघन रज तमस तक। मुझे तो सरयू भी मटमैली, रजस्वला, नजर आती है।" XXX ''अयोध्या में सम्राट्, चक्रवर्ती, अवतारी, लीलाधारी लाख हुए हों, लेकिन वह पूरी प्रकृति की उस प्रफुल्ल कृपा, वरदान से बिल्कुल विरहित है जो चुनार को अनायास ही प्राप्त है। आप जाइये अयोध्या, भाग आयेंगे भाग मानते। आप आइये चुनार, क्या मजाल कि घण्टे-भर के लिए पधारकर कई दिन न ठहर जायें!'' XXX "चुनार से सटी विन्ध्याचल की घाटियों में पारिजात के, पलाश के, बहेड़े के, महुवे के वन-के-वन। जब शरद ऋतु में सारी घाटी पारिजात-पुष्पों की सुखद सुगन्ध से भर जाती है। लगता है, यही तो नन्दन-वन है। चुनार इतना रमणीक कि पहले सारे भारत से जो श्रद्धालु तपस्या करने के लिए काशी या प्रयाग पधारते थे, वे तत्त्वतः तपते थे। चुनार या मिर्जापुर विन्ध्याचल की उपत्यकाओं ही में।" XXX ''सन् 1905 ई. में चुनार कैसा पाया था, (तब मैं महज पाँच वर्ष का था) उसका वर्णन भी आज पचपन वर्ष बाद कम मनोरंजक नहीं है। तब वह

छोटी-सी बस्ती पाँच-सात हजार प्राणियों की रही होगी। चुनार में चरण की आकृति की एक पहाड़ी है, जिसका तीन भाग गंगा में है और चौथा धरती की तरफ। इस पहाड़ी के कारण चुनार का नाम 'चरणार्दि' भी संस्कृतज्ञों से सुना था। उसी पहाड़ पर एक परम प्राचीन दुर्ग है। उसका सम्बन्ध द्वापरयुग के प्रसिद्ध सम्राट् जरासन्ध से जोड़ा जाता है। किले में एक विकराल तहखाना है– बड़े विस्तार-अपार अन्धकारवाला। कहते हैं जरासन्ध ने पराजित करने के बाद सोलह हजार राजाओं की रानियाँ छीन उन्हें चुनार दुर्ग के तहखानों में कैद रखा था।"[61]

ऊपर के उदाहरण उग्र जी के व्यक्तित्व और कृतित्व को सार-संक्षेप में उजागर करते हैं। ऐसा समालोचकों का मानना है कि उग्र जैसा संस्मरण-लेखन हिन्दी में ही नहीं दूसरी भाषाओं के साहित्य में भी कुछेक ही है। इसलिए हिन्दी के विख्यात चिन्तक नलिन विलोचन शर्मा ने एक प्रसंग में यह लिखा है कि, "अगर अंग्रेजी में वर्नड सॉ है, बँगला में परशुराम हैं तो हिन्दी में अकेले उग्र जी पर्याप्त हैं।"

### 4.6 शिवपूजन सहाय (1893-1963 ई.)

यह अपने युग के सुप्रसिद्ध पत्रकार और लेखक ही नहीं, बल्कि कई लेखकों के लेखन-कार्य के अभिन्न अंग रूप में जुड़े रहे। कुछ दिनों तक महाविद्यालय में शिक्षण करने के उपरान्त ये कलकत्ता से प्रकाशित 'मतवाला' से सम्बद्ध हुए और वहीं इस युग के कई चिन्तकों और लेखकों से इनकी आत्मीयता बढ़ी। उन व्यक्तियों में हास्यावतार पण्डित जगन्नाथ चतुर्वेदी, निराला जी तथा उग्र जी आदि के साथ वर्षों तक इन्होंने जीवन व्यतीत किया। बाद में ये पटना से प्रकाशित 'शिक्षा', बिहार हिन्दी-साहित्य सम्मेलन की पत्रिका 'साहित्य' और बिहार राष्ट्र-भाषा परिषद् से प्रकाशित 'परिषद्' पत्रिका के वर्षों तक सम्पादक रहे। इन्होंने साहित्यकारों के संस्मरण के अतिरिक्त कहानी, निबन्ध, यात्रा-संस्मरण आदि लिखे। ग्राम्य-जीवन से सम्बन्धित इनका लेख 'मेरा जीवन' और 'देहाती दुनिया' विशेष रूप से उल्लेखनीय है। अपनी आत्म-जीवनी 'मेरा-जीवन' शीर्षक इनके सरल व्यक्तित्व और पारदर्श कृतित्व का एक समुज्ज्वल उदाहरण है। इसके निम्नलिखित कुछेक अंश उदाहरणार्थ नीचे दिये जा रहे हैं–"साहित्य सेवा की प्रेरणा का मूल स्रोत मेरी समझ में 'मानस' ही है, जिसके कारण छात्रावस्था (1910 ई.) से ही पटना की साप्ताहिक पत्रिका 'शिक्षा' में लेखादि लिखने लगा। मेरे स्कूल के हिन्दी-शिक्षक पण्डित चन्द्रहास द्विवेदी, जो मेरे जिले के ही थे, और संस्कृत-शिक्षक, पण्डित रामचरित उपाध्याय, जो बलिया जिले (उत्तर प्रदेश) के थे, मुझे उर्दू-कक्षा से हिन्दी-कक्षा में आने तथा मानसानुरागी छात्र होने के कारण विशेष उत्तेजना देने लगे। द्विवेदी जी ने 'हिन्दी-बोध' नामक एक पुस्तक लिखकर छपवायी, जिसे मैं अपनी साहित्य-शिक्षा की पहली पाठ्य-पुस्तक मानता हूँ। मकतब की पढ़ाई-लिखाई के अतिरिक्त जो अवकाश का समय मिलता था उसमें वे मुझसे नागराक्षर लिखवाते थे। मेरे अक्षर सुडौल होते थे, इसलिए काशी-नरेश के विशाल 'महाभारत' के

रोचक प्रसंगों की प्रतिलिपि वे मुझसे ही कराते थे। वह हस्तलेख अद्यावधि मेरे संग्रहालय में हैं। उन्होंने स्वयं भी महाभारतान्तर्गत 'भगवद्‌गीता' की पूरी प्रतिलिपि तैयार की थी, फिर अयोध्या-नरेश के प्रसिद्ध ग्रन्थ 'रसकुसुमाकर' की भी प्रतिलिपि कर डाली थी। इन दोनों ग्रन्थों की नकल करते समय मैं बालपन के कुतूहलवश उनसे विविध भाँति के प्रश्न करता जाता था और वे बड़े सरस ढंग से प्रसंग समझाते थे। XXX मेरी कुल पन्द्रह मौलिक कहानियाँ हैं, जिनमें ऐतिहासिक सत्य पर जो आश्रित हैं, उन्हें छोड़ सभी कहानियाँ आँखों-देखी, कानों-सुनी सच्ची घटनाओं पर ही अवलम्बित हैं। अत्यन्त साधारण ग्रामीण व्यक्ति मेरे सम्पर्क में आये और उनके द्वारा सुने हुए वृत्तान्तों से कहानी लिखने की प्रेरणा मिल गयी। ऐसी प्रेरणा व्यक्तिगत अथवा निजी अनुभवों से भी मिली। मेरे गाँव का एक मामूली किसान, जिसका नाम 'जगेसर' था और जो बड़ा निष्ठावान् शिव-भक्त था, प्रायः ईश्वर भक्तों की कथाएँ सुनाया करता था। लड़कपन में उससे सुनी हुई सच्ची घटना पर मेरी 'हठ भगत जी' नामक कहानी लिखी गयी।"[62]

शिवपूजन सहाय जी ने यात्रा-वृत्तान्त कम लिखे हैं। इनकी बहुचर्चित कृति (देहाती दुनिया) के अन्तर्गत शाहाबाद जिले के अंचल का जीवन्त वर्णन मिलता है। लेखक ने इसमें अपने बचपन और जवानी के दिनों को याद करते हुए बाग-बागीचों, खेत-खलिहानों और ग्रामीणों आदि का बहुत ही रोचक वर्णन किया है। इस कृति को सहाय जी ने उपन्यास कहा है। किन्तु यह वस्तुतः ग्रामीण जीवन का यात्रा-वृत्तान्तपरक रेखा-चित्र है। इसकी सबसे बड़ी खूबी है– शाहाबाद के अंचलों के लोक-जीवन का जीता-जाग ।ा वर्णन। इस क्रम में उन्होंने ग्रामीण पात्रों, आंचलिक देवी-देवताओं और वहाँ की कहावतों तथा मुहावरों को भी उद्धृत किया है। इसमें केवल एक ही ऐसा कथात्मक लेख है जिसे यात्रा-वृत्तान्त की कोटि में रखा जा सकता है इसका शीर्षक है– 'चारों धाम।' इसके अन्तर्गत उन्होंने मार्ग के वर्णन के साथ सहयात्रियों और उनके साथ हुए संवादों का रोचक वर्णन किया है। इस प्रसंग में 'चारों धाम' के कुछ अंश नीचे उद्धृत किये जा रहे हैं, यथा,

(क) "गाड़ी से जहाँ उतरते, मैदान में धूनी रमा देते। धूनी की राख में सौ-पचास लोग गाड़कर रख लेते। चारों ओर लोग हाथ जोड़े घेरे रहते; आप चुपचाप आँखें बन्द किये माल सरकाते चले जाते! लोगों के सामने अपने हाथ से कभी पैसे न छूते। ऊपर पक्के परमहंस, भीतर कालनेमि के काका!

साथ में एक चेला भी था– खेदू कहार का छोटा बेटा सजीवन। वह अपने बड़े भाई बहोरन के साथ कलकत्ते में रहता था। वह तो बिना टिकट के सफर करने में पक्का उस्ताद था।"[63]

(ख) "पाँड़े जी ने ऐसा चेला मूँड़ा कि यात्रा बन गयी। जहाँ-कहीं लक्कड़ जलाकर बाबा का आसन जमा देते, वही चेला रंग बाँध देता। घटाटोप भूमिका बाँधकर कहता– बाबा अपने हाथ से रुपया-पैसा नहीं छूते! जिसका नसीब तेज होता है, उसी को अपने हाथ से भभूत उठाकर देते हैं। अगर कोई नेह लगाकर आवे और बाबा उसके सिर पर अपना

हाथ फेर दें, तो उसका भाग जग जाय। परिच्छा ले लो। हाथ कंगन को आरसी क्या?"[64]

(ग) "बीच ही में छेड़े जाने से पहले यात्री को बड़ा रंज हुआ। अक्खड़ ठेठ देहाती था, तनकर बोला— तुम किस देश के जंगली आदमी हो जी, बीच में छेड़नेवाले तुम कौन होते हो? तुम्हीं कथा के बड़े जानकार बने फिरते हो? अगर एक छोटी-मोटी बात पूछ दूँ, तो बोल बन्द हो जाये।*** इस पर सब यात्री दोनों बुद्धुओं को बढ़ावा देते हुए बोल उठे— अच्छा तो अब इसी बात पर फैसला ही हो जाय, कौन कितने पानी में है। पहले कौन पूछेगा?"[65]

(घ) "इसी तरह की बातें सोचता और मन-ही-मन कुढ़ता हुआ सजीवन कलकत्ते चला गया। रास्ते में कभी-कभी उसकी इच्छा होती थी कि रामसहर लौटकर पाँड़े जी की धूर्तता का भंडा-फोड़ करना चाहिए, पर रह-रहकर उसकी आँखों के आगे वही दिन नाच उठता था, जिस दिन एक अदना-सी बात के लिए उसके घर पर बे-भाव की पड़ने लगी थी—सौ जूते पड़ने पर भी एक ही गिना गया था।"[66]

## 4.7 रामवृक्ष बेनीपुरी (1902-.1968 ई.)

ये सम्पादक, संस्मरणकार, कथाकार, शब्द-चित्रकार, बाल-साहित्य लेखक और सुप्रसिद्ध सक्रिय समाज-सेवक के रूपों में वर्षों तक अपने युग का प्रतिनिधित्व करते रहे। पटना से प्रकाशित 'नयी धारा' के सम्पादक 'माटी की मूरतें' और 'पैरों में पंख बाँधकर' शीर्षक यात्रा-वृत्त के रचयिता के सन्दर्भ में उन्हें सदा याद किया जाता रहेगा। इनके समस्त जीवन और रचना के सन्दर्भ में कहा जा सकता है कि संवेदनशील-साहित्यकार किसी धारा के अभिन्न अंग ही नहीं होते बल्कि नयी धारा को नेतृत्व भी देते हैं। जयप्रकाश नारायण की जीवनी पर आधृत इनकी रचना 'उस दिन नदियाँ बोली थीं' भी इनकी कृतियों में बहुचर्चित रही है। बेनीपुरी जी की प्रतिभा साहित्य की कई विधाओं में व्यक्त हुई, लेकिन विशेषतः उनके द्वारा लिखित ग्राम्य-जीवन में उभरनेवाली कमजोरियों के होते हुए भी उनमें मनुष्यता को सार्थक करनेवाली जीवनियों के पृष्ठ हिन्दी संस्मरण-साहित्य की दुर्लभ विरासत है। इन्होंने केवल विषय के स्तर पर अपनी मौलिकता को सिद्ध नहीं की है, बल्कि शैलीकार के रूप में ये अपना उदाहरण स्वयं हैं। इनके सभी शब्द-चित्र मानवीय जीवन के बिखरे हुए अनमोल रत्न हैं। उनमें उदाहरण के तौर पर 'माटी की मूरतें' में संकलित 'रजि या' शीर्षक शब्द-चित्र के कुछेक उदाहरण इस प्रकार हैं — "कानों में चाँदी की बालियाँ, गले में चाँदी का हैकल, हाथों में चाँदी के कंगन और पैरों में चाँदी की गाछाई-भर बाँह की बूटेदार कमीज पहने, काली साड़ी के छोर को गले में लपेटे, गोरे चेहरे पर लटकते हुए कुछ बालों को सम्हालने में परेशान, वह छोटी-सी लड़की जो उस दिन सामने आकर खड़ी हो गयी थी— अपने बचपन की उस रजि या की स्मृति ताजा हो उठी, जब मैं भी उस दिन अचानक उसके गाँव में जा पहुँचा। XXX जब उसकी माँ नयी खरीदारिनों की तलाश में मेरे आँगन से चली, रजि या भी उसके पीछे हो ली। मैं खाकर, मुँह धोकर, अब उसके निकट था और जब वह

चली, जैसे उसकी डोर में बँधा थोड़ी दूर तक घिसटता गया। शायद मेरी भावुकता देखकर चुड़िहारिनों के मुँह पर खेलनेवाली अजस्र हँसी और चुहल में ही उसकी माँ बोली— बबुआ जी, रजि या से ब्याह कीजियेगा? फिर बेटी की ओर मुखातिब होती, मुस्कराहट में कहा, क्यों रे रजि या, यह दूल्हा पसन्द है। XXX मैं रजि या के आँगन में खड़ा हूँ। ये छोटे-छोटे साफ -सुथरे घर, यह लिपापुता चिक्कन-दूर-दूर आँगन। भरी-पूरी गृहस्थी-मेहनत और दयानत की देन। हसन चल बसा है, किन्तु अपने पीछे तीन हसन छोड़ गया है। बड़ा बेटा कलकत्ता में कमाता है, मंझला पुश्तैनी पेशे में लगा है, छोटा शहर में पढ़ रहा है। यह बच्ची बड़े बेटे की बेटी। दादा का सिर पोते में, दादी का चेहरा पोती में। हू-ब-हू रजि या— दूसरी रजि या मेरी उँगली पकड़े आँगन से पुकार रही है—दादी, ओ दादी घर से निकल, मालिक दादा आ गये।''[67]

'पैरों में पंख बाँधकर' बेनीपुरी जी का विख्यात यात्रा-वृत्तान्त है। पैरों में पंख बाँधकर भूगोल को लाँघते हुए बेनीपुरी ने मातृ-भूमि भारत से चलकर यूरोप के कुछ देशों की यात्रा की है। इनमें इंग्लैण्ड की स्मृतियाँ प्रमुख हैं। वास्तव में बेनीपुरी शब्द चित्रों के अंकन करनेवाले एक सिद्ध कलाकार हैं। भारत और यूरोप के बीच आकाश से दिखायी पड़नेवाले पर्वतों, पहाड़ियों, सागर की लहरों आदि का इन्होंने जीवन्त चित्रण करते हुए यूरोप के जन-जीवन और वहाँ के प्रमुख स्थलों का भी विस्तृत और सम्मोहक वर्णन किया है। उनकी यात्रापरक स्मृतियों में बाहर का जगत्, उनके अन्तर से घुल-मिलकर यात्रा की मार्मिक कथा बन गया है। बेनीपुरी ने अपनी हवाई-यात्रा के संस्मरण को छोटे-छोटे खण्डों में और उपयुक्त शीर्षकों के अन्तर्गत प्रस्तुत किया है। लेखक ने अपनी पुस्तक के शीर्षक 'पैरों में पंख बाँधकर' को कई प्रसंगों में दुहराया है। लगता है कि वे यात्रा के पर्याय रूप में 'पैरों में पंख बाँधने' की क्रिया को अधिक उपयुक्त समझते हैं। उनकी यह सोच और संवेदना सचमुच बहुत ही प्रगाढ़ हैं। इसलिए कि मार्ग में यात्री का मन पक्षियों के पंख की तरह ही विस्तृत क्षितिज में उड़ानें भरता है। इस पुस्तक में व्यक्त यात्रा की अनेक स्मृतियाँ और उनके चित्रण-वर्णन हिन्दी यात्रा-साहित्य की रचना-प्रक्रिया और भाषा-शैली के अनुपम उदाहरण हैं, यथा,

(क) "किन्तु मधुर दृश्य तो अब इस प्लेन के बाहर है। अब हवाई जहाज बादल के ऊपर जा रहा है। सन्ध्या हो चली है। काली पृष्ठभूमि में रुई के गोले-से-उजले-उजले ये बादल; किस तरह विश्राम करते-से दीख रहे हैं ये। जरा भी इनमें हलचल नहीं। कितने बादल, कैसे बादल। जहाँ देखिये बादल-ही-बादल, स्थिर बादल अविरल बादल। मालूम होता है रुई के बड़े-बड़े गट्ठर धुनकर किसी ने हौले-हौले रख दिया है! वह कहाँ अटके हैं, कैसे अटके हैं, किसी चीज पर अटके हैं! प्रकृति की कितनी बड़ी देन हैं ये।'[67]

(ख) ''उड़ान शुरू नहीं हुई कि हम किस लोक में पहुँच गये?'' नीचे देखता हूँ तो मालूम होता है, मानो कालीनों की बारात लगी है। हाँ खेत नहीं, ये कालीनें हैं हरी-हरी! पतली-पतली नहरें, नहरों के किनारे खेत। नहरों में पाल उड़ाती नावें, खेतों में कहीं हरे, कहीं

गुमन्दी रंग के जो दिखायी पड़ते हैं, वह किन शस्यों के पौधे हैं! खजूर को तो यहाँ से ही पहचानता हूँ। इस रंग-बिरंगी भूमि में कहीं-कहीं बस्तियाँ। इस एक घर का ले आउट कितना सुन्दर है यहाँ से। ताश के पत्ते की चिड़िये की-सी शक्ल।"

"नीचे कालीन-ही-कालीन। मखमली; लहरदार! मरुभूमि देखने के बाद आँखें तृप्त हो रही हैं किन्तु यह क्या? चारों ओर धुन्ध। अरे, अब तो हम बादलों के बीच हैं! बीच? नहीं, नहीं अब ऊपर आ गये। कराची के पहले भूरे बादल, काले बादल। यहाँ सफेद, चमचमाते बादल।"[69]

(ग) "यह तट-भूमि। कितनी सुन्दर मोहक। पथरीली जमीन। तट पर उतरने के लिए जगह-जगह रास्ते। रास्ते के बगल में ही हरियाली-हरियाली। सामने वह बर्फ से आच्छादित पहाड़ी। शिव के ललाट पर त्रिपुण्ड नहीं– सिर पर श्वेत जटा-जूट। पहाड़ के ऊपर पहाड़। बीच में यह पतली धारा- या दो घाटियों के बीच का रास्ता? रास्ता इतना टेढ़ा-मेढ़ा? नहीं, नदी का कछार सही। पहाड़-पर-पहाड़ और पहाड़ पर चमकती बर्फ– यहाँ, वहाँ, इधर-उधर। कितनी मोहक।"[70]

(घ) 'फूल ये पीले फूल क्या हैं? अपने पीले कनेर ऐसे। किन्तु सब में डण्ठल लगे। अरे, यही डफोडिल हैं, जिस पर वर्ड्सवर्थ की कविता पढ़ते हम अघाते नहीं थे। दिल्ली में मि. किंग ने कहा था, डफोडिल का मौसम आ रहा है, आप को बहुत पसन्द आयेगा। सचमुच सोने के रंग का यह फूल आँखों में गड़ गया!"

और यह कमल ऐसा लाल-लाल! आकार कमल-सा ही, किन्तु छोटा। यह टुलिप्स है। उजला नरगिस और नीला आइरिस। आइरिस-टीक हमारे नरगिस ऐसा।[71]

(ङ) "आज लन्दन का डौक-एरिया देखना था। हिन्दी में कहिये तो जहाज-घाट। जलपान के बाद चले। रास्ते में पार्कों और पेड़ों पर बार-बार ध्यान जाता था। बड़ी ऊँची, ठण्डी और प्रायः ही काली बनी हुई इमारतों के बीच-बीच, जहाँ-तहाँ पार्क हरी-हरी भूमि, जगह-जगह फूलों की क्यारियाँ, इधर-उधर कुर्सियाँ रखीं, कोई पार्कों के बीच तालाब भी। इन पार्कों में हमेशा ही आप कुछ लोग पायेंगे– बच्चे, बूढ़े, युवक और युवतियाँ। युवतियों को बाद देकर आप जैसे लन्दन की कल्पना ही नहीं कर सकते?"[72]

(च) "हाउस ऑफ लार्ड्स की शान-शौकत ने उतना प्रभावित नहीं किया जितना हाउस आफ कामन्स की सादगी ने। पिछले युद्ध में पार्लमेण्ट भवन पर बम बरसे थे; इसलिए हाउस आफ कामन्स नया बनाया गया है। किन्तु, पुरानी सारी चीजें रखी गयी हैं। छोटा-सा यह भवन है। चौकोर यह बना है। लम्बे गद्देदार बेंचें समझिये जिन पर सदस्य बैठते हैं। मुश्किल से तीन सौ आदमी बैठ सकते हैं। सदस्य संख्या छह सौ से ऊपर है, सदस्य खड़े रह सकते हैं या जरूरत होने पर ऊपर दर्शक की गैलरी में बैठ सकते हैं और वहाँ से बोल भी सकते हैं। बीच में स्पीकर की कुर्सी है और उनके सामने एक टेबिल। टेबिल भी कोई बड़ा नहीं।"[73]

(छ) "यह देखिये, राजा की सवारी लौट रही है। आगे-आगे काली टोपी के पुलिस-सवार।

फिर राजा के अपने घुड़सवार— सबके घोड़े काले; सबकी पोशाक लाल, जिस पर सुनहला कवच; सिर पर झालरदार लम्बी टोपी जिसका एक हिस्सा पूरी नाक को ढँके! ठुड्डी पर सुनहली जंजीर जो टोपी को सिर से कसे हुई। 'लवली-लवली' सामने की किशोरी चिल्ला रही है। फिर राजा; रानी! राजा जब सवारी में निकलता है, अपने होंठ रँगे रहता है! राजा से रानी अधिक सुन्दर; अधिक चपल-जैसी मुस्कान बिखेर रही है। और यह राज-माता मेरी हैं। राज परिवार के लोग; मन्त्रिमण्डल के लोग; विदेशी अतिथि। बार-बार तुमुल नाद होता है, ऊपर से कागज के रंगीन टुकड़े बरसाये जा रहे हैं—जैसे हमारे यहाँ फूल बरसाते हैं।"[74]

(ज) "इटन के बाद हम विण्डसर का किला देखने आये। यह किला भी बहुत पुराना है। बारहवीं शताब्दी से आज तक का इतिहास है। टेम्स के किनारे एक पहाड़ी पर यह बनाया गया है। अपने प्रकृति सौन्दर्य, विशाल अट्टालिकाएँ, राजभवन की अपूर्व चित्रावली और सेंट जॉर्ज के गिरजाघर के लिए विण्डसर प्रसिद्ध है। विण्डसर वैसा ही है जैसा दिल्ली के लिए आगरा! या आगरे के लिए फतेहपुर सीकारी। लन्दन के कर्म-कोलाहल से दूर यह किला आखेट और आमोद-प्रमोद के लिए बनाया गया था।"[75]

(झ) 'इग्लैण्ड की स्त्रियाँ उच्छृङ्खल होती हैं, दुराचारिणी होती हैं, विलासिनी होती हैं, किन्तु यहाँ उन्हें देखकर उनके प्रति असीम श्रद्धा का उदय होता है। हमारे ऋषियों ने स्त्रियों को जो अर्द्धाङ्गिनी कहा है, वह यहीं चरितार्थ होता है। गृहस्थी का आधा बोझ वही ढोती हैं! इतनी कार्य-शील होती है कि देखकर आश्चर्य होता है। सड़कों पर आप औरतों को तेजी से दनादन बढ़ते पायेंगे। उनमें छोकरियाँ भी हैं, अधेड़ भी बुढ़िया भी। किसी के पैर में लचक नहीं। बुढ़िया भी दौड़कर गाड़ियाँ पकड़ती हैं, सड़कें पार करती हैं। हाथों में समान का भारी गट्ठर लिये हुए उनका दनादन बढ़ना हैरत में डाल देता है।"[76]

(ञ) "इस मुख्य मूर्ति से कुछ दूर हटकर चारों कोने पर चार मूर्तियाँ हैं, जो शेक्सपियर के नाटकों के चार मुख्य पात्रों का यही चित्रण-सी लगती हैं उनकी मूर्ति के आगे दाहिनी तरफ फाल्स्टाफ है—जैसा हँस रहा है यह, मानो सारे संसार पर, उसकी क्षणभंगुरता पर या इसकी बेवकूफियों पर। फिर प्रिंस हाल मूँछउठावन जवानी का प्रतीक, बेफ्रिक, बेलौस। अपना मुकुट उतारकर सौंप रहा है।"[77]

(ट) 'कीट्स के भवन में घुसिये, तो दाहिनी ओर का वह कमरा मिलेगा जिसमें कीट्स की प्रेमिका और पत्नी फेनी ब्राउने रहती थीं। कीट्स के कई चित्र टँगे हैं, कुछ पुस्तकें रखीं हैं। उसकी बगल में ही कीट्स के प्यारे मित्र ले हण्ट का वह टेबिल अब भी रखा हुआ है जिसे अपने अगल-बगल कीट्स, शेली, लैम्ब, हैंजलिट, डिकेन्स और थैकरे ऐसे अंग्रेजी के महान् साहित्यकार को बैठने का सौभाग्य प्राप्त हो चुका है।[78]

(ठ) "फ्रान्स-यूरोप की सभ्यता-भूमि, कला-भूमि, भावना-भूमि! फ्रान्स की क्रान्ति या नेपोलियन ही नहीं दिये। इतिहास में राजनीति को इतना अधिक स्थान मिल गया है कि उसने मानव के अन्य सारे प्रयत्नों को दबा रखा है! इतिहास-राजाओं की नामावली पढ़िये, राज्यों की उलट-पुलट का वर्णन पढ़िये या विजेताओं की यशोगाथा पढ़िये, जिनका सबसे

बड़ा कर्त्तव्य यह है कि कितने देशों को गुलाम बनाया, कितने लोगों को तलवार के घाट उतारे।'[79]

(ड) "भोर-भोर तुम्हें देखने के बाद क्या अब कुछ देखना रह गया जेनेवा! इंग्लैण्ड में पुरुष का पराक्रम देखाः, फ्रान्स में कला की कोमल भावनाएँ साकार हुईं, लेकिन स्विट्जरलैण्ड तुम तो प्रकृति की वह सुन्दर गोद हो जहाँ पहुँचकर बूढ़ा मानव फिर एक बार बच्चा हो जाता है। और जेनेवा स्विट्ज़रलैण्ड की शृंगार भूमि। प्रातः काल की सुनहली धूप, झील के किनारे खड़ा होकर जब तुम्हारी ओर देखा, लगा, अभी-अभी कोई सद्यस्नाता सुन्दरी इस झील से नहाकर किनारे पर खड़ी, आईना लिये, बालों में कंघी कर रही और सारे वातावरण में खुशबू बिखरा रही है। जेनेवा सुन्दरी, तुम्हारा रंगीन आँचल उड़ रहा है, मैं अतृप्त नेत्रों से देख रहा हूँ।"[80]

बेनीपुरी के यात्रा-वृत्तान्त अपने-आप में हिन्दी की विधात्मकता को एक आदर्श रूप में उदाहृत करते हैं। इन लेखनों में खासकर डायरी की शैली उभरकर प्रकट होती है। इसलिए इनमें ताजगी और स्फूर्ति से उभरे हुए मनोभाव आकर्षित करते हैं। बेनीपुरी मूलतः पत्रकार रहे हैं। फलस्वरूप इनके भावलोक और शैली-भंगिमा में तात्कालिकता अपनी ऊर्जा बिखेर देती है।

इस प्रकार राहुल-युग हिन्दी यात्रा-वृत्तान्त के उत्कर्ष का एक क्रोश-स्तम्भ सिद्ध होता है। इस काल की कृतियाँ अपनी विषय-वस्तु और शैली की विविधता के प्रसंग में हिन्दी यात्रा-साहित्य की मौलिकता को प्रमाणित ही नहीं करती, बल्कि उसे विश्व के यात्रा-साहित्य का एक उज्ज्वल अंग भी बनाती हैं।

"राहुल-युग के यात्रा-वृत्तान्तों में सबसे अधिक पत्राचार और डायरी-लेखन की शैली अपने अवदानों के महत्त्व को उजागर करती है। ऐसा इसलिए कि यात्री-लेखक मार्ग की स्मृतियों को पदसंचालन के साथ-साथ अपने मानस-पटल पर भी अंकित करता चलता है। इन घड़ियों में उसके पैर से अधिक उसकी चेतना गतिशील रहती हैं। इसलिए उसके वृत्तान्तों में संवेदनशीलता प्रायः बिम्बों के मोहक स्वरूप में प्रकट होती है।"[81]

## सन्दर्भ


1. स्तबक, देवदारु– हजारीप्रसाद द्विवेदी, पृ. 118, सं. विद्यानिवास मिश्र, साहित्य अकादमी, प्रथम संस्करण : 1986.
2. मेघदूत : एक पुरानी कहानी, हजारीप्रसाद द्विवेदी, राजकमल प्रकाशन, नयी दिल्ली, पटना, पृ. 76.
3. अतीत के चलचित्र, महादेवी वर्मा, जन्मशती वर्ष पर विशेष, लोकभारती प्रकाशन, इलाहाबाद, बिट्टो, पृ. 44.
4. मराल, कुबेरनाथ राय, भारतीय ज्ञानपीठ, तीसरा संस्करण, हिन्दी साहित्य के भागीरथ राहुलसांकृत्यायन, पृ. 143.
5. घुमक्कड़ शास्त्र, अथातो घुमक्कड़–जिज्ञासा, पृ. 11.
6. 'एशिया के दुर्गम भूखण्डो में' राहुलसांकृत्यायन, भारतीय प्रकाशन संस्थान, नयी दिल्ली, संस्करण : 2010, भूमिका।
7. 'किस-किस को नमन करूँ, शिवप्रसाद सिंह, वाणी प्रकाशन, प्रथम संस्करण 1987, बीहड़ पथ

के महायात्रिक : राहुल, पृ. 29-30.

8. यात्रा के पन्ने, राहुलसांकृत्यायन, भारतीय प्रकाशन संस्थान, संस्करण 2011, दो शब्द।
9. यात्रा के पन्ने, राहुलसांकृत्यायन, भारतीय प्रकाशन संस्थान, संस्करण : 2011, पृ. 56.
10. 'एशिया के दुर्गम भूखण्डों में', राहुलसांकृत्यायन, भारतीय प्रकाशन संस्थान, संस्करण : 2010 कुल्लू, पृ. 31.
11. 'एशिया के दुर्गम भूखण्डों में', राहुलसांकृत्यायन, भारतीय प्रकाशन संस्थान, संस्करण : 2010, ल्हासा से उत्तर की ओर, पृ. 42.
12. 'एशिया के दुर्गम भूखण्डों में', राहुलसांकृत्यायन, भारतीय प्रकाशन संस्थान, संस्करण : 2010, फिरदौसी, पृ. 42.
13. 'एशिया के दुर्गम भूखण्डों में', राहुलसांकृत्यायन, भारतीय प्रकाशन संस्थान, संस्करण : 2010, काबुल को, पृ. 194-195.
14. मेरी जीवन-यात्रा - 1, राहुलसांकृत्यायन, राधाकृष्ण प्र. प्रा. लि., पहला संस्करण : 1996, बाल्य : 1893-1909 ई., पृ. 35.
15. मेरी जीवन-यात्रा - 1, राहुलसांकृत्यायन, राधाकृष्ण प्र. प्रा. लि., पहला संस्करण : 1996, पहली यात्रा, पृ. 49.
16. मेरी जीवन-यात्रा - 1, राहुलसांकृत्यायन, राधाकृष्ण प्र. प्रा. लि., पहला संस्करण : 1996, दूसरी उड़ान, पृ. 74.
17. मेरी जीवन-यात्रा - 1, राहुलसांकृत्यायन, राधाकृष्ण प्र. प्रा. लि., पहला संस्करण : 1996, फिर हिमालय में (1926 ई.), पृ. 296.
18. मेरी जीवन-यात्रा - 2, राहुलसांकृत्यायन, राधाकृष्ण प्र. प्रा. लि., पहला संस्करण : 2002, लंका में उन्नीस मास, पृ. 22.
19. मेरी जीवन-यात्रा - 2, राहुलसांकृत्यायन, राधाकृष्ण प्र. प्रा. लि., पहला संस्करण : 2002, यूरोप यात्रा, पृ. 90.
20. मेरी जीवन-यात्रा - 2, राहुलसांकृत्यायन, राधाकृष्ण प्र. प्रा. लि., पहला संस्करण : 2002, इंग्लैण्ड और यूरोप में, पृ. 113.
21. मेरी जीवन-यात्रा - 2, राहुलसांकृत्यायन, राधाकृष्ण प्र. प्रा. लि., पहला संस्करण : 2002, द्वितीय तिब्बत यात्रा, साक्य की ओर, पृ. 178.
22. मेरी जीवन-यात्रा - 3, राहुलसांकृत्यायन, राधाकृष्ण प्र. प्रा. लि., पहला संस्करण : 2002, ईरान में, पृ. 19-20
23. मेरी जीवन-यात्रा - 3, राहुलसांकृत्यायन, राधाकृष्ण प्र. प्रा. लि., पहला संस्करण : 2002, अकारण बन्धु, पृ. 26.
24. मेरी जीवन-यात्रा - 3, राहुलसांकृत्यायन, राधाकृष्ण प्र. प्रा. लि., पहला संस्करण : 2002, रूस में प्रवेश, पृ. 40-41.
25. मेरी जीवन-यात्रा - 3, राहुलसांकृत्यायन, राधाकृष्ण प्र. प्रा. लि., पहला संस्करण : 2002, लेनिनग्राड में, भारत का अभिनन्दन, पृ. 46.
26. मेरी जीवन-यात्रा - 3, राहुलसांकृत्यायन, राधाकृष्ण प्र. प्रा. लि., पहला संस्करण : 2002, पुनः हिमकाल, पृ. 166.
27. मेरी जीवन-यात्रा - 4, राहुलसांकृत्यायन, राधाकृष्ण प्र. प्रा. लि., पहला संस्करण : 2002, रूस से लौटा, पृ. 233.

28. मेरी जीवन-यात्रा - 4, राहुलसांकृत्यायन, राधाकृष्ण प्र. प्रा. लि., पहला संस्करण : 2002, देश का चक्कर, पृ. 241.
29. मेरी जीवन-यात्रा - 4, राहुलसांकृत्यायन, राधाकृष्ण प्र. प्रा. लि., पहला संस्करण : 2002, साहित्य-यात्रा, पृ. 257.
30. मेरी जीवन-यात्रा - 4, राहुलसांकृत्यायन, राधाकृष्ण प्र. प्रा. लि., पहला संस्करण : 2002, राष्ट्रभाषा की जद्दोजहद, पृ. 346.
31. मेरी जीवन-यात्रा - 4, राहुलसांकृत्यायन, राधाकृष्ण प्र. प्रा. लि., पहला संस्करण : 2002, शान्तिनिकेतन में, पृ. 370.
32. मेरी जीवन-यात्रा - 5, राहुलसांकृत्यायन, राधाकृष्ण प्र. प्रा. लि., पहला संस्करण : 2002, सरहपा के चरणों में, पृ. 182.
33. मेरी जीवन-यात्रा - 5, राहुलसांकृत्यायन, राधाकृष्ण प्र. प्रा. लि., पहला संस्करण : 2002, सरहपा के चरणों में, पृ. 189.
34. मेरी जीवन-यात्रा - 5, राहुलसांकृत्यायन, राधाकृष्ण प्र. प्रा. लि., पहला संस्करण : 2002, छपरा, पृ. 256.
35. मेरी जीवन-यात्रा - 5, राहुलसांकृत्यायन, राधाकृष्ण प्र. प्रा. लि., पहला संस्करण : 2002, 63वें वर्ष की समाप्ति, पृ. 283.
36. "The style of a volume of memories is quite different from that of a work of history. The latter should have a certain epic quality. History is a flowing river. A slow, continuous movement is best suited to it. It is natural, too that it should be interlarded with general maxims. We like the author of memories, on the contrary, to write in a personal style which is closer to that of the novelist. We are amused by his sallies. We find instruction in the vigour, and even the violence, of his portraits. We are grateful to win for including anecdotes which, however trivial in themselves, illuminate an epoch and help us to understand the characters of individuals." (CASSEL'S ENCYCLOPAEDIA OF LITERATURE, EDITED BY S. H. STEINBERG, VOLUME - 1, Page : 64 - 65.)
37. मेरे प्रिय संस्मरण, महादेवी वर्मा, मयूर पेपरबैक्स, द्वितीय संस्करण : 1991, स्मरण : प्रेमचन्द, पृ. 111.
38. मेरे प्रिय संस्मरण, महादेवी वर्मा, मयूर पेपरबैक्स, द्वितीय संस्करण : 1991, अपने संस्मरणों के सम्बन्ध में।
39. Gateway to the Great Books, ROBERT M. HUTCHINS, MORTIMER J. ADLER, EDITORS in Chief, 6 MAN AND SOCIETY, ENCYCLOPAEDIA Britannica, Inc., WILLIAM BENTON Publisher, Virginia Woolf, Page : 184.
40. मेरे प्रिय संस्मरण, महादेवी वर्मा, मयूर पेपरबैक्स, द्वितीय संस्करण : 1991, अपने संस्मरणों के सम्बन्ध में।
41. सप्तपर्णा, अपनी बात, महादेवी वर्मा, लोकभारती प्रकाशन, इलाहाबाद, 2008.
42. सप्तपर्णा, महादेवी वर्मा, लोकभारती पेपरबैक्स, अपनी बात, पृ. 27.
43. अतीत के चलचित्र, महादेवी वर्मा, लोकभारती प्रकाशन, बिट्टो, पृ. 44.
44. मेरे प्रिय संस्मरण, महादेवी वर्मा, मयूर पेपरबैक्स, द्वितीय संस्करण : 1991, भक्तिन, पृ. 24.
45. मेरे प्रिय संस्मरण, महादेवी वर्मा, मयूर पेपरबैक्स, द्वितीय संस्करण : 1991, पर्वत पुत्र, पृ. 46.

46. अतीत के चलचित्र, महादेवी वर्मा, लोकभारती प्रकाशन, अपनी बात।
47. पथ के साथी, महादेवी वर्मा, लोकभारती प्रकाशन, अपनी बात।
48. पथ के साथी, महादेवी वर्मा, लोकभारती प्रकाशन, सूर्यकान्त त्रिपाठी निराला, पृ. 48.
49. पथ के साथी, महादेवी वर्मा, लोकभारती प्रकाशन, सुमित्रानन्दन पन्त, पृ. 74-75.
50. ह. द्वि. ग्रं. - 9/29. निबन्ध 'अशोक के फूल।'
51. ह. द्वि. ग्रं. 9/27.
52. मृत्युंजय रवीन्द्र, हजारीप्रसाद द्विवेदी, गुरुदेव के संस्मरण, पृ. 4.
53. मृत्युंजय रवीन्द्र, हजारीप्रसाद द्विवेदी, प्रयाग में कवि रवीन्द्र, पृ. 21.
54. मेघदूत : एक पुरानी कहानी, हजारीप्रसाद द्विवेदी, राजकमल प्रकाशन, पृ. 28-29.
55. हिन्दी साहित्य की भूमिका, हजारीप्रसाद द्विवेदी ग्रन्थावली, राजकमल प्रकाशन, पृ. 228.
56. कैलास-मानसरोवर, स्वामी प्रणवानन्द, सं. श्री विभूति मिश्र, सन् 2001, हिन्दी साहित्य सम्मेलन, प्रयाग, भूमिका।
57. कैलास-मानसरोवर, स्वामी प्रणवानन्द, सं. श्री विभूति मिश्र, सन् 2001, हिन्दी की साहित्य सम्मेलन, प्रयाग परिक्रमा, पृ. 47.
58. कैलास-मानसरोवर, स्वामी प्रणवानन्द, सं. श्री विभूति मिश्र, सन् 2001, हिन्दी साहित्य सम्मेलन, प्रयाग, परिक्रमा, पृ. 49.
59. कैलास-मानसरोवर, स्वामी प्रणवानन्द, सं. श्री विभूति मिश्र, सन् 2001, हिन्दी साहित्य सम्मेलन, प्रयाग, कैलास-मानसरोवर की चार महानदियों के उद्‌गम-स्थलों पर नवीन प्रकाश, पृ. 55.
60. कैलास-मानसरोवर, स्वामी प्रणवानन्द, सं. श्री विभूति मिश्र, सन् 2001, हिन्दी साहित्य सम्मेलन, प्रयाग, मानसरोवर का पिघलना, उपसंहार, पृ. 94.
61. अपनी खबर, पाण्डेय बेचन शर्मा उग्र, राजकमल पेपरबैक्स, चुनार, पृ. 31-35
62. वे दिन : वे लोग, शिवपूजन सहाय, मेरी जीवन, पृ. : 171-174.
63. देहाती दुनिया, आचार्य शिवपूजन सहाय, प्रा. अनामिका प्रकाशन, चार धाम, पृ. 166-117.
64. देहाती दुनिया, आचार्य शिवपूजन सहाय, प्रा. अनामिका प्रकाशन, चार धाम, पृ. 119.
65. देहाती दुनिया, आचार्य शिवपूजन सहाय, प्रा. अनामिका प्रकाशन, चार धाम, पृ. 123.
66. देहाती दुनिया, आचार्य शिवपूजन सहाय, प्रा. अनामिका प्रकाशन, चार धाम, पृ. 135.
67. स्तबक, सं. विद्यानिवास मिश्र, साहित्य अकादमी, प्रथम संस्करण : 1986, रजि या, पृ. 90-97
68. पैरों में पंख बाँधकर, श्री रामवृक्ष बेनीपुरी, प्रकाशन केन्द्र, लखनऊ, उड़ता चल, कबूतर!, पृ. 19-20.
69. पैरों में पंख बाँधकर, श्री रामवृक्ष बेनीपुरी, प्रकाशन केन्द्र, लखनऊ, उड़ता चल, कबूतर!, रोम-लन्दन, पृ. 27.
70. पैरों में पंख बाँधकर, श्री रामवृक्ष बेनीपुरी, प्रकाशन केन्द्र, लखनऊ, उड़ता चल, कबूतर!, रोम-लन्दन, पृ. 31.
71. पैरों में पंख बाँधकर, श्री रामवृक्ष बेनीपुरी, प्रकाशन केन्द्र, लखनऊ, स्व : लन्दन में तेरह दिन ! पृ. 39.
72. पैरों में पंख बाँधकर, श्री रामवृक्ष बेनीपुरी, प्रकाशन केन्द्र, लखनऊ, स्व : लन्दन में तेरह दिन ! पृ. 50.
73. पैरों में पंख बाँधकर, श्री रामवृक्ष बेनीपुरी, प्रकाशन केन्द्र, लखनऊ, स्व : लन्दन में तेरह दिन !

पृ. 70.

74. पैरों में पंख बाँधकर, श्री रामवृक्ष बेनीपुरी, प्रकाशन केन्द्र, लखनऊ, स्व : लन्दन में तेरह दिन ! पृ. 76.

75. पैरों में पंख बाँधकर, श्री रामवृक्ष बेनीपुरी, प्रकाशन केन्द्र, लखनऊ, स्व : लन्दन में तेरह दिन ! पृ. 84.

76. पैरों में पंख बाँधकर, श्री रामवृक्ष बेनीपुरी, प्रकाशन केन्द्र, लखनऊ, मुफस्सिल की ओर, पृ. 100-101.

77. पैरों में पंख बाँधकर, श्री रामवृक्ष बेनीपुरी, प्रकाशन केन्द्र, लखनऊ, शेक्सपियर के गाँव में, पृ. 134.

78. पैरों में पंख बाँधकर, श्री रामवृक्ष बेनीपुरी, प्रकाशन केन्द्र, लखनऊ, 'बिन्दा, इग्लैण्ड! पृ. 166.

79. पैरों में पंख बाँधकर, श्री रामवृक्ष बेनीपुरी, प्रकाशन केन्द्र, लखनऊ, 'ज : पेरिस के दिन, पेरिस की रातें, पृ. 194.

80. पैरों में पंख बाँधकर, श्री रामवृक्ष बेनीपुरी, प्रकाशन केन्द्र, लखनऊ, 'झः घोंसले की ओर', पृ. 210.

81. (A) " DIARIES- A diary is a day-to-day autobiography. The diarist notes down in the order in which they occurred the events which he has witnessed or of which he has been told by others. The advantage of this method is that it helps the author not to forget. It is easy to remember recent events. The disadvantage lies in the over - abundance of such jottings and in their lack of systematic arrangement. Many diaries are interesting — some because they reveal a character, others because they have preserved with a wealth of details, the picture of a section of society or a period." CASSEL'S ENCYCLOPAEDIA OF LITERATURE, EDITED BY S.H. STEINBERG, VOLUME- 1, Page : 64-65.

(B) "LETTERS- The last literary form which has a bearing on biography is the epistolary. To write long letters is to keep a journal for the deflection of certain chosen correspondents. Sometimes the writing of letters has the character of an intimate diary. "Ibid

(C) "Why for all of us, out of all that we have heard, seen, felt, in a lifetime, do certain images recur, charged with emotion, rather than others? The song of one bird, the leap of one fish, at a particular place and time, the scent of one flower, an old woman on a German mountain path, six ruffians seen through an open window playing cards at night at a small French railway junction where there was a water-mill."SELECTED PROSE, T.S. ELIOT, PENGUIN BOOKS LTD, CANADA, 1953 Page 95.

# अज्ञेय-युग

हिन्दी यात्रा-साहित्य की विकास-धारा के प्रसंग में राहुल-युग के बाद की कालावधियों को अज्ञेय-युग कहा जा सकता है। 'हिन्दी-साहित्य का दूसरा इतिहास' के लेखक बच्चन सिंह ने इसको 'उत्तर-स्वच्छन्दतावाद-युग कहा है और कोष्ठ में '1938 अद्यतन' लिखकर इस युग को एक समय-सीमा के अन्तर्गत रखा है। इतिहासकार ने प्रवृत्ति के आधार पर इस काल के नामकरण और समारम्भ सम्बन्धी प्रश्नों को उठाते हुए इसे 'प्रगति-प्रयोग' काल कहना उचित समझा है।[1] ज्ञातव्य है कि विशेषतः प्रवृत्ति और विचारधारा के इतिहास में, स्वभावतः संक्रान्ति काल की स्थिति विकसित होती है। इसलिए काल-विभाजन एक अर्थ में अध्ययन की सुविधा के निमित्त एक परम्परागत पद्धति के सदृश है। वस्तुतः राहुल-युग के बाद जो संक्रान्ति काल की स्थिति उत्पन्न हुई, उसमें स्वच्छन्दतावाद, प्रगतिवाद और प्रयोगवाद के साहित्यिक प्रवृत्तिमूलक आन्दोलनों की स्थिति विकसित हुई। इसलिए प्रायः साहित्यकार उक्त सन्दर्भ में काल के नामकरण के प्रसंग में समन्वय की प्रक्रिया से भी प्रेरित होते हैं। लेकिन साहित्य की विभिन्न कालावधियों में ऐसा व्यक्तित्व का प्रादुर्भाव होता है जो अपने सोच, कृतित्व और लेखन के माध्यम से अपने काल की विकासधारा को नेतृत्व देता है। इस क्रम में यह भी उल्लेखनीय है कि ऐसे व्यक्तित्व कभी-कभी अपनी मान्यताओं को भूलते हुए भी कालावधि की विभिन्नता और बिखराव के प्रति समन्वयवादी मानसिकता से प्रेरित होकर सम्बद्ध काल-धारा में उल्लेखनीय पड़ाव के समान वैचारिक स्थल सिद्ध होते हैं।[2]

## 5.1 अज्ञेय (1911-1987 ई.)

सच्चिदानन्द हीरानन्द वात्स्यायन 'अज्ञेय' के व्यक्तित्व और कृतित्व में हिन्दी-साहित्य की एक कालावधि की सृजनात्मकता प्रतिभासित होती है। इसलिए कि कभी-कभी साहित्य के क्षेत्र में भी ऐसे व्यक्तियों का उद्‌भावन होता है, जिन्हें इतिहास बनाता है और जो स्वयं भी इतिहास बनाते हैं। इस प्रसंग में अज्ञेय, आधुनिक हिन्दी-साहित्य की रचनात्मकता, प्रयोगधर्मिता और विविधा की उच्छल तरंगों के साथ उसको नयी दिशा की ओर मोड़नेवाले व्यक्तित्व सिद्ध होते हैं। ये कवि, कथाकार, निबन्धकार, पत्रकार तथा सम्पादक आदि ही

नहीं, क्रान्तिकारी, सैनिक और देश-विदेश की यायावरी के प्रतिमान भी हैं। एक आलोचक ने कहा है कि प्रायः सभी साहित्य-सर्जकों के कृतित्वों में एक केन्द्रीय ऊर्जा उजागर होती है। इसी मान्यता की प्रासंगिकता अज्ञेय के कृतित्व में व्यंजित होती है। अज्ञेय को सर्वाधिक नदियों और पर्वतों से विशेष लगाव है।[3] इस निष्कर्ष के साक्ष्य इनकी कृतियों के कई 'शीर्षकों' से भी प्रकट होते हैं, जैसे—'नदी में द्वीप', 'विपथगा', 'सदा नीरा' और इनकी यायावरी से सीधा सम्बन्ध रखनेवाली कृतियों के शीर्षकों, 'अरे यायावर रहेगा याद?', 'स्मृति-लेखा', 'एक बूँद सहसा उछली' और 'संस्कृति के भावनायकों ,की लीलास्थली', 'सागर मुद्रा', 'सुनहले शैवाल', 'हरि घास पर क्षण-भर', 'पूर्वा' आदि में भी बिम्बित हैं। अज्ञेय का जन्म उत्तर-प्रदेश के बौद्ध-स्थल कुशीनगर (कत्तिया), में होनेवाले पुरातत्त्व-उत्खनन के शिविर में हुआ था। यह संयोग एक स्रोत की तरह उनके यायावरी स्वभाव और समस्त कृतित्व में परिव्याप्त है। खुले आकाश के नीचे अस्थायी रूप से स्थापित कैम्प के तम्बू में जन्म लेना जीवन में 'चरैवेति' के सन्देश को पूरी तरह जीने की भावना को प्रतीकित करता है। नीचे क्रमशः यात्रा-वृत्तों में व्यंजित उनकी कृतियों की अनुभूतियों, मनस्विता, भाषा-शैलीपरक रचनाधर्मिता आदि का विवेचन उनके रचना-क्रम से किया जा रहा है :

'अरे यायावर रहेगा याद?' : इस कृति की भूमिका के पूर्व और उसके बाद भी, कवि-हृदय स्मृतिकार ने दो काव्यांशों को उद्धृत किया है। प्रथम में उन्होंने यायावरी के प्रसंग में सहयात्री को याद किया है और दूसरे में स्मृतिपरक अपनी गहरी संवेदनाओं को रूपायित किया है, यथा—

*पार्श्व गिरि का नम्र, चीड़ों में*
*डगर चढ़ती उमंगों-सी।*
*बिछी पैरों में नदी, ज्यों दर्द की रेखा।*
*विहग-शिशु मौन नीड़ों में।*
*मैंने आँख भर देखा।*
*दिया मन को दिलासा : पुनः आऊँगा*
*भले ही बरस दिन-अनगिन युगों के बाद!*
*क्षितिज ने पलक-सी खोली*
*तमक कर दामिनी बोली*
*'अरे यायावर ! रहेगा याद?'* [4]

ये उपर्युक्त स्पन्दित छन्द, यात्रा के क्षणों में जागृत मनुष्य के बाह्य और अन्तः लोकों को व्यंजित करते हैं। इनमें दृश्य और द्रष्टा, अपने सम्पृक्त स्वरूप में व्यक्त हुए हैं। ध्यातव्य है कि यात्री जब अपनी यायावरी में घर से बाहर निकलता है तो उसके पग और मन, दोनों मिलजुल कर एक ऐसे स्मृतिलोक का निर्माण करते हैं, जो निश्चयपूर्वक अपूर्व होता है। इस कृतित्व में लेखक ने 'भूमिका' के अन्तर्गत यात्रा-संस्मरणों की मूल प्रकृति और उसके अभियोजन पर भी प्रकाश डालते हुए कहा है कि—"भ्रमण या देशाटन केवल दृश्य परिवर्तन

या मनोरंजन न होकर सांस्कृतिक दृष्टि के विकास में भी योग दे, यही उसकी वास्तविक सफलता होती है। अपने यात्रा-संस्मरणों में मेरा यह प्रयत्न रहा है कि उन यात्राओं के मेरी होने की बात उन्हें तत्कालिक अनुभव की प्रमाणिकता और टटकापन देने के लिए सामने आयेः नहीं तो वे वृत्तान्त एक समग्र दृष्टि को उभारने में ही योग दें जिससे भविष्यत् यात्री अपने-अपने अनुभव को समृद्ध बना सकें।”[5]

उपर्युक्त प्रसंग को लेखक ने गहराई से उभारते हुए लिखा है कि, “...और वह यात्रा जितनी बाहरी होती है उतनी ही भीतरी भी। यात्रा का विवरण जितना स्थूल भू-विस्तार से सम्बद्ध होता है उतना ही सूक्ष्म मानसिक भूगोल से भी। ‘टूरिस्ट गाइड’ के सहारे अनेक व्यक्ति एक ही यात्रा कर सकते हैं, यात्रा-संस्मरण के सहारे की गयी प्रत्येक पाठकीय यात्रा भी उतनी ही विशिष्ट होती है जितनी लेखक की यात्रा रही है।’’[6] निर्मल वर्मा ने भी लिखा है : ‘‘अज्ञेय की अधिकांश रचनाओं को पढ़ते हुए हमें बराबर उनकी अदृश्य ‘उपस्थिति’ का अहसास बना रहता है। यह कभी-कभी हमारे स्वायत्त अनुभव में गहरी बाधा भी बन जाता है। उनकी कहानी या कविता पढ़ते हुए हम सिर्फ खिड़की के बाहर फैला परिदृश्य ही नहीं देखते, बल्कि उस ‘आँख’ को भी देखते हैं जो उस परिदृश्य को एक रचनात्मक अनुभव में परिणत कर रही हैं।’’[7] ‘अरे यायावर रहेगा याद?’ में नौ यात्रा-वृत्त संगृहीत हैं। इसके प्रथम यात्रा-संस्मरण का शीर्षक है ‘परशुराम से तुरख ाम।’ इसमें एक अर्थ में अज्ञेय ने भारत की आसेतु हिमालयपरक ख्याति को प्रत्यक्ष रूप से देखने की स्मृतियों को बहुत भावुकता और गहरे चिन्तन के साथ अंकित किया है। इसलिए इस यात्रा-स्मृति में अन्वित शब्द ‘परशुराम और तुरख ाम’ हिन्दुस्तान की सुदूर पूर्वी सीमा से लेकर पश्चिमोत्तर के सीमान्त तक की यात्राओं को व्यंजित करनेवाले स्थान नाम हैं। ज्ञातव्य है कि अज्ञेय ने अपनी जिन्दगी की कुछ अवधि को एक सैनिक-रूप में व्यतीत किया है। दरअसल उक्त यात्रा-वृत्तान्त सैनिकों के रक्षाबल के एक सदस्य-रूप में जिये हुए लम्हों की जीवन्त-कथा है। इस यात्रा-वृत्तान्त का प्रारम्भ भारत की जातीय-स्मृति में निहित जीवन-दर्शन के एक प्रसंग से शुरू होना है। चूँकि अज्ञेय ने अपनी यात्रा सैनिक-वाहन से तय की है, इसलिए पहिये को केन्द्र में रखकर भारतीय जीवन की गति सम्बन्धी दार्शनिक मान्यता के सन्दर्भ और भारत की सुदूर यात्रा के दो छोरों के बीच की दूरियों के बीच उपजी हुई देश-काल सम्बन्धी अपने सोच का उन्होंने उल्लेख किया है। इस सम्बन्ध में उनके उपर्युक्त जीवन-दर्शन के ये अंश उदाहरणीय हैं, यथा, “कहते हैं कि सृष्टि की सर्वोत्तम आकृति चक्र है...। संस्कृति और सभ्यता के विकास में अग्नि के अवतरण के बाद जो दूसरी पीढ़ी मानव प्राणी चढ़ा, वह मैं हूँ, या यों कह लीजिये कि देवताओं के समुद्र-मन्थन से जैसे सर्वश्रेष्ठ उपलब्धि अग्नि की हुई, उसी प्रकार मानव-मन-रूपी महासागर के मन्थन से जो श्रेष्ठ नवनीत प्राप्त हुआ, वह है चक्राकार की उद्भावना... ।’’[8]

उपर्युक्त यात्रा-स्मृति के गन्तव्य और प्रस्थान के अन्तर्गत इस प्राचीन देश के दो सीमान्तों के रूप में ‘परशुराम और तूरख ाम’ का सन्दर्भ, भारत के प्रागैतिहासिक काल से लेकर आधुनिक काल तक की संस्कृति, इतिहास और भूगोल को उद्भासित करता है।

'परशुराम' वस्तुतः भारत की पूर्वी सीमा स्थित त्रेताकालीन भगवान् परशुराम की जीवन-लीला सम्बन्धी ब्रह्मपुत्र नदी के किनारे स्थित कुण्ड का द्योतक है। इसी प्रकार भारत की पश्चिमोत्तर सीमा पर बसे तुरख ाम का भी वह परिचायक है। अपने इस यात्रा-संस्मरण के प्रारम्भ में अन्य पुरुष के सम्बोधन द्वारा अज्ञेय ने अपने को 'यायावर' सम्बोधित करते हुए क्षितिज और पृथ्वी के बीच रचे-बसे देश और उसमें निहित भारतीय चिन्ता-धारा के अनेक मिथकों और प्रसंगों को याद किया है। ऐसा प्रतीत होता है कि अज्ञेय ने उपर्युक्त अन्य पुरुष के प्रयोग द्वारा यायावरों की समग्र अन्तर्दृष्टि की ओर संकेत किया है। अज्ञेय ने अपनी इस यात्री-भंगिमा को वह बंजारा माना है, जो भूगोल, इतिहास, साहित्य और दर्शन में वर्णित जीवन की व्याख्या को सार्थक करते हुए यात्रा-पथ पर निस्पृह होकर आरूढ़ रहता है। इस सम्बन्ध में अपने भीतर के यायावर की मानसिकता और भावुकता को व्यक्त करने के क्रम में अज्ञेय ने इन दो उक्तियों को उद्धृत किया है–

1. चल-चल देता है लाद-लाद कर बार-बार बनजारा;
   सब ठाठ धरा रह जाता; धन बस दूर क्षितिज का तारा!

2. "मैं क्यों चाहूँ कि मेरी अस्थियाँ भी मेरे पुरखों की अस्थियों के साथ एक सुरक्षित समाधि-स्तूप में दबी रहें? जहाँ भी कोई चला जाये, वहीं कोई हरी-भरी पहाड़ी मिल जायेगी।"[9]

इस यात्रा-स्मृति की शुरुआत असम में बीते हुए दिवसों से हुई है। यह गुवाहाटी से आगे की ओर बढ़ती हुई यात्रा की राहों पर के दृश्यों और स्थलों की स्मृति से शुरू होती है। अज्ञेय अपने भीतर के यायावर को सम्बोधित करते हुए कहते हैं कि, "...कब उसे उत्तर-पूर्व का सीमान्त फिर छूना मिलेगा, कब फिर ब्रह्मपुत्र की समतल यात्रा का आरम्भ बिन्दु, परशुराम का तपोवन और कुण्ड, कुण्डिकरपुर के उन महलों के अवशेष जहाँ बैठकर रुक्मिणी ने कृष्ण की प्रतीक्षा की होगी; गैण्डे, हाथी और मिठून (अरना भैंसा) द्वारा सेवित कदली-वन, आबोर और मिश्मी और खामटी वन्य जातियों के आश्रयदाता सदिया सीमा प्रदेश के दुर्भेद्य जंगल देखने को मिलेंगे...।[10]

अज्ञेय ने यात्रा की शुरुआत के दौर में भारत के पूर्ववर्ती सीमा प्रदेश में स्थित सदिया का उल्लेख किया है और सीमा पर स्थित इस स्थान को भारतीय आस्था के अनुसार तीर्थ की तरह पुण्य भूमि माना है। इसी प्रकार परशुराम कुण्ड की ओर जानेवाले मार्ग में प्रवहमान् लौहित्य नाम से विख्यात ब्रह्मपुत्र के तटवर्ती क्षेत्रों के सघन जंगलों और उनके आस-पास स्थित प्राचीन भारत के स्थलों में से एक 'कुण्डिनपुर' की प्रसिद्धि पर प्रकाश डालते हुए उन्होंने लिखा है कि, "...इसी नदी के किनारे कुण्डिनपुर की राजधानी थी, और यहीं रुक्मिणी को लेने कृष्ण आये थे। पुरानी रिपोर्टों से पता चलता है कि इस शताब्दी के आरम्भ में भी यहाँ 'अति प्राचीन' परकोटे आदि के खँडहर थे, किन्तु जहाँ इनके पाये जाने का वर्णन था, वहाँ पर नयी सर्वे के नक्शों में लिखा है 'इम्पेनेट ्रेबल फॉरेस्ट'– अभेद्य जंगल! और यह अभेद्यता काव्योचित अतिरंजना नहीं, यह यायावर ने स्वयं परख कर देख

लिया।"[11] ज्ञातव्य है कि पौराणिक कथा अनुसार परशुराम मातृवध के पाप से मुक्त होने के लिए इस कुण्ड में स्नान करने आये थे। ऐसा प्रतीत होता है कि इस प्रसंग का निहितार्थ उस भारतीय मान्यता में प्रकट होता है जहाँ व्यक्ति तपोवनों के बीच अपनी साधना के द्वारा शुचिता प्राप्त करता है।

सदिया के सीमा प्रदेश से होते हुए यायावर वहाँ के कदली वन में पहुँचता है। संस्कृत साहित्य में के कदली वन का बार-बार उल्लेख हुआ है। अज्ञेय ने इस वन में विचरण करनेवाले हाथियों और अरना भैंसा के लिए प्रयुक्त 'मिथून' नामक जानवर का विशेष रूप से उल्लेख किया है। वहाँ के कदली-वन से होते हुए यायावर ने लौहित्य नदी के किनारे पहुँचकर उक्त नदी की प्रवहमान् धारा का आनन्द लेते हुए लिखा है, "नदी यहाँ वेगवती थी, निर्मल जल में नीचे पत्थर दीख पड़ते थे, पर यहाँ भी उसका रूप वैसा था जैसा पहाड़ छोड़ने पर नदी का होता है—लगभग जैसा ऋषिकेश में गंगा का है— यद्यपि यहाँ के जंगल की तुलना नहीं है।"[12] सैलानी ने इस नदी को पारकर जंगल के बीच स्थित वन-पर्वत की शोभा को अपनी चित्रात्मक भाषा से अभिषिक्त किया है, जैसे, "जंगल के बीच-बीच में खुला घास-भरा प्रदेश आ जाता, जिसमें महाकाय सेमल के धवल-गात पेड़ मानो आगमिष्यत् रक्त-प्रसूनों की सुलगती हुई पूर्वानुभूति से कण्टकित हो रहे थे; और कहीं-कहीं किंशुकों के झुरमुट। कुछ ही दिन में इनमें आग खिल जायेगी, पहाड़ियों के पार्श्व को चिपटती हुई, लपलपाती एक के बाद एक रुख को लीलती हुई ऊपर तक फैल जायेगी, और बालुका के पीछे उत्तरीय में लिपटा हुआ ब्रह्मपुत्र का नील गात, मानो वसन्त श्री के लाल चुम्बनों से मुद्रांकित हो उठेगा।"[13] दरअसल ऊपर वर्णित मनोरम वन के बीच में ही एक खुली जगह अन्तर्गत परशुराम का कुण्ड यहाँ पार्श्व में बहते हुए ब्रह्मपुत्र की धारा के बार-बार दिशा बदलने के लिए विवश करता है। यायावर ने गंगा और ब्रह्मपुत्र के संग तपस्वी शिव के अभिन्न सम्बन्ध पर बहुत गहराई से विचार किया है, यथा, 1. "कुण्ड वास्तव में ब्रह्मपुत्र की धारा का एक आवर्त है। नद जब समतल भूमि में प्रविष्ट होता है तब मानो महासागर में अपनी चरम निष्पत्ति की खोज में अभिनिष्क्रमण का निश्चय करके भी एक बार वह पीछे मुड़कर महान् स्थित-चेता हिमालय का दर्शन कर लेना चाहता है जिसके आश्रम में उसने अपनी लगभग आधी यात्रा हँसते-खेलते उछलते-कूदते ही तय कर ली है।"[14] 2. "मण्डलाकर घूमकर, हिमालय का चरण रज लेकर फिर वह धीर गति से आगे बढ़ जाता है। आवर्त की दाहिनी ओर, जहाँ धारा पहले टकराती है, कुछ ऊँचाई पर पहाड़ के पार्श्व से एक सोता फूटता है जिसका जल आकर कुण्ड में पड़ता है; यह सोता ब्रह्म धारा है, बायीं ओर जिस शिखर के पैर छूता हुआ ब्रह्मपुत्र आगे बढ़ता है, उस पर एक छोटा-सा मन्दिर है।"[15] कामरूप (असम) के विशाल क्षेत्र में घूमते हुए यायावर वहाँ के अनेक पुरातात्त्विक स्थलों, राजवंशों के भग्नावशेष और उनके द्वारा निर्मित धार्मिक स्थल का भ्रमण करता है और इसके बाद वह शिलङ्ग की राह पकड़ता है और पुनः वहाँ से वह उत्तर-पश्चिम की ओर बढ़ता हुआ अहोम राजाओं की प्राचीन राजधानी शिव-सागर पहुँचता है। यह वही राजवंश

है जिसने गुवाहाटी नगर के ब्रह्मपुत्र तट पर स्थित विख्यात कामाख्या मन्दिर की स्थापना की थी। अज्ञेय के अनुसार यह नीलांचल पर निर्मित कामाख्या देवी का मन्दिर तान्त्रिकों की आस्था से जुड़ा हुआ है, किन्तु भारत ही नहीं पार्श्ववर्ती विदेशों से भी लोग इस मन्दिर के दर्शनार्थ एकत्र होते हैं। अज्ञेय भारत के इस पूर्वोत्तर सीमा प्रदेश में बसे विभिन्न आदिम जातियों के रहन-सहन, आस्था एवं विश्वास के स्थलों को देखते हुए अपनी योजना के अनुसार मध्य असम से चलकर पश्चिमोत्तर स्थित पंजाब और सीमा-प्रान्त स्थित खैरब की घाटियों की ओर जानेवाले लम्बे मार्ग पर चल पड़ते हैं। बीच-बीच में डगर पर चलते हुए यायावर के मन में पथ और पाथेय के प्रसंग के कई अन्तर्दृष्टिजन्य विचार तरंगायित होते हैं, जैसे, ''मगर राह पर आज जो मिला, उसे आज की उपलब्धि नहीं, कल का पाथेय मानना होगा, और चलना होगा...चल यायावर चल! जहाँ भी कोई चला जाये, वहीं कोई हरी-भरी पहाड़ी मिल जायेगी! कल का पाथेय मिला है तो कृतज्ञ हो, प्रमाण कर, और आगे बढ़!''[16] अपनी यायावरी के पूर्वोत्तर गन्तव्य से लौटते हुए यात्री भारत के मध्यवर्ती क्षेत्रों का भ्रमण करता है और वह जंगलों और मैदानों को पार करता हुआ कूच बिहार होते हुए महानगरी कलकत्ता की ओर प्रस्थान करता है। इसी प्रकार कूच बिहार से सिलीगुड़ी जाते हुए वह भोटिये, नेपाली, तिब्बती और कई आदिम जातियों से भरे-पूरे इलाकों से गुजरता हुआ दार्जिलिंग पहुँचता है। यहाँ के पर्वतों पर बिखरे हुए सौन्दर्य का रसास्वादन करने के उपरान्त अज्ञेय अलीपुर द्वार होते हुए सिलीगुड़ी से चलकर बिहार के पूर्णिया शहर में पहुँचते हैं।

वे अपनी इस वापसी की यात्रा में मार्ग की अनेक अड़चनों को झेलते हुए बिहार की सीमा पार करके बनारस, इलाहाबाद, कानपुर आदि होते हुए आगरा पहुँचते हैं। वे आगरा में ताजमहल के अपूर्व सौन्दर्य को देखना नहीं भूलते। इसके बाद वे मथुरा-वृन्दावन की राह पकड़ते हैं और वहाँ विख्यात गोविन्द देव के मन्दिर को देखते हुए भारत की राजधानी नयी दिल्ली पहुँचकर पुनः वहाँ से सोनीपत, पानीपत, कुरुक्षेत्र और अम्बाला आदि की यात्रा तय करने के बाद जालन्धर पहुँचकर वे पुनः भारत के पश्चिमी सीमान्त के रास्ते को पकड़ते हैं। सीमान्त के इस क्षेत्र में अमलताश के फूलों की सुन्दरता से उनका मन आह्लादित हो उठता है। इस प्रकार यहाँ से वे खैबर घाटी की ओर मुड़ते हैं। मार्ग के बीच में उन्हें अमृतसर स्थित जलियाँवाला, दरबार साहब आदि स्थलों के दर्शन होते हैं। रास्ते में यायावर को चिनाब और झेलम नदियों की चंचल लहरों और इनकी शोभाश्री से जुड़ी कई लोक-रागिनियों का स्मरण हो उठता है। यायावर इस प्रकार पश्चिमोत्तर प्रान्त स्थित भारत के विख्यात प्राचीन शिक्षा केन्द्र तक्षशिला के बिखरे हुए खँडहरों के बीच पहुँचता है। तक्षशिला सम्बन्धी यायावर की स्मृतियों के कुछेक खण्ड उदाहरणीय हैं, जैसे– 1. ''तक्षशिला, नालन्दा, सारनाथ ये नाम यायावर के शरीर में पुलक उत्पन्न करते है, किन्तु इसलिए नहीं कि ये प्राचीन खँडहरों के नाम हैं वरन् इसलिए कि ये सांस्कृतिक विकास की–समष्टि के अनुभव पर आधारित जीवन की उन्नतर परिपाटियों के अविष्कार के कीर्ति-स्तम्भ हैं। अन्ततोगत्वा बात एक ही है, किन्तु एक नहीं भी है भेद आत्यन्तिक वस्तु का

नहीं है, केवल दृष्टिकोण का है, वस्तु से व्यक्ति के सम्बन्ध का भेद है।"[17] 2. "तक्षशिला के खँडहरों को अच्छी तरह देखने के लिए चार-पाँच दिन का अवकाश तो चाहिए ही, उतना समय लेकर थोड़े ही देखनेवाले वहाँ जाते हैं, और बहुत से तो केवल संग्रहालय में सुरक्षित प्राचीन स्वर्णाभरण देखकर ही तृप्त होकर चल देते हैं। संग्रहालय तक्षशिला की दूसरी बसाई के अवशेष तामड़ा नाले के पार सिरकाप स्थान में हैं, तीसरी के कुछ उत्तर-पूर्व को सिरमुख में।"[18]

तक्षशिला से जुड़ी अशोक के पुत्र कुणाल और उसकी विमाता तिष्यरक्षिता सम्बन्धी एक प्रचलित कथा को यायावर ने इस यात्रा में याद करते हुए लिखा है कि तक्षशिला का "कुणाल स्तूप उसी स्थान पर बनाया गया बताया जाता है, जहाँ विमाता तिष्यरक्षिता के दुश्चक्र से कुणाल की आँखें फोड़ दी गयी थीं। कदाचित् यहीं पर से तक्षशिला का शासक युवराज कुणाल अपने नगर और प्रदेश का प्रेक्षण किया करता होगा, और यहीं पर सम्राट् का मुद्रांकित, साम्राज्ञी का आदेश पाकर उसने अन्तिम बार आँख भरकर उस सारे रूपान्तर को देख लिया होगा जो तत्कालीन प्राच्य संस्कृति का कनक-फल, मानवार्जित सकल ज्ञान के अम्बुधि की कौस्तुभ-मणि था, और फिर आँखें मीच ली होंगी कि साम्राज्ञी की वासना का अन्धकार उन्हें छा ले, ग्रस ले... ।"[19]

भारत के पश्चिमोत्तर सीमान्त पर स्थित खैबर की घाटियों का अवलोकन करके इन शब्दों में उसके विस्मृत इतिहास का पुनःअन्वेषण करते हुए उस क्षेत्र में ही स्थित तक्षशिला के महान् आचार्य पाणिनि की जन्म-स्थली के शेषांश पर यात्री प्रकाश डालता है और इसी क्रम में अन्त में विश्व इतिहास के विख्यात खैबर मार्ग का कुछ विस्तार से इस प्रकार चित्रण करता है, "यह प्राचीन मार्ग भारत के सभी विदेशी आक्रमणों का मार्ग न भी रहा हो, तो भी यह एशिया की जातियों का सदा परिचित रहा और नाना देशों के कार्यवाहों ने इसी की धूल की झिलमिल के पार ऋद्धि के स्वप्न देखे। भारत के गान्धार उपनिवेश से सम्पर्क की धमनी तो यह थी ही, ईरान और अरब के लिए भी यही मार्ग था। अभी तक मध्य एशिया के व्यापार के लिए यह प्रमुख निर्यात मार्ग है, और अब भी सप्ताह में एक या दो बार इसी राह से दो-कुब्बे बाखत्री ऊँटों, खच्चरों और गधों के मीलों लम्बे काफिले गुजरते हैं, जिनके साथ टाण्डा-टब्बर लिये सैकड़ों काफिलेदार चलते हैं।"[20] इस संस्मरण के अन्त में भारत के सुदूर पश्चिमोत्तर सीमान्त स्थित 'तूरख ाम' में भारत की प्राचीन सीमा का स्मरण दिलानेवाले गान्धारयुगीन दुर्ग का उल्लेख किया गया है। ज्ञातव्य है कि ये सीमान्त के क्षेत्र भारतीय अतीतकालीन संस्कृति के स्तूपों से भरे हुए हैं। इनमें से अनेक को पूर्वग्रहों के कारण नष्ट भी कर दिया गया है। इन स्थलों के देखने से मन में आविर्भूत संवेदनाओं को विराम देते हुए यायावर ने, विख्यात विदेशी कवि 'स्विनेब' द्वारा अथर्ववेद के पृथ्वी सूक्त के अनुवाद की चर्चा करते हुए, उसमें निहित जीवन के सनातन दर्शनपरक सन्दर्भों को इस प्रकार उद्धृत किया है, यथा—

*1. "मैं वह हूँ जिस ने आरम्भ किया,*
*मुझ से युग प्रसूत होता है,*

*मुझ से ही पुरुष और परमेश्वर,*
*मैं एकमेव और सम्पूर्ण हूँ,*

परमेश्वर बदलता है, और पुरुष, और उनके रूपाकार बदलते हैं, मैं प्राण-तत्त्व हूँ।"[21]

'अरे यायावर रहेगा याद' में आकलित इस विस्तृत संस्मरण के अतिरिक्त अज्ञेय ने अन्य सात, 'किरणों की खोज', 'देवताओं के अंचल में', 'मौत की घाटी', 'ऐलुरा', 'माझुली', 'बहता पानी निर्मला' और 'सागर-सेवित मेघ मेखलित' शीर्षक संस्मरणों को भी संगृहीत किया है। इनमें 'किरणों की खोज में' संस्मरण का क्षेत्र भारत के उत्तर स्थित देवात्मा हिमालय की उपत्यका है। इसमें काश्मीर के विभिन्न दर्शनीय स्थलों की यादें संवेदनशील सन्दर्भों सहित सँजोयी गयी हैं। इसमें श्रीनगर के साथ कई जल-प्रपातों और पहाड़ों में बिखरे हुए फूल-फलों के सौन्दर्य को बटोरा गया है। इनमें से कुछेक के उदाहरण निम्नांकित हैं।

1. "...जुलाई के दूसरे सप्ताह के एक दिन प्रातःकाल हम लोग श्रीनगर से निकल पड़े। आरम्भ में जम्मू की सड़क पकड़ी। यह सड़क मेरे बचपन की पहचानी थी। ज्यों-ज्यों हम बढ़ते जाते, त्यों-त्यों मेरी पुरानी स्मृतियाँ उभरती आतीं और मैं मनश्चक्षुओं से सड़क के इधर-या-उधर की तत्काल न दिखती वस्तुओं को देखता चलता...बायें को शंकराचार्य पर्वत, जिसके शिखर पर पिंजरे-सा शिव-मन्दिर-पाणिनि जैसे 'पीर शालातूरा' हो गये हैं,.. .।"[22]

2. "...यहीं से बायें को वह मैदान जिसे कई टेढ़ी-सीधी पगडण्डियों से पार करके गुपकार और मुगल उद्यानों की सड़क पकड़ा करते थे, 'छोटे रास्ते' के नाम पर पराये बगीचों में घुसकर आलूचे, आड़ू, खूबानी, गिलास, सेब, नाशपाती जो मिल जाये चुराकर खाते थे और कभी आहट पाकर माली के ललकारने पर भागने में गिर जाते थे और काई के हरे पीले रंगों से सने कपड़े लेकर घर पहुँचते थे।"[23]

3. "...यहाँ से मील-भर दूर हरिबल का जलप्रपात था, जिसके सौन्दर्य की प्रशंसा पथ-दर्शिकाओं में पढ़ रखी थी।...स्वर के साथ-साथ प्रपात का चित्र अन्तस् में बस गया था, और मैं मानो मुड़-मुड़ कर एक बन्धु को आश्वासन दे रहा था कि फिर आऊँगा, फिर आऊँगा...वह 'फिर आना' नहीं हुआ है, न जाने कभी होगा कि नहीं; किन्तु वह प्रतिश्रुति झूठ नहीं है, क्योंकि वह मनोभाव झूठ नहीं है। 'फिर आना' वास्तव में कभी होता ही नहीं। क्योंकि काल की दिशा में लौटना कभी नहीं होता, प्रत्येक आना नया आना होता है, घटना की आवृत्ति होती है, अनुभूति की नहीं...अनुभूति की आवृत्ति पुनरानुभूति केवल स्मरण में है।... ।"[24]

"इसी तरह 'देवताओं के अंचल में' शीर्षक स्मृति-वृत्त के अन्तर्गत अज्ञेय ने अपने पुरखों की भूमि लाहौर के आसपास के प्रसिद्ध स्थानों की यात्रा से प्रस्फुटित संस्मरण को आकलित किया है। इस यात्रा-वृत्तान्त 'देवताओं के अंचल में' कुल्लू प्रदेश की प्रवहमान् व्यास नदी के तटवर्ती दृश्यों का ही नहीं बल्कि वहाँ की सांस्कृतिक परम्पराओं और सम्पदा का

अद्भुत लेखा-जोखा प्रस्तुत किया गया है। इस प्रसंग में सैलानियों की प्रिय पर्वतीय भूमि मनाली सम्बन्धी यात्रा-संस्मरण को भी बड़े मोहक शब्दों में अज्ञेय ने अभिव्यक्त किया है। इनमें से कुछेक संस्मरणों के अंश निःसन्देह भूले नहीं जा सकते, जैसे–

1. "...मैं देवताओं के अंचल कुल्लू की ओर बढ़ चला। पालमपुर के आगे खेतों की हरियाली और आकाश की नीलिमा देखकर लाहौर का अवसाद धीरे-धीरे मिटने लगा था; जोगेन्द्रनगर से कुछ पहले चीड़ के वृक्ष देखकर तबीयत एकाएक फड़क उठी थी...पृथ्वी माता के आकाश की ओर उठे हुए इन अभयद हाथों के तले रहने का सौभाग्य जिसने पाया है, वही जानता है कि चीड़ वृक्षों को देखकर हृदय में कैसे अनिर्वचनीय रस का संचार हो आता है।"[25]

2. "दशहरे के अवसर पर यहाँ बड़ा भारी मेला भी लगता है। साल भर का व्यापार प्रायः इस दिन में ही हो जाता है—बाहर से आये हुए यात्रियों के लिए बनी हुई देशी अंग्रेजी दुकानों और कुछ होटलों या पंसारी-हाट की बात अलग है—इसलिए यहाँ पर ग्राहक और विक्रेता दोनों ही बड़ी उमंगें लेकर आते हैं। रंग-बिरंगे कम्बल, पट्टू-पट्टियाँ, पशमीना, 'चरू' और अन्य प्रकार की खालें...न जाने क्या-क्या चीजें वहाँ आती हैं और देखते-देखते बिक जाती हैं।"[26]

इसी शृंखला में 'मौत की घाटी में' शीर्षक संस्मरण का सम्बन्ध विख्यात पर्यटन स्थल मनाली में बीते हुए क्षणों से है। यायावर ने मनाली के अतिरिक्त कुल्लू के पर्वतीय प्रदेश की सुन्दरता के साथ वहाँ के जन-समुदाय में विकसित संस्कृति को भी याद किया है। इस सन्दर्भ में इस संस्मरण के निम्नांकित स्थल उदाहरणीय हैं :

1. "देवताओं के अंचल में रहते हुए भी मैंने देखा कि कहीं किसी तरफ घूमने को स्थान नहीं रह गया है। तब मैंने लिखना एकदम छोड़कर इस समस्या का सामना किया जो शिशिर ऋतु के कोहरे की तरह न जाने कहाँ से आकर सब ओर छा गयी थी। यह देवताओं का अंचल क्यों आज अपने विस्तार भूलकर अपने एक कोने में पड़ी हुई 'मौत की घाटी' का नाम अपना रहा है?"[27]

2. "मैंने यह भी देखा कि इसका उत्तरदायित्व देवताओं पर नहीं, मानवों पर है, और उन मानवों पर जो अपनी सभ्यता के मद में चूर रहते हैं। हम समतल भूमि के रहनेवाले ही अपने पतन की सड़ायँध वहाँ पहाड़ों में ले गये हैं। अपनी भद्दी छाप से ही हमने पहाड़ों का सौन्दर्य विकृत कर दिया है, यहाँ तक कि आज भारत के पहाड़ी इलाकों में शायद ही कोई ऐसा स्थल बचा है जो दूषित नहीं हो गया है।"[28]

3. "एक जीवन में पकड़ पाने के लिए यह एक सत्य बहुत काफी है कि जब तक लालसाएँ झड़ जाती हैं—जब मानव पशुता की भी और फिर मानवता की भी केंचुल उतार फेंकता है, तब उसके भीतर जो बना रहता है, वह है जो नित्यता चाहता है, जो नष्ट होते हुए भी नया सृजन करना चाहता है – जो नश्वर होकर भी ईश्वर है। इससे बढ़कर भी कोई सत्य मौत की इस घाटी में जाना जा सकता है, यह नहीं दीखता।"[29]

अज्ञेय के यात्रा-वृत्तान्तों की पंक्ति में 'माझुली' शीर्षक रचना असम की स्वकीय संस्कृति के स्रोत और स्वरूप को प्रस्तुत करती है। माझुली, पूर्वोत्तर के महान मध्यकालीन

वैष्णव सन्त शंकरदेव और इनके शिष्य माधव के जीवन और कर्म की पवित्र भूमि है। आज भी यह अपने भक्ति-भावों और सत्तों में गूँजनेवाले कीर्त्तन, वार्त्तालाप, देव-चर्चा आदि का गौरव स्थल माना जाता है। शंकरदेव एकेश्वर, निराकार भगवान् के उपासक थे और इनके शिष्य माधवदेव ने अपने गुरु के आचार-विचार को जन-जन तक पहुँचाया। इस प्रकार 'माझुली' विशेषतः असम के लोक-मानस में झंकृत महान् भक्तों की कालजयी स्मृतियों का पवित्र केन्द्रीय स्थल है।

यायावर अज्ञेय ने 'माझुली' की यात्रा असम के हरे-भरे जंगल और पर्वतों तथा उनमें विचरण करनेवाले हिंसक प्राणियों के बीच सम्पन्न की है। इस पवित्र भूमि की सुदीर्घ यात्रा को यायावर ने बहुत ही आन्तरिक सुख और शान्ति के साथ जिया है। इस प्रसंग में उनकी भावुक स्मृतियों और भाव-बोधों से सम्पूरित उक्त यात्रा-प्रसंग, विशेष रूप से वर्णनीय हैं, यथा,

1. "नागकेसर के फूल तब पूर्ण विकसित हो चुके थे, पंखुड़ियाँ झरने लगी थीं और केसर की मादक गन्ध छोटी-छोटी पहाड़ियों और उपत्यकाओं को लाँघती हुई शून्य में फैल रही थी। तीसरे पहर बड़े-बड़े शुभ्र बादल उठते थे और बच्चों की तरह नाना प्रकार के जन्तुओं का रूप धरने की क्रीड़ा करते हुए आकाश के प्रांगण के पार निकल जाते थे। मन्दिर-श्रेणी के नीचे बिछे हुए सरोवर का नील विक्षुब्ध हो उठता था और मानो उसे परचाने के लिए किनारे के अशोक-वृक्ष फूल के दो-बार खिले फूल झरकर उस पर आ गिरते थे...।"[30]

2. "माझुली का यही एक महत्त्व हो सो नहीं! असमिया सांस्कृतिक जीवन में उसका एक गौरवपूर्ण स्थान है। वैष्णव सन्त शंकरदेव और उनके शिष्य माधवदेव के सम्प्रदाय ने यहीं पर सत्र स्थापित किये, और उसकी परम्परा को चलानेवाले वैष्णवों के कई सत्र यहाँ अब भी चल रहे हैं। एकेश्वरवादी निराकारोपासक असमिया वैष्णव असम भर में फैले हुए हैं और उनके धार्मिक जीवन को माझुली के ही सत्राधिकारों से प्रेरणा मिलती है।"[31]

3. "...माझुली में जन्तु और मानव में जैसा साधारण सहज साहचर्य देखा वैसा और नहीं देखा। पहली यात्रा में तो यह बात छोटे-छोटे पशु-पक्षियों को लेकर ही लक्षित हुई – दो-एक बार हाथी अपने-आप डाक बँगले में आकर घुटने टेक और सूँड़ उठाकर सलाम करके मेरे हाथों केले के फल और मूँगफली आदि खा गये, पर ये आसपास के सत्रों के सिखाये हुए हाथी थे—किन्तु दूसरी बार माझुली आकर मैंने देखा कि द्वीप के हिंस्र पशुओं के साथ भी मानो मानव द्वीपवासियों का अलिखित समझौता है।"[32]

4. "...तब चाय पीते-पीते मैं कल्पना में माझुली के जीवन का चित्र देखने लगा, और चित्र शब्दों के सूत्र में गूँथने लगा....।"[33]

*5. "किन्तु आज ढोल की गमक पर*
*कीर्तन का स्वर टेर रहा है:*
*चम्पक की शय्या पर देवी राधा सोई हैं;*
*आवें कब श्याम? मिटे वेदना विरह की*
*मिटे प्यास उभयमुखी, दोहरे विलय में*

*जागे नई एक अन्तहीनता क्योंकि*
*जितनी समर्थ अन्तहीन शक्ति श्याम की है :*
*उतनी ही आदिहीन देवी की भी प्यास है!''*[34]

6. ''अगले छह सप्ताह तक माझुली का स्मरण करने की फुरसत न मिली। उसके बाद एक गाँव के स्कूल में एक बच्ची के अचानक केवड़े के फूल का उपहार पाकर मुझे माझुली के सत्रारम्भ की याद आयी, तब नागकेशर और अशोक दोनों ही के फूल लुप्त हो चुके थे, और हर समय छाये रहनेवाले बादलों के नीचे उनकी घनी हरियाली और काली-काली दीखने लगी थी।''[35] इस प्रकार माझुली की यादों से सिक्त यायावर की ये उपर्युक्त प्राणवन्त अनुभूतियाँ यात्रा-संस्मरण को पूरी सार्थकता प्रदान करती हैं।

'माझुली' के बाद संस्मरणों की उपर्युक्त श्रेणी में 'अमर-कण्टक' की यात्रा-स्मृति 'बहता पानी निर्मला' की चर्चा भी अपनी पहचान को प्रकट करती हैं । इस संस्मरण में यायावर लेखक 'अमर-कण्टक' जाने के मार्ग के होनेवाले जल-प्लावनग्रस्त संकटों का विवरण देता हुआ, आधे मार्ग से ही लौट आने की अपनी मानसिकता को व्यक्त करता है। इस सम्बन्ध में यात्रा-वृत्तान्त के अन्त में यात्री के मन में जगे ये भाव ध्यातव्य हैं, ''नक्शे में मैं अब भी देखता हूँ। वास्तव में जितनी यात्राएँ स्थूल पैरों से करता हूँ उससे ज्यादा कल्पना के चरणों से करता हूँ। लोग कहते हैं कि मैंने अपने जीवन का कुछ नहीं बनाया, मगर मैं बहुत प्रसन्न हूँ, और किसी से ईर्ष्या नहीं करता। आप भी अगर इतने खुश हों तो ठीक—तो शायद आप पहले से मेरा नुस्खा जानते हैं—नहीं तो मेरी आप को सलाह है, ''जनाब, अपना बोरिया-बिस्तर समेटिये और जरा चलते-फिरते नजर आइये, यह आप का अपमान नहीं है, एक जीवन दर्शन का निचोड़ है।"[36] 'अरे यायावर रहेगा याद' कृति का अन्तिम यात्रा-संस्मरण है—'सागर-सेविका, मेघ मेखलित' (कन्या कुमारी से नन्दा देवी)। यह संस्मरण प्रकारान्तर से पुस्तक के प्रथम संस्मरण को पूर्णता प्रदान करता है। इसलिए कि प्रथम में भारत के पूरब से लेकर पश्चिमोत्तर के परिभ्रमण का वृत्तान्त है और इसमें दक्षिण से लेकर सुदूर उत्तरांचल की स्मृति-कथा प्रस्तुत है। इस प्रकार इस यात्रा-वृत्त द्वारा अज्ञेय ने अपने इस कृतित्व को सम्पूरित किया है। यह लेख सुदूर दक्षिण स्थित कुमारी अन्तरिप से लेकर शिव-स्थली 'नन्दा देवी' नाम से सुप्रसिद्ध पर्वत श्रेणी तक के विशाल क्षेत्र में स्थित भारतीय संस्कृति के आध्यात्मिक, धार्मिक और ऐतिहासिक रिक्थ और परम्परा को व्यंजित करता है। परोक्ष रूप से यह यात्रा-वृत्तान्त अपने संक्षेपण में भारत के भूगोल और संस्कृति के सारभूत का प्रतिबिम्बन है। विश्व के इस प्राचीन देश के प्रति यायावर की जो आन्तरिक आस्था है उसको अपनी इस कृति में लेखक ने प्रारम्भ और अन्त में प्रस्तुत किया है। इस प्रकार यह यात्रा-संस्मरण अपने आप में राष्ट्र की गौरव को उज्ज्वल और अक्षय स्मृति का कोष सिद्ध होता है।

भारतीय चित्त में जो आध्यात्मिक तत्त्व आन्दोलित हुए है, वे यहाँ के प्राचीन वाङ्मय, वेद, उपनिषद्, महाकाव्य और आख्यान आदि में प्लावित होते हुए आज भी लोक-मानस को

अभिप्रेरित करते हैं। इसी उक्त प्रसंग में कुमारी अन्तरिप में ध्यान-मग्न शक्ति और हिमालय में प्रतिष्ठित महायोगी शिव के सम्बन्ध की व्याख्या मनीषियों के द्वारा की गयी है। विशेष रूप से कालिदास के 'कुमार सम्भवम्' में इस सन्दर्भ को अमर अनुभूतियों और छन्दों के माध्यम से शाश्वत-सत्य और शिवम् में परिणत कर दिया गया है। अज्ञेय ने अपनी स्मृति का प्रारम्भ उपर्युक्त सन्दर्भ में उल्लिखित शिव-पार्वती के पौराणिक मिथक की व्याख्या करते हुए किया है। वस्तुतः इस राष्ट्र की अध्यात्मिक चेतना, प्रतीक, मिथक, सूक्त और छन्द के सहारे एक शिव शक्ति को अखण्डता प्रदान करती है। इसीलिए इस यात्रा-वृत्तान्त में राष्ट्र की मूल चिन्ताधारा समन्वित हो गयी है। यायावर अज्ञेय ने भारत के इसी भौतिक और सांस्कृतिक परिदृश्य को अपनी स्मृतियों में आलोकित किया है और यथा प्रसंग उनकी गहरी व्याख्या करते हुए उसके निहितार्थ का पुनः अन्वेषण भी किया है, यथा,

1. ''भारतीय जन-मानस की सही और अधिक गहरी पहचान शिव-पार्वती के पुराण मिथक के सहारे होती रहती है। शिव-शक्ति के मिथक के क्षेत्र का कोई भी नया उन्मेष भारत की अधिक गहरी पहचान कराता है, भारत के मानस की कोई नयी झाँकी शिव-शक्ति के मिथक की रहस्यपूर्ण सत्ता का नया आभास दे जाती है।''[37]

2. ''अन्तरिप देवी का उपनिवेश भी हो सकता है, योगीश्वर शिव का भी। दूसरे 'कुमारी तीर्थ' के महात्म्य में तपस्विनी कुमारी की वर-प्रतीक्षा की जो कथाएँ पढ़ी थीं, वे भी एक बार फिर शिव और सती को, सागर और हिमालय को, सदा क्षुब्ध शक्ति को नित्य अचंचल पुरुष को (या यह भी कह सकते हैं कि एक स्थिर तपस्यारत आकर्षण केन्द्र को और एक प्रचण्ड ताण्डव-रत स्वैर उद्वेलन को कोई अन्तर नहीं पड़ता क्योंकि बात दो पारमिताओं के मिलन) एक सूत्र में बाँध देती थी...।"[38]

3. "उस यात्रा-पथ पर कुछ-एक बिन्दु ही चुनता हूँ क्योंकि अधिक विस्तार की गुंजाइश भी नहीं है। कुछ-एक-बिन्दु कुछ स्थल या निकटवर्ती स्थलों के जोड़े जो ऊँचाई और फैलाव, आकाश और धारा के आयामों को, पत्थर और पानी, सागर और पर्वत के तत्त्वों को, प्रकृति और पुरुष, शिव और पार्वती को मिलाते हैं और उस मिलन बिन्दु पर हमें विद्ध छोड़ जाते हैं।"[39]

4. "एलुरा के कैलास और एलिफांटा की त्रिमूर्ति को, और दोनों की गुफाओं की शिव-तांडव और पार्वती विवाह की भव्य मूर्तियों को स्मरण करके आगे बढ़ता हूँ : नासिक के कपालेश्वर, उज्जैन के महाकाल और उदयगिरि के छोटे गुफा-मन्दिर में एकमुख लिंगः उदयगिरी की महाकाल वराह मूर्ति की तुलना में यह शिवलिंग मूर्ति बहुत छोटी पड़ती है पर गुफा का शीतल अँधेरा उसे एक-दूसरा आयाम दे देता है।"[40]

5. "...कितने नदी-देवता, कितनी मातृकाएँ, कितनी योगिनियाँ विन्ध्य में सर्वत्र विराजमान हैं और उसकी सुरम्य शान्ति को अपने प्रभामण्डल से आलोकित कर रही हैं! पुराण-गाथा के अगस्त्य विन्ध्य का माथा झुकवाकर पार चले गये; उनकी दक्षिण यात्रा आर्यों के अग्रसरण का प्रतीकन करती रही। अगस्त्य सागर भी पी गये– क्या अगस्त्य के

सागर-आचमन की कथा आदिम महाम्बुधि से दक्कन के पठार के उठने की ही मिथकीय स्मृति नहीं है?"[41]

6. "...नन्दा देवी को निहारा है जो स्वयं योगीश्वर के ध्यान में खोयी है; और नन्दा के आस-पास मेघों का नीरव खेल देखते हुए स्वयं उस अपलक दर्शन में, उस अविराम खोज में, उस अनिर्वचनीय एकात्म्य में खो गया हूँ जो सब रिश्ते-नाते बदल देता है, सबसे अलग करके सबसे जोड़ देता है—जैसे पूर्वापर तोयनिधि अलग होकर मेरू मानदण्ड से जुड़ते हैं, जैसे अन्तरीप की कुमारी पर्वत शिखर के योगी से...।"[42]

'संस्कृति के भावनायकों की लीलास्थली' शीर्षक कृति एक अनुपम सांस्कृतिक वृत्तान्त है। इसमें उन्होंने भारतीय संस्कृति, आस्था और साधना के दो आधारभूत अवतार पुरुषों, श्री कृष्ण और श्री राम की जीवन यात्रा से सम्बद्ध विख्यात स्थलों और उनसे उपजी लोक-चेतना का गहरा विवेचन किया गया है। अज्ञेय का यह कृतित्व विभिन्न खण्डों के अन्तर्गत उनके जीवन-काल में ही पत्र-पत्रिकाओं में प्रकाशित हुए थे। किन्तु इन सभी का पुस्तकाकार प्रकाशन लेखक के देहावसान के बाद हुआ, इसलिए इसका पुरोवाक् हिन्दी साहित्य के सुप्रसिद्ध विद्वान् डॉ. श्री कृष्णदत्त पालीवाल ने लिखा है। इसके अन्तर्गत यथा प्रसंग यात्रा-वृत्तान्तों में अज्ञेय की गहरी अनुभूतियों और भारतीय चिन्ता-धारा में प्लावित उनके आध्यात्मिक सोच व्यक्त हुए हैं।[43] इस प्रसंग में उन्होंने लिखा है कि, "यह पूरी लेखमाला साक्षी है कि वे किसी भी श्रद्धा को न तो अपमानित करते हैं न कोरा तूल देते हैं।"[44]

इस कृति में संकलित यात्रा-वृत्तान्तों को मुख्यतः दो भागों में प्रस्तुत किया गया है। भाग-1 के अन्तर्गत श्री कृष्ण सम्बन्धी तीर्थों की यात्रा के पाँच वृत्तान्त संगृहीत हैं। इन सभी को 'भागवत भूमि-यात्रा' का शीर्षक दिया गया है और क्रमशः एक-एक यात्रा को काव्यात्मक उक्तियों द्वारा सम्बोधित किया गया है। भाग-1 के प्रथम वृत्तान्त को 'ब्रज तजि मेरी जाए बलाय' काव्यात्मक उक्ति के द्वारा प्रस्तुत किया गया है। इसमें अज्ञेय ने इन संस्मरणों के विषय को धार्मिक तीर्थ-स्थलों की केवल स्मृतियाँ ही नहीं कहा है वरन् इस प्रसंग में अपनी जिज्ञासा को प्रश्नवाचक चिह्नों द्वारा भी व्यक्त करते हुए यात्रा के गहरे और व्यापक पक्षों को उद्घाटित किया है। उनका कथन है, "क्या यह सारी भूमि केवल इसी अर्थ में 'भागवत भूमि' है कि वह भगवान् श्री कृष्ण की जीवन-लीला की भूमि रही? वह उनकी भी तो भूमि रही जिन्होंने अपने को भगवत कहकर गौरव का अनुभव किया, उनकी भी जो शताब्दियों से कृष्ण के प्रति समर्पित भाव से अपना जीवन व्यतीत करते रहे, जिन्होंने कृष्ण की लीलाएँ गायीं, कृष्ण के नाम के सहारे अपने जीवन में अर्थवत्ता पायी? इतना ही नहीं वह उनकी भी तो भूमि है, जिन्होंने फिर इन कृष्ण-भक्तों की रचनाएँ गाकर उनका जीवन-वृत्त पढ़कर और उन्हीं के आधार पर अपने जीवन-मूल्य विकसित करके अपने जीवन में अर्थवत्ता पायी।"[45] अज्ञेय ने भारतीय लोक-मानस में प्रवाहित भक्ति की भावना को 'भागवत-भाव' की संज्ञा दी है। वे कहते हैं कि श्रीकृष्ण के जीवन का इतिहास या व्यास

का महाभारत और इसी प्रकार श्रीमद्भागवत भी उपर्युक्त भागवत-भाव से बड़ा नहीं है, क्योंकि, ''शायद वह किसी भी धर्ममत-विश्वास से बड़ा है, शायद धर्ममत से ऊपर उठ सकने पर ही वह वास्तव में भागवत भाव बनाता है—उसी उच्चतर भूमि पर विभिन्न धर्ममतावलम्बी धर्मप्राण सन्त एक-दूसरे से मिल सकते हैं, एक हो सकते हैं और अपने अनुयायियों को ही नहीं, मनुष्य मात्र को एक में जोड़ने का उपक्रम करते हैं। इस एकात्म-भाव की आधार-भूमि ही तो भागवत भूमि होगी... ।[46] इस यात्रा-लेख में अज्ञेय ने यात्रा के विभिन्न पक्षों का उल्लेख करते हुए उनमें स्पन्दित जीवन-दर्शन और आधारभूत भारतीयता पर यत्र-तत्र अपने गूढ़ मनोभावों को प्रकट किया है। साहित्यिक राही ने उक्त यात्रा में पड़नेवाले उन स्थलों की भी यात्रा की है जिनके सम्बन्ध में हिन्दी भक्ति-काल के इन प्रख्यात कवियों ने अपना श्रद्धा-सुमन कृष्ण और कृष्ण की भूमि को अर्पित किया है, जैसे— सूरदास, अब्दुर्रहीम खानखाना, अष्टछाप के कवि हित हरिवंश तथा छीतस्वामी आदि। इसी क्रम में स्मृतिकार ने मध्यकालीन भक्त कवि परमानन्द दास जी की काव्य-कृति के इस काव्यांश को ध्यान में रखकर यात्रा-वृत्तान्त को शीर्षक दिया है, यथा—

*''कहा करो बैकुंठहि जाय।*
*जहँ नहिं नन्द जहँ नहिं जसोदा,*
*जहँ नहिं गोपी ग्वाल न गाय।*
*जहँ नहिं जल यमुना को निरमल,*
*और नहिं कदमन की छाँय।*
*परमानन्द प्रभु चतुर ग्वालिनी,*
*ब्रज रज तजि मेरी जाय बलाय।''*[47]

अज्ञेय ने इस यात्रा-संस्मरण में भक्त-कवियों के उद्गारों की पृष्ठभूमि में उनके जीवन से जुड़े स्थलों के प्राकृतिक दृश्यों का विरल वर्णन किया है, जैसे—

1. ''थोड़ी ही देर बाद दो-एक ढाक भी दीख गये-अभी फूले नहीं थे पर अब फूलों की लहक की कल्पना कठिन नहीं थीं और फिर करीलों के झुरमुट भी जिसमें किसी-किसी झाड़ पर दो-चार फूल भी दीखते थे...करील के फूल— नगण्य पौधे के अकिंचन फूल; पर कोई भी पौधा जब फूलता है तब मानो अपने जीवन की सम्भावनाओं के चरम उत्कर्ष को छू रहा होता है और सुन्दर होता है... ।''[48]

2. "हे विधना, तोसो अंचरा पसारि माँगों जनम-जनम दीजो याहि ब्रज बसिबो! यहि ब्रज बसिबों...श्री कृष्ण जन्म-स्थान के संगमरमर-मण्डित पक्के चबूतरे से उतरकर बढ़ते हैं कि और मन्दिर भी देखें। सामने ही तो केशव जी का मन्दिर है, जहाँ ठाकुरजी की मूर्ति उस पतले समय में रखी गयी थी, जब जन्म-स्थान पहुँच से परे था।"[49]

इस खण्ड के दूसरे वृत्तान्त का शीर्षक है, 'गोकुल ढूँढ़्या वृन्दावन ढूँढ़्या।' इसमें विशेष रूप से उन्होंने गोकुल यात्रा के बीच स्थित रसखान की समाधि को देखकर भागवत यात्रा के अन्तर्निहित सन्दर्भों को उभारा है, यथा—

*"या लकुटी अरु कमरिया पर, राज तिहूँ पुर को तजि डारौं।*
*आठहु सिद्धि नवो निधि को सुख, नन्द की गाइ चराइ बिसारौं।*
*रसखानि कबों इन आँखिन सों, ब्रज के बन बाग तड़ाग निहारों।"*[50]

अज्ञेय ने रसखान की पंक्तियों की झंकार में गुँजित कृष्ण सम्बन्धी भक्ति-भाव के केन्द्र में प्रेम की मानवीय मनोवृत्ति को महत्त्वपूर्ण माना है।

इस प्रकार इस खण्ड के तीसरे यात्रा-वृत्तान्त को 'कलात्मा की टोह में' नाम दिया गया है। इसमें लेखक ने भागवत भूमि में परिगणित 'पण्डारा' और स्वामी नारायण के भव्य मन्दिर होते हुए द्वारिका की ओर अभिमुख जामनगर तक की यात्राओं का वर्णन किया है। इसके बाद लेखक ने इस खण्ड के यात्रा-वृत्तान्त को 'द्वारका से द्वारका' का शीर्षक देते हुए मूल द्वारका की खोज सम्बन्धी भारतीय जिज्ञासा की व्याख्या की है और लिखा है कि, ''अष्टचक्रा नवद्वारा देवानां पूर अयोध्या हमारी देह में ही तो द्वारकाएँ और अयोध्याएँ आ मिलती हैं—उसी के इस रूप को एक बार पहचान लें तो हम स्वयंमेव एक भागवत भूमि हैं, जिसकी खोज में कहीं न जाना पड़े! पर नहीं, इसी भागवत भूमि की पहचान की यात्रा तो सबसे लम्बी यात्रा है—न समाप्त होनेवाली यात्रा!''[51]

इस खण्ड के अन्तिम यात्रा-वृत्तान्त को 'यात्रा का अन्तः यात्रा का अर्थ' नाम देते हुए लेखक ने कृष्ण भक्ति-भाव की पंक्ति, 'कौन गली गये श्याम' का स्मरण किया है। इसके प्रारम्भ में अज्ञेय ने भागवत भूमि यात्रा के मूलभूत भाव को परिभाषित किया है। इनकी मान्यता है कि श्री कृष्ण के भक्ति-भाव से सम्बद्ध तीर्थ-स्थान एक ओर यात्रा का दिशा निर्धारण करते हैं तो दूसरी ओर उसकी सहज सीमाओं को बाँधते हैं। इसी क्रम में वह भागवत भूमि के अनेक प्रसंगों के केन्द्रीय स्थल की खोज करते हुए सोचते हैं कि "...नहीं तो एक बार जीवनाधार के रूप में भक्ति को स्वीकार कर लेने पर कहाँ बचती है, ऐसी भूमि जो भागवत भूमि नहीं है? स्थूल भौतिक सन्दर्भ में अथवा सूक्ष्म आध्यात्मिक सन्दर्भ में सर्वत्र एक लोकोत्तर अनुशासन हमारे चरणों की गति का नियन्त्रक हो जाता है और हमारी जीवन-यात्रा ही भागवत भूमि यात्रा में परिणत हो जाती है।"[52] यात्री ने 'कौन गली गये श्याम' के अनुस्यूत मूल भाव को मनुष्य की सम्पूर्ण जीवन यात्रा के लक्ष्यों से जोड़ा है और इसी को प्रकारान्तर से श्याम के जाने की मुख्य गली कहा है। इसी प्रसंग में उन्होंने भागवत भूमि यात्रा की सम्पूर्णता के मर्म को 'सबै भूमि गोपाल की' की उक्ति के माध्यम से परिभाषित किया है और अपने इस अन्तिम यात्रा-वृत्तान्त के अन्तर्गत राजस्थान स्थित नाथद्वारा और उदयपुर—चित्तौड़ स्थित मीराँ के जीवन और काव्य पर प्रकाश डाला है। इस खण्ड के अन्त में अज्ञेय ने अपनी स्मृतियों के उपसंहार स्वरूप इन शब्दों में अपनी आत्मा की वाणी को व्यंजित किया है, यथा, "लेकिन मेरा मन कहता है कि जरूर होते हैं ऐसे क्षण जिनमें अभेद यानी कि उसमें ऐसा भेद करने का कोई प्रयोजन नहीं रहता। ऐसे ही क्षण में विरह की मारी वन-वन डोलती 'म्हाने चाकर राखो जी' को मनुहार करनेवाली मीराँ गा उठती होगी, 'मैं तो गोविंद लीयो मोल।"[53]

इस पुस्तक के भाग दो में राम और जानकी से सम्बद्ध पवित्र भूमियों की यात्रा के वृत्तान्त हैं। इनका प्रथम स्मृति-लेख 'राम के पद् चिह्नों पर एक जीवित महाकाव्य की शोध यात्रा' बिहार के सीतामढ़ी स्थित जानकी के जन्म-स्थल के संस्मरणों पर आधृत है। लेखक की इस 'जय जानकी-जीवन यात्रा' में कवि, पण्डित, रामायण प्रेमी, चित्रकार और निबन्धकार आदि सहयात्री के रूप में सम्मिलित रहे हैं। अज्ञेय की मान्यता है कि इस यात्रा का प्रमुख लक्ष्य न तो 'सीता और राम के श्री चरणों का अनुसरण करना' है और न 'रामायण' वर्णित तीर्थ स्थलों के इतिहास और भूगोल की पड़ताल करना है। इसी प्रकार अज्ञेय की मान्यता है कि उनकी इस यात्रा का उद्देश्य रामायण और राम की प्रासंगिकता को चुनौती देना है। वे इस यात्रा को 'जीवित महाकाव्य की शोध-यात्रा मानते हैं। इसी दृष्टि से वे भारतीय लोक-मानस में स्थित पुरुषोत्तम राम के व्यापक व्यक्तित्व पर विचार करते हैं और इस प्रसंग में लीला-काव्य के रूप में वे 'रामायण' की प्राणवन्तता पर प्रकाश डालते हैं। इसी प्रसंग में वे कैलास-मानसरोवर की यात्रा में भारतीय भूगोल के साथ उसमें झंकृत भारतीय संस्कृति के विभिन्न पक्षों की व्याख्या करते हैं। अपनी इस यात्रा की आकांक्षाओं के अन्तर्गत होनेवाले घटनाक्रम का वे उल्लेख करते हैं। राम-कथा में हनुमान के चरित्रनायकत्व से अज्ञेय अनुप्रेरित होकर कहते हैं, "सचमुच कितना महान् चरित्र है हनुमान का जो केवल सत्य का पक्षधर है, और जो वहाँ भी अपना काम सेवा भाव से ही करता है।"[54] इस यात्रा-वृत्तान्त के बाद जो स्मृति-लेख है, उसको अज्ञेय ने 'जय जानकी जीवन, जन्म-भूमि से विलय-भूमि तक' की यात्राओं से उद्भूत यादों द्वारा क्रमशः प्रस्तुत किया गया है। सीता का स्मरण करते हुए अज्ञेय ने आध्यात्मिक चेतना से अनुप्राणित होकर लिखा है कि सीता एक साथ 'जनकसुता' और 'जगनमाता' हैं इसलिए उनकी कथा 'पृथ्वी की उर्वरा शक्ति का मूर्तिमान् रूप है।' इसी सन्दर्भ में अज्ञेय सीता और राम की परस्परता की कथा को 'प्रकृति और पुरुष के मिलन की रामलीला'[55] मानते हैं।

इस उपर्युक्त कृति के बाद जो संस्मरण है उसे 'जय जानकी जीवन 'सीतायन' से 'रामायण' का शीर्षक दिया गया है। इसमें अज्ञेय महर्षि वाल्मीकि द्वारा चित्रित सीता की जीवन-कथा से हटकर उस सीता का अन्वेषण करते हैं, जो मिथिला के घर-घर से विद्यमान लोक-मानस की प्रिय बेटी है। अमराइयों में जीवन-बसर करनेवाले मिथिला के लोगों के साथ सीता न तो अपने आध्यात्मिक अथवा साहित्यिक अर्थवत्ता से सम्बलित है और न राम-कथा की वह गायिका है, यहाँ तो सीता मिथिला की बेटी है, जिसकी बिदाई को याद करते हुए आज भी वहाँ के लोगों की आँखों में आँसू भर जाते हैं। इस सम्बन्ध में अज्ञेय का यह अनुभव उदाहरणीय है, "हमारी यात्रा के दौरान समूचा मिथिला प्रदेश मानो आयोनिजा जानकी की जीवन्त उपस्थिति से स्पन्दित था। इस जानकी से मिथिला के हर घर-परिवार का आत्मीय सम्बन्ध है और एक बात यह भी है कि मिथिला का लोकजन मानो आज उस अन्याय को नहीं भूला जो जनकसुता मैथिली के साथ हुआ था—एक बार नहीं लगातार।"[56] इसी प्रकार इस खण्ड में लेखक ने वर्तमान वाल्मीकि नगर को 'वनाश्रम नगर'

कहकर सम्बोधित किया। इस संस्मरण में अज्ञेय ने बिहार के सुदूर उत्तर में स्थित वाल्मीकि नगर की ओर जानेवाले मार्गों की भौगोलिक स्थिति का वर्णन किया है, लेकिन इनमें भी वे सीता के मूल चरित्र की अपनी खोज को विराम नहीं दे पाते हैं। वे कहते हैं कि, ''वास्तविक जानकी जीवन-यात्रा तो चित्रकूट से आरम्भ होती है, क्योंकि वहीं से राम-जानकी अपनी 'पायी हुई' नियति से मुक्त होकर स्वयं अपनी नियति का निर्माण आरम्भ करते हैं—उस नियति का जो उनकी ही नहीं भारत की नियति होगी, भारतीय संस्कृति की नियति होगी, भारतीय जन की नियति होगी।''[57]

इस खण्ड के अन्तिम लेख के पूर्व अज्ञेय ने संस्कृत की एक उक्ति 'स्मरं त्वं पूर्वकं भावम्' को शीर्षक रूप में ग्रहण करते हुए उसे यात्रा का लक्ष्य माना है। लेखक के अनुसार सीता-राम सम्बन्धी स्मृति-स्थलों की यात्रा का एक पड़ाव चित्रकूट है। किन्तु वे अपनी इस मान्यता की चर्चा करते हुए अपने मन में उठे जिस एक द्वन्द्व पर प्रकाश डालते हैं, वह है यात्रा के रुक जाने की स्थिति में उस यात्रा के अधूरेपन सम्बन्धी यात्री के सोच का अहसास होना। अज्ञेय की अन्तर्दृष्टि के अनुसार चित्रकूट एक ऐसा स्थल है जहाँ राम, सीता और लक्ष्मण का पुनः अपने पूरे परिवार से मिलन होता है। अज्ञेय इस स्थिति को यात्रा का रुक जाना कहते हुए इस प्रसंग से सम्बद्ध लक्ष्यार्थ पर बहुत गहराई से विचार करते हैं। इस सम्बन्ध में अज्ञेय के यह कथन उदाहरणीय हैं, ''चित्रकूट पहुँचकर यात्रा रुक गयी। क्यों रुक गयी? इसके कई उत्तर हो सकते हैं। एक सीधा, ऐतिहासिक और इसलिए वैज्ञानिकता का आभास देनेवाला उत्तर तो यही हो सकता है कि अयोध्या से चित्रकूट तक वनोन्मुख राम और सीता का यात्रा पथ तो जाना हुआ है– ठीक इतिहास ने नहीं तो लम्बी अटूट परम्परा ने उसे एक मान्यता दे रखी है जो ऐतिहासिक प्रमाण से कम नहीं है...।''[58] इस खण्ड का अन्तिम कृतित्व है 'राम-कथा और आज का पाठक' शीर्षक निबन्ध। इसमें वे भारत में प्रचलित राम सम्बन्धी कृतियों का उल्लेख करते हुए वृहत्तर भारत में फैली हुई राम-कथा और भारत के पड़ोसी देशों में भी प्रचलित राम-कथा के परिप्रेक्ष्य में यह सोचते हैं कि ग्रन्थों की राम-कथा से थोड़ा अलग हटकर रामलीला की प्रस्तुतियाँ, दर्शकों के मन में राम-कथा की समकालीन प्रासंगिकता के भाव को उद्‌बुद्ध कर देती है। इस सम्बन्ध में अज्ञेय ने राम-कथा सम्बन्धी विविध दृष्टिकोणों का विवेचन किया है और देश-काल के व्यापक फलक पर प्रचलित राम-कथाओं की समग्रता के बीच राम सम्बन्धी मिथकों पर प्रकाश डाला है, इस क्रम वे सीता, अहल्या, रावण, मेघनाद तथा इन्द्रजीत आदि के नामों की अन्तर्निहित वास्तविक अर्थवत्ता को उदाहृत करते हैं। अज्ञेय मानते हैं कि मूलतः अहल्या का अर्थ है, ऐसी भूमि जो जोती नहीं गयी हो और इसी प्रकार सीता, मूलतः 'हल से पड़ी हुई एक लीक' की अर्थवत्ता को व्यक्त करनेवाला नाम है। अज्ञेय राम-कथा के प्रति पाठक के उदार दृष्टिकोण की चर्चा करते हुए अपने विचारों के उपसंहार रूप में कहते हैं, ''उसकी (पाठक) प्रबुद्धता का प्रमाण यही होगा कि वह राम के स्वरूप-विकास और मिथकीय तत्त्व के सतत आत्म-नवीकरण को ध्यान में रखते हुए ही राम-कथा को पढ़ें, उसका अर्थ लगायें, उसका मूल्य आँके और समग्र भारतीय सभ्यता के आदि-काव्य और गौरव ग्रन्थ के रूप में उसे प्रतिष्ठापित करे।''[59]

अज्ञेय की यह कृति भारत की एक विरल सांस्कृतिक यात्रा की स्मृतियों का पुंज है। इसमें मनस्वी और कवि-हृदय लेखक ने महाकाव्यों और नाटकों के साथ लोक-मानस में प्लावित होनेवाले लोकनायकों के उदात्त और आत्मीय चरित का सम्यक् उद्घाटन किया है। इस प्रक्रिया में अज्ञेय के कथाकार, कवि और चिन्तक, ये सभी एकत्र होकर 'संस्कृति के भावनायकों की लीलास्थली' की यात्रा के बहाने भारतीय संस्कृति में रचे-बसे जीवन-दर्शन का पुनर्भावन ही नहीं पुनःअन्वेषण भी करते हैं। कवि ने अपने इस गद्यलेखन को काव्य की रसमयता से भर दिया है।

'स्मृति-लेखा' ज्ञान-विज्ञान और संस्कृति के क्षेत्र में विख्यात व्यक्तित्व सम्बन्धी साक्षात्कार और उससे उपजे अनुभवों से सम्बद्ध कृति है।[60] साक्षात्कारजनित साहित्य के सुविख्यात लेखक की उपर्युक्त स्मृतियाँ निश्चयपूर्वक मूल्यवान हैं। इस कृति और इसके दूसरे संस्करण की भूमिका में स्वयं अज्ञेय और विद्यानिवास मिश्र ने साहित्यकार सम्बन्धी संवेदनों के अवदानों पर महत्त्वपूर्ण विचार दिये हैं। अज्ञेय का कहना है कि, "उस काल में जीनेवालों के लिए ऐसे श्लाका पुरुषों की प्रतिमाएँ भी धूल से ढँक जाती हैं। स्मृति-लेखा ने प्रतिमाएँ फिर से गढ़ी नहीं, केवल उन पर पड़ी धूल झाड़ने का एक अवसर मुझे दिया।"[61] इस क्रम में इसकी प्रथम भूमिका के अन्तर्गत विद्यानिवास मिश्र जी ने यह माना है कि स्मृति भी साक्षात्कार है, वह परोक्ष अनुभव नहीं है। अज्ञेय की इस संस्मरणपरक रचना के महत्त्व को रेखांकित करते हुए भूमिका के अन्त में मिश्र जी ने लिखा है कि "स्मृति-लेखा ऐतिहासिक दस्तावेज नहीं है, पर स्मृति का विशिष्ट सर्जनात्मक उपयोग है...इसकी मुख्य उपलब्धि तो यह है कि लेखक, लेखक को कैसे देखता है।"[62]

इस स्मृति-लेखा में सरोजिनी नायडू को छोड़कर शेष व्यक्तित्व साहित्यकार हैं। ये हैं, मैथिलीशरण गुप्त, राय कृष्णदास, निराला, पन्त, नवीन, माखनलाल चतुर्वेदी, दिनकर, प्रेमचन्द, हजारीप्रसाद द्विवेदी, हेमवती और रेणु। इस प्रकार इस कृति के सभी स्मृत विषय आधुनिक भारत की एक कालावधि की सांस्कृतिक निधि और पहचान का अहसास कराते हैं। सरोजिनी नायडू को अज्ञेय ने 'भारत कोकिला' के सार्थक विशेषण से स्मरण किया है। उन्होंने इनके साक्षात्कार से हुए अनुभवों का उल्लेख करते हुए लिखा है कि सरोजिनी नायडू "एक निडर बल्कि दबंग स्वभाव और उसके साथ ही एक आश्चर्यजनक हाजिरजवाबी और इन दोनों के साथ सार्वजनिक जीवन के उत्तरदायित्वों का एक गहरा बोध—यह उनके चरित्र की विशेषता थी, जिसके कारण वह परिस्थितियों को न केवल सँभाल लेती थीं, बल्कि आश्चर्यजनक रूप से स्वयं उन पर हावी हो जाती थीं।"[63] अज्ञेय ने मैथिलीशरण गुप्त के सम्बन्ध में अपने अनुभवों को याद करते हुए उनकी एक कविता की इन पंक्तियों, "मैं आगे आनेवालों का जय जयकार...मैं अतीत का नहीं, भविष्यत् भी हूँ आज तुम्हारा,"[64] के भावार्थ की प्रासंगिकता में लिखा है कि "...लेकिन पचास वर्ष से अधिक तक हिन्दी-काव्य जगत् पर छाये रहकर भी वह कैसे बिना परम्परा से नाता तोड़े, नये चिन्तन को भी

आत्मसात् करते हुए युवतर पीढ़ी के लिए एक चुनौती बने रह सके, यह हर नये लेखक के लिए समझने की बात है।"[65]

अपने संस्मरणों के अगले स्मृत व्यक्तित्व के रूप में अज्ञेय ने राय कृष्णदास को याद किया है। रायकृष्ण दास, भारत के एक ऐसे पुरुष रहे हैं, जिन्होंने कला और पुरातत्त्व के संरक्षण के क्षेत्र में राष्ट्र की निःस्वार्थ सेवा की है। ये आजीवन साहित्यकारों और कलाकारों के आतिथेय के केन्द्र बने रहे। बनारस स्थित कलाभवन इनका महान् अवदान है। इनके साक्षात्कार से प्राप्त जीवन्त और अर्थ-गर्भित स्मृतियों को अभिव्यक्ति देते हुए अज्ञेय ने राय कृष्णदास को 'स्मरण का स्मृतिकार' कहा है और अपनी उक्त धारणा को विस्तार देते हुए लिखा है कि—"न ऐसी दूसरी स्मृति आज इस देश में है न ऐसा दूसरा व्यक्तित्व यहाँ ढूँढ़े मिलेगा। और यह बात जितनी राय कृष्णदास के व्यक्तित्व के बारे में है उतनी ही राष्ट्रीय व्यक्तित्व के बारे में भी है, इस ज्ञान के तेजाबी असर को अपने मानस में गहराई तक बैठ जाने देने की जरूरत है।"[66] राय कृष्णदास जी के बाद अज्ञेय ने प्रेमचन्द को स्मरण किया है और उन्हें 'उपन्यास सम्राट्' कहते हुए उनकी महनीयता पर प्रकाश डाला है। अज्ञेय के साथ प्रेमचन्द के बहुत ही गहरे और अनौपचारिक सम्बन्ध रहे हैं। प्रेमचन्द की रचना-यात्रा का उल्लेख करने के क्रम में अज्ञेय की यह मान्यता अत्यन्त संगतपूर्ण सिद्ध होती है, "...जिस महाकरुणा की बात मैंने की है वह प्रेमचन्द को महान् उपन्यासकारों की कोटि में रखती है—वह उन्हें अब तक एक बड़े समाज के साथ जोड़े रख सकती है, जब कि उनसे कुशलतर परवर्ती उपन्यासकारों का दायरा छोटा होता गया है।"[67]

'स्मृति-लेखा' में अज्ञेय ने सूर्यकान्त त्रिपाठी निराला को 'वसन्त का अग्रदूत' माना है और निराला के सम्बन्ध में प्रचलित अनेक धारणाओं का उल्लेख करते हुए उन्होंने उनके साक्षात्कार से उद्भूत अपनी धारणाओं को उपयुक्त परिदृश्य में व्यक्त किया है। निराला की विख्यात कृतियों, तुलसीदास, राम की शक्ति-पूजा, अर्चना, गीतिका आदि, का यथा स्थान वे वर्णन करते हैं, यथा—"अब भी 'राम की शक्ति-पूजा' अथवा निराला के अनेक गीत बार-बार पढ़ता हूँ लेकिन तुलसीदास जब-जब पढ़ने बैठता हूँ तो इतना ही नहीं कि एक नया संसार मेरे सामने खुलता है, उससे भी विलक्षण यह है कि वह संसार मानो एक ऐतिहासिक अनुक्रम में घटित होता हुआ दीखता है। मैं मानो संसार का एक स्थिर चित्र नहीं बल्कि एक जीवन्त चल-चित्र देख रहा होता हूँ।...विरल ही रचना ऐसी होती है जिसमें एक सांस्कृतिक चेतना सर्जनात्मक रूप में अवतरित हुई हो। तुलसीदास मेरी समझ में ऐसी ही एक रचना है।"[68]

अज्ञेय द्वारा निराला के प्रसंग में सुमित्रानन्दन पन्त को याद करना पूर्णतः संगतपूर्ण है। पन्त जी को अज्ञेय ने 'स्वर-सिद्ध' कहकर स्मरण किया है और पन्त जी की स्मृतियों को क्रम देते हुए उनसे हुई मुलाकातों पर ही नहीं उनकी कई कविताओं की विशेषताओं पर भी प्रकाश डाला है, जैसे 'जग के उर्वर आँगन में बरसो ज्योतिर्मय जीवन', 'बाँसों का झुरमुट सन्ध्या का झुरमुट', 'लोकायतन' की कुछ कविताएँ आदि। विशेष रूप से अज्ञेय ने उनकी एक कविता 'बाँध दिये क्यों प्राण प्राणों से' के पाठ का स्मरण करते हुए लिखा है कि, ".

..लेकिन यही तो कविता करती है– प्राणों से प्राण बाँध देती है, प्राणों में चिर व्यथा भर देती है, और वही प्राण-परम्परा काव्य को ही नहीं, हमें भी जीवित रखती है– काव्य को हम में और हमें काव्य में जीवित।"[69]

अपनी स्मृति-लेखा के कोष में इसी प्रकार अज्ञेय जी ने होमवती देवी को 'कवि-वत्सला' कहकर उनके व्यक्तित्व का चित्रण किया है। होमवती जी के कवि-व्यक्तित्व की छाँह में मानवीयता के अनेक आत्मीय भावों को अज्ञेय ने रेखांकित किया है और प्रसंगवश अपनी ही एक कविता के इन पंक्तियों की भाव सम्पदा की पृष्ठभूमि में अपने स्मृत होमवती जी की पहचान को उजागर किया है। पंक्तियाँ इस प्रकार हैं :

*"दुःख सब को माँजता है*
*और...*
*चाहे स्वयं सब को मुक्ति देना वह न जाने, किन्तु*
*जिनको माँजता है*
*उन्हें यह सीख देता है कि सब को मुक्त रखे!"*[70]

अज्ञेय ने होमवती जी के बाद श्री माखनलाल चतुर्वेदी को 'एक भारतीय आत्माः एक चुनौती' कहकर उनके अशेष अवदानों को रेखांकित किया है। चतुर्वेदी जी से हुए अपने साक्षात्कारो के सारतत्त्वों की पृष्ठभूमि में अज्ञेय ने उपर्युक्त 'एक भारतीय आत्मा' को इस प्रकार अपने मन-प्राणों में प्रतिष्ठित किया है, "एक भारतीय आत्मा के एक-पन के बारे में एक बात और कहना चाहता हूँ जिसकी ओर मैं आरम्भ में संकेत कर चुका हूँ। माखनलाल जी केवल कृतिकार कवि नहीं, एक कृती कवि थे क्योंकि उनकी स्नेह-छाया में और भी कई कवि-प्रतिभाएँ पनपीं। अपनी रचना से बाहर या परे ऐसा प्रभाव भारतेन्दु हरिश्चन्द्र का भी रहा और महावीरप्रसाद द्विवेदी का भी।"[71]

इस स्मृति-संग्रह में चतुर्वेदी जी के अतिरिक्त हिन्दी-आंचलिक कथाओं के विख्यात स्रष्टा फणीश्वरनाथ रेणु अपने 'धरती का धनी' विशेषण सहित प्रतिष्ठित हैं। रेणु से अज्ञेय की भेंट-वार्त्ता अधिक नहीं हुई हैं। उन्हें अज्ञेय ने बहुत ही अद्वितीय और आकर्षक माना है। अपनी यादों को समेटते हुए उन्होंने अपने एक ऐसे वार्त्तालाप का उल्लेख किया है जिसमें रेणु जी अपने कृतित्व के साथ पूरा उभरकर दिखायी पड़ते हैं। अज्ञेय की स्मृति के ये अंश उदाहरणीय हैं। "और रेणु थे कि हर बार हाथ-में-हाथ बढ़ाते थे और पकड़ लाते थे एक नया और अभूतपूर्व पंछी...और ऐसा पंछी जिसे देखकर हम कहें कि, 'इसे हमने पहले कभी नहीं देखा', लेकिन पहचाने कि, 'अरे इसे तो हम रोज देखते हैं।' 'रेणु सचमुच धरती के धनी थे; वह हाथ बढ़ाते थे और वसुन्धरा की सम्पदा आप-से-आप उनके हाथ आ जाती थी, मिट्टी की ताजा महक लिये हुए...।"[72] रेणु के संग अज्ञेय जी ने रामधारी सिंह दिनकर की विख्यात कृति 'उर्वसी' के गहरे सन्दर्भ से उपजे हुए कविमानस और व्यक्तित्व को 'समय-सूर्य' कहकर सम्बोधित किया है। अज्ञेय दिनकर के समयकालीन रहे हैं और अनेक अवसरों पर एक-दूसरे को देखने और समझने का सुअवसर मिला है। दिनकर के

कृतित्व के संग उनके व्यक्तित्व में निहित अद्भुत तेजस्विता से अज्ञेय प्रभावित हैं। इसलिए उन्होंने दिनकर के जाने के बाद उनके सम्बन्ध में लिखा है कि, ''वह सेतु टूट गया है, पर जिन्हें पार पहुँचाने में उनकी उपयोगिता रही वह उसे नहीं भूल सकेंगे। दिनकर की तेजस्वी वाणी बहुतों के मन में बहुत दिनों तक गूँजती रहेगी।''[73]

स्मृति-लेखा के अन्त के पूर्व पण्डित हजारीप्रसाद द्विवेदी सम्बन्धी उदात्त यादों को अज्ञेय ने पुंजीभूत किया है। पण्डित जी की कृति – 'बाणभट्ट की आत्मकथा' से प्रभावित होकर अज्ञेय ने उन्हें 'बीसवीं सदी का बाणभट्ट' कहा है। हजारीप्रसाद द्विवेदी के लिए उक्ति अत्यन्त ही उपयुक्त है। हजारीप्रसाद द्विवेदी ने अपने ललित लेखों की रचना करते हुए जिन उपन्यासों के अवदान से हिन्दी-साहित्य को विशिष्ट बनाया है, उनमें 'पुनर्नवा', 'चारूचन्द्र लेख', 'अनामदास का पोथा' तथा 'बाणभट्ट की आत्मकथा' आदि अपनी अलग पहचान रखते हैं। हजारीप्रसाद द्विवेदी का पाण्डित्य और रसबोध, दोनों सम्पृक्त होकर उनकी कृतियों में भारत के महान् स्वरूप की पुनर्खोज करते हैं। ऐसा वे ही चिन्तक और साहित्यकार कर सकते हैं जो वाल्मीकि, व्यास तथा बाणभट्ट आदि के सदृश अपनी अन्तर्दृष्टि द्वारा भारतीय चित्त और लोक-जीवन में प्लावित सनातन तत्त्वों की पहचान करने की क्षमता रखते हों। अज्ञेय ने द्विवेदी जी के सम्बन्ध में ठीक ही कहा है कि, "...जिन्हें आचार्य हजारीप्रसाद द्विवेदी के व्याख्यान सुनने का अवसर मिला, उससे भी बढ़कर जिन्हें उनके निकट सम्पर्क में आने का सौभाग्य प्राप्त हुआ, वे जानेंगे कि आचार्यत्व से और ऊपर भी उनका एक पद युगावधि सुरक्षित रहेगा—एक ऐसे विद्वान् का पद जो अपनी सारी विद्वता को मुट्ठी-भर धान की तरह बाँटता-बिखेरता हुआ हँसता है; ऐसी हँसी, जो मानवीय सहानुभूति के किसी गहरे स्रोत से फूटकर निकलती है।"[74]

अज्ञेय ने इस संस्मरणात्मक कृतित्व के अन्त में बालकृष्ण शर्मा नवीन के साथ व्यतीत दिवसों और उनसे हुई भेंट-वार्त्ताओं के निचोड़ के सन्दर्भ में अपने स्मरणीय के प्रति 'असीम और ससीम बीच' के शीर्षक द्वारा अपना हार्दिक उद्गार व्यक्त किया है। नवीन जी में कारयित्री और भावयित्री, इन दोनों प्रकार की प्रतिभाएँ निहित थीं। साहित्य के साथ देश की सात्त्विक राजनीति में एक कालावधि तक इनका अवदान रहा है। इन उपर्युक्त प्रसंगों में बालकृष्ण शर्मा नवीन जी राष्ट्रीय रंग-मंच पर एक सम्मानीय व्यक्तित्व के रूप में प्रतिष्ठित रहे हैं। इनके कर्म और चिन्तन के निचोड़ को प्रस्तुत करते हुए अज्ञेय ने अपने उक्त संस्मरण को यह कहकर विराम दिया है कि तभी तो वह इतने सहज भाव से यह भी गा सके—

*एक बिन्दु इन्दु-मथित सिन्धु लहर छोड़ चली*
*लघु समीम औं असीम बीच लगी गली।*

वह स्वयं लगातार उसी स्थल पर रहे जहाँ इन्दु मथित सिन्धु से बिन्दु अलग होने-होने को होता है और उसकी समूची इयत्ता चाँदनी-सी घिर कर मोती-सी चमक उठती है।

अज्ञेय ने 'स्मृति-लेखा' में निःसन्देह संस्मरणों को अन्तर्दृष्टि तथा उदात्त चेतना सम्पन्न भावों के संयुक्त स्वरूप में स्मृत विषय को प्रस्तुत किया है। प्रकारान्तर से यह

'स्मृति-लेखा' एक साथ अज्ञेय की पदयात्रा के साथ ऐसी भाव-यात्रा भी है, जो संवेदना, विचारणा और अभिव्यंजना की दृष्टियों से हिन्दी-यात्रा-साहित्य के उतुंग शिखर को उदात्त बनाती है।

## 5.2 फणीश्वरनाथ रेणु (1921-1977 ई.)

हिन्दी साहित्य की अनुपम रचनात्मकता को उसकी सम्पूर्णता में जाननेवाले सभी चिन्तक, आलोचक, कवि, कथाकार आदि एक स्वर से उद्घोषित करते हैं कि बिहार प्रान्त के पूर्णिया जिले के एक सामान्य गाँव 'औराही हिंगना' में जन्म लेनेवाले रेणु जी एक धूमकेतू की तरह भारतीय साहित्य के आकाश में अपनी प्रतिभा के प्रकाश से सभी को आश्चर्यचकित कर दिया। फणीश्वरनाथ रेणु ने अपने उपन्यासों, कहानियों, रेखाचित्र और संस्मरणों तथा कथा-रिपोर्ताज के साथ जिन यात्रा-वृत्तान्तों की रचना की है, उनमें 'समय की शिला पर : सिलाव का खाजा!" 'एक फिल्मी यात्रा' और 'ऋणजल-धनजल' शीर्षक संस्मरण विशेष रूप से उल्लेखनीय हैं। रेणु जी का संवेदनशील मानस अपनी प्रत्येक कृति में स्मृतिकुल से जुड़ी हुई विधाओं की अपूर्व सृजनात्मकता का अहसास कराता है। प्रायः सभी कृतियों में उनकी जन्म-भूमि और इनमें रची-बसी उनकी जीवन-कथा अपनी जीवन्तता और ऊर्जा को व्यंजित करती हैं। इसी प्रकार रेणु अपनी रचनात्मकता के कैनवास पर ऐसे संश्लिष्ट प्रतिरूपों का विन्यास करते हैं, जिन्हें केवल आंचलिक, रिपोर्ताज, आत्मकथा, जीवनी तथा डायरी आदि के एक ढाँचे में बाँधना असम्भव-सा हो जाता है। किन्तु हिल-मिलकर ये सभी सर्वाधिक अपने रचयिता की संवेदनशीलता, अन्तर्दृष्टि और विशेषतः बिम्बो, प्रतीकों तथा मिथकों आदि से भरी भाषिक सम्पदा में अद्भुत और अपूर्व प्रतीत होते हैं। चिन्तकों ने यह माना है कि विविध कलाओं में साहित्य, इसलिए सर्वोपरि है, क्योंकि अन्य की अपेक्षा यह जीवन-सत्य की गत्यात्मकता को अभिव्यंजित करने का अधिक सामर्थ्य रखता है। इस उपर्युक्त सृजनशीलता के परिप्रेक्ष्य में रेणु के कुछेक यात्रा-वृत्तान्त विशिष्ट सिद्ध होते हैं। इनमें देश-काल अपने संश्लिष्ट और गत्यात्मकता के साथ अपनी मोहक छवियों के रूप, रस, गन्ध और स्वर आदि को बिखेरते हैं। इनमें गुजरते हुए बार-बार मार्मिक स्थलों की पहचान करनेवाले अनुभवी पाठक रेणु की जीवन्त, मोहक और यथार्थ अभिव्यंजना पर समर्पित हो जाते हैं।

प्रकृति के दो कोपभाजनों से प्रभावित अतिवृष्टि और अनावृष्टि की भयावह और कारुणिक स्थितियों पर आधृत रेणु के एक यात्रा-संस्मरण का शीर्षक है—'ऋणजल धनजल।' इस रचना की भूमिका में रघुवीर सहाय और निर्मल वर्मा ने क्रमशः 'कवि की यात्राएँ' और 'समस्त मानवीय दृष्टि' इन दो शीर्षकों के अन्तर्गत रेणु के व्यक्तित्व एवं कृतित्व की विशेषताओं का वर्णन किया है। इस उक्त यात्रा-संस्मरण के प्रारम्भ में रघुवीर सहाय और निर्मल वर्मा के विचार निश्चयपूर्वक रेणु की आधारभूत और केन्द्रीय रचनात्मक ऊर्जा पर पूरी तरह प्रकाश डालते हैं। रघुवीर सहाय ने लिखा है कि, "उनके लेखन में अपूर्व

वर्णनशक्ति है और वह सिवाय उतनी ही अपूर्व पर्यवेक्षण शक्ति और कहाँ से आ सकती है? वह चारों ओर जो कुछ देखते हैं उसके ब्योरे उनके लिए रमणीय होते हैं पर लिखने के लिए स्मृति में रखने योग्य ब्योरे का चुनाव करते समय वे निर्ममता से बहुत से ब्योरों को रद्‌द करते जाते होंगे, यह उनके अद्वितीय चयन से ही प्रकट है...।''[75]

रेणु के रिपोर्ताजपरक यात्रा-वृत्तान्तों की शृंखला में 'ऋणजल-धनजल' के पूर्व उनकी कुछ अन्य कृतियों पर विचार करना संगतपूर्ण है। इन्हें उनकी चुनी हुई रचनाओं के सम्पादक 'भारत यायावर' ने रेखाचित्र, शब्दचित्र तथा वैयक्तिक निबन्ध आदि के वर्गों में संकलित किया है। इनमें 'बिदापत नाच', 'नये सवेरे की आशा', 'हड्डियों का पुल' आदि उल्लेखनीय हैं। 'बिदापत नाच' रेणु के इलाके में सदियों से जनपदों में प्रचलित एक लोक-नृत्य की शैली से सम्बन्धित है। यह लोक-नृत्य गंगा, कोशी और गण्डकी आदि नादियों के किनारे प्रायः अमराइयों के नीचे झोंपड़ियों में नियति और अस्तित्व की समस्याओं से जूझ रहे खासकर निम्न जाति कहे जानेवाले मुशहर, धांगड़ और दुसाध आदि के यहाँ विवाह और मुण्डन तथा कुछ अन्य अवसरों पर आयोजित होता है। 'बिदापत नाच' का रेणु ने केवल जीवन्त चित्र ही नहीं खींचा है, बल्कि इस नाच में गूँजित उस क्षेत्र के सर्वाधिक प्रिय कवि विद्यापति के गीतों के लोक-संस्मरण के छन्द, लय और ताल आदि का आनन्द लेनेवाले जन-समूह के दुःख और पीड़ा को भी व्यंजित किया है। रेणु ने इस नृत्य का परिचय देते हुए लिखा है, ''बिदापत नाच में साधारणतः सात आठ कलाकार होते हैं। दो ही वाद्य-यन्त्र—मृदंग और मंजीरा। एक या दो नाचनेवाले, एक बिकटा (बिदूषक) और दो-तीन सहायक गवैये। लाल सालू की घाँघरी और पीतल-काँसे के गहनों को साज के लिए पर्याप्त समझा जाता है। घुँघरू अथवा पैजनी की कोई आवश्यकता नहीं। चेहरे पर कालिख पोतकर, घुटने तक तंग पतलून और हाथ में एक 'थुथनीदार' छड़ी लेकर कोई भी 'बिकटा' बन जा सकता है।"[76] इसी क्रम में रेणु ने इस नृत्य में गाये जानेवाले विद्यापति के गीतों के इन लोक-संस्करणों का उल्लेख किया है—

1. *"अँगना आएत जब रसिया*
   *पलटि चलब हम इषत् हँसिया*
   *कान्हा जतन बहु करयिन्ह"*[77]
2. *"सखि हे...*
   *सखि हे, पूछसि अनुभव मोहे...*
   *जनम अवधि हम रूप निहारलौं,*
   *तबहु न तिरपित भेल।"*[78]

*"धृंगा, धृंगा, धिधिन्ना तिन्ना...*
*सखि हे!*
*इ माह भादर, भरल बादर।*
*शून्य मन्दिर मोर....!"*[79]

इस नृत्य के बदलती हुई धुनों से ही नहीं बल्कि कलाकारों और दर्शकों के बीच स्थापित अन्तरंग सम्बन्धों के साथ भी रेणु जी ने, प्रेमचन्द के 'गोदान' के अन्तिम दृश्य के सदृश गाँव में बसनेवाले लोगों की आशा-विश्वास, उनके अभावग्रस्त जीवन-प्रसंगों में उच्छ्वसित अन्तर्विरोध, विडम्बना और इन सभी को भूलते हुए अपनी जिजीविषा को जागृत रखनेवाली उनकी जिन्दगी को अपनी स्मृति के धागों में पिरो दिया है। इनमें से एक चित्र-पट इस प्रकार है, "दुःखी-दीन, अभावग्रस्त ने घड़ी-भर हँस-गाकर जी बहला लिया, अपनी जिन्दगी पर भी दो-चार व्यंग्य-बाण चला दिये, जी हल्का हो गया। अर्द्धमृत वासनाएँ थोड़ी देर के लिए जगीं, अतृप्त जिन्दगी के कुछ क्षण सुख से बीते। मेहनत की कमाई मुट्ठी-भर अन्न के साथ-साथ आज इन्हें थोड़ा-सा 'मोहक-प्यार' भी मिलेगा, इसमें सन्देह नहीं...आप खोज रहे हैं– आर्ट, टेक्निक और न जाने क्या-क्या, और मैं आपसे चलते-चलाते फिर भी अर्ज करता हूँ कि यह महज बिदापत नाच था।"[80]

रेणु जी के 'बिदापत नाच' सम्बन्धी उपर्युक्त संस्मरण के सन्दर्भ में उनके ही समकालीन कथाकार कमलेश्वर के ये प्रासंगिक विचार सटीक सिद्ध होते हैं, "मैला आँचल में इसलिए हर पात्र पूर्ण रूप से उभरा है–कि उसने सबको विराग से पेश करते हुए एक अनूठे अनुराग से भर दिया है...सबके दुःख उसके लिए समान हो गये हैं, उनमें रेणु ने अपने व्यक्तित्व का हस्तक्षेप नहीं होने दिया है।"[81] वस्तुतः रेणु के यात्रा-वृत्तान्तों की उपर्युक्त पहचान के सिलसिले में उनकी विख्यात कृतियों 'मैला आँचल' और 'परती-परिकथा', के कथानक, पात्र, परिवेश आदि में संचित स्मृतियाँ विचारणीय हैं। ऐसा प्रतीत होता है कि रेणु अपनी अन्य कृतियों में भी 'मैला आँचल' के महान्-यात्री बने रहते हैं। यहाँ 'मैला आँचल' की जिल्द पर लिखी ये टिप्पणियाँ पूर्णतः संगतपूर्ण सिद्ध होती हैं, "एक सामाजिक और राजनीतिक चेतनासम्पन्न लेखक की हैसियत से रेणु यहाँ उस परिवर्तन को बड़ी बारीकी से चित्रित करते हैं, जो आजादी के फलस्वरूप गाँवों में आया है और जो सिर्फ परिवेशगत ही नहीं बल्कि भीतरी व्यक्ति के मनोजगत् में भी घट रहा है। इसके लिए लेखक ने लोक-संस्कृति, लोक-विश्वासों और लोगों के जीवनक्रम पर पड़नेवाले प्रभावों को गहरी आत्मीयता से उकेरा है।"

रेणु ने देश-दुनिया सम्बन्धी यात्रा-वृत्तों का ही अपने लेखन में भरपूर संचय किया है। इसी प्रकार इनकी जीवन-स्मृतियाँ भी अपने आप में यात्रा की आन्तरिक प्रकृति और भावों को प्रस्तुत करती हैं। बहुत दूर तक उनकी जिन्दगी के गुजरे लम्हें भी यात्रा के मोहक पड़ाव सिद्ध होते हैं। इस क्रम में उनकी दो रचनाएँ, पहला 'एक बुलन्द खुद-उर्फ मशहूर नकबेसर का किस्सा (गुटका)' और दूसरा 'पाण्डुलेख' का उल्लेख करना अपेक्षित है। उपर्युक्त पहली रचना रेणु की संक्षिप्त आत्मकथा है। इसके प्रारम्भ में उन्होंने अपनी प्रतिभा की उर्वरा भूमि का इस प्रकार चित्रण किया है, "भारतवर्ष के मानचित्र में–बिहार प्रान्त के पूर्णिया जिले के एक उजाड़ झाड़-झंखाड़ और जंगली इलाके की भूमि पर, उँगली डालकर बोले–यहाँ, इस गाँव में एक ऐसे जीव को भेजा जा रहा है जो एक ही साथ–सुर और असुर, सुन्दर

और असुन्दर, पापी और विवेकी, दुरात्मा और सन्त, आदमी और साँप, जड़ और चेतन सब-कुछ होगा! धरती की माँग पर इसे विशेष रूप से भेजा जा रहा है।"[82] अपनी मातृभूमि का वर्णन करने के बाद उन्होंने अपने जन्म की कथा का जिस प्रकार चित्रण किया है, वह केवल जीवन्त ही नहीं है बल्कि एक महान् लेखक की प्रतिभा की साक्ष्यपरक प्रसव-भूमि की करुण गाथा भी है। वह उसके उद्‌भव और विकास के प्रस्थान बिन्दुओं का जीता-जागता वृत्तान्त भी है, यथा, "4 मार्च, 1921 ई. शुक्रवार को उस उजड़े औराही-हिंगना गाँव में जब आम की डालियाँ मधुमयी-मंजुरियों से झुक गयीं, फगुनिया-हवा-मधु में माती-धूम मचाने लगी तो नकबेसर लेकर उड् भागनेवाला कागा अचानक अमंगल की आंशका से अशुभ और डरावनी 'भाखा' में -क्-क्-क्-आँ-आँ-यँ-वँऽऽ-बोल उठा।"[83] इसी प्रकार दूसरी रचना 'पाण्डुलेख' शीर्षक में रेणु ने विशेषतः अपने बचपन को याद करते हुए पूर्णिया की धरती पर पड़े हुए अपने पगों और मन से की गयी यात्राओं के अनुभवों को बिम्बित किया है। इस 'पाण्डुलेख' की शुरुआत उन्होंने स्मृतिपट पर अंकित रवीन्द्रनाथ की एक कविता की पंक्तियों से किया है और इसमें ध्वनित अर्थ की गहराइयों में डूबते हुए अपने बचपन और किशोर जीवन के कई मार्मिक स्थलों को उभारा है। इस क्रम में उन्होंने स्मृति-संचित घटनाओं का वर्णन करते हुए प्रारम्भ में द्वार पर आये हुए बंगाल की कीर्त्तन-मण्डली के गायकों के कण्ठ से स्फुटित गीतों की कड़ी का उल्लेख किया है और गायिका का भी स्मृति-चित्र खींचा है, जैसे, "वे जब मेरे दरवाजे पर आये। मैं खोल बजाकर, कलंक भंजन (बंगाल पयार की पोथी) गाने लगा—किश्नाचूरी कइलो गे। नाय-अमार सोनार गेंडू हे-ए-ए-ए-ए! वैष्णवी मेरा गीत सुनकर हँसी। फिर फूट-फूटकर रोने लगी। करताल बजाकर गाने लगी—सई, केबा सुनाइले श्याम नाम। कानेर भीतर दिया मरमे पसिल गो-आकुल करिल मोर प्राण...।"[84] इस प्रकार स्मृतिकार ने इस जीवन-यात्रा के अन्तर्गत धूल-धूसरित सड़कों पर चलनेवाली बैलगाड़ियों और उसमें बैठी हुई दुल्हन की सूरत का ही नहीं बल्कि उसके शृंगार का भी अद्‌भुत वर्णन किया है, जैसे, "लाल सालू की घेरदार-घाघरी। कान में 'रूपे' के नन्हें-नन्हें झुमके और माथे पर 'सिन्थबन्ध।' सिन्थबन्ध के चाँद पर हरे काँच का टुकड़ा जड़ा। आम के पल्लवों को हटाकर सूरज ने उसको देखा। मेरी आँखों के आगे सात रंगों की तरंग।"[85]

रेणु जी के यात्रा-वृत्तान्तों में उनका 'ऋणजल धनजल' कृतित्व बहुत ही लोकप्रिय है। इस कृति के नाम में प्रयुक्त दोनों शब्द 'ऋणजल धनजल' वस्तुतः बाढ़ और सूखे की भीषण स्थितियों के स्मृतिजनित स्मारक हैं। स्वयं रेणु ने इन यात्राओं पर प्रकाश डालते हुए लिखा है कि ये मात्र पिण्ड-प्रहार नहीं हैं। आलोचक सुरेन्द्र चौधरी लिखते हैं, "इन्हें अलग-अलग इकाइयों में देखनेवाली दृष्टि इतिहास और यथार्थ के बाधक तत्त्वों को नजरअन्दाज कर जाती है।" रेणु की नाटकीयता की नाटकीय व्याख्या से, जैसा निर्मल वर्मा कहते हैं, कुछ पाया नहीं जा सकता।"[86] 1975 ई. में जलमग्न पटना और इसके आसपास के इलाके की भीषण और कारुणिक स्मृति को लेखक ने क्रमशः 'कुत्ते की आवाज', 'जो बोले सो निहाल', 'पंछी की लाश', 'कलाकारों की रिलिफ पार्टी' और 'मानुष बने रहो' शीर्षकों के अन्तर्गत

प्रस्तुत किया है। रेणु ने स्वयं कहा है कि उन्हें ऋणजल से उपजी हुई स्मृतियों के भयावह सन्दर्भों की इसलिए पूरी पहचान है, क्योंकि उनकी जन्म-भूमि भी कोशी, कनार, महानन्दा और गंगा की बाढ़ से पीड़ित रही है। उन्होंने बाढ़ को विषय बनाकर रचित अपनी कुछ अन्य कृतियों, जय गंगा (1947), डायन कोशी (1948), हड्डियों का पुल (1948) आदि का भी उल्लेख किया है।

1975 में आयी बाढ़ से उत्पन्न पूरे पटना शहर और आसपास के इलाकों के जलमग्न होने की प्राकृत आपदा की कारुणिक परिस्थितियों को रेणु ने जिन उपर्युक्त खण्डों में बाँटकर प्रस्तुत किया है, वे सभी अपने शीर्षकों की अभिव्यंजना की अनुगूँज में प्रकृति और मानव के बीच के सुखद और दुखद सम्बन्धों की कथाएँ हैं। यात्रा में दृश्य के अवलोकन की मानसिकता की तुलना 'सिस्मोग्राफी' अर्थात् भू-कम्पन्न मापन की प्रक्रिया, से की जाती है। रेणु की तरह देश और दुनिया में समय-समय पर अकस्मात् उत्पन्न होनेवाली बाढ़ जैसी घटनाओं और दृश्यों की कथा-वार्त्ता को पूरे परिवेश के साथ प्रस्तुत करनेवाले कम ही सिद्ध साहित्यकार हुए हैं। इस प्रसंग में अंग्रेजी के कथाकार 'थॉमस हॉर्डी' की कई ऐसी कृतियों का स्मरण हो उठता है जहाँ बाह्य और अन्तः लोकों के बीच उच्छ्वसित होनेवाले अन्तर्विरोध की अभिव्यक्ति हुई है। रेणु ने प्रायः अपनी सभी कृतियों में रिपोर्ताज की शैली का अनुपम तरीके से विनियोग किया है। अकस्मात् बिहार की राजधानी पटना में आयी बाढ़ और उससे उत्पन्न विषम स्थितियों के एक-एक दृश्यों को अपने इस 'ऋणजल धनजल' शीर्षक कृति में बारीकी से पिरो दिया गया है। इस प्रसंग में उन्होंने कुत्ते की आवाज का जिक्र करते हुए, दरअसल कुत्तों की घ्राण-शक्ति की तारीफ ही नहीं की है, बल्कि मानवीय समाज में सुख के साथ दुःख की घड़ियों के उत्पन्न होने की दारुण कथा का भी पारदर्श चित्रण किया है। रेणु ने पटना और उसकी सभी दिशाओं में फैले हुए संस्थानों और मोहल्लों में पानी भर जाने के परिदृश्य को कथा की शैली में वर्णित किया है। यहाँ एक ओर विनाश और मृत्यु से विगलित मानवीय जीवन भयभीत रहता है, वहीं दूसरों ओर उन घड़ियों में भी मुक्तआसंग से प्रभावित होकर मनुष्य के मन में अनेक प्रकार की अन्तर्विरोधी संवेदनाएँ अभिव्यक्त होती हैं। प्रेमचन्द की कई कृतियों में, जैसे, उनकी 'कफन' शीर्षक कहानी में, उक्त स्थिति का उल्लेख हुआ है। यहाँ एक ओर प्रसव की पीड़ा से नारी कराह रही है और दूसरी ओर उसके पति और ससुर, उस नारी की मृत्यु के बाद कफन के नाम से उगाहे हुए पैसे से छक कर शराब पीने की प्रतीक्षा कर रहे हैं। इस सन्दर्भ में रचना के ये निम्नांकित स्थल बहुत ही प्रासंगिक प्रतीत होते हैं, यथा–

1. "गाँधी मैदान (सखा) एकदम लबालब भर गया...(अरे तेरी मतारी का) करण्ट में इतना जोर का फोर्स है कि (ससुरा) रिक्शा लगा कि उलटियै जायेगा...गाँजा फुरा गया का हो रामसिंगार? चल जाय एक चिलम 'बालुचरी-माल'–फिर शहर (बेट्च) डूबे या उबरे।"[87]

2. "..." 'का हो! पनियाँ आ रहलौ है?' जवाब में एक कुत्ते ने रोना शुरू किया। फिर दूसरे ने सुर-में-सुर मिलाया। फिर तीसरे ने। करुण आर्त्तनाद की भयोत्पादक प्रतिध्वनियाँ

सुनकर सारी काया सिहर उठी। किन्तु एक साथ करीब एक दर्जन मानव-कण्ठों से गालियों के साथ प्रतिवाद के शब्द निकले—'मार साले को। अरे चुप ...चौप! (प्रतिध्वनि : चौप! चौप! चौप!) कुत्ते चुप हो गये। किन्तु आनेवाले संकट को वे अपने 'सिक्स्थ सेंस' से भाँप चुके थे...अचानक बिजली चली गयी। फिर तुरत ही आ गयी...शुक्र है!"[88]

'कुत्ते की आवाज' शीर्षक वृत्तान्त के बाद 'जो बोले सो निहाल' शीर्षक बाढ़ के वृत्तान्त का दूसरा अंश कृति में संगृहीत है। इसमें लेखक ने बाढ़ के बाद भीषण हो जानेवाले दृश्य का आँखों देखा हाल कहा है। इस प्रसंग में आन्तरिक संवेदनशीलता को व्यक्त करते हुए एक स्थल पर रेणु ने लिखा है, "रेडियो से— पटना का देश के शेष भागों से सम्पर्क कट जाने की बात सुनने के बाद मेरे अन्दर का 'मैं' कातर हो उठा। ऐसा लगा कि एक द्वीप पर अकेला बैठा हुआ हूँ। चारों ओर समुद्र लहरा रहा है। कहीं किसी जहाज का मस्तूल या किसी नाव का पाल नहीं दिखलायी पड़ रहा... ।"[89] इस उपखण्ड के वृत्तान्त को 'जो बोले सो निहाल' नाम देने का आधार है, एक प्रसंग। इसमें बाढ़ की चपेट में आये हुए पटना नगर के अन्तर्गत नावों पर लोगों की आवाजाही और इसी प्रकार एक नाव पर बैठे सात-आठ सरदार जी और कई गैर सरदार द्वारा भक्ति-भाव से प्रेरित होकर सिक्ख धर्म में प्रचलित इस गुरुवाणी के उद्घोष 'जो बोले सो निहाल-सतसिरी अकाल!' की गूँजों के वर्णन हैं।

इस खण्ड की तीसरी रचना बाढ़ से उत्पन्न स्मृतियों की प्रगाढ़ता से सम्बन्धित है। इसे लेखक ने 'पंछी की लाश' शीर्षक से अभिव्यक्त किया है। इसमें जल-प्रलय से आहत जीवन-मृत्यु के बीच प्राण की रक्षा सम्बन्धी मानसिकता से प्रभावित लोगों के जीवन का जीवन्त वर्णन किया गया है। प्रायः जब बाढ़ अपने उतार पर होती है तो उससे हुई जान-माल की तबाही के दृश्य और भी मन को कचोटते हैं। इस सम्बन्ध में उक्त स्मृति-खण्ड के अन्तर्गत रेणु ने कई ऐसे लोक-गीतों की झंकार को ध्वनित किया है जो खासकर बिहार के उत्तरी हिस्सों में सावन-भादों के महीनों में महिलाओं के कण्ठ से फूट पड़ते हैं। इनमें से कुछ इस प्रकार हैं—

1. *"कासी फूटल कसामल रे दैबा*
   *बाबा मोरा सुधियो न लेले,*
   *बाबा भेल निरमोहिया रे दैबा*
   *भैया के भेजिनो न देल,..."*[90]

2. *"हाँ रे सुन सखिया! सावन-भदव केर उमड़ल नदिया*
   *भैया अइले बहिनी बोलाबे ले-सुन सखिया...*
   *कटि गेल कासी-कुशी छितरी गेल यम्हवा*
   *खुलि गेल मूँज केर डोरिया-रे सुन सखिया!*
   *...बीचहि नदिया में अइले हिलोरवा*
   *छुटि गेलै भैया केर बहियाँ-रे सुन सखिया!*
   *डूबी गेलै भैया केर बेड़वा-रे सुन सखिया!"*[91]

निःसन्देह इस उपर्युक्त उद्धृत लोक-गीतों की कुछेक बानगियों द्वारा रेणु की प्रतिभा ने प्रायः अपने आवास के इर्द-गिर्द के परिदृश्य का ही नहीं, बल्कि उस अकस्मात् उत्पन्न होनेवाली विषम परिस्थितियों, मानव-मन की पीड़ा आदि और उनमें निहित विद्रूपताओं का भी जिस दक्षता के साथ वर्णन किया है, वह अपने-आप में किसी भी महान् साहित्य की बहुमूल्य निधि का साक्ष्य है। रेणु ने उक्त कृति के शेषांश अर्द्ध भाग को 'ऋणजल' शीर्षक के अन्तर्गत प्रस्तुत किया है। भारतीय जीवन में अतिवृष्टि की तरह अनावृष्टि के कारण कठिनाइयों और विपत्ति की स्थितियाँ उत्पन्न होती रही हैं। रेणु ने अपने क्षेत्र के 'ऋणजल' को ही नहीं 'धनजल' को भी अपनी सूक्ष्म दृष्टि, गहरी संवेदनशीलता और चित्रात्मक भाषा-शैली द्वारा अविस्मरणीय बना दिया है। सूखे की चपेट में आये हुए 1966 के बिहार को लेखक ने 'भूमि-दर्शन की भूमिका' शीर्षकों के अन्तर्गत प्रस्तुत किया है। इसके प्रथम खण्ड की शुरुआत में ही रेणु ने अंचल की दुःखान्तिकी के साथ देश-दुनिया की ज्वलन्त समस्याओं की ओर शब्द-बिम्बों के सहारे पाठक का ध्यान आकर्षित किया है, यथा, "पिछले कई वर्षों से सैकड़ों शब्द, नाम, देश, समस्याएँ और समाचार, मेरे लिये बेमानी हो रहे हैं, होते जा रहे हैं, उनमें डेमोक्रेसी, चाइना, चुनाव, रेल-दुर्घटना, खाद्यान्न, भ्रष्टाचार, जनता, सत्यमेव जयते, कर्फ्यू, फ ायरिंग, बाढ़-फ्लड, दहाड़, सूखा-जरी-सुखाड़ जैसे नित्य के समाचारों में इस्तेमाल होनेवाले शब्द भी हैं, जिनमें बिना आजकल किसी का काम नहीं चल सकता।"[92] 1996 ई. में बिहार के पटना, गया, मुंगेर, हजारी बाग और पलामू के जिले विशेष रूप से सूखे की चपेट में आ गये थे। हर जगह खासकर बस्तियों और जंगलों में अपने अस्तित्व के प्रश्नों से मानव समुदाय जूझ रहा था। ऐसे समय में लोगों को खाने के लिए अन्न और पीने के लिए पानी, ये दोनों चीजें दूभर हो रही थीं। रेणु ने बिहार की इस विपदा को अनेक कारुणिक दृश्यों और मानवीय संवेदनाओं के सहारे संवेद्य बनाया है। यहाँ भी रेणु की लेखनी ने रिपोर्ताज की शैली में परिस्थिति और परिवेश के एक-एक अंग को उजागर किया है। स्वभावतः जब बिहार सूखे की चपेट में था, तो देश और विदेश के अनेक उदार मानव दल के साथ बड़ी-बड़ी कोठियों में शान-शौकत की जिन्दगी गुजारने वाले लोग भी चित्र-विचित्र मानसिकता को लिये हुए यात्रा कर रहे थे। इन्हीं उपर्युक्त सन्दर्भों में यथा-स्थान रेणु ने सूखे की स्थिति से उत्पन्न मानवीय त्रासदी का जिस दक्षता के साथ वर्णन किया है, उसके कुछेक साक्ष्य निम्नांकित हैं, यथा–

1. "खेत में काला-कलूटा, दुबला-पतला, भूखा-प्यासा, थका-हारा, बूढ़ा धान के सूखे पौधों को हँसिया से काट रहा है, यदि हमारी 'यात्रा' कॉन्क्कटेड किस्म की होती तो मैं यह कदापि विश्वास नहीं करता कि यह बूढ़ा सचमुच कोई बूढ़ा है जो संकट से लड़ रहा है–उसने कई ऐसे 'पोज' दिये जो कुशल-सफल कोई चरित्र-अभिनेता भी नहीं दे सकेंगे। भगवान् सफल नाटककार ही नहीं 'डाइरेक्टर' भी है।"[93]

2. "अचानक सड़क की दोनों ओर का भू-भाग-लैण्डस्केप-सपाट, सू-खा-आ-आ!! यह क्या? जहाँ तक दृष्टि जाती है– एक तृण नहीं। कहीं एक तिनका भी हरा नहीं।

बंजर-परती धरती नहीं...धान के खेत हजारों एकड़। प्रकृति के प्रकोप की मारी धरती। यह क्या देख रहा हूँ? यह किसका शाप है?...किसका पाप...?"[94]

3. "एक झोंपड़े से झाँकती है– ऐ जोड़ी गुस्से से भरी तेज आँखें...एक सात-आठ साल की बच्ची की। उसकी अधेड़ माँ हड़बड़ाकर उठ बैठती है, कपड़े से अपनी देह ढँकती है। गुस्से में कुछ बुदबुदाती है। दूसरे, तीसरे फिर चौथे झोपड़े के प्राणी भी कुनमुनाकर निकलते हैं– बच्चे, बूढ़ियाँ, अधेड़ और जवान औरतें। मर्द एक भी नहीं– एक नंग-धड़ंग, चित्ती कौड़ियों जैसी आँखोंवाले, दुबले-पतले, पीले बीमार बालक के सिवा।"[95]

4. "यहाँ ही नहीं, किसी भी 'इन्स्फेक्शन' या 'डाक' अथवा 'हाल्टिंग'– बँगले में पहुँचकर लगा है, इसके पहले भी रात बिता चुका हूँ। यहाँ खानपान-बावर्ची के एक ही जैसे चेहरे। हर जगह की 'छोटी' और 'बड़ी हाजिरी' के एक ही स्वाद और कमरों में एक ही तरह की गन्ध। हर 'बँगले' में देखा है, मच्छरदानी लगानेवाले डण्डे और खूँटे इसी तरह, हिलते-डुलते रहते हैं।"[96]

5. "गाड़ी रुकी। 'यायावर' को भूखे-प्यासे बैल-गायों का एक झुण्ड मिल गया है।..वहाँ उस खेत में हल में जुता हुआ एक जानवर गिर पड़ा है।...आकाश में गिद्धों की टोली डैने पसारकर भावँरी ले रही है।...सड़क की दाहिनी ओर छोटी-छोटी पहाड़ियों और चट्टानों पर कुहरा-सा छाया हुआ है। धरती पर एक ही रंग पुता हुआ है– धूसर, उदास। शस्यहीना धरती पर दरारें।...'पतरंगा' चिड़िया पास ही किसी झाड़ी में बैठकर अपने जोड़े को पुकार रही है।"[97]

6. "अन्त में पत्तल पड़े। हर पत्ते में एक रोटी और एक मुट्ठी सोयाबीन की घुघनी।...'यायावर' तस्वीरें खींचने में व्यस्त हैं। उनका कैमरा जिस पंक्ति की ओर मुड़ता है– उधर के पत्तों में रोटी तुरन्त डाल दी जाती है।...जिसके पत्ते में कुछ नहीं पड़ा है, वह माँग नहीं रहा है कुछ। चुपचाप देख रहा है। बच्चे टूट पड़े हैं मगर किसी ओर न हँसी, न खुशी।"[98]

रेणु की यह कृति उनकी अन्य रचनाओं से अनेक अर्थों में संगति रखती है, किन्तु कुछ अर्थों में उनसे भिन्न और विशिष्ट भी है। जहाँ उनके उपन्यास 'मैला आँचल' और 'परती-परिकथा' में बिहार का उत्तरीपूर्वी जनपदीय अंचल आजादी के बाद के भारतीय जीवन के मोह-भंग, निराशाओं, अन्तर्विरोधों आदि के साथ एक नयी भोर की किरणों और स्फूर्ति भरी मानसिकता के सदृश देशवासियों के मानस में रचे-बसे भावी आशा और विकास की अनुभूतियों को अभिव्यक्त करता है, वहीं रेणु के 'ऋणजल धनजल' सहित अन्य यात्रा-वृत्त उनकी प्रारम्भिक कृतियों के विषय और विधान को विश्वसनीय और बिम्बात्मक बनाते हैं। रेणु अपनी सम्पूर्ण रचनावली में यात्री की भूमिका सम्पन्न करते हुए और जनपदों में अपने द्रष्टा-स्रष्टा को जागृत रखते हुए हिन्दी की सृजनात्मक निधि में अपने ऐतिहासिक अवदान से हमेशा-हमेशा के लिए स्मरणीय हो जाते हैं। 'ऋणजल और धनजल' में संकलित बाढ़ और सूखे की भयावह स्थितियों पर आधृत कृतियों के प्रति अपनी श्रद्धांजलि व्यक्त करते हुए रघुवीर सहाय के साथ निर्मल

वर्मा ने रेणु की विरल प्रतिभा पर प्रकाश डाला है। उक्त विचार को निर्मल वर्मा ने रेणु की रचना की प्रांसगिकता में 'समग्र मानवीय दृष्टि' का नाम दिया है। वे अपने उद्‌गारों की शुरुआत जयप्रकाश नारायण के नेतृत्व में 'सम्पूर्ण क्रान्ति' के नाम से विख्यात जन-समूह की यात्रा के एक सह-यात्री के रूप में की है। निर्मल वर्मा ने दुनिया से रेणु जी के विदा लेने के बाद बिहार के एक जुलूस में सम्मिलित होते हुए प्रसंगवश रेणु के व्यक्तित्व और कृतित्वपरक अपनी स्मृतियों को बहुत गहराई के साथ व्यक्त किया है। उन्होंने रेणु के सम्बन्ध में अपनी स्मृतियों के अन्तर्गत उपजे हुए भावों और विचारों को संक्षेप में ही केवल उपयुक्तता नहीं दी है, उसे पूर्णतः सार्थक सिद्ध किया है। रेणु और उनकी कृतियों के सन्दर्भ में निर्मल वर्मा के ये विचार सर्वथा उद्धृत करने योग्य है, यथा, ''एक ऐसा व्यक्ति जो दुनिया की किसी चीज को त्याज्य और घृणास्पद नहीं मानता—हर जीवित तत्त्व में पवित्रता और सौन्दर्य और चमत्कार खोज लेता है—इसलिए नहीं कि वह इस धरती पर उगनेवाली कुरूपता, अन्याय, अँधेरे और आँसुओं को नहीं देखता, बल्कि इन सबको समेटनेवाली अबाध प्राणवन्तता को पहचानता है, दलदल को कमल से अलग नहीं करता, दोनों के बीच रहस्यमय और अनिवार्य रिश्ते को पहचानता है। सौन्दर्य का असली मतलब मनोहर चीजों का रसास्वादन नहीं, बल्कि गहरे अर्थ में चीजों के पारस्परिक सार्वभौमिक, दैवी रिश्ते को पहचानना होता है।''[99]

## 5.3 निर्मल वर्मा (1929-2005 ई.)

निर्मल वर्मा आधुनिक हिन्दी-साहित्य के मनस्वी लेखक हैं। इनकी सृजनात्मकता, साहित्य और संस्कृति के बहुआयामी क्षितिज पर व्यंजित हुई है। इनकी मौलिक 'रचनात्मक' की परिधि में कहानी, उपन्यास, नाटक और यात्रा-संस्मरण, हिन्दी की कालजयी कृतियों में परिगण्य हैं।[100] इनके जीवन के कई दशक विदेशों में व्यतीत हुए हैं। इन्होंने चेकोस्लोवाकिया के लेखक-संघ द्वारा आमन्त्रित होकर प्रवास में रहते हुए यूरोप के कई देशों का भी भ्रमण किया। इसी दौरान इन्होंने विदेशों की संस्कृति के प्रकाश और अन्धकार को महसूस किया। विशेषतः इनके उपर्युक्त यात्रा-वृत्तान्त, 'चीड़ों पर चाँदनी', 'हर बारिश में' और 'ढलान से उतरते हुए', 'विदेश-भ्रमण से उपजी हुई लेखक की गहरी संवेदना, अन्तर्दृष्टि एवं शैलीगत-चित्रमयता के साक्ष्य हैं। ये यात्रा-साहित्य के प्रतिमान रूप में कृतिकार को प्रतिष्ठित करती हैं। इनकी यात्रा-स्मृतियाँ की केन्द्रीय प्रकृति, मानव-जीवन के अस्तित्व और नियति से जुड़े प्रसंगों को उद्‌भासित करती है। अपने एक यात्रा-वृत्तान्त 'हर बारिश में' के प्रसंग में इन्होंने लिखा है कि "...अपनी आँखों से मुझे इतिहास को किताबों में नहीं—गली सड़कों पर लोगों के चेहरों पर देखना पड़ा। यह इतिहास से मेरी पहली नंगी, भयावह मुठभेड़ थी। पहली बार मुझे पता चला कि अखबार की सुर्खियों और सेमिनारों की वातानुकूलित बहसों से बाहर इतिहास का चेहरा कितना यातनामय, भयानक, वीभत्स और नेत्रहीन हो सकता है।"[101]

निर्मल वर्मा के यात्रा-संस्मरणों की विशेषताओं के उपर्युक्त प्रसंग में उनकी कृतियों का सोदाहरण विवेचन करना उचित होगा, यथा—

## चीड़ों पर चाँदनी

यह यात्रा-वृत्त तीन खण्डों में विभाजित है। इसके क्रमशः शीर्षक हैं, 'उत्तरी रोशनियों की ओर', 'चीड़ों पर चाँदनी' और 'देहरी के बाहर।' प्रथम दो खण्डों में यूरोपीय देशों और नगरों, चेकोस्लोवाकिया, पेरिस, बियाना, कोपेनहेगेन तथा आइसलैण्ड आदि की यात्रा-कथा है और तीसरे में विदेश के कुछेक विख्यात लेखकों और चिन्तकों, जैसे, लैकस्नेस, काफ्का, चापेक और चेखॅव, से हुए साक्षात्कारों और उनके पत्रों आदि की स्मृतियों से भरे वर्णन हैं। 'चीड़ों पर चाँदनी' दरअसल लेखक के बीते बाल्यकाल की स्मृतियों की मोहक यादें हैं। निर्मल वर्मा का प्रारम्भिक जीवन शिमला और उसके इर्द-गिर्द के पर्वतों पर बसे नगरों और प्राकृतिक दृश्यों से भरे-पूरे क्षेत्रों में बीता है। इसलिए ये इन पहाड़ों पर की जिन्दगी को बहुत ही आत्मीयता से याद करते हैं। इस यात्रा-संस्मरण के प्रारम्भिक पृष्ठों में इन्होंने लिखा है, "इन पहाड़ों के पीछे न जाने क्या होगा? जब हम छोटे थे, तो अपने घर के बरामदे में खड़े होकर अक्सर एक-दूसरे से यह प्रश्न पूछा करते थे। उन दिनों छुट्टी लेकर पहाड़ों पर जाने की जरूरत महसूस नहीं होती थी। वे हमेशा हमारे संग थे, हमारे खेलों में, हमारे सपनों में।"[102] इसी यात्रा-वृत्तान्त में कमरे की खिड़की से बर्फ से ढकी चोटियों और उन पर बिखरी चाँदनी की छटा को केन्द्र में रखकर कृति को 'चीड़ों पर चाँदनी' की संज्ञा दी गयी है। लेखक की उपर्युक्त स्मृतियों के ये अंश अपनी चित्रमयता की दृष्टि से सचमुच अविस्मरणीय हैं–

1. "कमरे में हल्की, फीकी-सी चाँदनी बिखर आयी थी। आँखें खिड़की के पार बीच के तरल अँधेरे को लाँघती हुई खिलनमर्ग की हिमाच्छादित चोटियों पर जा टिकी। चाँदनी के छुई-मुई से झिलमिलाते कण ऊपर से नीचे तक बर्फ पर फिसल रहे थे। सब-कुछ एक-दूसरे में चुपचाप सिमट आया था। लगता था, जैसे संगमरमर के सफेद चूरे की हल्की-हल्की बारिश हो रही हो।"[103]

2. "बादल, बर्फ, चाँदनी...तीनों के अलग-अलग रंग थे, अलग-अलग लय थी। उस क्षण मुझे लगा मानो किसी मायावी संगीत के चमकीले सुरों ने समस्त वन्य-स्थल को अपने स्वप्निल, निस्पद पंखों के भीतर समेट लिया हो—लगा था जैसे चाँदनी के रेशमी डोरों से खींचती हुई खिलनमर्ग की बर्फीली पहाड़ियाँ होटल के कमरे के पास तक सरक आयी हों और खिड़की के बाहर हाथ फैलाते ही मैं उन्हें छू लूँगा।"[104]

3. " पहाड़ों पर चाँदनी का यह अद्भुत माया-जाल मैंने पहली बार देखा था और एक अलौकिक विस्मय में मेरी आँखें अनायास मुँद गयी थीं। उस रात मुझे लगा था कि पहाड़ों में भी साँप की आँख-जैसा एक अविस्मृत, जादुई सम्मोहन होता है... ।"[105]

ये तीनों ऊपर के उदाहरण निर्मल वर्मा के यात्रा-संस्मरणों के सारभूत को उदाहृत करते हैं। सचमुच इनके यात्रा-संस्मरणों की सबसे बड़ी खूबी यह है कि प्रायः इन सभी में पहाड़ों और सामुद्रिक दृश्यों की मार्मिक छवियों और उन पर भोगे हुए क्षणों से उच्छ्वसित स्मृतिकार की देश-काल सम्बन्धी अन्तर्दृष्टि अपने-आप में विरल हो उठती हैं। इस कृति की

भूमिका में उन्होंने उक्त तथ्य को संकेतिक करते हुए लिखा हैं कि, "महज साँस ले पाना–जीवित रहकर धरती के चेहरे को पहचान पाना–यह भी अपने में एक सुख है–इसे मैंने यात्राओं से सीखा है..."[106]

'चीड़ों पर चाँदनी' में प्राग से बर्लिन की ओर जानेवाले मार्ग के अनुभवों को बहुत जीवन्त चित्रों और आन्तरिक अनुभूतियों के साथ प्रस्तुत किया गया है। लेखक ने कृति के प्रथम खण्ड का प्रारम्भ विख्यात नाटककार 'ब्रेख्त' को याद करते हुए चेकोस्लोवाकिया में बीते हुए क्षणों की संवेदना से समृद्ध किया है। इसके पहले संस्मरण का शीर्षक है 'ब्रेख्त' और एक उदास नगर।' इसकी शुरुआत स्मृतिकार ने जिस चीनी लोकोक्ति से की है, वह है 'हजार मील की यात्रा एक छोटे कदम से आरम्भ होती है।' इस सूक्ति में गर्भित यात्रा-स्मृति, प्रकृति और मानवीय हृदय को सार-संक्षेप में ध्वनित करती है। इसमें लेखक ने चेकोस्लोवाकिया के एक नगर से बर्लिन की ओर जानेवाले मार्ग के अनुभवों को संजीदगी और आत्मीयता के साथ वर्णित किया है। लेखक ने आइसलैण्ड को गन्तव्य बनाकर बीच के अनेक पड़ावों के खान-पान, रहन-सहन, तौर-तरीकों तथा बोल-चाल आदि के अतिरिक्त सहयात्रियों से हुए संवादों के धागों से स्मृति-पट को बहुत ही मनोरम एवं गहरी अनुभूतियों से भर दिया है। यात्रा-वृत्तान्तकार के रूप में निर्मल वर्मा की खासियत के जो गुण प्रकट होते हैं, उनमें से एक है, यात्रा के पहले, बीच और अन्त में उपजी हुई स्मृतियों को खूबी से एक सूत्र में बाँधना। इस क्रम में संस्मरण का यह अंश अपनी पूरी प्रासंगिकता व्यक्त करता है, ''आधी यात्रा पर पीछे छूटे हुए शहर की स्मृतियाँ मँडराती हैं, केवल आधा फासला पार करने के बाद ही हम उस स्थान के बारे में सोच पाते हैं जहाँ हम जा रहे हैं। किन्तु ऐसे लम्हें भी होते हैं, जब हम बहुत थक जाते हैं–स्मृतियों में भी और तब खाली आँखों के बीच का गुजरता हुआ रास्ता ही देखना भला लगता है... ।"[107]

इस खण्ड के दूसरे यात्रा-वृत्त का शीर्षक है 'रोती हुई मर्मेड का शहर।' इसमें आइसलैण्ड की ओर जाने के क्रम में बीच में पड़नेवाले देश स्कैण्डेनेविया के कोपेनहेगन में बिताये हुए दिनों की स्मृतियाँ सँजोयी हुई है। इसके आरम्भ में ही लेखक ने उक्त नगर की खासियत को शब्द-चित्रों के सहारे प्रस्तुत किया है, जैसे ''फिर भी कोपेनहेगन का तिवोली एक जगमगाते, जादुई परी-देश की तरह मेरी स्मृति पर टँगा है। वह अपने में सब-कुछ है– सरकस, नुमायश, छोटी-छोटी 'रोमैण्टिक' झीलों के इर्द-गिर्द बिखरे रेस्तराँ और 'नाइट-क्लब', 'रूलेट' (जहाँ मैं दास्तवस्की के 'हीरो की तरह बराबर हारता गया था), 'बीयर-पब', लम्बे-लम्बे झूले और मेरी-गो-एराउण्ड, रोशनियों की झालरों में घिरी 'ओरियण्टल' देशों की मसजिदें और गुफाएँ।''[108] यूरोप के इस विख्यात सैलानियों के प्रिय नगर में अपने कई सह-यात्रियों के साथ घूमते हुए यात्रा-वृत्त के कई स्थलों पर निर्मल वर्मा ने मुक्त-आसंग की मानसिकता में अपनी स्मृतियों में जागृत मनःस्थितियों और स्थलों की असली शक्ल-सूरत के साथ यूरोप के विभिन्न स्थानों की अस्मिता और पहचान को उजागर किया है। साथ ही यात्रा में मिलनेवाले यूरोपीय नगरों के भीतरी

रंग-रूपों को भी तुलनात्मक ढंग से प्रस्तुत किया है। नीचे दिये हुए कुछेक सन्दर्भ उक्त तथ्य को उदाहृत करते है,

1. "स्क्वायर की चारों ओर नियोन लाइटों में धुक-धुक करती, आँखों को चौंधियानेवाली दुकानें हैं, दुकानों के बीच छोटे-छोटे रास्ते हैं, समूचे नगर को अपने इर्द-गिर्द लपेटते हुए। 'स्क्वायर' से कुछ दूर हटकर 'स्कैण्डेनेवियन एयर-लाइन्स' की विशाल, गगनचुम्बी इमारत है– आधुनिक वास्तुकला का अद्‌भुत चमत्कार! यह कोपेनहेगन की अनूठी विशेषता है कि यहाँ नया और पुराना शहर अलग-अलग नहीं है, किन्तु एक संग होने के बावजूद दोनों एक-दूसरे से निरे अछूते जान पड़ते हैं। उनमें किसी प्रकार का सामंजस्य दिखायी नहीं देता।"[109]

2. ''इसकी तुलना में कितना भिन्न हो सकता है, मुझे बरबस याद हो आता है, एक दूसरा शहर, अमस्टरडम। न जाने क्यों, जाने-अनजाने, मैं हमेशा इन दो नगरों की तुलना करता रहता हूँ, शायद इसलिए कि दोनों ही एक जमाने में व्यापारी शहर थे, यूरोप के प्रसिद्ध बन्दरगाह– जहाँ यूरोप के दूर-सुदूर कोनों से व्यापारी और नाविक अपनी यात्रा जारी करने से पहले कुछ दिनों तक ठहरते थे।"[110]

3. ''कभी-कभी घर बदलते समय जब हम अपना सामान सन्दूक में रखते हैं, तो कुछ चीजें कभी पीछे नहीं छूट पाती, कोई बहुत पुराना 'पिक्चर-पोस्टकार्ड', 'शराब की बोतल का कोई 'लेब्ल', किसी 'कन्सर्ट' का प्रोग्राम – इन चीजों को हम अवश्य रख लेते हैं, चाहे सन्दूक में जगह न हो, चाहे जगह बनाने के लिए हमें एक दो कमीजें या 'स्वेटर' ही क्यों न बाहर फेंकना पड़े।"[111]

4. ''जिन्दगी का रास्ता तय करते समय बहुत-सा सामान पीछे छोड़ना होगा, यह जानता हूँ, किन्तु सोचता हूँ, किसी-न-किसी तरह एंगुई की स्मृति को बचाकर आखिर खींच लाना ही होगा।"[112]

5. ''उस रात मुझे सहसा आभास हुआ कि मैं कोपेनहेगन छोड़कर किसी बिल्कुल अज्ञात रहस्यमय शहर में चला आया हूँ। हर चीज जैसे कायाकल्प की अदृश्य प्रक्रिया से गुजरकर एक विचित्र, मायावी मुखौटे में बदल गयी थी– 'बॉर' की खिड़कियों के पीछे झाँकते भावहीन चेहरे, अन्तहीन आवाजें, नहर के पास सिकुड़ी मरी मछलियों की गन्ध, 18वीं-19वीं शती के रंग-बिरंगे बक्सानुमा मकान, जो एक जमाने में नाविकों के 'बैरक' थे– और गिरजों की बुर्जियाँ। बुर्जियाँ जो रात के नरम, नीले अँधेरे में सूखी हड्डियों के ढाँचों-सी हवा में काँपती है।"[113]

निर्मल वर्मा ने रास्ते से गुजरते हुए मन में तरंगायित अनमोल अनुभवों को यथा प्रसंग उपर्युक्त स्मृतियों के धागे में पिरोया है। यात्री विभिन्न परिस्थितियों, वातावरण और मानसिक स्थितियों में सफ र की दूरियों को तय करता है। स्वभावतः यात्रा के इन क्षणों में अनेक ऐसे विचार स्वतः भाषण की शैली में जाग उठते हैं, जिन्हें एकान्त अवदान के रूप में दुर्लभ मानना चाहिए।

संस्मरण के लेखक ने इस यात्रा-वृत्तान्त में अपनी यादों की बारात के अन्तर्गत अनेक ऐसे सन्दर्भों का उल्लेख किया है जो किसी देश-विदेश की परम्परागत सत्ता के साथ उसके चेतन और चिन्तन से सम्बद्ध होते हैं। प्रायः ये महान् कलाकारों की कृतियों की कुक्षि से आविर्भूत होते हैं, जैसे–

1. "क्या यह सच नहीं है कि हर जाति अपने जीवन-सौन्दर्य को अभिव्यक्त करने का जो विशिष्ट साधन चुन लेती हैं, उसके बाहर कोई अन्य साधन (या माध्यम) उसकी प्रेरणा को न केवल कृत्रिम और निर्बल बना देते हैं, बल्कि एक खास ढंग से विकृत भी कर देते हैं? चित्रकला के क्षेत्र में यह तथ्य न केवल डेनमार्क पर, बल्कि न्यूनाधिक मात्रा में अन्य स्कैण्डेनेविय'ई देशों पर भी लागू किया जा सकता है।"[114]

2. "और मैं 'एकुआ-विते' पीता हुआ एंगुई के चेहरे की ओर देख रहा हूँ। हल्का-सा विस्मय होता है। एक साधारण-सी समानता दिखायी देती है, उसमें और बैकेट के चरित्रों में...एक रूप-सा परिहास, व्यंग्य में लिपटी करुणा, अन्तहीन थकान...और कोपेनहेगन।

सोचता हूँ क्या बर्लिन से कोपेनहेगन की यात्रा एक दूसरे स्तर पर ब्रेख़्त से बैकट तक की यात्रा ही तो नहीं है?"[115]

इस खण्ड की 'उत्तरी रोशनियों की ओर' शीर्षक यात्रा-वृत्तान्त का सम्बन्ध कोपेनहेगन से आइसलैण्ड तक के सामुद्रिक सफ   र से है। स्वभावतः लेखक ने इसमें सागर के बीच या उसके तट पर बिखरे हुए प्राकृतिक रूप, रस, गन्ध, स्वर आदि को सुन्दर शब्दिक बिम्बों में वर्णित किया है। इनमें से कई अपने-आप में विरल हैं, यथा–

1. "दो दिन तक समुद्र-पक्षी बराबर हमारे जहाज के पीछे उड़ते रहे, धूप और आँधी में, रात दिन। जब जहाज के 'किचन' से बावर्ची पुरानी बासी रोटी के टुकड़े, फलों के छिलके या बची-खुची गोश्त की तरकारी बाहर फेंकता, तो वे उन पर उतावले-से होकर टूट पड़ते, समुद्र में गोते लगाते हुए उन्हें निगल लेते और फिर उड़ने लगते, उस घड़ी की आशा में जब बारह या तेरह घण्टे बाद बावर्ची फिर अपना सिर 'किचन' की खिड़की से बाहर निकालेगा।"[116]

2. "पहली बार पूरी शिद्दत से महसूस हुआ कि धरती, महज ठोस धरती पर चलने का भी अपना अलग सुख है। वह पैरों के नीचे काँपेगी नहीं, हिले-डुलेगी नहीं, यह ख्याल मन को अजीब सान्त्वना-सी देती है। यदि हमें उस समय कोई यह कहता कि हम जिन्दगी भर धरती पर ही चलते रहे थे तो हमें कुछ वैसा ही विस्मय होता जैसा मोलियर के 'जेण्टिल मैन' को यह जानकारी हुई थी कि वह जीवन-भर 'गद्य' में बातचीत करता रहा है।"[117]

3. "मैं सबसे ऊँची सीढ़ी पर बैठा हूँ और उन छायाओं को देख रहा हूँ जो डेक के इर्द-गिर्द मँडरा रही हैं। समय का बोध बहुत पहले खत्म हो चुका है। रात सूरज के संग-संग चलती है और अँधेरे के कण इतने महीन हैं कि मुट्ठी में आते ही उँगलियों से फिसल जाते हैं और दिन का उजाला रात को धकेलता नहीं, उसे केवल एक उदास गुलाबी रंग में भर देता है और समुद्र है, जो हमेशा संग है, एक विराट रहस्य की मानिन्द-तटस्थ, उतना ही जितना समय, जिसके अब कोई माने नहीं रह गये हैं...।"[118]

4. "समुद्र के छोर क्षितिज के संग-संग एक बहुत ही हल्की, मटमैली-सी रेखा दिखायी देती है। भूमि? अचानक विश्वास नहीं हो पाता। वह बहुत फीका-सा धब्बा है, बहुत ही नरम और छुई-मुई-सा, जो बादल भी हो सकता है। एक बार दिखायी दिया और फिर अचानक आकाश और समुद्र के अन्तहीन फैलाव में खो गया...लेकिन उसका खोना महज निगाहों का भटकाव था।"[119]

इस उपर्युक्त यात्रा का अन्तिम पड़ाव आइसलैण्ड की राजधानी रिक्याविक है। इसका वर्णन संग्रह के 'सफेद रातें और हवा' संस्मरण में किया गया है। इसमें आइसलैण्ड की राजधानी रिक्याविक नगर का वर्णन है। रिक्याविक शब्द का अर्थ होता है– धुएँ का शहर। इसका नामकरण नॉर्वे के यात्री वाईकिंगस द्वारा किया गया है। उन्होंने यहाँ के गरम पानी के झरनों से जन्म लेते हुए धुएँ को देखकर शहर को उपर्युक्त नाम से सम्बोधित किया है। लेखक ने इस शहर की स्वच्छता और धवलता पर मुग्ध होते हुए, शहर की पहचान को विभिन्न प्रसंगों में उजागर किया है। इस शहर को पहली बार देखकर लेखक ने अपनी भावुकता को शब्द देते हुए कहा है कि–"इस उपमा की अनुमति दें तो रिक्याविक का शहर उस प्रेमिका की मानिन्द है, जिसकी सही पहचान चेहरे में न होकर समूची देह, और उसके अलग-अलग अंगों में छिपी रहती है।"[120]

उक्त प्रसंग में संस्मरणकार ने, 'आइसलैण्ड' नाम में निहित रोचक अन्तर्विरोध का उल्लेख किया है। सच तो यही है कि आइसलैण्ड में सूरज की धूप में अपनी हरीतिमा को बिखेरते हुए मैदानी द्वीपों की भरमार है। यह यूरोप के कई अन्य शहरों से इस माने में भिन्न है कि इसके उत्तरी भाग को छोड़कर शेष बर्फ की फुहारों से मुक्त रहते हैं। इस शहर की चतुर्दिक् सुन्दरता का उल्लेख करते हुए स्मृतिकार ने इसकी स्वच्छ हवा पर अपने को न्योछावर कर दिया। नीचे के ये कुछेक गद्यांश उक्त शहर के साथ आइसलैण्ड की विशेषताओं को वर्णित करनेवाले रिपोर्ताज की भाषा हैं, "जिसका (रिक्याविक) हर दिन-रात समुद्र की लहरों में घुलता रहता है, या जहाजों, मछली पकड़ने की नौकाओं और बासी-खट्टी गन्ध से घिरे बन्दरगाह, या एक पहाड़ी कस्बा, जो मध्यरात्रि के जामुनी आलोक में उनींदा-सा पड़ा रहता है अथवा छोटे-छोटे रंग-बिरंगे मकानों का लिलिपुटियन नगर वॉल्ट डिसनी का परी-देश! रिक्याविक शायद यह सब-कुछ है, फिर भी जब मैं आँखें, मूँदकर याद करता हूँ, तो इनमें से कोई भी चीज सामने नहीं आती। याद आती है सिफ रिक्याविक की हवा।"[121] इसी प्रकार आइसलैण्ड के विभिन्न स्थलों का भ्रमण करते हुए लेखक ने इस शान्त, सुन्दर, हरे मैदानों से भरे-पूरे, शुभ्र ग्लेसियरों से रंजित और सुन्दरता से सँवारे हुए इस निर्विकार देश के मनोरम स्वरूप को उभारा है। साथ ही अपने संस्मरण को पूर्णता देते हुए लेखक लेक्सनेवज और विख्यात मूर्तिकार आस्मिन्गिर स्वेर सॉन की कृतियों का भी उल्लेख किया है, यथा–

1. "मालूम हुआ विश्वविख्यात आइसलैण्डी लेखक हादॉर लैक्सनेस यहीं रहते हैं।. ..सोचता हूँ बरसों पहले 'इण्डिपेण्डेण्ट पीपुल' के पन्ने के बारे में, जिन्होंने पहली बार मेरा

ध्यान इस अनजाने देश की ओर आकर्षित किया था।"[122]

2. "समूचा स्टूडियो जैसे अनेक जीवन्त बिम्बों का अपने में एक सम्पूर्ण और अर्थपूर्ण जगत् था। उनकी कृतियों में मुझे अजीब-सी 'आवेगपूर्ण शान्ति' की उपलब्धि हुई। एक कलात्मक अनुभूति की सम्पूर्णता नहीं– जो हम अधिकतर पश्चिम के आधुनिक कलाकारों में पाते हैं बल्कि सम्पूर्णता की अनुभूति का कलात्मक आग्रह, जो अमूर्त और आकृति, दोनों में केवल सही विधान को खोजता है।"[123] इस संस्मरण-संग्रह 'चीड़ों पर चाँदनी' नामक खण्ड में लेखक ने यूरोप के ली डितस (छोटा-सा कस्बा), वर्तरामका (प्राग का एक शहर), पेरिस और वियना के अविस्मरणीय प्राकृतिक स्थल, प्राकृतिक दृश्य, ऐतिहासिक तथा सांस्कृतिक संस्थान और इनमें जन्म लेनेवाले चिन्तकों तथा कलाकारों आदि की यादों को सुन्दर पुष्पों की तरह चुन-चुन कर सजा दिया है। इन सभी में संस्मरणकार निर्मल वर्मा जी की प्रतिभा, सूक्ष्म संवेदना, गहरे चिन्तन और मौलिक सोच के अनेक उदाहरण मिलते हैं। इस प्रकार उक्त संग्रह का यह खण्ड यूरोप में व्यतीत कालावधि की भरी-पूरी स्मृतियों का अद्भुत पुंज सिद्ध होता है।

'चीड़ों पर चाँदनी' का तीसरा खण्ड 'देहरी के बाहर' साहित्यकारों के साक्षात्कार सम्बन्धी हैं। इसमें क्रमशः आइसलैण्ड के नोबेल पुरस्कार से सम्मानित लेखक हाल-दौर विलियन लैक्सनेस, समकालीन चेक साहित्य के विख्यात व्यक्तित्व काफ   का और चापेक तथा सुप्रसिद्ध कथाकार चेखॅव के पत्रों, साक्षात्कारों आदि पर आधृत निर्मल वर्मा के विचार सम्मिलित हैं। इन स्मृति-खण्डों के विषय पाश्चात्य साहित्यकारों के आन्तरिक धरातल को व्यंजित करते हैं। आइसलैण्ड के विख्यात लेखक लेक्सनेस के साक्षात्कार के क्रम में निर्मल वर्मा ने प्रारम्भ में उनकी व्यक्तिगत जीवन-प्रणाली और उनके आवास की पृष्ठभूमि को उभारा है और उनकी कृतियों के सम्बन्ध में अनेक महत्त्वपूर्ण पृच्छाएँ की हैं। साथ ही इस क्रम में उनकी कुछ कृतियों की विशेषताओं पर प्रकाश डालते हुए लेखक की प्रतिक्रिया जानने की कोशिश की है। इस सम्बन्ध में साक्षात्कार के कुछेक ये अंश प्रासंगिक हैं, यथा–

1. "वैसे मैं स्वयं एक लेखक हूँ जिसे लोग 'वामपन्थी' या 'समाजवादी' कहते आये हैं। इसके बावजूद मैं सोचता हूँ कि अपने प्रतिगामी विचारों के रहते भी इलियट और काम्यू ने महान् रचनाओं की सृष्टि की है।"[124]

2. "आधुनिक भारतीय लेखक मुझे 'आधुनिक' नहीं जान पड़े। जो कुछ भी पुस्तकें मैनें पढ़ी हैं और वे अधिक नहीं हैं। उनकी शैली बहुत कुछ मुझे यूरोप के पुराने लेखकों का स्मरण दिला जाती हैं, भारत में मेरी मुलाकात एक ऐसे युवा लेखक से हुई, ड्यूमा के भक्त थे। डयूमा के बाद भी यूरोप में साहित्य-सृजन होता रहा है, इसमें शायद उन्हें कोई विशेष दिलचस्पी नहीं थी। चीन में भी मेरा बहुत कुछ ऐसा ही अनुभव रहा है।"[125]

3. "मेरा अपना कुछ ऐसा अनुभव रहा है कि लैक्सनेस उन बहुत कम लेखकों में से हैं–और ऐसे लेखकों की संख्या आज के युग में दिन-पर-दिन कम होती जा रही है–जो अपनी आस्था क    मीज    की आस्तीन पर लटकाकर नहीं चलते। अपने उपन्यास- ऐटम स्टेशन के एक पात्र के बारे में उन्होंने लिखा था कि वह हर आइसलैण्ड की तरह, जिस चीज को

जितनी गहराई और संवेदना से महसूस करता था, उसके सम्बन्ध में उतने ही रूखे और अनमने भाव से बातचीत करता था।"[126]

इसी प्रकार अपने दूसरे साक्षात्कार के अन्तर्गत समकालीन चेक-साहित्य की पृष्ठभूमि में निर्मल वर्मा ने काफ्का और चापेक के व्यक्तित्व और कृतियों के सृजनात्मक तत्त्वों की खोज की है। साथ ही उन्होंने इन दोनों लेखकों के साथ चेक-साहित्य की सुदीर्घ परम्परा के मूलभूत पक्षों और अवदानों का भी उल्लेख किया है। इस प्रकार लेखक का यह साक्षात्कारपरक संस्मरण काफ्का, चापेक और याननेरूदा पर विशेष रूप से केन्द्रित है। यहाँ उक्त साक्षात्कार के निम्नलिखित प्रसंग सर्वथा संगतिपूर्ण हैं, यथा—

1. "आश्चर्य नहीं, आधुनिक चेक-साहित्य के एक सीमान्त पर हैं यारोस्लाव हाशेक (खायक के निर्माता) और दूसरे सीमान्त पर काफ्का यदि हम मान लें कि जर्मन से अधिक वे चेक थे। एक दूसरे युग के सबसे प्रखर व्यंग्यकार, दूसरे सबसे महान् ट्रैजिक लेखक। दोनों का साहित्य एक ऐसी मानवीय (?) स्थिति से उत्पन्न हुआ है जो आत्यन्तिक रूप से एबसर्ड है—तर्कसंगत किन्तु अर्थहीन।"[127]

2. "एक ऐसा देश जो 'स्लाव' होने के नाते स्वभावतः पूर्व की ओर झुक रहा, किन्तु जिसने संस्कृति के प्रेरणा-स्रोत पश्चिम से ग्रहण किये; एक सेतु, जो दोनों दिशाओं को मिलाने की कोशिश में स्वयं नगण्य और उपेक्षित-सा पड़ा रहा।"[128]

3. "पूर्व या पश्चिम? एक लम्बे अरसे से यह प्रश्न चेक बुद्धिजीवियों के सम्मुख किसी-न-किसी रूप में उपस्थित होता रहा है। शीत-युद्ध की राजनीति ने दुर्भाग्यवश अन्य प्रश्नों की तरह इस प्रश्न का भी अति साधारण विवेचन प्रस्तुत करके असली स्थिति को काफी विकृत करने की चेष्टा की है।"[129]

4. "नेरूदा सब-कुछ थे एक समर्थ कवि, आलोचक और पत्रकार। किन्तु आज उनकी लोकप्रियता उन चन्द कहानियों पर आधारित है, जो उन्होंने 'लिट्ल कुआर्टर' के निवासियों पर लिखी थीं।"[130]

5. "वास्तव में आज काफ्का को किसी देश या भाषा की सीमाओं में बाँधना उतना ही अवांछनीय होगा जितना उनके विकास और व्यक्तित्व को विशेष चेक परिस्थिति से अलग करके परखने की चेष्टा करना।"[131]

इस पुस्तक और इस खण्ड की आखिरी रचना है— 'देहरी के भीतर : चेखॅव के पत्र।' इसमें लेखक ने पत्रों के सहारे विश्व के एक महान् साहित्य के मूलभूत सृजनात्मक पक्षों की खोज की है। इस सम्बन्ध में लेखक ने साहित्यिक विधाओं के बीच पत्रों की भागीदारी पर बहुत ही उपयुक्त विचार प्रकट किया है, यथा— "...विशेष लेखकों के पत्रों में— डायरी की आत्मानुभूति और कहानी की निरप्रेक्षता आधी-आधी बँट जाती है; इसलिए वे इतने दिलचस्प और आकर्षक लगते हैं। डायरी की निरावृत स्थिति पत्रों में ढक जाती है, उसी तरह, जैसे कहानी के ढके अंग उनमें खुल जाते हैं। कला-कृति का निर्वैयक्तिक मौन और डायरी का स्वकथ (मोनालॉग) इन दो सीमान्तों को पाटने की खातिर ही शायद पत्रों का आविष्कार हुआ होगा।"[132]

चेखॅव के पत्रों की प्रासंगिकता में निर्मल वर्मा ने पत्र-साहित्य की विधा के महत्त्व और उसकी रचना-प्रक्रियाा का अत्यन्त ही सूक्ष्म विश्लेषण किया है। निश्चयपूर्वक मनस्वी व्यक्तियों के पत्र अपने-आप में युग-इतिहास के अनेक अनदेखे पृष्ठों को ही नहीं उभारते, बल्कि उनके माध्यम से देश की परम्परा और वैयक्तिक प्रतिभाओं के प्रेरणा-स्रोतों का भी विश्वसनीय विवेचन करते हैं। इस सम्बन्ध में चेखॅव के पत्रों के विविध पक्षों पर प्रकाश डालनेवाले निर्मल वर्मा के ये विचार बहुत ही रचनात्मक सिद्ध होते हैं, यथा– 1. "उन्हें पढ़कर हल्की-सी खीझ होती है, क्योंकि वे किसी निष्कर्ष पर नहीं पहुँचते लगता है जैसे कोई धुन अधूरी ही बीच हवा में झूलती रह गयी, उसे 'फिनिसिंग-टच' देने के लिए अन्तिम सुरों की हम प्रतीक्षा करते हैं, वे कभी नहीं आते।"[133] 2. "उनके पत्र अपने में आत्मीयता, दिलचस्प और स्वतन्त्र हैं...वे चेखॅव के हैं, यह बात गौण लगती है। इसी में शायद इन पत्रों का महत्त्व और चेखॅव की महत्ता निहित है।"[134]

'हर बारिश में' लेखक ने प्राग, लन्दन और कुछेक अन्य देशों की यात्राओं की स्मृतियों को उनके देश-काल की पृष्ठभूमि में प्रस्तुत किया है। इसके सम्बन्ध में अपनी बात कहते हुए वर्मा जी ने जो लिखा है, उसके ये अंश उदाहरणीय हैं, यथा–"अपने दूसरे यूरोप प्रवास के दौरान मुझे संयोगवश कुछ ऐसे शहरों में रहना पड़ा, जहाँ अपनी आँखों से मुझे इतिहास को किताबों में नहीं गली सड़कों पर लोगों के चेहरों पर देखना पड़ा। यह इतिहास में मेरी पहली, नंगी, भयावह मुठभेड़ थी। पहली बार मुझे पता चला कि अखबार की सुर्खियाँ और सेमिनारों की वातानुकूलित बहसों से बाहर इतिहास का चेहरा कितना यातनामय, उदास, भयानक, वीभत्स और नेत्रहीन हो सकता है!"[135] निर्मल वर्मा की उक्त रचना, यात्रा-संस्मरण से संगति रखती हुई उनके विदेश प्रवास, विशेषतः फ्रान्स, प्राग, लन्दन और पेरिस के साथ सोवियत संघ के कुछ स्थानों पर व्यतीत स्मृतियों से ऊर्जस्वित है। वस्तुतः यह एक देश-काल से सम्बद्ध होकर भी जीवन-जगत् सम्बन्धी सूक्ष्म संवेदन और गहरे चिन्तन का प्रमाणिक दस्तावेज है।[136]

'हर बारिश में' अधिकांशतः लेखक के विचारोत्तेजक निबन्धों को अधिक जगह मिली है, किन्तु इसमें यात्रा-वृत्तान्तपरक परिवेश, परिदृश्य और सफ र में होनेवाले अनुभव जहाँ-तहाँ अपनी उपस्थिति का अहसास कराते हैं।[137] इस कृति में खासकर 'अंग्रेजों की खोज में', 'प्राग एक स्वप्न' और 'अँधेरे के खिलाफ' वृहत स्तर पर यात्रा-वृत्तान्त की ओर अपने झुकाव को व्यक्त करनेवाली रचनाएँ हैं। ये पाठक को देश-दुनिया के अनेक अनदेखे-अनछुये सन्दर्भों पर गहराई से प्रकाश डालती हैं।

'अंग्रेजों की खोज में' संस्मरण में लेखक ने कुछेक अन्य देशों के निवासियों के स्वभाव से तुलना करते हुए अंग्रेजों के खुश-मिजोज होने, और पूर्वग्रहों से मुक्त होकर अपनी सहिष्णुता सम्बन्धी खासियत के समझने-बूझने की मानसिकता पर बल दिया है। इस सम्बन्ध में लेखक के ये विचार द्रष्टव्य हैं, यथा–

1. "सम्भवतः अंग्रेजों का चरित्र इन दो परस्पर विरोधी तत्त्वों के अनोखे सम्मिश्रण

की उपज है, जहाँ 'बीच' को खोजने के लिए दोनों तरफ के हाशियों से गुजरना जरूरी है। एक ऐसा प्रदेश जहाँ 'सुन्दर' और 'हास्यापद' हम-बिस्तर जीते हैं।"[138]

2. "...यह पीढ़ी ओस्बोर्न और बेस्कर की 'नाराज पीढ़ी' से बिल्कुल अलग है। नाराजगी उससे होती है, जिससे कुछ आशाएँ हों। इस पीढ़ी को कहीं से, किसी से कोई आशा नहीं। उन्होंने सब-कुछ ठुकरा दिया है, सब-कुछ पाने के लिए।"[139]

3. "यह प्रसन्न हलकापन, एक अनायास उच्छलता और अहं से अछूता आत्मविश्वास न केवल अंग्रेजों की नयी पीढ़ी की विशेषता है बल्कि लन्दन के गिरजों की भी। इसमें कोई संयोग नहीं, क्योंकि ये गिरजे ऐसे युग में बने थे, जब इंग्लैण्ड में इसी तरह का खुलापन और आत्मविश्वास था, जैसा आज है।"[140] इन अनुभवों के प्रवाह में बहते हुए लेखक की दृष्टि लन्दन की प्रख्यात नदी टेम्स पर जाती हैं। इस नदी के साथ अंग्रेजों का जो लगाव रहा है, उसके सम्बन्ध में निर्मल वर्मा ने अपने अनुभवों को उड़ेल दिया है। टेम्स नदी को इस संस्मरण में 'लन्दन की देह' कहते हुए, इस नदी के साथ इंग्लैण्ड के अभिन्न इतिहास की ओर ध्यान आकर्षित किया गया है, यथा– "न जाने कितने दिन गुजर जाते हैं और लन्दनवासी अपनी नदी के दर्शन भी नहीं करते। उस पर से गुजरना ही पड़ता है, शायद ही कभी नीचे झाँककर देखते हों कि नीचे उनका बहता इतिहास है, पानी एक बार बहकर हमेशा के लिए बह जाता है, किन्तु उसे घेरती नदी शाश्वत है।"[141]

निर्मल वर्मा के यात्रा-संस्मरणों की कड़ी में 'ढलान से उतरते हुए' में संगृहीत दो वृत्तान्त उल्लेखनीय हैं, एक 'ढलान से उतरते हुए' और दूसरा 'सिंगरौली जहाँ कोई वापसी नहीं।' पहले वृत्तान्त में सोवियत संघ के बीते हुए दिवसों की यादें स्पन्दित हैं और दूसरे में आधुनिक भारत की बदलती हुई परिस्थितियों, विशेषकर औद्योगीकरण की रफ तार में जंगल, खेत और शुद्ध हवा-पानी से भरे-पूरे स्थलों के उजड़ने की विडम्बना व्यक्त हुई है। दूसरे में लेखक ने उक्त परिस्थितियों के फलस्वरूप विस्थापन की दुःखद समस्याओं से जुड़े अनेक प्रश्नों के उत्तर खोजने का प्रयत्न किया है।[142] इसीलिए उक्त संस्मरण को एक उपर्युक्त शीर्षक के अन्तर्गत प्रस्तुत किया गया है। इस सम्बन्ध में लेखक ने यह कहा है कि, "सिंगरौली की यात्रा भी उस तीर्थ-यात्रा की अँधेरी परिणति है, जिसकी शुरुआत इलाहाबाद के कुम्भ मेले में हुई थी।"[143] अपने रूस के प्रवास के प्रसंग में निर्मल वर्मा ने वहाँ के विख्यात साहित्यकारों, तुर्गनेव, दास्तवस्की, पुस्कीन तथा चेखॅव आदि के स्मारक स्थलों में घूमते हुए इन सभी के लेखन और चिन्तन पर प्रकाश डाला है। इसी प्रकार अपनी इस कृति को 'ढलान से उतरते हुए' नाम में निहित व्यंजना को संस्मरणकार ने उद्‌घाटित किया है। इस यात्रा-वृत्तान्त में निर्मल वर्मा ने सोवियत संघ की क्षीण होती हुई शक्ति और प्रभुता का उल्लेख करते हुए रूस के तत्कालीन जीवन और परिस्थितियों में अनुभूत विरोधाभासों और विडम्बनाओं को रेखांकित किया है। इस प्रसंग में उनके यात्रा-वृत्तान्त के ये अंश उल्लेखनीय हैं।"

1. "रूस की सर्दियों की कितनी स्मृतियाँ हैं...फिर जब कुछ बड़े हुए तो भूगोल का स्थान पुश्किन ने ले लिया, मुझे अभी तक याद है, जब पहली बार मैंने उनकी वह लम्बी,

मर्मान्तक प्रेम-कविता 'यूजिन ओनेजिन' पढ़ी थी...किताब में एक बुडकट तस्वीर थी, लैम्प के नीचे तान्या पत्र लिख रही है और खिड़की के बाहर बर्फ गिर रही है... ।"[144]

2. "रूस ही शायद ऐसा देश है जहाँ हमारी अपनी जिन्दगी, पुराने पढ़े उपन्यास और इतिहास की मौजूदा घड़ी आपस में ऐसा उलझ जाते है, जिन्हें एक-दूसरे से अलग करना असम्भव है।"[145]

3. "...परदों के पीछे लेनिनग्राड पर बर्फ गिर रही थी, रात की चिरन्तन शान्ति में चुपचाप। 'एक लेखक की जिन्दगी...' उन्होंने कहा, 'वह और लोगों की तरह है। फर्क सिर्फ इतना है, लोग कुछ और सुनते हैं, वह कुछ और सुनाता है... ।"[146]

इनके यात्रा-वृत्तान्तों को पढ़ते हुए ऐसा लगता है कि लेखक ने अपनी यायावरी अन्तर्गत देश-काल के विशाल कैनवास् पर चित्र-विचित्र बिम्बों को बाह्यचक्षु से अधिक अन्तःचक्षु से देखा है। यह भी प्रतीत होता है कि संस्मरणकार ने अपनी यात्राओं में पूरब-पश्चिम के जीवन, समाज, संस्कृति तथा भाषा आदि के साथ प्रकृति को सूक्ष्म दृष्टि से स्मृति में संगृहीत किया है। इतना ही नहीं लेखक देश-काल के बीच विचरते हुए उनके जीवन्त इतिहास की खोज में भी संलग्न रहा है।[147] इस क्रम में स्मृति से जुड़े मुक्त-आसंग की मनःस्थिति के सन्दर्भ में लेखक ने अपने कृतित्व को विश्व-संस्कृति का संस्मरणात्मक संगम बना दिया है। ऐसा लगता है जहाँ-जहाँ निर्मल वर्मा देश-विदेश में घूमते रहे हैं वहाँ उन्होंने वर्तमान सन्दर्भ में उसकी अस्मिता की पहचान करने का प्रयत्न किया है। इस प्रसंग में यह भी ज्ञातव्य है कि यात्रा-वृत्तान्तों के अतिरिक्त लेखक की अन्य कृतियों में भी वे मूलतः यात्री बने रहे हैं।

निर्मल वर्मा के यात्रा-वृत्तान्तों के कुछ ऐसे गुण हैं, जो इन्हें अनेक यात्रा-संस्मरणकारों के बीच इनकी विशिष्ट प्रतिभा को उजागर करते है। प्रथम तो यह कि इनकी यात्राओं में पर्वत, समुद्र और मैदान आदि के साथ स्थल विशेष की संस्कृति के अंग-प्रत्यंग, जैसे— लेखक संघ, म्यूजियम तथा कला-वीथिका आदि, यात्री के स्मृति-कोष को सम्पूर्णता प्रदान करते हैं। इसी प्रकार इनके संस्मरणों के बहुआयामी प्रसंग इनकी कृतियों को पृथ्वी के सत्य और सौन्दर्य की मार्मिक कथा बना देते हैं यहाँ यह भी उल्लेखनीय है कि निर्मल वर्मा ने अपने निबन्धों को भी उपर्युक्त सन्दर्भ में 'पर्सनल ब्रुडिंग' की रचना कहना बेहतर समझा है, ऐसा इसलिए कि उनमें शुष्क विचार से अधिक गहरे अनुभव और अन्तर्दृष्टि का बाहुल्य होता है। इसी क्रम में ध्यातव्य है कि यात्री-लेखक ने राह पर चलते हुए सह-यात्रियों की संगति के रोचक प्रसंगों को भी अपनी यादों का अभिन्न अंग बनाना आवश्यक समझा है। इस प्रकार निर्मल वर्मा की यात्रापरक स्मृतियाँ 'दृश्य' के साथ 'दर्शन' को साथ-साथ लेकर सक्रिय रहती है।

स्मृतिकार ने यात्रा-वृत्तान्तों में पर्वतीय भूमि और इतिहास को कभी भी विस्मृत नहीं किया है। ये दोनों विषय वर्षों की उनकी यायावरी में अपनी दुर्लभ कौंधों से पाठक को विदेश में देश और देश में विदेश के अनुभवों से बार-बार रससिक्त करते हैं। इनमें यथा स्थान इतिहास और दर्शन के अतिरिक्त साहित्य, कला तथा विज्ञान आदि के फूलों की मादक गन्ध यात्रा-संस्मरणों को एक अलग व्यक्तित्व प्रदान करती है।

भाषा-शैली की दृष्टि से निर्मल वर्मा के यात्रा-संस्मरण हिन्दी ही नहीं, विश्व के यात्रा-साहित्य में भी अपनी मौलिकता और विशिष्टता के कारण खास जगह बनाते हैं। मुक्त-आसंग और प्रत्यभिज्ञान, यात्रा-संस्मरण की आधारभूत क्रियाएँ हैं। इनके माध्यम से यात्री अपनी स्मृतियों के बिखराव में एक अन्विति का निर्माण करते हैं। साथ ही वे इनके द्वारा यात्रा की स्मृतियों को जीवन्त, वृहत् और सम्पूरित करते हैं। भाषा-शैली के विशेष सन्दर्भ में भी निर्मल वर्मा, शब्दों को बिम्ब तथा प्रतीक आदि में ढालकर उनकी अर्थ-सम्पदा को संगीत की अनुगूँज की तरह लक्षणा और व्यंजना की शब्द-शक्तियों से भर देते हैं। ऐसा कहा गया है कि साहित्य कलाओं में इसलिए श्रेष्ठ है कि यह दूसरों की अपेक्षा संश्लिष्ट और गतिशील स्थितियों को भी व्यक्त करने की अधिक सामर्थ्य रखता है। इस प्रकार निर्मल वर्मा के यात्रा-वृत्तान्त पूरी तरह उक्त तथ्यों को सर्वथा उदाहृत और परिलक्षित करते हैं।

## 5.4 विद्यानिवास मिश्र (जन्म-1926 ई.)

विद्यानिवास मिश्र की कृतियाँ प्रमुखतः व्यक्तिव्यंजक निबन्धों से भरी हुई हैं। इनमें 'क्षितवन की छाँह', 'कदम की फूली डाल', 'तुम चन्दन हम पानी', 'आँगन का पंछी और बन्जारा मन', 'बसन्त आ गया है पर कोई उत्कण्ठा नहीं', 'मेरे राम का मुकुट भीग रहा है', 'कौन तू फुलवा बीनन हारी' तथा 'तमाल के झरोखे से' आदि संग्रह उल्लेखनीय हैं। अज्ञेय ने इनकी कृतियों के सम्बन्ध में विचार व्यक्त करते हुए लिखा है कि—''पश्चिम के साहित्यों और संस्कृतियों से गहरे परिचय ने विद्यानिवास मिश्र को आतंकित नहीं किया बल्कि उनकी भारतीयता को और पुष्ट किया।'' मिश्र जी की रचनात्मकता सम्बन्धी उक्त वक्तव्य विशेषतः लालित्य चेतना से भरे उनके व्यक्ति-व्यंजक निबन्धों के प्रसंग में अपनी पूर्ण प्रासंगिकता प्रकट करता है। मिश्र जी ने अनेक यात्रा-वृत्तान्त सम्बन्धी रचनाओं को भी ललित निबन्धों के वृहत् क्षेत्र में प्रस्तुत किया है। साहित्य अकादमी की ओर से प्रकाशित 'स्तबक' शीर्षक व्यक्ति व्यंजक निबन्धों के संकलन की भूमिका (पृ.-13) में मिश्र जी ने आचार्य हजारीप्रसाद द्विवेदी जी के निबन्धों की समीक्षा करते हुए लिखा है कि, "...इन सबका एक ही उद्देश्य है कि पाठक उनके द्वारा आत्मीयता की डोर में बँध जाये और साथ आ जाये, उनके साथ ऐसी अन्तरंग आत्मीयता स्थापित हो जाये कि लेखक के साझे की कहानियाँ, उनके साझे की कहानियाँ हो जाए, उसके सामने उसकी देखी, उसकी अधदेखी, उसकी अनदेखी घटना आ जाए, और प्रत्येक दशा में उसे ऐसा लगे कि हमको दिखाया नहीं जा रहा है, स्वयं हम देख रहे हैं...।'' इस मन्तव्य में स्वयं लेखक का निजत्व भी परोक्ष रूप से व्यक्त होता है।

'वसन्त आ गया पर कोई उत्कण्ठा नहीं' शीर्षक-लेख के निकट का सम्बन्ध निबन्ध की अपेक्षा यात्रा-वृत्तान्त से अधिक स्थापित होता है। इस उपर्युक्त संग्रह में कुछेक ऐसी रचनाएँ हैं, जो प्रकारान्तर से मिश्र जी के यात्रा-संस्मरणों की परिणति लगती हैं। इस पुस्तक

में संगृहीत रचनाएँ, जैसे, 'बर्फ और धूप', 'अस्ति की पुकार– हिमालय' आदि देश-काल की स्मृतियों से भरी हुई हैं। उपर्युक्त 'बर्फ और धूप' शीर्षक निबन्ध का प्रारम्भ जिस प्रकार प्रकृति के जीवन्त दृश्यों के वर्णन से प्रारम्भ होता है, वह अपने-आप में यात्रा के आनन्द से सराबोर है, जैसे, "मैं अकेला चला जा रहा हूँ, छाता ताने, लबादे, दस्ताने और मोजे से लैस, बर्फ के फाहे लबादे पर चिपकते जा रहे हैं। मुझे भी बर्फ बड़ी सुहावनी लगती है। बर्फ पर पैर रखते समय एक अजीब सुख मिल रहा है... ।"[148] यह उद्धरण विद्यानिवास मिश्र की अमेरिकी-यात्रा की स्मृतियों से सम्बन्धित है। विदेश भ्रमण करते हुए सिद्ध यात्री के मन में स्वदेश में विदेश ही नहीं, विदेश में स्वदेश कितना जीवन्त हो उठता है, इस स्थिति की प्रतीति इस यात्रा-वृत्तान्त में प्रकट होती है, जैसे– 'मुझे देश से बाहर आने पर यह अनुभव होता है कि घर को पहचानने के लिए बाहर ही अच्छी जगह है। अपनी संस्कृति को अच्छी तरह से जानने के लिए दूसरी संस्कृति का सन्दर्भ आवश्यक है। पर हाँ, दूसरी संस्कृति सन्दर्भ मात्र है, वह मूल नहीं, यह ध्यान रखना आवश्यक है। जो लोग संस्कृति को मात्र विचारों तक सीमित रखते हैं, वे बड़े तटस्थ भाव से अपनी संस्कृति को निरखते हैं... ।"[149]

विद्यानिवास मिश्र के निबन्ध संग्रहों में 'मेरे राम का मुकुट भींग रहा है' सर्वाधिक यात्रा-वृत्तान्तों से भरा-पूरा है। इसमें निम्नलिखित 'मुकुट, मेखला और नूपुर' , 'विन्ध्य की धरती का वरदान', 'अमरकण्टक की सालती स्मृति', 'बेतवा के तीर पर', 'होइहें शिला सब चन्द्रमुखी', 'रेवा से रीवां', 'रूपहला धुआँ' तथा 'बालू के ढूह' आदि लेख यात्रा-वृत्तान्त की आभा से शोभित हैं। इनका पहला 'मुकुट, मेखला और नूपुर' वृत्तान्त विन्ध्य के साथ तुलनात्मक स्तर पर हिमालय की उपत्यकाओं में रचे-बसे 'सत्यम्-शिवम्-सुन्दरम्' के रूप-रस को प्रस्तुत करता है। इस रचना का शीर्षक 'मुकुट, मेखला और नूपुर' अपने व्यंग्यार्थ और उपमा-विधान के अन्तर्गत क्रमशः हिमालय, विन्ध्य और सागर के अद्‌भुत सामंजस्य को उद्‌भासित करता है। लेखक की दृष्टि में 'हिमालय' भारत के मुकुट की दीप्ति, 'विन्ध्य' उसकी मेखला की ध्वनि और 'नूपुर' सागर के कल-कल निनाद के वाचक हैं। भारत की प्रकृति सम्बन्धी उदात्त चेतना को लेख के अनेक स्थालों में मिश्र जी ने प्रस्तुत किया है। वे अपनी रचना के प्रारम्भ में कहते हैं कि, "...सबसे पहले मेरा मन हिमालय के चरणों में बिछी हुई धानी तराई की स्निग्ध स्मृतियों में भींग-सा उठता है। मेरा जन्म उसी तराई की धरती में हुआ है और बचपन भी उसी के रस से सिंचित होकर के पला है। यह सही है कि साल-भर बाण और तुलसी की हिमलगी विन्ध्य-भूमि में रहकर भी इसके वन-निर्झरों में, इसके कलाकेन्द्रों में, सोन, नर्मदा, गोपद, बनास, क्रेन, बेतवा और दशार्ण नदियों की चट्टानों के साथ अठखेलियों में और अतीत के अधखुले पृष्ठों सरीखे बोलते शिल्पों में रमा-घूमा है।"[150] इस यात्रा-वृत्तान्त के क्रम में लेखक ने विन्ध्य पर्वत से प्रवहमान् नदियों, सदा नीरा तथा कौसिकी आदि के तटवर्ती दृश्यों का उल्लेख करते हुए हिमालय की भव्यता और सुन्दरता का भी स्मरण किया है एवं इस प्रसंग में 'भारत-भूमि' की अधिकांश नदियों के स्रोतों एवं सौन्दर्य सम्बन्धी स्मृतियों को तुलनात्मक आयाम पर बहुत ही सटीक ढंग से इस प्रकार प्रस्तुत किया

है, "जब मैंने जेठ में धाँय-धाँय जलती छोटी-छोटी पहाड़ियों की चोटियों पर से खड़े होकर तृणविहीन और ऊसर भूमि का फैलाव निहारा है, तब-तब मुझे हिम-शैल-मालाओं का स्वर्ण-रंजित अनन्त सौभाग्य और बैसाख-जेठ में गलते हुए हिमपिण्डों के उमड़ाव से लहराते हुए साठी (षष्ठि) धान के झूमते खेत नजर आये हैं, मुझे लगा है कि रूप के अनन्त सौभाग्य को विरह की साधना मानो यहीं मिली है...।"[151] इसी प्रकार विन्ध्य को देखकर लेखक के मन में बार-बार हिमालय की स्मृति जागृत हो उठती है। विद्यानिवास मिश्र जी ने सभी दिशाओं के अन्तर्गत फैले हुए विन्ध्य और हिमालय, इन दोनों पर्वतों के संगम को भारत का सन्धि-स्थल कहा है। उनका यात्री-मन पुनः विन्ध्य और हिमालय की परस्परता में भारत के 'मुकुट, मेखला और नूपुर' का अनुभावन करता है, यथा, "हिमालय अपनी ऊँचाई में बड़ा है, सागर अपनी गहराई में बड़ा है, तो विन्ध्य अपने विस्तार में बड़ा है, ऐसा विस्तार जो संस्कृति के सभी कीर्ति-स्तम्भों में व्याप्त करके फैला हो।"[152]

यात्रा-स्मृति से जुड़े अपने दूसरे लेख 'विन्ध्य की धरती का वरदान' में लेखक ने रवीन्द्रनाथ के पथ पर चलते हुए भारत-तीर्थ की भौगोलिक और रागात्मक सत्ता को इन शब्दों में वर्णित किया है, "कई बार सोचने की कोशिश की है कि आखिर भारत के सांस्कृतिक सामंजस्य में किस अंश तक विन्ध्य का योग है, तो लगा है कि इस अनन्त संस्कृति-महासागर में मिलने के लिए नर्मदा और शोण की ही नहीं, बल्कि विनय और गहरी आस्था की धाराएँ भी इसी प्रदेश से निःसृत हुई हैं। जिन चार संस्कृतियों का योग इस देश में हुआ, उनमें से एक है कोल संस्कृति।"[153] इस वृत्तान्त में लेखक ने अपनी ही स्मृतियों को ही नहीं बल्कि उनमें विन्ध्य की उपत्यकाओं के साथ देश की प्रकृति-विविधा में स्थित सांस्कृतिक छटा को भी उन्मीलित करने का प्रयत्न किया है, जैसे– "जहाँ न केवल पृथ्वी की ज्येष्ठतम सन्तान की पुरातनतम स्मृतियों की शिलाओं को फोड़कर निकलती हुई रसवन्ती धाराओं की परितृप्ति है, रात-रात त्वरित गति से थिरकती-थिरकती विजड़ित श्यामल पिण्डलियों के हीरकमय स्वेद-कणों की निश्चल झलक है, रूपगर्विताओं की अंग-भंगिमा से पागल मुकुरों से होड़ लेनेवाली सरसी में निशाकर का मदिर विलास है और राम और सीता जैसे आदर्श दम्पति के स्नेह से पुलकित मही के उर की एक मीठी-सी सिहरन है...।"[154] प्राकृतिक स्थलों की यात्राओं में लेखक भारत के एक सुरम्य पर्वतीय स्थल 'अमर-कण्टक' को सम्मिलित ही नहीं करता, बल्कि उसकी स्मृति उसको सालती रहती है। इसलिए लेखक ने सम्बद्ध लेख को 'अमर-कण्टक की सालती स्मृति' शीर्षक दिया है। अपनी इस अनुभूति के साक्ष्य स्वरूप इन पंक्तियों में अमर-कण्टक की उपत्यकाओं स्थित कुण्ड और मन्दिरों के मनोरम दृश्यों को इन शब्दों में लेखक ने आंका है, "बरसों पहले मेघदूत पढ़ा था और तब नर्मदा को अपनी गोद में खिलानेवाले और दुलारकर झरनों के पलनों में झुलानेवाले आम्रकूट के बारे में मन में एक बड़ी तीव्र उत्कण्ठा जगी थी। यहाँ आने पर जब पता चला कि आज उसी का नाम अमरकण्टक है...कुण्ड के इन मन्दिरों का जितना सुन्दर चित्र लगता है, उतना उनका यथार्थ नहीं और वनों का, घाटियों का और पूरे परिसर का

जो मनोरम चित्र आँखों में झूलता है, वह चित्र में नहीं उतर पाता। इसे मनुष्य की शक्ति की पराजय कहें या प्रकृति की लज्जा का निदर्शन, कुछ समझ में नहीं आता।"[155] मध्य प्रदेश की पर्वतीय भूमि पर पर्यटन करते हुए संस्मरणकार विद्यानिवास मिश्र, यहाँ के पर्वतों, जलधाराओं आदि के साथ भारतीय इतिहास और संस्कृति के साक्ष्य स्वरूप महाराजाओं और सामन्तों के राजमहलपरक अवशेषों में विचरण करना नहीं भूलते। इसी प्रसंग में उक्त संग्रह के तीन लेख 'बेतवा के तीर पर', 'होइहें शिला सब चन्द्रमुखी' और 'रेवा से रीवा' उल्लेखनीय हैं।

इन यात्रा-वृत्तान्तों के लेखक की भाव-धारा में भारत की प्राचीन नदी 'बेत्रवती' के प्रवाह और कुँजों के साथ उज्जयिनी, धारा तथा विदिशा आदि के तट पर बसे प्राचीन नगरों के शेष वैभव के दृश्यजड़ित हैं। बेत्रवती भारतीय-साहित्य की अनेक महान् प्रतिभाओं का स्मरण कराती है। इससे जुड़े मालव, भारशिव, बाकाटक, परमार, चन्देल तथा बुन्देल आदि प्राचीन राजवंशों की कृतियों का बहुत भावुक होकर लेखक ने स्मरण किया है। वे इस सन्दर्भ में अपनी अनुभूति को प्रगाढ़ करते हुए सोचते हैं कि, "इन सबको आँकने के लिए भी आज हमें अवकाश नहीं है। हम नये इतिहास का निर्माण करने चले हैं, पर हमें उसके आधार का पता नहीं है, मानो हमारी इस नादानी पर उसकी लहरें खिलखिला रही हों। मैंने इस हास्य को प्रणाम किया।"[156] तुलसीदास कृत 'रामचरितमानस' की इस पंक्ति 'होइहें शिला सब चन्द्रमुखी' में निहित महान् कवि की भक्ति और कल्पना, इन दोनों को याद करते हुए विद्यानिवास मिश्र जी ने विन्ध्य पर्वतों में शोभित शिलाओं के साथ विश्वविख्यात 'खजुराहो' की कला और कृति का वर्णन किया है। इस क्रम में लेखक ने वहाँ के अवशेषों को देखकर भारतीय साधना के अनेक सन्दर्भों का पुनः अन्वेषण भी किया है, यथा— "खजुराहो के मन्दिरों का निर्माण-काल लगभग छठी-सातवीं शताब्दी से लेकर, यदि जैन मन्दिरों के पुनरूद्धार को सम्मिलित कर लिया जाये, 16वीं 17वीं शताब्दी तक फैला हुआ है। चौसठ योगिनी के मन्दिर के अवशेषों तथा उसकी कुछ अनुमानित प्रतिमाओं के संग्रहालय में अवलोकन से यह स्पष्ट हो जाता है कि स्थान निश्चित ही कोई जीवित शक्तिपीठ था और यहाँ ताराओं की साधना प्रवर्तित थी। पर कैसे यह शक्तिपीठ धीरे-धीरे शैव और वैष्णव क्षेत्र बना, यह किसी दबाव या आकस्मिक परिवर्तन के कारण नहीं, बल्कि प्रत्यभिज्ञा-दर्शन की ओर से जो क्रमशः यह प्रयत्न जारी था कि शक्ति में अवस्थित चिन्दंश में शिव को परिस्फुरित कराया जाय, उसी का यह अवश्यम्भावी परिणाम है।"[157] इसी प्रकार लेखक ने उपर्युक्त अन्तिम दोनों यात्रा-संस्मरणों में मध्यप्रदेश की प्राचीनतम पर्वतीय भूमि स्थित वैभव का वर्णन किया है। अपनी इन स्मृतियों को विराम देते हुए मिश्र जी ने पुस्तक में संगृहीत 'रूपहला धुँआ' के अन्तर्गत सुप्रसिद्ध नगर रीवा से कुछ दूरी पर स्थित 'चचाई का कूड़ा' नाम से विख्यात जल-प्रपात का मोहक वर्णन किया है, यथा, "नदी के उस पार चचाई गाँव है और यहाँ लगभग 375 फीट का बीहड़ प्रपात बनाती हुई नदी मनोरम घाटी में प्रवेश करती है। मैं इस जगह वसन्त, ग्रीष्म, पावस और शरद इन सभी ऋतुओं में प्रातः काल, दुपहरी, सन्ध्या और आधी रात सभी वेलाओं में गया हूँ और कई पार्श्वों से इसको निहारने का अवसर भी मुझे मिला है, पर जब-जब निहारा है, और जिस-जिस पार्श्व से

निहारा है तब-तब बराबर मेरी आँखें जलसीकरों की शुभ्र धूमराशि से नयी शीतलता पाती रही हैं।"[158]

विद्यानिवास मिश्र की मनस्विता के साथ उनकी संवेदना और अनुभव के विशाल क्षेत्र में भारतीय साहित्य, संस्कृति और इतिहास, ने एक अपूर्व रसायन में घुल-मिल कर हिन्दी को विविध सृजनात्मक लेखन से समृद्ध किया है। आचार्य रामचन्द्र शुक्ल जी ने भावुकता को कविमनीषी की एक आधारभूत मनोदशा माना है। इसलिए कि इसके अभाव में विशेषतः प्रकृति और देश-काल के सत्य और सुन्दर को देखकर भी पहचाना नहीं जा सकता। निःसन्देह विद्यानिवास मिश्र के पाण्डित्य ने रसिक चित्त होकर हिन्दी को ललित लेखों की भाव-भंगिमा में अनेक अविस्मरणीय यात्रा-वृत्तान्तों का ऐश्वर्य दिया है। इनकी भाषा-शैली कभी कालिदास, तो कभी बाणभट्ट की याद दिला देती है। ऐसा होना स्वाभाविक है, क्योंकि मिश्र जी के चिन्तन और लेखन में संस्कृत वाङ्मय की रस-धारा प्लावित हुई है।

## 5.5 विष्णु प्रभाकर (1912-2009 ई.)

विष्णु प्रभाकर हिन्दी-साहित्य के एक बहुमुखी प्रतिभावान व्यक्तित्व रहे हैं। इनका लेखन लगभग 30 जिल्दों में संगृहीत है और इनमें साहित्य की प्रायः सभी विधाओं में लिखित रचनाएँ अपने लेखन की सृजनात्मकता के अनेक आयामों को व्यंजित करती हैं। इनमें नाटक, कहानी और उपन्यास आदि के साथ जीवनी और यात्रा-वृत्तान्त भी उल्लेखनीय हैं। इनके द्वारा रचित बँगला के महान् कथाकार 'शरत्चन्द्र' की जीवनी', 'आवारा मसीहा' एक कीर्ति-स्तम्भ की तरह अपनी मौलिक आभा को प्रकट करती है। इसी प्रकार उनके कुछेक यात्रा-वृत्तान्त जैसे, 'हँसते निर्झर : दहकती भट्ठी' और 'ज्योतिपुंज हिमालय' विशेष रूप से हिन्दी यात्रा-साहित्य की परम्परा में विशिष्ट स्थान रखते हैं। इस पहली कृति के सम्बन्ध में विष्णु प्रभाकर ने लिखा है कि, "देश-विदेश में, नगरों में और प्रकृति के प्रांगण में जब-जब भी और जहाँ-जहाँ भी मुझे यात्रा करने का अवसर मिला है, उस सबकी चर्चा मैंने प्रस्तुत पुस्तक में की है। इसमें जानकारी देने का प्रयत्न इतना नहीं है, जितना अनुभूति का वह चित्र प्रस्तुत करने का है, जो मेरे मन पर अंकित हो गया है, इन अर्थों में ये सब चित्र मेरे अपने हैं। कहीं मैं कवि हो उठा लगता हूँ, कहीं दार्शनिक, कहीं आलोचक, कहीं मात्र एक दर्शक।"[159] इन्होंने अपने दूसरे यात्रा-संस्मरण में हिमालय के प्रति व्यक्त भारतीय और विदेशी चिन्तकों तथा कवियों के प्रगाढ़ अनुभवों को उद्धृत करते हुए हिमालय की उपत्यकाओं में स्थित उत्तर-काशी, गंगोत्री, गोमुख और तपोवन की यात्रा सम्बन्धी गहरी अनुभूतियों को व्यंजित किया है। हिमालय को ज्योतिपुंज कहते हुए उक्त यात्रा-वृत्तान्त में विष्णु प्रभाकर के आह्लादित संस्मरण का एक अंश निम्नांकित है, "किन्हीं के लिए हिमालय प्रणव की भूमि है, किन्हीं के लिए प्रणय की रम्यस्थली, कोई यहाँ प्रेरणा पाता है तो किसी के लिए यह पलायन स्थान है। ये सब तो मानव की सीमित कल्पना की सीमा-रेखा के रूप हैं। अपने-आप में तो यह मूक

तपस्वी सौन्दर्य और साधना में कोई अन्तर नहीं मानता। इसलिए किसी भी कारण से हो, सर-सरिताओं, वृक्ष-पादपों, पशु-पक्षियों और औषधियों के समान ही मानव को भी उसने सदा शरण दी है। शरण के वे स्थान आज भी वर्ष में आठ मास तक मानवीय क्रीड़ा से गूँजते रहते हैं। उनकी छोटी-छोटी चोटियों पर तो वर्ष-भर बस्तियाँ बसी रहती हैं, परन्तु सर्वोच्च शिखरों पर भी मनुष्य के चरण-चिह्न अंकित हो गये हैं।"[160]

अपनी पहली कृति को 'हँसते निर्झर : दहकती भट्ठी' का शीर्षक देते हुए प्रकारान्तर से लेखक ने जीवन-जगत् सम्बन्धी अपने गहरे अनुभवों से उद्धृत दर्शन को पुस्तक की भूमिका के प्रारम्भ में व्यक्त किया है, यथा– "मैंने भी अपने जीवन में यही अनुभव किया है। मानव-जीवन स्वयं में अभियान है।

हरेक व्यक्ति यहाँ यात्री है। इस यात्रा में सुख-दुःख, आनन्द-ग्लानि तथा प्रकाश-अन्धकार सभी से उसका परिचय होता है। कोई बाधा उसे नहीं रोक पाती। वह निरन्तर बढ़ता रहता है, इसलिए वह यात्री है। जीवन की इस लम्बी डगर में उसे कई हमराही मिलते हैं। कुछ दो-चार कदम चलकर बिछुड़ जाते हैं, कुछ अन्तिम क्षण तक मित्र बने रहते हैं। छोटी-छोटी यात्राओं में जीवन के इसी विराट् रूप का वामन-रूप हमें मिलता है। लेकिन वह वामन ही हमारी सबसे बड़ी अनुभूति है और वही हमें दूसरों को समझने की दृष्टि भी देता है।"[161]

विष्णु प्रभाकर हिन्दी के ऐसे साहित्यकार हैं, जिनके संवेदनों, अनुभवों और विचारों को देश-विदेश की अनेक यात्राओं के संस्मरणों ने सींचा है। उपर्युक्त कृति में विष्णु प्रभाकर के 21 यात्रा-संस्मरण संकलित हैं। इनमें हिमालय के तीर्थ-स्थानों, बद्रीनाथ, केदारनाथ, गंगोत्तरी और यमुनोत्तरी, के अतिरिक्त रूस, दक्षिण-पूर्व एशिया के देशों एवं तीन भारतीय नगरों, कलकत्ता, भिलाई और वैशाली की यात्राओं की प्राणवन्त स्मृतियाँ अभिव्यक्ति के सुन्दर धागे में सम्बद्ध हैं। संग्रह के प्रथम संस्मरण 'मैं यहीं मरना चाहता हूँ' के अन्तर्गत मुख्यतः पर्वतों की उपत्यकाओं में फैली हुई भोर की किरणें, पर्वत-शिखरों के स्वर्णिम हो उठी आभा आदि का मोहक वर्णन है। शताब्दियों पूर्व से ये विदेशी यात्री और भारतीय जन-गण के लिए अशेष आकर्षण के केन्द्र रहे हैं। यह हिमालय पर्वत भारत की अनेक नदियों का उद्‌गम स्थल भी हैं। आस्था और उपासना के इस देश में नदियों के तटों पर तीर्थ स्थापित हैं। इस दृष्टि से तो हिमालय सबसे ज्यादा आकर्षक और समृद्ध है। इसी प्रसंग में लेखक ने वृत्तान्त के अन्तर्गत गोमुख नाम से विख्यात हिमानी-द्वार सम्बन्धी स्मृतियों का उल्लेख किया है, यथा–

1. "देखता हूँ, भोर की किरणें रूप का ताना-बाना बुनने लगी हैं। ऊषा का जादू जैसे भंग हो रहा है और सूर्य उदय हो आया है। उनकी लीला से वहाँ के दृश्य दैवी हो उठते हैं। मन उमग-उमग उठता है कि ऊपर पहुँच जाऊँ इन स्वर्ण-शिखरों पर और नाचता हुआ देखूँ नीचे के अनन्त विस्तार को।"[162]

2. "यही है बीस मील लम्बी हिमानी का द्वार। यही है शिव की जटाओं में खेलनेवाली विष्णुपदी, पुण्यतोया भागीरथी का शिशु रूप। गति में अदम्य वेग भरे शिलाखण्डों

से भेंटती, सब कहीं शुभ्र-श्वेत-धवल सुषमा बिखेरती, हिमवान की यह यौवन-मदमाती लाड़ली बेटी रत्नेश में लय होने के लिए भागी चली जा रही है।"[163] इस संग्रह की दूसरी रचना है 'डायरी का एक पृष्ठ।' डायरी भी स्मृति-कुल की एक सृजनात्मक शैली है। आदमी की याददाश्त की भी एक सीमा होती है। इसलिए लेखक देश-काल की स्मृतियों को यथा-शीघ्र देखे-सुने क्षणों को सँजोने की कोशिश करते हैं। दूसरी बात यह है कि किसी स्थल को देखकर उत्पन्न पहली 'प्रतिक्रिया' (ऐड्रीक) में कम गहराई रहने की सम्भावना होती है, फिर भी डायरी स्मृतियों को चित्रित-वर्णित करने का लोकप्रिय माध्यम सिद्ध होती है। विश्व की अनेक कृतियाँ डायरी-लेखन की देन है। इसी का साक्ष्य है यह उपर्युक्त लेख। स्मृतिकार ने बर्मा के विख्यात शहर रंगून की विदेश-यात्रा में एकत्र किये हुए संस्मरणों को इस रचना में मूर्तित किया है। हवाई-यात्रा के अन्तर्गत वातायन से निहारे हुए क्षितिज के यत्र-तत्र फैली हुई बिजली की तरंगें और दूर से आते हुए भयानक तूफान का सुन्दर वर्णन इसमें किया गया है, जैसे—''है केवल नीले आकाश का मुक्त विस्तार, सद्यस्नात प्रकृति, जिसकी दीर्घ केशराशि पीठ पर बिखरी हुई है और जिसकी अभिराम साड़ी दिग्-दिगन्त में फहरा रही हैं।"[164]

**'हँसते निर्झर : दहकती भट्ठी'** के संस्मरणों की विविधा में 'सौन्दर्य का दर्द' शीर्षक यात्रा-लेख में कश्मीर के गुलमर्ग और अनन्तनाग सम्बन्धी उद्यान और उपवनों के दृश्य हैं। गुलमर्ग को देखते हुए लेखक स्वभावतः सम्मोहित होकर कवि की भूमिका में इसके सौन्दर्य का वर्णन करते हुए लिखता है कि, "कल गुलमर्ग में सुरमई घटाएँ छा रही थीं, आज यहाँ सुनहरी धूप खिल रही है। आकाश के विस्तार पर मेघ-शावक अलस भाव से यहाँ-वहाँ ऐसे बिखरे हैं, मानो धूप-स्नान करने आ लेटे हों। मेरा मन रह-रह सामने की ढलानों पर उड़ जाता है।...चीड़-वन ऐसे लगते हैं, जैसे पंख फैलाकर उड़ने की तैयारी में हों और रजतवर्णी निर्झर उनके इस साहस पर मुग्ध होकर गा उठे हों।"[165] प्रकृति दर्शन के इस क्रम में यात्री की सौन्दर्य-पिपासा उसे कश्मीर के ही दूसरे अच्छाबल स्थित प्रवहमान् एक निर्झर के समीप खींच लाती है। इसको देखकर यायावर की जिज्ञासा उसका निर्माण करनेवाली सुप्रसिद्ध नारी नूरजहाँ का उल्लेख करता है और मुग्ध भाव से निर्झर की लय-गति में स्वयं प्रवाहित होने लगता है। उसे प्रतीत होता है कि, "अनेक निर्झर न जाने कहाँ-कहाँ से धरती के अन्तर को चीरकर पिघली हुई चाँदी बिखेरने को उमड़ पड़ते हैं। मानव उनके इस चांचल्य से ही जैसे सन्तुष्ट नहीं हुआ। उनके मार्ग पर अनेक नहरें बनाकर फव्वारे लगा दिये हैं, जो निरन्तर फेनिल हास्य बिखेरते हुए अर्घ्य चढ़ाते रहते हैं। नाना रूप-रंग के पुष्प मुस्कराकर उसके रूप को और भी मोहक कर देते हैं। स्थान-स्थान पर बने चिनार के कुंज हिमालय की गरिमा के प्रतीक हैं।"[166] अनन्तनाग के निर्झर ने यात्री की मुग्धता को और प्रगाढ़ बना दिया है। विष्णु प्रभाकर यहाँ के झरनों की कल-कल ध्वनि सुनते हुए अज्ञेय की जिन पंक्तियों को स्मरण करते हैं, वे निम्नांकित हैं—

*"तुम पर्वत हो अभ्रभेदी शिलाखण्डों के गरिष्ठ पुंज,*
*चाँपे इस निर्झर को रहो, रहो,*
*तुम्हारे रंध्र-रंध्र से*
*तम्हीं को रस देता हुआ*
*फूटकर मैं बहूँगा।"*[167]

पर्वतीय उपत्यकाओं में बसे हुए तीर्थ-स्थलों में केदारनाथ केवल भारतीय धर्म-दर्शन की दृष्टि से ही नहीं, अपने मार्ग तक पहुँचनेवाले मार्गों के अगल-बगल बिखरे हुए आश्रम और तपोवन आदि की प्राकृतिक सम्पदा के लिए भी विख्यात है। केदारनाथ को पहली बार निहारते हुए संस्मरणकार ने इस प्रकार अपने अनुभवों को अनुकूल अभिव्यक्ति दी है, "बाहर झाँककर जो कुछ देखा, उससे अन्तर धुल गया है। उस मायाविनी रूपसी की एक ही चितवन ने वाणी और दृष्टि दोनों को समाधिस्थ कर दिया है। चिरन्तन हिम प्रदेशों की वह उत्तुंग उपत्यका, शाश्वत शुभ्र हिम, धवल मौन ज्योत्स्ना, शान्त नीरव विधि और अपलक दृष्टि से देखता हुआ एक साथ क्षुद्र और महान् मानव।"[168]

प्रकृति-सुषमा के बीच रमण करता हुआ लेखक देश-विदेश के विख्यात नगरों की यात्रा करता है। महानगरी कलकत्ता और सुदूर सोवियत संघ तथा दक्षिण-पूर्व देश भी इसमें सम्मिलित हैं। कलकत्ता के भीड़-भाड़ और सुबह से शाम तक ही नहीं बल्कि रातों में भी जागते हुए शहर सम्बन्धी अनुभवों को इस संग्रह के 'जहाँ आकाश नहीं दिखायी देता' शीर्षक लेख में संस्मरणकार ने व्यक्त किया है। स्मृतिकार इस विख्यात प्राचीन नगर के चहल-पहल को ही नहीं बल्कि इसकी सड़कों के इर्द-गिर्द खड़ी गगनचुम्बी इमारतों और जगह-जगह पर बने प्रशासनिक, व्यापारिक और औद्योगिक स्थितियों का भी आँखों-देखा हाल इस प्रकार सुनाता है, "सचमुच यह कलकत्ता है, जहाँ न आकाश दिखायी देता है और न ही धरती पर पैर पड़ते हैं। यह हावड़ा का विश्वविख्यात लौह-पुल है और सन्ध्या घिर आयी है। नीचे गंगा है शिथिल, बदरंग, किसी बिफरी-धनी प्रौढ़ा-सी और ऊपर मानव की खरस्रोता भीड़ है,...

आदमी, आदमी और आदमी। सब अकेले जीविका की मृगतृष्णा के पीछे भागे जा रहे हैं, जो फैक्टरियों, दफ्तरों और दुकानों को बाबुओं और मजदूरों से लेकर फुटपाथों, बाइलेनों के जेबकतरों और चोखाबाग के साहूकारों से लेकर राम-बगान की वेश्याओं तक के दलालों को परेशान किये हुए हैं। बसों पर बसें चली जा रही हैं। ट्रामें घड़घड़ाती, अग्नि-स्फुलिंग आकाश में उड़ाती निरन्तर दौड़ रही हैं। यहाँ सब-कुछ दौड़ता है, बेतहाशा दौड़ता है।

यह कलकत्ता है। वही कलकत्ता जिसकी सड़कों पर भूख से तड़प-तड़पकर लाखों व्यक्तियों ने प्राण दिये हैं, जिसके आकाश में कला और साहित्य के मानदण्ड स्थापित हुए हैं, जिसने प्रत्येक नये आन्दोलन को जन्म दिया है। यह आन्दोलनों का नगर है।"[169]

इस कृति में भारत के पूर्वी क्षेत्र में फैले हुए ऐतिहासिक स्थलों से समृद्ध इस देश की यात्रा में अर्जित यादों को विष्णु प्रभाकर ने 'वैशाली के खँडहर' नामक शीर्षक में उजागर किया है। बिहार प्रान्त का उत्तरी क्षेत्र अनेक महापुरुषों की जन्म-भूमि के साथ कर्मभूमि भी रहा है। इनमें याज्ञवल्क्य एवं जनक के साथ बुद्धदेव और जैन धर्म के चौबीसवें तीर्थंकर भगवान् महावीर के अनेक कीर्ति-स्थल उल्लेखनीय हैं। तीर्थंकर महावीर की जन्म-भूमि है, वैशाली। यह विख्यात ऐतिहासिक नगरी है। यह गणतन्त्र की भी भूमि रही है और इसका आत्मीय सम्बन्ध बुद्धदेव और उनके पवित्र उद्देश्यों से अनुप्रेरित हो बौद्ध भिक्षुणी बननेवाली एक नारी की कथा से भी जुड़ा हुआ है। वैशाली से चलकर लेखक मुजफ्फरपुर में विश्राम करता है जो उसकी महान् कृति 'आवारा मसीहा' के नायक शरतचन्द्र की क्रीड़ा-भूमि रहा है। यहाँ की आत्मीय अनुभूतियों को इस प्रकार विष्णु प्रभाकर स्पन्दित करते हैं–

1. "तो यह है वैशाली (आजबसाद)...ये आड़ी-तिरछी ये अरूप को रूप देनेवाले खँडहर में अकेला पड़ गया। अनजाने, अनचीह्नें की चाह मुझे यहाँ तक खींच लायी थी, वह अतृप्त रह गयी। यन्त्रवत् एक मील तक फैले टीले (चेटक का गढ़) पर चढ़ा, दौड़-दौड़कर भूगर्भ से निकले खँडहरों से देखा– कहीं स्तूप, कहीं कलापूर्ण विशाल भवन, कहीं वीथिकाएँ, आगे बढ़ता, ठिठक जाता– यहीं तथागत ने वैशाली के क्षत्रियों को देखा होगा, यहीं वैशाली की नगर-वधू अपनी मादक रूप-सुरा से यौवन को बेबस बनाती होगी, यहीं कहीं वह गर्वोन्मत्ता राजपुरुषों के रथ के पहिये-से-पहिये रगड़कर आगे बढ़ी होगी। इन्हीं-किन्हीं भवनों में गणतन्त्र के वे प्रहरी राजकीय विषयों पर वाद-विवाद करते होंगे।"[170]

2. "मुजफ्फरपुर में मैंने उस पोखर को देखा जिसकी पौड़ियों पर वह अपराजये कथाशिल्पी चाँदनी रातों में, बाँसुरी में प्राणों का स्वर फूँका करता था और उस मादक स्वर-लहरी पर खिंचे चले जाते थे अनेक रसिक युवक। मैंने उन दीवारों को देखा। जिन्होंने उस मानव-मन के अछूते चितेरे के कहकहे सुने थे।"[171]

विष्णु प्रभाकर के यात्रा-वृत्तान्तों की दूसरी कृति है– 'ज्योतिपुंज हिमालय।' इसके अनेक वृत्तान्तों के अंश लेखक की पूर्ववर्ती कृतियों में संकलित हुए हैं। यह कृतित्व विशेषतः ऋषि, कवि, चिन्तक आदि की हिमालय सम्बन्धी स्तुतियों, सूक्तियों और कविताओं आदि से अनुप्रेरित संस्मरण हैं। इसके प्रारम्भ में 'प्रवेश', 'भूमिका' के अन्तर्गत लेखक ने कई विदेशी चिन्तकों और प्राचीन भारतीय वाङ्मय के द्रष्टा, स्रष्टा, ऋषियों और महाकवियों की हिमालय सम्बन्धी अन्तर्दृष्टि और अनुभूतियों के विभिन्न सन्दर्भों का उल्लेख किया है। इस बहुमूल्य पृष्ठभूमि में पाश्चात्य चिन्तक, 'रॉरीक', 'कालिदास' आदि के साथ पुराणों की वाणियाँ भी यथा प्रसंग उद्धृत हैं और इसी क्रम में तमिल कवि 'तुरैवन' की हिमालय को सम्बोधित कविता का हिन्दी अनुवाद भी अन्त में उद्धृत हुआ है ये सभी हिमालय की गौरवगाथा के महान् स्मृतिकार हैं। इनमें से कुछेक उदाहरण निःसन्देह बहुमूल्य सिद्ध होते हैं, यथा–

1. ''हिमालय के उत्तुंग शिखरों के आरोहण अभियान में एक अव्यक्त और अनिर्वचनीय आनन्द निहित है। अन्तरात्मा की कोई शक्ति हमें निरन्तर इस उच्चता की ओर बढ़ने के लिए पुकारती रहती है। इन साहसिक यात्राओं का प्रारम्भ कब हुआ, यदि कोई यह पता लगाने की कोशिश करे तो अद्‌भुत परिणाम सामने आयेंगे। इन शिखरों के आकर्षण की पृष्ठभूमि का परिज्ञान यह सिद्ध कर देगा कि हिमालय अप्रियतम क्यों हैं।''[172]

2. ''हिमालय मेघ की चादर ओढ़े हुए है। पगड़ी भी मेघों की है। मुकुट के स्थान पर सूर्य-चन्द्र हैं, समूची देह पर हिम का आलेपन है और बीच-बीच में नाना धातुओं का योग है। मानों चन्दन का आलेपन करके किसी ने पाँचों उँगलियों की छाप अंकित कर दी हो।''[173]

3. ''हिमालय के शिखर रत्नों के भण्डार से शून्य नहीं है। न तो उसके गुहा प्रदेश लता गृहो से विहीन है और न नदियों के पुलिन कमलों से।...यहाँ कमल-पुष्पों के ऊपर से बहनेवाली वायु से रति का श्रम दूर होता है। इन सब सुख-सुविधाओं एवं सुषमाओं के कारण सुर-सुन्दरियों को स्वर्ग की याद भी नहीं आती।''[174]

4. ''उत्तर में देव तुल्य 'हिमालय' नामधारी पर्वत है। उसके दोनों छोर (ब्रह्मपुत्र और सिन्धु) पूर्व और पश्चिम के समुद्रों में डूब गये हैं। वह ऐसा दिखायी देता है मानो पृथ्वी को नापने के लिए कोई मानदण्ड स्थापित किया गया हो।''

5.

*''नहीं, नहीं, पाषाण नहीं वह*
*कोटि-कोटि भारतीयों का, झुण्ड ही तो है हिमालय,*
*महिमाएँ भारत की क्या मृत, तुम्हारे मत में?*
*नहीं, नहीं, महिमाएँ, गरिमाएँ वे सारी*
*बनी हुई हैं अचल हिमालय, अजर हिमालय*
*है वह सबके अन्तर में। (तुरैवन)''*[175]

यात्रा-वृत्तान्त का यह संग्रह पाँच खण्डों में वर्गीकृत है और प्रत्येक खण्ड में एक ही वृत्तान्त आकलित हुआ है। क्रमशः उनके शीर्षक निम्नलिखित हैं, 'उत्तरकाशी', 'गंगोत्तरी', 'गोमुख', 'तपोवन और मृत्युलोक।' लगभग ये सभी यात्रा-वृत्तान्त विष्णु प्रभाकर की पूर्ववर्ती रचनाओं में प्रस्तुत हैं। लेखक के अनुसार ये हिमालय की उपत्यकाओं में की गयी उनकी कई यात्राओं की स्मृतियाँ हैं। ये सभी हिमालय-दर्शन पर आधृत हैं। प्रथम खण्ड के 'उत्तरकाशी' शीर्षक लेख में हिमालय के बदलते हुए परिवेश सम्बन्धी लेखक के ये अनुभव उल्लेखनीय हैं, यथा– ''कितना बदल गया है यह प्रदेश इन पचास वर्षों में! स्वामी जी के अनुसार यह पर्वत प्रदेश पुराण-प्रसिद्ध बाल खिल्यादि ऋषियों तथा श्रुति-प्रसिद्ध नचिकेता की तपोभूमि रहा है। पूर्वकाशी (वाराणसी) और उत्तरकाशी की तुलना करते हुए उन्होंने लिखा है, 'यदि पूर्वकाशी नागरिकता और आडम्बर में मग्न भारत का एक बड़ा नगर है तो उत्तरकाशी बिल्कुल अनागरिक अनाडम्बर और पुरानी परम्परा में विराजमान शुद्ध सात्त्विक

हिमालय का एक छोटा-सा ग्राम है।"[176] खण्ड दो के संस्मरण 'गंगोत्तरी के मार्ग पर' में प्रकृति के विविध सौन्दर्य को निहारते हुए लेखक ने अपनी अनुभूति को प्राचीन महाकाव्यों के सन्दर्भ से भी जोड़ा है, जैसे—"दूर-दूर तक भग्नावशेष बिखरे पड़े थे, गंगा के गर्भ में और याद दिला रहे थे कि यह शंकर का प्रदेश है। किसी बात पर कुपित हो गये होंगे वे और उन्हीं के संकेत पर किसी वीरभद्र ने एक बार फिर दक्ष-यज्ञ का ध्वंस किया होगा यहाँ। सहसा एक विचार कौंध गया। ऐसा ही कोई दृश्य देखकर उस युग के कवि ने गंगावतरण की कल्पना नहीं की होगी क्या? तब शंकर थे गंगा के वेग को लीलकर उन्होंने उसे अपनी जटाओं में बन्द कर लिया था, लेकिन कलिकाल के इंजीनियर शंकर का सामर्थ्य कहाँ पा सके हैं!"[177]

उपर्युक्त क्रम में 'नैलंग श्रेणी की छाया में' के अन्तर्गत हिमालय की घाटियों में घूमते हुए प्राकृतिक सुषमा के साथ जिन अध्यात्मिक अनुभूतियों का यात्री ने रसपान किया है, वे अधिक उभरकर व्यक्त हुई हैं। इस सन्दर्भ में विष्णु प्रभाकर ने हिमालय सम्बन्धी वैदिक ऋचाओं से प्रभावित हो अपने चित्त की उदात्तता में आधुनिक भारत की दो महान् प्रतिभाओं, रवीन्द्रनाथ और श्री अरविन्द की संवेदनाओं तथा दार्शनिक उक्तियों को दुहराया है। यह संस्मरण अपने वर्ग की दूसरी कृतियों से कुछ भिन्नता रखता है। इसमें गन्तव्य तक जानेवाले लम्बे पथों की यात्राओं की कठिनाइयों और भीषण प्राकृतिक आपदाओं का अधिक उल्लेख किया गया है। इस तथ्य को कृति का अन्तिम अंश उदाहृत करता है, यथा, "गोमुख निरन्तर खण्डित हो रहा है। सन् 1970 में जहाँ वह था वहाँ से एक किलोमीटर पीछे हट गया है अब। जिस गुफा में हमने शरण ली थी वहाँ अब बकर और कैपिंग-ग्राउण्ड है। क्या इसी तरह एक दिन यह सोलह मील लम्बी हिमानी समाप्त नहीं हो जायेगी और हम देख सकेंगे गंगा के वास्तविक उद्गम को यही सोचता-सोचता मैं शिशुवत् पत्थर बटोरता रहता हूँ।"[178]

विष्णु प्रभाकर आधुनिक हिन्दी-साहित्य के ऐसे लेखक हैं, जिन्होंने एक साथ कई विधाओं में रचित अपनी स्मरणीय कृतियों के माध्यम से हिन्दी की सरस्वती को अक्षय समृद्धि प्रदान की है। ये एक यायावर लेखक हैं। इनकी रचना-यात्रा का प्रारम्भ तो कहानी, नाटक आदि से हुआ, किन्तु सबसे अधिक इनकी ख्याति 'आवारा मसीहा' द्वारा फैली। शरतचन्द्र की यह जीवनी हिन्दी-साहित्य का एक कोश-स्तम्भ मानी जाती है। उनके यात्रा-संस्मरण हिमालय की सुषमा से भरे-पड़े हैं। इनमें से कुछेक देश-विदेश के भ्रमणों की जीवन्त यादों को भी उदाहृत करते हैं। ये सभी कृतित्व निश्चयपूर्वक विष्णु प्रभाकर को हिन्दी की अविस्मरणीय प्रतिभा सिद्ध करते हैं।

### 5.6 शिवानी (1923-2003 ई.)

इनका मूल नाम गौरापन्त है। ये सुविख्यात संस्था विश्वभारती की छात्रा रही हैं। वहीं इनकी प्रतिभा को रवीन्द्रनाथ, हजारीप्रसाद द्विवेदी, नन्दलाल बोस आदि की सृजनात्मक

ऊर्जाओं से प्रकाश और पोषण मिला है। रवीन्द्रनाथ ने इन्हें आशीर्वाद स्वरूप 'गौरा' नाम दिया है। इन्हें हिमालय के उत्तराखण्ड में बसे साहित्य और संगीत के संस्कारों से भरे-पूरे पाण्डेय परिवार की कई पीढ़ियों के संस्कार की विरासत मिली है। इनकी कृतियों में निबन्ध तथा कहानी के अतिरिक्त संस्मरण भी अपनी उत्कृष्टता सिद्ध करते हैं। इनकी स्मृतिमूलक कृतियों में 'दो सखियाँ', 'वातायन', 'मरण सागर पारे', 'आमादेर शान्तिनिकेतन' तथा 'यात्रिक' आदि विशेष रूप से उल्लेखनीय हैं। साहित्य की एक सिद्ध लेखिका के रूप में ये जीवन-जगत् सम्बन्धी अपनी संवेदनशीलता का शब्द-चित्रों में मूर्तित करनेवाली शैली के प्रसंग में बहुचर्चित रही हैं। इन्हें खासकर महादेवी वर्मा के पथ की संगिनी के रूप में याद किया जाता है। शिवानी ने कविताएँ एकाध ही लिखी हैं, किन्तु इनका गद्य-साहित्य काव्य के रस से सिक्त है। इस प्रसंग में हिन्दी-साहित्य की सृजनात्मकता में इनका एक विशिष्ट स्थान है। नीचे इनकी कृतियों की विशिष्टताओं पर क्रमशः प्रकाश डाला गया है।

'दो सखियाँ' कृति के नामकरण का आधार शिवानी की दो सखियों की जीवन-कथा है। इनमें लेखिका ने अपने कौशार्य के दिनों की आत्मीय साखियों के संग व्यतीत मधुर-करुण क्षणों को भावुकता की रसधारा में भीगों दिया है। इस उपर्युक्त संस्मरण की पहली रचना है, 'उप्रेती।' इसमें स्मृतिकार ने 'उप्रेती' उपाधिधारी एक पुरानी सहेली की करुण कथा लिखी है। कथा-शैली की दृष्टि से यह रचना हिन्दी के विख्यात कहानीकार चन्द्रधर शर्मा 'गुलेरी' की 'उसने कहा था' कहनी की प्रस्तुति-भंगिमा से मिलती-जुलती है। वहाँ भी कालावधि के अन्त में उसके आदि को याद किया गया है। इसी प्रकार इस स्मृति-लेख में भी शिवानी ने अकस्मात् साइबेरिया-यात्रा के प्रसंग में अपनी दो सहेलियों की जीवन-यात्रा की स्मृतियों को व्यक्त किया है। इनमें प्रथम सखी है—रमा और दूसरी है—नन्दी। इन दोनों की यादों की परस्परता में लेखिका ने नारी-जीवनपरक नियति के व्यंग्य और नारियों के प्रति समाज के संकुचित दृष्टिकोण को अपने गहरे अनुभवों और चित्रात्मक भाषा में गूँथ दिया है। सखियों की स्मृति-शृंखला की जन्म-भूमि है—साइबेरिया की सीमा पर स्थित एक अनजाने नगर में अकस्मात् आत्मीय व्यक्ति से भेंट हो जाने का प्रसंग। यहीं शिवानी ने प्रसंगवश अपने बचपन के अल्हड़ दिवसों को स्मरण करते हुए वर्षों बाद दोनों सखियों की दुःखान्तिकी को शब्द-चित्रों के माध्यम से व्यंजित किया है। पहली सखी रमा को याद करते हुए उन्होंने उसके साथ घटित दुःखदायी और निर्मम परिस्थितियों का वर्णन किया है। इस प्रसंग के कुछेक उदाहरण निम्नांकित हैं, यथा—

1. "साइबेरिया के सीमान्त पर बसे, चारों ओर सघन वन-अरण्य से घिरे, उस अज्ञात शहर में अपने किसी देशबन्धु को ऐसे अचानक देखूँगी, यह मैंने स्वप्न में भी नहीं सोचा था। वह भी ऐसे व्यक्ति को, जिसके मृत्युभोज में चालीस वर्ष पूर्व बड़ी अनिच्छा से ही सम्मिलित होना पड़ा था। पति के पीपल पानी की प्रेतमुक्ति से मुरझाई रमा, दोनों घुटनों में सिर छिपाये स्तब्ध बैठी थी। उसकी आँखों का अश्रुउत्स ही शायद सूख गया था।"[179]

2. "रमा सात ही वर्ष की थी कि उसकी माँ की मृत्यु हो गयी, कुछ दिनों ननिहाल

में पली, फिर साल बीतते-न-बीतते विमाता आ गयी। एक तो स्वभाव से ही रमा गम्भीर थी, न पहनने-ओढ़ने का शौक, न खेलने-खाने का। उस पर विमाता के अन्याय पिता की सतत उदासीनता ने उसे असमय ही प्रौढ़ बना दिया था। मैं ही छुट्टियों में घर आती तो उसे खींच-खाँच कभी कोई पिक्चर दिखा लाती।"[180]

3. "बारातियों सहित नौशे-नयी बहु को लेकर वह बस हजारों फीट गहरी अन्धी खाईं में क्या गिरी कि विधाता ने उप्रेती वंश की बेलि ही जड़ से उखाड़कर दूर पटक दी। पितरों को पानी देने के लिए भी उस वंश में दूर-दूर तक मरद का बच्चा भी नहीं बचा, घने अंयार वृक्षों के उस जंगल में बस गिरी थी जहाँ वृक्षों की सघन छतरी के बीच छनकर भी कभी सूर्य-किरणों ने धरती का स्पर्श नहीं किया था।"[181] अपनी उपर्युक्त सखी 'रमा' की जीवन-स्मृति की ही करुणा और भाग्य की विडम्बना से भरी हुई स्मृतियों के प्रवाह में लेखिका अपनी दूसरी सखी नन्दी की याद करती है। नन्दी की स्मृति की प्रासंगिकता अकस्मात् विदेश की यात्रा के क्रम में अपने विस्तार की शुरुआत करती है। साइबेरिया में नन्दी के साथ जीवन-यापन करनेवाले 'उप्रेती' उपाधिधारी को अकस्मात् देखकर उपर्युक्त दूसरी सखी के वर्तमान की कथा में शिवानी प्रवेश करती है। इस प्रसंग की प्रसव-भूमि है– साइबेरिया के एक सुनसान होटल में व्यतीत लेखिका की अनिद्रा भरी रात। यहीं शिवानी मुक्त-आसंग की प्रक्रिया से चालित होकर 'रमा', 'नन्दी' और इन दोनों के जीवन के बीच सूत्र की तरह स्थित 'उप्रेती' से हुई अपनी मुलाकातों का वर्णन करती है। इनके कुछेक प्रसंग निम्नांकित हैं, "बार-बार मुण्डितकेशा, गौरिकवसना रमा के विषण्ण चेहरे की स्मृति मुझे विदग्ध करती रही। उप्रेती की सचेतन निष्ठुरता को मैं क्षमा नहीं कर पा रही थी। वह विधुर होता और दुर्घटना में मृत छोटे भाई की स्पर्शकातरा अक्षय कौमार्य सेंतती विधवा को ब्याह लाता तो मेरे हृदय में उसके लिए श्रद्धा होती। पर यह क्या, रमा को जान-बूझकर वैधव्य की मरीचिका में भरमा, उसे इस विलासपूर्ण जीवन को जीने का क्या अधिकार था? और विधाता का भी यह कैसा न्याय था कि विधवा सधवा बनी सौभाग्य का भरपूर सुख भोग रही थी, और सधवा वैधव्य का दारुण दुःख झेल रही थी– एक थी मुखर, और दूसरी मौन।"[182] ऊपर वर्णित लेखिका की यात्रा-स्मृतियों में 'दो सखियों' की कथा-माला पिरोई हुई है। इनमें विधाता के व्यंग्य का विषय बनकर एक अपने वर्तमान में मुखर है तो दूसरी मौन।

संग्रह की दूसरी रचना है 'दो सखियाँ।' ध्यातव्य है कि इस कृति का भी यही नाम है। इसमें लेखिका ने सुखुबाई और आनन्दी की मित्रता की प्रगाढ़ता और उनके अलग-अलग स्वभाव, व्यक्तित्व, रुचि के अन्तर आदि को दिखाते हुए दोनों के बीच की अभिन्न मित्रता के अतीत और वर्तमान को अपने शब्द-चित्रों के माध्यम से उजागर किया है। इस मित्रता पर एक दार्शनिक की तरह चिन्तन करती हुई शिवानी लिखती हैं कि, "...कौशोर्य में और वार्धक्य में, शैशव की धरणी मैत्री के अंकुर प्रस्फुटित होने के लिए बहुत कच्ची रहती है। यौवन हमें अपने ही स्वार्थ के प्रति सजग बना देता है–किससे की गयी मैत्री कितनी

फलप्रसू होगी? किस मित्र से हमें क्या लाभ होगा? यह सोचते-समझते जब हम प्रौढ़ होते हैं तो मैत्री की परिभाषा ही बदल जाती है।...हम वर्षों से बिछुड़े और सहसा वर्षों बाद मिले किसी इष्ट मित्र की उपस्थिति को भी भार समझने लगते हैं। मैत्री के प्रगाढ़पन के दुहे शीतोष्ण जलरहित दूध की असली घूँट तो हमें वाधिक्य में ही मिल सकती है।"[183]

लेखिका ने अपनी इस कृति की उपर्युक्त रचनाओं के क्रम में अन्तिम संस्मरण को 'पाथेय' शीर्षक के अन्तर्गत प्रस्तुत किया है। इसमें तिलोत्तमा ठाकुरनाम की एक सखी के साथ की प्रगाढ़ मैत्री की कहानी, संस्मरण तथा रेखाचित्र आदि की मिली-जुली रेखाओं में चित्रित किया है। अपनी उक्त मैत्री की भूमिका की शुरुआत निम्नलिखित दार्शनिक वाक्यों से करते हुए तिलोत्तमा ठाकुर के जीवन के आद्योपान्त आयामों को मानवीय नियति को चित्र-विचित्र स्थितियों में प्रस्तुत किया गया है, यथा—"मनुष्य को देवता बनाना ही छन्द-साधना का परम लक्ष्य है—ऐसा विषय खोजो जिसमें मनुष्य देवता बने, लोभ-मोह स्वार्थभार से ऊपर। स्मरण रखो, जो कुछ घटता है, वह सत्य ही नहीं होता, जो तुम कहोगे वही सत्य होगा। अपनी मनोभूमि को, रामजन्म-भूमि को, रामजन्म-भूमि अयोध्या की अपेक्षा कहीं अधिक सत्य मानो....।"[184] अपने इस अभिन्न मित्र की विरल सुन्दरता के वर्णन के साथ उसके जीवन के सान्ध्य से उभरी हुई अमृत-विष से मिश्रित परिस्थितियों को भी लेखिका ने अद्‌भुत शैली में वर्णित किया है, जैसे—"ऐसी आँखों की स्वामिनी स्वभाव से ही कृपण होती है। और पुतलियों का रंग देखा? एकदम हरा—'बेड़ालेर चोख' (बिल्ली की आँखें) कमला तर्वे का ईर्ष्याकातर स्वर मेरे कानों में फुसफुसा उठा था। क्या अद्‌भुत परिपाटी से जूड़ा बाँधा गया था। बन्दगोभी से अँटे कसे जूड़े में चाँदी के घुँघरूदार सन्थाली काँटे लगे थे, जो उसकी गर्वीली ग्रीवा के इधर-उधर होते ही बज उठते छन्न-छन्न कानों में सोने की चेन में लटके, लाल चेरीगुच्छ से पुंजीभूत माणिक और कण्ठ में वैसी ही सोने की चेन।"[185]

लेखिका की दूसरी कृति का नाम है 'वातायन।' इसमें संगृहीत 'वातायन' और 'हे धूर्जटे पशुपते!" शीर्षक, ये दो संस्मरणात्मक लेख संकलित हैं। लेखिका ने अपनी कृति को 'वातायन' के अभिधान से सम्बोधित किया है, इसलिए कि स्मृति भी एक ऐसा झरोखा होती है जिसके द्वारा मनुष्य जीवन-जगत् तथा देश-काल आदि के साथ स्वयं अपने अतीत को भी निहारता है और अनेक प्रकार के सोच-विचार में मग्न हो जाता है। 'वातायन' से देखे हुए पथों के वितान पर उभरी हुई अटठ्ाइस जीवन की झाँकियाँ यहाँ व्यंजित हैं। वस्तुतः इन झाँकियों में लेखिका ने विभिन्न प्रसंगों के माध्यम से अपने देश में आये हुए बदलाव से खट्टे-मीठे अनुभवों को व्यक्त किया है। प्रायः इन सभी सन्दर्भों में शिवानी संस्मरण की शैली में दार्शनिक की भूमिका सम्पन्न करती हैं। इनमें उनकी मनस्विता अपनी व्यापकता और गहराई को उदाहृत करती हैं। इन सभी चिन्तन भरे क्षणों की स्मृतियों से मानवीय अनुभूति और उसको प्रभावित करनेवाली देश-कालपरक स्थितियाँ एक साथ जीवन्त हो उठी हैं। क्रमशः उदाहरणस्वरूप इनमें से अनेक का आस्वादन नीचे उद्धृत प्रसंगों से प्राप्त हैं—

'वातायन : संख्या - 1' : "भारत के जिन विभिन्न प्रदेशों में मुझे रहने का सौभाग्य प्राप्त हुआ है, उनमें दक्षिण-प्रवास ने मुझे सर्वाधिक प्रभावित किया।...बेंगलुरू की सरल सादगी का जो मोहक रूप मैंने तब देखा था, हो सकता है अब समय के साथ-साथ बदल गया हो, किन्तु मेरे दक्षिण-प्रवास की स्मृतियाँ मेरी श्रावणी चक्षुहीनता में, अभी भी उतनी ही हरी हैं। 'चकपेट' के छोटे-से बाजार की भीड़-संकुल अली-गलियाँ, बँगलोरी अगरबत्ती के धुएँ से सुवासित रहती और छोटी-छोटी दुकानों में भी जब दक्षिण रेशमी साड़ियों की चटखरंगी मनोहारी परतें खुलने लगतीं तो आँखों पर स्वयं ही धूप का अदृश्य सुशीतल चश्मा-सा लग जाता।"[186]

'वातायन : संख्या-2' अन्तर्गत धूमिल होते हुए बाजीगरी के व्यवसाय की चर्चा लेखिका ने की है। इस रचना के अन्त में एक बाजीगर के मर्मस्पर्शी वक्तव्य को स्मरण करते हुए शिवानी लिखती हैं, "अब आप ही बताइये सरकार, ये सब खेल क्या सड़क के चौराहे पर दिखा सकता हूँ? ठीक ही कहा था उसने, जमाना ही नहीं बदला, हमारे चौराहे भी बड़ी बेरहमी से बदलकर पराये हो गये है। एक ओर लाटरी के तम्बुओं से आता माइक का कोलाहल, दूसरी ओर ट्रैफिक का उमड़ता समुद्री उफान, जुलूस, हड़ताल, माँगों की अभ्रभेदी गूँज ऐसे कोलाहलपूर्ण चौराहों पर भला अब कौन कलाप्रेमी बाजीगर शून्य अन्तरिक्ष से अँगूठियाँ खींच, धरा पर बिखेर सकता है।"[187]

'वातायन : संख्या-3' में सड़क पर खेल दिखानेवाले एक नट की करामातों का वर्णन लेखिका ने किया है और इसी प्रसंग में आधुनिक जीवन की वास्तविकता को भी अभिव्यंजित किया है, जैसे—

1. "हमारे चौराहों के सस्ते मनोरंजन की परम्परा अब समाप्तप्राय है। बाजीगर, नट, कठपुतली, सँपेरों के बहुचित्रमयी हृदयगाही रूप अब समय के साथ-साथ विलुप्त हो चुके हैं। कभी-कभार नागपंचमी के अवसर पर, गुरु गोरखनाथ के बीच की सुपरिचित गूँज, अभी भी विगत दिवसों की स्मृति कुरेद जाती है....।"[188]

2. "नट की ही भाँति, निर्जीव कठपुतली को हाथ से लटकाये, अली-गलियों से गुजरनेवाला तमाशा-निर्देशक अब भी गुजरता है, किन्तु दिन-रात के उपद्रवों से शंकित मानव-चित्त उसे अपनी उल्लसित दृष्टि के आह्वान से अब आमन्त्रित नहीं कर पाता। अब, उसे, ऐसे कुख्यात कबीले के सदस्य के रूप में पहचाना जाता है, जो दिन-भर हाथ में कठपुतली लटकाये, गृहों की समृद्धि आँकता है और रात-आधी रात रोशनदान से कूद, चोरी-डकैती करता है।"[189] शिवानी इन बदली हुई परिस्थितियों में मानवीय संवेदना के एक मार्मिक स्थल और प्राचीन देश की लोक-परम्परा को धूमिल होते हुए देखकर उदास हो जाती है; वह कहती है "...अब नहीं रहा वह शाही विदूषक, जो लाख मारे-पटकेजाने पर भी समय-समय पर दर्शकों को गुदगुदाने उठ बैठता था—'थोड़ी-थोड़ी और बजेगी'...।"[190]

इसी प्रकार शिवानी भारतीय संस्कृति की सुदूर यात्रा के अनेक बदलते हुए ही नहीं, बल्कि लुप्त होते हुए प्रकाश की छवियों का उल्लेख करती हैं और इनमें आभासित भारतीय

संस्कृति और मानवीय चेतना के सूर्यास्त को निहारते हुए इस अवनति की ओर समाज के ध्यान को आकर्षित करती हैं। इस उपर्युक्त प्रसंग में संग्रह की 'वातायन : संख्या- 21' के अन्तर्गत भारत की विख्यात ग़ज ल गायिका 'बेगम अख्तर' के गुजर जाने की पीड़ा को उन्होंने व्यक्त किया है। इसमें लेखिका प्रकारान्तर से मनुष्य को उदात्त भावों की ओर अभिमुख करनेवाले साहित्य-संगी आदि की बिखरती हुई परम्परा की ओर संकेत करती हैं : उन्होंने जिस रसमयता और पीड़ा के साथ बेगम अख्तर को याद किया है उसके कुछेक उदाहरण निम्नांकित हैं, "अभी भी विश्वास नहीं होता कि बेगम अख्तर का वह हँसमुख चेहरा, अब कभी देखने को नहीं मिलेगा,...आज भी सब-कुछ वैसा ही धरा है, नहीं है केवल पायदान और सिगरेट का वह मादक धुआँ : उनकी अँगूठी के उस सुर्ख याकूत की स्मृति, सहसा लाल-गर्म चिमटे-सी ही हृदय को दाग जाती हैं।"[191]

'वातायन' से बीते हुए समय को झाँकते हुए उन्होंने भारतीय संस्कृति के अनेक ऐसे प्रसंगों की ओर संकेत किया है, जो निःसन्देह भारत जैसे सांस्कृतिक सम्पदावाले देश के लिए चिन्ता के विषय हैं। एक सिद्ध और संवेदनशील साहित्यकार के रूप में शिवानी परोक्ष रूप से अपने लेखन के माध्यम से मानवीय-जीवन की महती-भूमिका को उजागर करती हैं। सभी मानवीय कृतियों में साहित्य इस माने में विशिष्ट है कि वह निराशा और हताशा के क्षणों में मनुष्य को आशा और विश्वास के संकल्पों से ऊर्जा प्रदान करता है।

शिवानी की एक और संस्मरणात्मक रचना है, 'मरण सागर पारे।' इस काव्यमय शीर्षक के पीछे प्रेरक रूप में रवीन्द्रनाथ द्वारा स्थापित शान्तिनिकेतन ऐसी महान् संस्था में लेखिका के बीते दिनों की स्मृतियाँ हैं। इसी प्रकार लेखिका की एक और कृति है 'आमादेर शान्तिनिकेतन (हमलोगों का शान्तिनिकेतन)।' उपर्युक्त कृति के संग इस रचना में भी शिवानी शान्तिनिकेतन के दिवसों की मोहक यादों की अनुगूँजों को झंकृत करती हैं। जब भी कोई विशिष्ट व्यक्ति दिवंगत होता था तो वहाँ श्रद्धांजलि स्वरूप उसे अर्घ्य देते हुए इन पंक्तियों को दुहराया जाता रहा है,

*"मरण सागर पारे, तुमरा अमर,*
*तुमादेव स्मरि"*

इसका हिन्दी अनुवाद है—मरण सागर के पार भी तुम अमर हो और हम तुम्हें याद करते हैं। इसलिए इस शीर्षक की व्यंजना में विशेषतः शान्तिनिकेतन के आदरणीय व्यक्तियों को यादें झंकृत हैं। इसमें बंकिमचन्द्र चट्टोपाध्याय, नन्दलाल बोस, शरद जोशी, सत्यजित रे, अमृतलाल नागर, बनारसी दास चतुर्वेदी आदि सांस्कृतिक पुरुषों के दिवंगत होने के अवसर पर लेखिका की आँखों में छलछला आये आँसुओं से भीगे उन सभी के संस्मरण हैं।

जब कोई भी साहित्यकार अपने समकालीन या पूर्वकालीन सहधर्मी लेखक को उसकी कृतियों के माध्यम से याद करता है तो स्वभावतः वह उनकी कृतियों में केवल कालावधि की प्रवृत्ति या जीवन-दर्शन की खोज ही नहीं करता बल्कि उनकी मौलिकता के

गहरे सन्दर्भों का भी अन्वेषण करता है। इस अर्थ में वह कृति में उसके रचयिता की तलाश करता है। साहित्य-लेखन या साहित्य-वाचन के उक्त प्रसंग में संग्रह की यह पहली रचना उदाहृत—'बंकिम तोमार नाम।' यह शीर्षक लेखिका द्वारा नयी-नयी खरीदी गयी 'दुर्गेश नन्दनी' पर आशीर्वाद स्वरूप लिखित कुछ पंक्तियों के प्रारम्भिक अंश से लिया गया है—

*"बंकिम तोमार नाम, तब कीर्तिशेई*
*स्रोते दोले*
*बंग भारतीय साथे मिलाए तोमार आयुगनी—*
*ताई तब करी जयध्वनि"*

इन पंक्तियों को महान् विरासत की तरह सँजोते हुए लेखिका ने बंकिमचन्द्र की महानता का स्मरण किया है। परोक्षतः यह लेख बंकिम की रचना-यात्रा से गुजरते हुए अनुभूत एक युगान्तर महापुरुष के अवदानों की एक झलक है। इसी प्रसंग में लेखिका ने रवीन्द्रनाथ द्वारा लिखित 'बंकिमचन्द्र' शीर्षक कविता को याद करते हुए दो कवियों की महानता की परस्परता में अपने मन को भी खोला है। इस कविता के लेखिका द्वारा किये गये अनुवाद का यह अंश सर्वथा अपनी अभिव्यंजना में अपूर्व सिद्ध होता है, यथा— "रात्रि के तिमिर निवारण के लिए, यात्री को मशाल चाहिए। सुप्ति शय्या के पार्श्व मं जल रहा दीप, बार-बार वातास के वेग से बुझ रहा है, काल का निर्मम वेग स्थविर कीर्ति का नाश कर चला गया—निश्चल की आवर्जना निश्चित हो कहाँ बह गयी। सृष्टि की यात्रा में वही अपना देना चुका सकता है जिसकी शक्ति में अनागत युग का पाथेय हो। इसलिए आज स्वदेश की वाणी बनकर प्रार्थना बन गयी है।"[192] इसके दूसरे संस्मरण को 'एक श्रद्धांजलि' नाम दिया गया है। ऐसा प्रतीत होता है कि शिवानी ने शान्तिनिकेतन के छात्र-जीवन में जिन महान् प्रतिभाओं की छाया में अपनी सृजनात्मकता का निर्माण किया है, उनमें आचार्य नन्दलाल बोस भी एक हैं। ये शान्तिनिकेतन के गुरु-पल्ली नाम से लोकप्रिय आश्रम में रहते थे और रवीन्द्रनाथ के साथ इनका गाढ़ा सम्बन्ध गाँधी जी से भी था। वे स्वभाव से यायावर थे। इनमें प्राचीन भारतीय आचार्यों की झलक मिलती थी। इन्हें याद करते हुए शिवानी ने इनके विषय में किसी के द्वारा कही हुई इन बातों का जिक्र किया है—"...प्रकृति के अंकुरित सौन्दर्य समुद्रमन्थन का गरलपान करके स्वयं नीलकण्ठ बने एवं सुधा को अकृपण हाथ से बाँटते चले गये। इन पत्रों में कहीं वे स्नेही अभिभावक हैं, कहीं गुरु, कहीं चतुर चितेरे और कहीं सांवादिक। छविपत्र की झलक देखिये, एक बार उत्तरायण के बागान में अशोक फूले हैं तो लगता है कि राजा के घर रानी आयी। रवि बाबू के बगीचे में कितने ही नये फूल खिले हैं... ।"[193]

इस कृति के तीसरे लेख में लेखिका ने एक अर्थ में अपने पथ के एक महान् प्रदर्शक को याद किया है और उनकी स्मृतियों को विस्मयादिबोधक उक्ति 'केशव कहि न जाए' द्वारा घनीभूत किया है। लेखिका की इन स्मृतियों के केन्द्र में प्रतिष्ठित हैं 'श्रीमती महादेवी वर्मा। इनसे हुई भेंट-वार्त्ता के संस्मरणों में विभोर होते हुए शिवानी ने उन्हें पहली बार

देखकर उनके सम्बन्ध में जो आन्तरिक बिम्ब का निर्माण किया, वह इस प्रकार हैं, "उन्हें जब पहली बार देखा तो मन्त्रमुग्ध-सी देखती ही रही थी। खादी की श्वेत साड़ी, सिर पर आँचल, सीधा पल्ला, एक तेजस्वी भव्यमूर्ति, भारतीय संस्कृति की प्रतीक, नवीनता और प्रचीनता को एकसाथ आँचल की गाँठ में बाँधे, सहज-सौम्य स्मित के साथ उन्होंने न जाने कितनी हस्ताक्षर पुस्तिकाओं में अपने हस्ताक्षर किये—उनकी वही छवि मेरे मन पर अमिट प्रभाव डाल गयी थी।''[194] 'मरण सागर पारे' की कारुणिक रसधारा में इसके बाद लेखिका की जो कृति संगृहीत है, उसका शीर्षक 'पेयेछी छूटी' है। यह वाक्यांश भी रवीन्द्रनाथ की एक कविता के इस अंश से लिया गया है—

*'पेयेछी छूटि विदाय देहो भाई*
*सबारे आमी प्रणाम करे जाई..."*

जीवन-स्मृति की इसी धारा में लेखिका ने प्रेमचन्द के दिवंगत पुत्र अमृत राय के व्यक्तित्व और लेखन के साथ उनके संग बीते हुए क्षणों को अपनी संवेदनशीलता से और भी प्रगाढ़ता प्रदान की है। इस बात के साक्ष्य स्वरूप संस्मरण के कुछेक अंश ध्यातव्य हैं, ''पूरे पैंतीस वर्ष बाद फिर मैं 'धूपछाँह' के द्वार की घण्टी बजा रही थी। मुझे देखकर अमृत का चेहरा पूर्ववत् खिल उठा, आँखें बन्द कर वही स्नेहसिक्त हँसी की चिरपरिचित मुद्रा, वर्षों के दुःख-दर्द जैसे पहाड़ी वर्षों के तीव्र वेग से बहते-बहते दूर चले गये।"[195] अमृत राय से बहुत दिनों बाद मुलाकात के क्रम में 'जीवन-सत्य' से प्रभावित होकर एक-एक कर इस दुनिया से महान् प्रतिभाओं के विदा लेने का प्रसंग शिवानी के मन को विगलित कर देता है, यथा, ''संसार का यही क्रम है, जो चलता रहेगा। हम भी धीरे-धीरे समय के धुँधलके में एक दिन विलीन हो जायेंगे। किन्तु उस अटूट मैत्री की स्मृतियाँ चिन्ता में चढ़ने तक हममें से किसी में कभी धुँधली नहीं होंगी।"[196]

'आमादेर शान्तिनिकेतन' रचना, छात्र-जीवन की यादों में रचे बसे गुरुदेव रवीन्द्रनाथ और अनेक सुप्रसिद्ध शिक्षकों की छत्रच्छाया में बीती जिन्दगी के मार्मिक परिच्छेदों की स्मृतिकथा है। शान्तिनिकेतन सम्बन्धी शिवानी के संस्मरण उस कालावधि की मोहक यादों से प्लावित है जब शान्तिनिकेतन के गुरुओं के आश्रमों और गृहों में गुरुदेव रवीन्द्रनाथ के संस्कार की रस-धारा सभी जगह विकीर्ण थी। रवीन्द्रनाथ ठाकुर जब जीवित थे, उस समय का यह दौर है। प्राचीन-कालीन आश्रमों में ऋषि तुल्य आचार्य और गुरु की छत्रच्छाया में शिष्य अपने शिक्षकों के प्रति पूरी तरह समर्पित होकर साधना में लीन रहते थे। शिवानी ने इस संस्मरण में शान्तिनिकेतन की पुरानी स्मृतियों के पुष्पों का चयन करते हुए गुरुदेव, अन्य आचार्यों और शान्तिनिकेतन में आयोजित होनेवाले पर्व, उत्सव और मेले आदि का स्मरण किया है। इस कृति का शीर्षक भी शान्तिनिकेतन में प्रचलित गीत 'आमादेर शान्तिनिकेतन' पर आधृत है। इस पुस्तक की भूमिका में शिवानी के लेखन को केन्द्र में रखते हुए हिन्दी के सुप्रसिद्ध व्यक्तित्व, बनारसीदास चतुर्वेदी ने ठीक ही लिखा है कि— ''जैसे कोई कुशल कलाकार, अपनी तूलिका के कम-से-कम प्रयोग द्वारा अनेक सजीव चित्र

उपस्थित कर देता है, वैसे ही इस छोटी-सी पुस्तक की यशस्वी लेखिका ने, गुरुदेव तथा उनके आश्रम की बीसियों मनोहर झाँकियाँ पाठकों को दिखला दी है।"[197] निःसन्देह शान्तिनिकेतन की स्मृतियों से पूरित उनकी कृति के सभी लेख यह सिद्ध करते हैं कि इनकी लेखिका ने शान्तिनिकेतन को देखा ही नहीं है बल्कि उसकी सम्पूर्णता में उसको जिया भी है।

इस संग्रह में गुरुपल्ली नाम से प्रसिद्ध शिक्षकों के निवास स्थान के वातावरण पर दो स्मृति-लेख संकलित हैं, एक 'गुरुपल्ली' और दूसरा 'शान्तिनिकेतन की गुरुपल्ली।' अपने प्रथम लेख के शुरू में ही शिवानी ने अपनी स्मृति के पंखों को शान्तिनिकेतन के आचार्यों और विशेषतः गुरुदेव को याद करते हुए शुरू किया है, यथा—

1. "आज, जब मैं अपने गुरुजनों का स्मरण करती हूँ, जिनसे मुझे जीवन में प्रेरणा मिली तो अचानक, तिब्बती मन्त्रजाप के मन्त्र की ही भाँति, स्मृतिचक्र गोल-गोल घूमने लगता है। कितने ही सौम्य, गम्भीर, हँसमुख और कठोर चेहरे, एक के बाद एक, घूमते चले जाते हैं। शान्तिनिकेतन की सम्पूर्ण गुरुपल्ली, किसी उदार महाजन की भाँति बिना कर्ज चुकाने का तकाजा किये सम्मुख खड़ी हो जाती है।"[198]

2. "परम श्रद्धेय गुरुदेव का मैंने प्रथम दर्शन सन् 1935 में किया। स्फटिक-सा गौर वर्ण, ज्वलन्त ज्योति से जगमगाते विशाल नयन, गोरे ललाट पर चन्दन का शुभ्र तिलक, काला धब्बा और काली टोपी। यही थे आश्रमवासियों के हृदय-हार गुरुदेव। कितना महान् व्यक्तित्व और कैसा सरल व्यवहार। ऊँच-नीच, छोटे-बड़े सब उसके स्निग्ध व्यक्तित्व की छाया के नीचे समान थे। चीन, जापान, मद्रास, लंका के छात्र प्रार्थना की घँटी बजते ही एक कतार में लाइब्रेरी के सामने सिर झुकाकर खड़े हो जाते। उनमें चीनी बौद्ध छात्रा फाँचू रहती और सुमात्रा का मुस्लिम छात्र खैरुद्दीन भी, गुजरात की सुशीला रहती और सुदूर केरलवासिनी कुमुदिनी भी।"[199] गुरुदेव को याद करते हुए शिवानी ने एक गोष्ठी के तत्त्वाधान में रवीन्द्रनाथ की ही इच्छा से उनकी एक कविता 'संन्यासी उपगुप्त' का त्रुटिहीन पाठ करने के उपलक्ष्य में हस्ताक्षर पुस्तिका पर अंकित महान् कवि की इन पंक्तियों का उल्लेख किया है—

*"हिमालयेर कन्या तूमी गौरीर मतन*
*नोखे फुटिओ हाँसी फूलेक जैमन*
*सकलेर भालो वेशे करो आपनार*
*शान्ति निर्झर झरे*

जीवन तोमर"[200] इसमें महाकवि ने शिवानी को हिमालय की कन्या गौरी के समान कहा है।

अपने दूसरे निबन्ध में 'शान्तिनिकेतन के गुरुपल्ली' के अन्तर्गत लेखिका ने गुरुपल्ली के प्राँगण में निवास करनेवाले ऋषि तुल्य अनेक गुरुओं का स्मरण किया है। इनमें पण्डित हजारीप्रसाद द्विवेदी के साथ नन्दलाल बोस, क्षितिमोहन सेन, ललित मोहन और अपने संगीत शिक्षकों का आह्लादित शब्दों में उन्होंने स्मरण किया है। शान्तिनिकेतन

सम्बन्धी स्मृतियों के बीच शिवानी ने गुरुदेव की कविताओं में झंकृत पारदर्श जीवन-दर्शन का उल्लेख करते हुए वैराग्य और पाण्डित्य से संवलित इस काव्यांश को उदाहृत किया है—

*"केह श्रुति केह स्मृति केह वा पुरान*
*केह व्याकरण कहे केह अभिधान*
*कोनो खाने नाहि पाय अर्थ तार रूप*
*बेड़े उठे अनुस्वार, विसर्गेर स्तूप!"*[201]

'यात्रिक' शिवानी के रूस और इंग्लैण्ड देशों के यात्रा की यादों पर आधृत एक अन्य रचना है । इसमें दो लेख संगृहीत हैं—एक 'चरैवेति' दूसरा 'यात्रिक।' 'चरैवेति' के रूस के भ्रमण के ऐसे प्रसंग हैं, जिनमें मॉस्को और साइबेरिया की स्मृतियों को प्राथमिकता प्राप्त हैं। इसी प्रकार दूसरे में इंग्लैण्ड की यात्रा के अनुभव शब्द-चित्रों में उकेरे गये हैं। रूस में प्रवेश करते ही लेखिका ने वहाँ के लोगों के सुन्दर स्वास्थ्य और उतनी ही सुन्दर सड़कों के साथ महानदी के चौड़े पाटों का वर्णन किया है। इसी क्रम में उन्होंने रूस के नगर की भव्यता का उल्लेख इस प्रकार किया है, "धीरे-धीरे हमने शहर में प्रवेश किया तो उच्च सौधों का स्थापत्य देख दंग रह गये। दर्शनीय भवन, ठोस, स्तम्भ, सोने की पतरी से मढ़े गुम्बज, लगता था कई दर्शनीय मस्जि  दें कतार-दर-कतार खड़ी हैं। क्या यह भारत से बन्दी बनाकर लाये गये तैमूर के कारीगरों का चमत्कार था? और फिर उस सूर्य की प्रखर किरणों का इन पर सर्चलाइट घेरा, सूर्य भी कैसा, जिसके अक्लान्त सप्ताश्व रात के दो बजे तक गगनांगन में स्वच्छन्द विचरण करते रहते थे। धीरे-धीरे इस अद्भुत स्थापत्य की अनेक परतें खुलती चली गयीं। रूसी ग्रैण्ड डयूक्स का ऐननसिएशन कैथीड्रल इस कला के पीछे निःसन्देह युगों का इतिहास है।"[202] मॉस्को में घूमते हुए लेखिका ने वहाँ के प्रशस्त मार्गों के साथ अनेक संग्रहालयों के सुनियोजित रख-रखाव का इस प्रकार वर्णन किया है, "हमने वहाँ अनेक संग्रहालय देखे, ऐतिहासिक संग्रहालय, गोर्की संग्रहालय, लेनिन, चेखॅव, म्यूजियम, गोर्की की कलम, पाण्डुलिपियाँ, अनेक दुर्लभ ऑयल पेण्टिंग्स, वह कॉटेज जहाँ गोर्की ने 'मदर' लिखी थी, 'मदर' का अंग्रेजी से रूसी में अनूदित प्रथम संस्करण, चीन से मिला लाल कारचोबी का चोगा, टोपी, भारत से मिली छड़ी, उनकी अनेक बान्धवियों के चित्र, उस प्रिय हाथ के पंजे की अनुकृति में ढाला गया पेपरवेट।"[203]

लेखिका द्वारा मॉस्को के भ्रमण के एक प्रसंग का सम्बन्ध सुप्रसिद्ध साहित्यकार 'चेलीशेव' के अगाध हिन्दी-प्रेम से है। लेखिका ने चेलीशेव और उनके पूरे आवास में फैली हुई भारत की स्मृतियों को देखकर अपने अनुभवों को इस प्रकार अभिव्यक्त किया है, "मॉस्को में हिन्दी के परमानुरागी श्री चेलीशेव ने भी हमें एक दिन अपने छोटे-से फ्लैट में चाय पर आमन्त्रित किया। हम पहुँचे तो देखा, पूरे फ्लैट की सज्जा भारतीय थी। नटराजन, गणेश की मूर्तियाँ, चित्र और पुस्तकें सब भारतीय। वे स्वयं साफ हिन्दी बोलते हैं। हमारे लिये उनकी पत्नी ने मेवे डालकर चावल बनाये थे। चेलीशेव स्वयं वाचाल व्यक्ति हैं। कभी हिन्दी, कभी अंग्रेजी में वे निरन्तर बोलते चले जा रहे थे।"[204] शिवानी ने सोवियत संघ की

राजधानी मॉस्को की यात्रा के अनुभवों को विराम देते हुए यह लिखा है कि, ''इक्कीस दिनों के संक्षिप्त प्रवास में भी कितनी नानारंगी अभिज्ञाताएँ बटोर ली थीं! इतना तो जान ही लिया कि सोवियत यूनियन ही एकमात्र ऐसा शक्तिशाली देश है, जहाँ पृष्ठपोषकता का कोई मूल्य नहीं है, सिफरिश शब्द वहाँ के शब्दकोश में ढूँढ़ने पर नहीं मिल सकता। कठिन संघर्ष, अभिज्ञता एवं हाथों की कर्मठता के सोपान पर चढ़ाकर ही वहाँ कोई सर्वोच्च पद को प्राप्त कर सकता है।''[205]

'यात्रिक' पुस्तक का दूसरा भाग है। इसमें लेखिका ने अपने लन्दन-भ्रमण की यादों को सँजोया है। विशेषतः इस विख्यात नगर में घूमते हुए शिवानी ने वहाँ के शाहीमहल, कैम्ब्रिज विश्वविद्यालय, प्लेटोरियम और उसके पास स्थित लेक डिस्ट्रीक और घरों और सड़कों पर चलते हुए लोगों के तौर-तरीके, चेहरे-मोहरे तथा उनके बर्तावों का उल्लेख किया है। लेखिका की लन्दन प्रवास सम्बन्धी स्मृतियों के कुछेक अंश इस प्रकार हैं—

1. ''ग्रेट रशल स्ट्रीट ब्रिटिश म्यूजियम से ही हमने लन्दन-दर्शन का शुभारम्भ किया था। संसार के उस विलक्षण संग्रहालय को देखने ही में आधा दिन निकल गया। संसार की सुन्दरतम दुर्लभ सामग्री का ऐसा अपूर्व संग्रह देख बार-बार यही लगता था कि इतने वर्ष क्या हमने व्यर्थ गँवा दिये?''[206]

2. ''कैम्ब्रिज के पूरे वातावरण में एक गम्भीर रहस्यमय सन्नाटा है। गहन शान्ति। मुझे लगा, ऐसी ही भव्य निस्तब्धता कभी हमारे नालन्दा विश्वविद्यालय में भी रही होगी। लन्दन की अपेक्षा कैम्ब्रिज में ठण्ड कुछ अधिक ही है। भीगी-भीगी हवा के झोंके बीच-बीच में जैसे भीगे तौलिये से शरीर पोछ जाते हैं।''[207]

इसी प्रकार संस्मरण-संग्रह में शिवानी गुरुदेव की मार्मिक काव्योक्तियों को मन में सँजोते हुए अपनी कालावधि की जिन महान् प्रतिभाओं का स्मरण किया है, उनमें विख्यात लेखक बनारसीदास चतुर्वेदी, सिनेमा जगत् के नायक माने जानेवाले सत्यजित रे और कुछ अन्य समकालीन साहित्यकार तथा कलाकार आदि भी सम्मिलित हैं इन संस्मरणों को प्रत्यक्ष रूप से यात्रा-साहित्य की विषय-वस्तु में परिगणित करने के आधार पर प्रश्न चिह्न का लगाना स्वाभाविक है, लेकिन यात्रा के बाह्य पक्ष से अधिक उसके आन्तरिक प्रभाव क्षेत्र और महान् प्रतिभाओं की रचना-यात्रा के सह-यात्री होने के सन्दर्भ कम महत्त्वपूर्ण नहीं होते हैं। जहाँ तक शिवानी की भाषा-शैली की निजता या अस्मिता का प्रश्न है, वह विशेषतः उनके शैलीगत वृत्तान्तों में अपना समुचित उत्तर पा लेता है। यह लेखिका शब्दों को चित्र, बिम्ब तथा प्रतीक आदि बनाकर उन्हें अपने लेखन की मौलिकता से सुन्दर ही नहीं दुर्लभ भी बना देती है।

अज्ञेय-युग, हिन्दी-साहित्य की विविध उपलब्धियों का उल्लेखनीय पड़ाव है। इस युग का कृतित्व हिन्दी यात्रा-वृत्तान्तों की गौरवपूर्ण रचनात्मकता और प्रयोगधर्मिता के अनेक आयामों को उदाहृत करता है। इसकी उपलब्धियों के आधार पर हिन्दी की स्मृति-कुलीन विधात्मकता बहुत विश्वास के साथ अपने उज्ज्वल वर्तमान और भविष्य को उद्भासित करती है।

दरअसल, किसी भी साहित्य की महानता अपने युग-विशेष के साथ-साथ पूर्वोत्तर युगों की अविच्छिन्न धाराओं में समान रूप से व्यंजित होती है। किन्तु, उसके किसी एक युग की संवेदनशीलता और सम्प्रेषणात्मक भंगिमाएँ विशेष व्यक्तित्व के प्रकाश का अवश्य अहसास कराती है। इस उपर्युक्त सोच के सन्दर्भ में अज्ञेय-युग भी अपनी पूरी पहचान को बखूबी प्रमाणित करता है।

## सन्दर्भ

1. ''उत्तर स्वच्छन्दतावाद काल पर विचार करते समय सबसे पहले दो समस्याएँ सामने आती हैं—प्रवृत्ति की दृष्टि से इसका नामकरण क्या हो और इसका समारम्भ कब से माना जाय? पहले प्रश्न के उत्तर में इसे प्रगति-प्रयोग काल कहा जा सकता है।'' हिन्दी-साहित्य का दूसरा इतिहास, बच्चन सिंह, राधाकृष्ण प्रकाशन प्राइवेट लिमिटेड, प्रथम संस्करण : 1996, उत्तर-स्वच्छन्दतावाद-युग (138-अद्यतन), पृ. 425.
2. (क) '' प्रत्येक पीढ़ी अपनी पूर्ववर्ती पीढ़ी की माँगों को पूर्ण रूपेन स्वीकार करने में अपने को असमर्थ पाकर निर्णय करती है कि, ''वह संक्रान्ति-काल में पैदा हुई है' और इससे अपने मनोनुकूल अनेक परिणाम निकाल लेती है।'' सर्जना और सन्दर्भ, अज्ञेय, नेशनल पब्लिशिंग हाउस, संक्रान्ति-काल की कुछ साहित्यिक समस्याएँ, पृ. 49.

(ख) ''I propose to discuss Literary ideas; or rather ideas in literature, in the context both of ideas in philosophy and of ideas in the history of ideas; and in doing so I want to lay the final emphasis on the distinctively literary characteristics and function literary ideas." LITERARY CRITICISM, AN INTRODUCTORY READER, Philosophy, Literature, and The History of Ideas, The Ideas of the Humanities and other Essays, by Ronald Crane, Page- 539.

3. ''मुझे समुद्र अच्छा लगता है...। रहना पहाड़ की तलहटी में ही चाहूँगा झरने के स्वर के पास पर समुद्र की पुकार जरूर सुनायी पड़ेगी और लगता है कि उसकी उपेक्षा नहीं कर पाऊँगा। नहीं, सागर, नहीं, मैं आऊँगा तुम्हारे पास, फिर आऊँगा फिर-फिर आऊँगा...।'' 22. भवन्ती, पृ. 109-111.
4. अरे यायावर रहेगा याद?, अज्ञेय, भूमिका पूर्व का काव्यांश।
5. अरे यायावर रहेगा याद?, अज्ञेय, भूमिका, पाँचवें संस्करण की भूमिका। (vii)
6. अरे यायावर रहेगा याद?, अज्ञेय, भूमिका, दूसरे संस्करण की भूमिका। (viii)
7. भारत और यूरोप : प्रतिश्रुति के क्षेत्र, निर्मल वर्मा, पृ. 108.
8. अरे यायावर रहेगा याद?, अज्ञेय, परशुराम से तूरख   ाम, पृ. 01.
9. अरे यायावर रहेगा याद?, अज्ञेय, परशुराम से तूरख   ाम, पृ. 02.
10. अरे यायावर रहेगा याद?, अज्ञेय, परशुराम से तूरख   ाम, पृ. 03.
11. अरे यायावर रहेगा याद?, अज्ञेय, परशुराम से तूरख   ाम, पृ. 05.
12. अरे यायावर रहेगा याद?, अज्ञेय, परशुराम से तूरख   ाम, पृ. 06.
13. अरे यायावर रहेगा याद?, अज्ञेय, परशुराम से तूरख   ाम, पृ. 06.
14. अरे यायावर रहेगा याद?, अज्ञेय, परशुराम से तूरख   ाम, पृ. 07.
15. अरे यायावर रहेगा याद?, अज्ञेय, परशुराम से तूरख   ाम, पृ. 07.

16. अरे यायावर रहेगा याद?, अज्ञेय, परशुराम से तूरख ाम, पृ. 12.
17. अरे यायावर रहेगा याद?, अज्ञेय, परशुराम से तूरख ाम, पृ. 27.
18. अरे यायावर रहेगा याद?, अज्ञेय, परशुराम से तूरख ाम, पृ. 27.
19. अरे यायावर रहेगा याद?, अज्ञेय, परशुराम से तूरख ाम, पृ. 28.
20. अरे यायावर रहेगा याद?, अज्ञेय, परशुराम से तूरख ाम, पृ. 42.
21. अरे यायावर रहेगा याद?, अज्ञेय, परशुराम से तूरख ाम, पृ. 42.
22. अरे यायावर रहेगा याद?, अज्ञेय, किरणों की खोज में, पृ. 56.
23. अरे यायावर रहेगा याद?, अज्ञेय, किरणों की खोज में, पृ. 56.
24. अरे यायावर रहेगा याद?, अज्ञेय, किरणों की खोज में, पृ. 60-61.
25. अरे यायावर रहेगा याद?, अज्ञेय, देवताओं के अंचल में, पृ. 85.
26. अरे यायावर रहेगा याद?, अज्ञेय, देवताओं के अंचल में, पृ. 89.
27. अरे यायावर रहेगा याद?, अज्ञेय, मौत की घाटी में, पृ. 100.
28. अरे यायावर रहेगा याद?, अज्ञेय, मौत की घाटी में, पृ. 100.
29. अरे यायावर रहेगा याद?, अज्ञेय, मौत की घाटी में, पृ. 106.
30. अरे यायावर रहेगा याद?, अज्ञेय, माझुली पृ. 112.
31. अरे यायावर रहेगा याद?, अज्ञेय, माझुली पृ. 116.
32. अरे यायावर रहेगा याद?, अज्ञेय, माझुली, पृ. 117.
33. अरे यायावर रहेगा याद?, अज्ञेय, माझुली, पृ. 119.
34. अरे यायावर रहेगा याद?, अज्ञेय, माझुली, पृ. 120.
35. अरे यायावर रहेगा याद?, अज्ञेय, माझुली, पृ. 130.
36. अरे यायावर रहेगा याद?, अज्ञेय, बहता पानी निर्मला , पृ. 135.
37. अरे यायावर रहेगा याद?, अज्ञेय, 'सागर-सेवित, मेघ-मेखलित, पृ. 137.
38. अरे यायावर रहेगा याद?, अज्ञेय, 'सागर-सेवित, मेघ-मेखलित, पृ. 138-139.
39. अरे यायावर रहेगा याद?, अज्ञेय, 'सागर-सेवित, मेघ-मेखलित, पृ. 141.
40. अरे यायावर रहेगा याद?, अज्ञेय, 'सागर-सेवित, मेघ-मेखलित, पृ. 144.
41. अरे यायावर रहेगा याद?, अज्ञेय, 'सागर-सेवित, मेघ-मेखलित, पृ. 144.
42. अरे यायावर रहेगा याद?, अज्ञेय, 'सागर-सेवित, मेघ-मेखलित, पृ. 146.
43. ज्ञातव्य : 'मुझे लगता है अपने अन्तिम वर्षों में अज्ञेय का अपनी जातीय परम्परा के प्रति आकर्षण अन्य कारणों के अलावा – इसमें भी था कि वह उसमें उन सब स्मृतियों, मिथकों, पुराण, कथाओं को उत्कीर्ण करना चाहते थे जो सैकड़ों वर्षों से हमारी वाचिक और साहित्यिक परम्परा का जीवन-स्रोत रहे हैं। निर्मल वर्मा, भारत और यूरोप : प्रतिश्रुति के क्षेत्र, राजकमल प्रकाशन, दिल्ली, 1991, पृ. 112.
44. संस्कृति के भावनायकों की लीलास्थली, अज्ञेय, पुरोवाक् भाग।
45. संस्कृति के भावनायकों की लीलास्थली, अज्ञेय, ब्रज तजि मेरी जाय बलाय, पृ. 20-21.
46. संस्कृति के भावनायकों की लीलास्थली, अज्ञेय, ब्रज तजि मेरी जाय बलाय, पृ. 21.
47. संस्कृति के भावनायकों की लीलास्थली, अज्ञेय, ब्रज तजि मेरी जाय बलाय, पृ. 26-27.

48. संस्कृति के भावनायकों की लीलास्थली, अज्ञेय, ब्रज तजि मेरी जाय बलाय, पृ. 24.
49. संस्कृति के भावनायकों की लीलास्थली, अज्ञेय, ब्रज तजि मेरी जाय बलाय, पृ. 26.
50. संस्कृति के भावनायकों की लीलास्थली, अज्ञेय, ब्रज तजि मेरी जाय बलाय, पृ. 31.
51. संस्कृति के भावनायकों की लीलास्थली, अज्ञेय, द्वारका से द्वारका, पृ. 56.
52. संस्कृति के भावनायकों की लीलास्थली, अज्ञेय, यात्रा का अन्त : यात्रा का अर्थ, पृ. 57.
53. संस्कृति के भावनायकों की लीलास्थली, अज्ञेय, यात्रा का अन्त : यात्रा का अर्थ, पृ. 78.
54. संस्कृति के भावनायकों की लीलास्थली, अज्ञेय, राम के पद्चिह्नों पर एक जीवित महाकाव्य की शोध-यात्रा, पृ. 85.
55. संस्कृति के भावनायकों की लीलास्थली, अज्ञेय, राम के पद्चिह्नों पर एक जीवित महाकाव्य की शोध यात्रा, पृ. 90.
56. संस्कृति के भावनायकों की लीलास्थली, अज्ञेय, 'सीतायन' से रामायण, पृ. 93.
57. संस्कृति के भावनायकों की लीलास्थली, अज्ञेय, वनाश्रम नगर, पृ. 100.
58. संस्कृति के भावनायकों की लीलास्थली, अज्ञेय, स्मरं त्वं पूर्वकं भावम्, पृ. 106-107.
59. संस्कृति के भावनायकों की लीलास्थली, अज्ञेय, राम-कथा और आज का पाठक, पृ. 131.
60. ''अज्ञेय पूर्व और पश्चिम, लोक-मानस और अभिजात-मानस, अतीत और भविष्य, परम्परा औंर प्रयोग को घोलकर पी और पिला गये। यह सही है कि हिन्दी-साहित्य में अज्ञेय का वैसा एकछत्र राज न हो सका जैसा नेहरू का भारतीय राजनीति में हुआ, मगर यह भी सही है कि हिन्दी-साहित्य में और किसी का अज्ञेय जितना भी नहीं हुआ।'' बातों-बातों में, मनोहर श्याम जोशी, राजधानी के सलीब पर कई मसीहे चेहरे, पृ. 100.
61. स्मृति-लेखा, अज्ञेय, लेखक की ओर से, दूसरे संस्करण की भूमिका-भाग।
62. स्मृति-लेखा, अज्ञेय, लेखक की ओर से, भूमिका-भाग, पृ. 13.
63. स्मृति-लेखा, अज्ञेय, भारत कोकिला, पृ. 19.
64. स्मृति-लेखा, अज्ञेय, राष्ट्रकवि, पृ. 33.
65. स्मृति-लेखा, अज्ञेय, राष्ट्रकवि, पृ. 33.
66. स्मृति-लेखा, अज्ञेय, स्मरण का स्मृतिकार, पृ. 35-36.
67. स्मृति-लेखा, अज्ञेय, उपन्यास सम्राट, पृ. 56.
68. स्मृति-लेखा, अज्ञेय, वसन्त का अग्रदूत, पृ. 62.
69. स्मृति-लेखा, अज्ञेय, स्वर सिद्ध, पृ. 82.
70. स्मृति-लेखा, अज्ञेय, कवि-वत्सला, पृ. 84.
71. स्मृति-लेखा, अज्ञेय, एक भारतीय आत्मा : एक चुनौती, पृ. 84.
72. स्मृति-लेखा, अज्ञेय, धरती के धनी, पृ. 107.
73. स्मृति-लेखा, अज्ञेय, समय-सूर्य, पृ. 123.
74. स्मृति-लेखा, अज्ञेय, बीसवीं सदी का बाणभट्ट, पृ. 135.
75. ऋणजल धनजल, फणीश्वरनाथ रेणु, कवि की यात्राएँ, रघुवीर सहाय, पृ. 11.
76. रेणु रचना संचयन, भारत यायावर, बिदापत नाच, पृ. 78.
77. रेणु रचना संचयन, भारत यायावर, बिदापत नाच, पृ. 80.

78. रेणु रचना संचयन, भारत यायावर, बिदापत नाच, पृ. 80.
79. रेणु रचना संचयन, भारत यायावर, बिदापत नाच, पृ. 81.
80. रेणु रचना संचयन, भारत यायावर, बिदापत नाच, पृ. 84.
81. मेरा हमदम मेरा दोस्त, कमलेश्वर, फणीश्वरनाथ रेणु, पृ. 113.
82. फणीश्वरनाथ रेणु, चुनी हुई रचनाएँ, भारत यायावर, एक बुलन्द खुदी...उर्फ नकबेसर का किस्सा (गुटका), पृ. 13.
83. फणीश्वरनाथ रेणु, चुनी हुई रचनाएँ, भारत यायावर, एक बुलन्द खुदी...उर्फ नकबेसर का किस्सा (गुटका), पृ. 13.
84. फणीश्वरनाथ रेणु, चुनी हुई रचनाएँ, भारत यायावर, पाण्डुलेख, पृ. 21.
85. फणीश्वरनाथ रेणु, चुनी हुई रचनाएँ, भारत यायावर, पाण्डुलेख, पृ. 22.
86. फणीश्वरनाथ रेणु, सुरेन्द्र चौधरी, भारतीय साहित्य के निर्माता, धरती पुत्रों की रपट, पृ. 24.
87. ऋणजल धनजल, फणीश्वरनाथ रेणु, कुत्ते की आवाज, पृ. 30.
88. ऋणजल धनजल, फणीश्वरनाथ रेणु, कुत्ते की आवाज, पृ. 30.
89. ऋणजल धनजल, फणीश्वरनाथ रेणु, जो बोले सो निहाल, पृ. 43.
90. ऋणजल धनजल, फणीश्वरनाथ रेणु, पंछी की लाश, पृ. 50.
91. ऋणजल धनजल, फणीश्वरनाथ रेणु, पंछी की लाश, पृ. 51.
92. ऋणजल धनजल, फणीश्वरनाथ रेणु, भूमिदर्शन की भूमिका-1, पृ. 89.
93. ऋणजल धनजल, फणीश्वरनाथ रेणु, भूमिदर्शन की भूमिका-3, पृ. 103.
94. ऋणजल धनजल, फणीश्वरनाथ रेणु, भूमिदर्शन की भूमिका-3, पृ. 103.
95. ऋणजल धनजल, फणीश्वरनाथ रेणु, भूमिदर्शन की भूमिका-4, पृ. 108.
96. ऋणजल धनजल, फणीश्वरनाथ रेणु, भूमिदर्शन की भूमिका-5, पृ. 116.
97. ऋणजल धनजल, फणीश्वरनाथ रेणु, भूमिदर्शन की भूमिका-5, पृ. 120.
98. ऋणजल धनजल, फणीश्वरनाथ रेणु, भूमिदर्शन की भूमिका-6, पृ. 129.
99. ऋणजल धनजल, फणीश्वरनाथ रेणु, समग्र मानवीय दृष्टि, निर्मल वर्मा, पृ. 16.
100. चीड़ों पर चाँदनी की भूमिका पूर्व दिये हुए डॉ. रामस्वरूप चतुर्वेदी के ये मन्तव्य उल्लेखनीय हैं, "निर्मल वर्मा के गद्य में कहानी, निबन्ध, यात्रा-वृत्त और डायरी की समस्त विधाएँ अपना अलगाव छोड़कर अपनी चिन्तन-क्षमता और सृजन-प्रक्रिया में समरस हो जाती हैं...आधुनिक समाज में गद्य से जो विविध अपेक्षाएँ की जाती हैं, वे सब एक बारगी पूरी हो जाती हैं।"
101. हर बारिश में, निर्मल वर्मा, ज्ञानपीठ, नयी दिल्ली, 2006, दस वर्ष बाद, भूमिका भाग।
102. चीड़ों पर चाँदनी, निर्मल वर्मा, भारतीय ज्ञानपीठ, छठा संस्करण, चीड़ों पर चाँदनी, पृ. 128.
103. चीड़ों पर चाँदनी, निर्मल वर्मा, भारतीय ज्ञानपीठ, छठा संस्करण, चीड़ों पर चाँदनी, पृ. 130.
104. चीड़ों पर चाँदनी, निर्मल वर्मा, भारतीय ज्ञानपीठ, छठा संस्करण, चीड़ों पर चाँदनी, पृ. 130.
105. चीड़ों पर चाँदनी, निर्मल वर्मा, भारतीय ज्ञानपीठ, छठा संस्करण, चीड़ों पर चाँदनी, पृ. 130.
106. चीड़ों पर चाँदनी, निर्मल वर्मा, भारतीय ज्ञानपीठ, छठा संस्करण, भूमिका, पृ. 8.
107. चीड़ों पर चाँदनी, निर्मल वर्मा, भारतीय ज्ञानपीठ, छठा संस्करण, ब्रेख त और एक उदास नगर, पृ. 17.
108. चीड़ों पर चाँदनी, निर्मल वर्मा, भारतीय ज्ञानपीठ, छठा संस्करण, रोती हुई मर्मेड का शहर, पृ. 31.

109. चीड़ों पर चाँदनी, निर्मल वर्मा, भारतीय ज्ञानपीठ, छठा संस्करण, रोती हुई मर्मेड का शहर, पृ. 35.
110. चीड़ों पर चाँदनी, निर्मल वर्मा, भारतीय ज्ञानपीठ, छठा संस्करण, रोती हुई मर्मेड का शहर, पृ. 35.
111. चीड़ों पर चाँदनी, निर्मल वर्मा, भारतीय ज्ञानपीठ, छठा संस्करण, रोती हुई मर्मेड का शहर, पृ. 32.
112. चीड़ों पर चाँदनी, निर्मल वर्मा, भारतीय ज्ञानपीठ, छठा संस्करण, रोती हुई मर्मेड का शहर, पृ. 32.
113. चीड़ों पर चाँदनी, निर्मल वर्मा, भारतीय ज्ञानपीठ, छठा संस्करण, रोती हुई मर्मेड का शहर, पृ. 34.
114. चीड़ों पर चाँदनी, निर्मल वर्मा, भारतीय ज्ञानपीठ, छठा संस्करण, रोती हुई मर्मेड का शहर, पृ. 45.
115. चीड़ों पर चाँदनी, निर्मल वर्मा, भारतीय ज्ञानपीठ, छठा संस्करण, रोती हुई मर्मेड का शहर, पृ. 48.
116. चीड़ों पर चाँदनी, निर्मल वर्मा, भारतीय ज्ञानपीठ, छठा संस्करण, उत्तर रोशनियों की ओर, पृ. 51.
117. चीड़ों पर चाँदनी, निर्मल वर्मा, भारतीय ज्ञानपीठ, छठा संस्करण, उत्तर रोशनियों की ओर, पृ. 55.
118. चीड़ों पर चाँदनी, निर्मल वर्मा, भारतीय ज्ञानपीठ, छठा संस्करण, उत्तर रोशनियों की ओर, पृ. 61.
119. चीड़ों पर चाँदनी, निर्मल वर्मा, भारतीय ज्ञानपीठ, छठा संस्करण, उत्तर रोशनियों की ओर, पृ. 62.
120. चीड़ों पर चाँदनी, निर्मल वर्मा, भारतीय ज्ञानपीठ, छठा संस्करण, सफेद रातें और हवा, पृ. 67.
121. चीड़ों पर चाँदनी, निर्मल वर्मा, भारतीय ज्ञानपीठ, छठा संस्करण, सफेद रातें और हवा, पृ. 68.
122. चीड़ों पर चाँदनी, निर्मल वर्मा, भारतीय ज्ञानपीठ, छठा संस्करण, सफेद रातें और हवा, पृ. 80.
123. चीड़ों पर चाँदनी, निर्मल वर्मा, भारतीय ज्ञानपीठ, छठा संस्करण, सफेद रातें और हवा, पृ. 83.
124. चीड़ों पर चाँदनी, निर्मल वर्मा, भारतीय ज्ञानपीठ, छठा संस्करण, लेक्सनेस : एक इण्टरव्यू, पृ. 142.
125. चीड़ों पर चाँदनी, निर्मल वर्मा, भारतीय ज्ञानपीठ, छठा संस्करण, लेक्सनेस : एक इण्टरव्यू, पृ. 145.
126. चीड़ों पर चाँदनी, निर्मल वर्मा, भारतीय ज्ञानपीठ, छठा संस्करण, लेक्सनेस : एक इण्टरव्यू, पृ. 146.
127. चीड़ों पर चाँदनी, निर्मल वर्मा, भारतीय ज्ञानपीठ, छठा संस्करण, काफ्का और चापेक : समकालीन चेक साहित्य, पृ. 147.
128. चीड़ों पर चाँदनी, निर्मल वर्मा, भारतीय ज्ञानपीठ, छठा संस्करण, काफ्का और चापेक : समकालीन चेक साहित्य, पृ. 148.
129. चीड़ों पर चाँदनी, निर्मल वर्मा, भारतीय ज्ञानपीठ, छठा संस्करण, काफ्का और चापेक : समकालीन चेक साहित्य, पृ. 148.
130. चीड़ों पर चाँदनी, निर्मल वर्मा, भारतीय ज्ञानपीठ, छठा संस्करण, काफ्का और चापेक : समकालीन चेक साहित्य, पृ. 152.

131. चीड़ों पर चाँदनी, निर्मल वर्मा, भारतीय ज्ञानपीठ, छठा संस्करण, काफ्का और चापेक : समकालीन चेक साहित्य, पृ. 153.
132. चीड़ों पर चाँदनी, निर्मल वर्मा, भारतीय ज्ञानपीठ, छठा संस्करण, देहरी के भीतर : चेखॅव के पत्र, पृ. 164.
133. चीड़ों पर चाँदनी, निर्मल वर्मा, भारतीय ज्ञानपीठ, छठा संस्करण, देहरी के भीतर : चेखॅव के पत्र, पृ. 169.
134. चीड़ों पर चाँदनी, निर्मल वर्मा, भारतीय ज्ञानपीठ, छठा संस्करण, देहरी के भीतर : चेखॅव के पत्र, पृ. 171.
135. हर बारिश में, निर्मल वर्मा, भारतीय ज्ञानपीठ, छठा संस्करण, दस वर्ष बाद, भूमिका भाग।
136. ''निर्मल वर्मा ने यूरोप की धड़कन, उसके गौरव और शर्म के क्षणों को बहुत नजदीक से देखा-सुना। इस लिहाज से यह पुस्तक एक ऐसी नियतिपूर्ण घड़ी का दस्तावेज है, जब बीसवीं सदी के अनेक काले-उजले पन्ने पहली बार खुले थे।'' हर बारिश में, फ्लैप लिखित अंश।
137. ''उन दिनों मैंने जो लिखा, उसे न रूढ़ अर्थों में निबन्ध कहा जा सकता है, न यात्रा-संस्मरण-वह कुछ ऐसा था, जो मुक्त-भाव से दोनों की सीमाओं को छूता था। उनमें निबन्धों का सोच-चिन्तन अवश्य था किन्तु कोई उपलब्धि का भाव न था, जो किसी शान्त बिन्दु पर पहुँचकर समाधान इंगित करता है;'' हर बारिश में, दस वर्ष बाद : पृ. 7.
138. हर बारिश में, निर्मल वर्मा, भारतीय ज्ञानपीठ, छठा संस्करण, अंग्रेजों की खोज में, पृ. 56.
139. हर बारिश में, निर्मल वर्मा, भारतीय ज्ञानपीठ, छठा संस्करण, अंग्रेजों की खोज में, पृ. 57.
140. हर बारिश में, निर्मल वर्मा, भारतीय ज्ञानपीठ, छठा संस्करण, अंग्रेजों की खोज में, पृ. 58.
141. हर बारिश में, निर्मल वर्मा, अंग्रेजों की खोज, पृ. 63-64.
142. समकालीन, भारतीय साहित्य, पृ. 163-202 का सन्दर्भ।
143. ढलान से उतरते हुए, निर्मल वर्मा, भारतीय ज्ञानपीठ, छठा संस्करण, भूमिका भाग।
144. ढलान से उतरते हुए, निर्मल वर्मा, भारतीय ज्ञानपीठ, छठा संस्करण, ढलान से उतरते हुए, पृ. 114.
145. ढलान से उतरते हुए, निर्मल वर्मा, भारतीय ज्ञानपीठ, छठा संस्करण, ढलान से उतरते हुए, पृ. 115.
146. ढलान से उतरते हुए, निर्मल वर्मा, भारतीय ज्ञानपीठ, छठा संस्करण, ढलान से उतरते हुए, पृ. 122.
147. ''भारतीय होने के नाते यूरोप मेरी चिन्ताओं के हाशिये पर हमेशा मँडराता रहा है—मुझे विशेष खुशी है, कि, ''भारत और यूरोप : प्रतिश्रुति के क्षेत्र' में मैंने उस पर पहली बार अपने बिखरे विचारों को संयोजित करने का प्रयास किया हैं।'' भारत और यूरोप : प्रतिश्रुति के क्षेत्र, निर्मल वर्मा, राजकमल प्रकाशन, नयी दिल्ली, प्राक्कथन भाग।
148. बसन्त आ गया पर कोई उत्कण्ठा नहीं, विद्यानिवास मिश्र, बर्फ और धूप, पृ.88.
149. बसन्त आ गया पर कोई उत्कण्ठा नहीं, विद्यानिवास मिश्र, बर्फ और धूप, पृ.91.
150. मेरे राम का मुकुट भींग रहा है, विद्यानिवास मिश्र, मुकुट, मेखला और नूपुर, पृ.1.
151. मेरे राम का मुकुट भींग रहा है, विद्यानिवास मिश्र, मुकुट, मेखला और नूपुर, पृ.1.
152. मेरे राम का मुकुट भींग रहा है, विद्यानिवास मिश्र, मुकुट, मेखला और नूपुर, पृ. 5.
153. मेरे राम का मुकुट भींग रहा है, विद्यानिवास मिश्र, विन्ध्य की धरती का वरदान, पृ. 6.

154. मेरे राम का मुकुट भींग रहा है, विद्यानिवास मिश्र, विन्ध्य की धरती का वरदान, पृ. 7.
155. मेरे राम का मुकुट भींग रहा है, विद्यानिवास मिश्र, अमरकण्टक की सालती स्मृति, पृ. 10-11.
156. मेरे राम का मुकुट भींग रहा है, विद्यानिवास मिश्र, अमरकण्टक की सालती स्मृति, पृ. 31.
157. मेरे राम का मुकुट भींग रहा है, विद्यानिवास मिश्र, होइहें शिला सब चन्द्रमुखी, पृ. 35.
158. मेरे राम का मुकुट भींग रहा है, विद्यानिवास मिश्र, होइहें शिला सब चन्द्रमुखी, पृ. 51.
159. हँसते निर्झर : दहकती भट्ठी, विष्णु प्रभाकर, भूमिका-भाग, पृ. 7-11.
160. ज्योतिपुंज हिमालय, विष्णु प्रभाकर, भूमिका-भाग, पृ. 7-15.
161. हँसते निर्झर : दहकती भट्ठी, विष्णु प्रभाकर, भूमिका-भाग, पृ. 6.
162. हँसते निर्झर : दहकती भट्ठी, विष्णु प्रभाकर, मैं यहीं मरना चाहता हूँ, पृ. 14.
163. हँसते निर्झर : दहकती भट्ठी, विष्णु प्रभाकर, मैं यहीं मरना चाहता हूँ, पृ. 17.
164. हँसते निर्झर : दहकती भट्ठी, विष्णु प्रभाकर, मैं यहीं मरना चाहता हूँ, पृ 24.
165. हँसते निर्झर : दहकती भट्ठी, विष्णु प्रभाकर, सौन्दर्य का दर्द, पृ. 25.
166. हँसते निर्झर : दहकती भट्ठी, विष्णु प्रभाकर, सौन्दर्य का दर्द, पृ. 14.
167. हँसते निर्झर : दहकती भट्ठी, विष्णु प्रभाकर, सौन्दर्य का दर्द, पृ. 27.
168. हँसते निर्झर : दहकती भट्ठी, विष्णु प्रभाकर, केदारनाथ दर्शन, पृ. 42.
169. हँसते निर्झर : दहकती भट्ठी, विष्णु प्रभाकर, जहाँ आकाश नहीं दिखायी देता, पृ. 30.
170. हँसते निर्झर : दहकती भट्ठी, विष्णु प्रभाकर, वैशाली के खण्डहर, पृ. 57.
171. हँसते निर्झर : दहकती भट्ठी, विष्णु प्रभाकर, वैशाली के खण्डहर, पृ. 54-55.
172. ज्योतिपुंज हिमालय, विष्णु प्रभाकर, प्रवेश, पृ. 7.
173. ज्योतिपुंज हिमालय, विष्णु प्रभाकर, प्रवेश, पृ. 8.
174. ज्योतिपुंज हिमालय, विष्णु प्रभाकर, प्रवेश, पृ. 8.
175. ज्योतिपुंज हिमालय, विष्णु प्रभाकर, प्रवेश, पृ. 9.
176. ज्योतिपुंज हिमालय, विष्णु प्रभाकर, सौम्य काशी-उत्तरकाशी, पृ.33.
177. ज्योतिपुंज हिमालय, विष्णु प्रभाकर, गंगोत्तरी के मार्ग पर, पृ.-62.
178. ज्योतिपुंज हिमालय, विष्णु प्रभाकर, नैलंग श्रेणी की छाया में, पृ.128.
179. दो सखियाँ, शिवानी, उप्रेती, पृ. 7.
180. दो सखियाँ, शिवानी, उप्रेती, पृ. 8.
181. दो सखियाँ, शिवानी, उप्रेती, पृ. 15.
182. दो सखियाँ, शिवानी, उप्रेती, पृ. 18.
183. दो सखियाँ, शिवानी, दो सखियाँ, पृ. 30.
184. दो सखियाँ, शिवानी, पाथेय, पृ. 79.
185. दो सखियाँ, शिवानी, पाथेय, पृ. 79.
186. वातायन, शिवानी, वातायन-1, पृ. 9.
187. वातायन, शिवानी, वातायन-2, पृ. 14.
188. वातायन, शिवानी, वातायन-3, पृ. 14.
189. वातायन, शिवानी, वातायन-3, पृ. 15-16.

190. वातायन, शिवानी, वातायन-3, पृ. 16-17.
191. वातायन, शिवानी, वातायन-21, पृ. 61.
192. मरण सागर पारे, शिवानी, बंकिम तोमार नाम, पृ. 10-11.
193. मरण सागर पारे, शिवानी, एक श्रद्धांजली, पृ. 15.
194. मरण सागर पारे, शिवानी, केशव कहि न जाये, पृ. 18.
195. मरण सागर पारे, शिवानी, पेयेछी छूटी, पृ. 25.
196. मरण सागर पारे, शिवानी, पेयेछी छूटी, पृ. 25.
197. आमादेर शान्तिनिकेतन, शिवानी, राधाकृष्ण पेपर बैक्स, नयी दिल्ली, भूमिका, पृ. 9.
198. आमादेर शान्तिनिकेतन, शिवानी, राधाकृष्ण पेपर बैक्स, नयी दिल्ली, गुरुपल्ली, पृ. 11.
199. आमादेर शान्तिनिकेतन, शिवानी, राधाकृष्ण पेपर बैक्स, नयी दिल्ली, गुरुपल्ली, पृ. 11.
200. आमादेर शान्तिनिकेतन, शिवानी, राधाकृष्ण पेपर बैक्स, नयी दिल्ली, गुरुपल्ली, पृ. 15.
201. आमादेर शान्तिनिकेतन, शिवानी, राधाकृष्ण पेपर बैक्स, नयी दिल्ली, गुरुर्ब्रह्मा, पृ. 90.
202. यात्रिक, शिवानी, राधाकृष्ण पेपर बैक्स, नयी दिल्ली, चरैवेति, पृ. 8-9.
203. यात्रिक, शिवानी, राधाकृष्ण पेपर बैक्स, नयी दिल्ली, चरैवेति, पृ. 18.
204. यात्रिक, शिवानी, राधाकृष्ण पेपर बैक्स, नयी दिल्ली, चरैवेति, पृ. 47.
205. यात्रिक, शिवानी, राधाकृष्ण पेपर बैक्स, नयी दिल्ली, चरैवेति, पृ. 49.
206. यात्रिक, शिवानी, राधाकृष्ण पेपर बैक्स, नयी दिल्ली, यात्रिक, पृ. 74.
207. यात्रिक, शिवानी, राधाकृष्ण पेपर बैक्स, नयी दिल्ली, यात्रिक, पृ. 78.

# समकालीन-युग

हिन्दी का समकालीन-यात्रा-साहित्य उपयुक्त नामकरण और विविध नयी प्रवृत्तियों के वर्गीकरण तथा निर्धारण की दृष्टि से विचारणीय है। किसी भी भाषा के साहित्यिक विकास को विशेष काल की सीमा में बाँधना कठिन ही नहीं विवादास्पद भी है। इसी क्रम में समकालीनता की अवधारणा को परिभाषित करना बहुत सहज नहीं है, क्योंकि समकालीन कालावधि या युग के उद्‌भावन स्थल का निर्धारण भी अपने-आप में कठिन होता है। परन्तु साहित्य ऐसी सृजनात्मक विधा के व्यवस्थित विश्लेषण-विवेचन की दृष्टि से समकालीनता के मान्य प्रस्थान-बिन्दु और उसके विकास-क्षेत्र का भी सीमांकन अपेक्षित होता है। इसलिए विश्व के अन्य साहित्य की तरह हिन्दी के यात्रा-साहित्य के समकालीन-युग को सामान्य रूप से स्वातन्त्र्योत्तर उत्तर-आधुनिक कालावधि के रूप में माना जा सकता है। इसी सन्दर्भ में हिन्दी यात्रा-साहित्य की समकालीन विकासधारा की रचना-यात्रा पर विचार किया गया है, यथा—

### 6.1 मोहन राकेश (8 जनवरी, 1925 ई. - 3 दिसम्बर, 1972 ई.)

ये हिन्दी साहित्य के समकालीन-युग के विख्यात प्रतिभावान लेखक हैं। इन्होंने नाटक, कहानी, उपन्यास, निबन्ध, यात्रा-वृत्तान्त तथा अनुवाद आदि के विस्तृत क्षेत्र में अपनी मर्मस्पर्शी रचनाएँ की हैं। विशेषतः संवेदना और पारदर्शी अन्तर्दृष्टि के साथ चित्र, बिम्ब आदि से भरी लयात्मक वचन-भंगिमाओं से पूर्ण भाव-भाषा को लेकर ये देश-विदेश में भी बहुत सिद्ध साहित्यकार के रूप में याद किये जाते हैं। इनकी कुछ चर्चित कृतियों में, 'एक और जिन्दगी', 'फौलाद का आकाश', 'अँधेरे बन्द कमरे में' और 'न आनेवाला कल' आदि और 'आषाढ़ का एक दिन', तथा 'लहरों के राजहंस (नाटक) विशेष रूप से उल्लेखनीय हैं। मोहन राकेश के यात्रा-वृत्तान्त के क्षेत्र में 'आखिरी चट्टान' और कुछेक अन्य यात्रा-संस्मरण, 'यात्रा का रोमांस', 'गुलमर्ग की खिड़की से एक रात', 'एक हाथ : कावेरी के किनारे' और 'दिल्ली : रात की बाँहो में', कृतियाँ सुप्रसिद्ध हैं।

मोहन राकेश के साहित्यिक उत्कर्ष और अवदानों के प्रेरक प्रसंग में डॉ. नामवर सिंह के ये उद्‌गारपरक कथन सर्वथा उदाहरणीय हैं, ''राकेश आज स्मृतिशेष हैं, कीर्तिशेष हैं।

नयी कहानी आन्दोलन में उनका महत्त्वपूर्ण योग है। राकेश के आगमन के पूर्व रंगमंच की सम्भावनाओं का पता नहीं चलता था। उन्होंने पहली बार सिद्ध किया कि नाटक गम्भीरता से लेने की कला है। उनका जीवन प्रौढ़ता के शिखर पर पहुँचकर उन्नत दिशाओं की ओर बढ़ रहा था... ।...मतभेद के समय में भी जिस गरिमा का एक अहसास राकेश ने कराया, वह एक श्रेष्ठ लेखक द्वारा ही सम्भव होता है।...कैसी विडम्बना है कि जिसके नाटकों, कहानियों, उपन्यासों का अन्त कभी आकस्मिक नहीं होता था, उसके जीवन का अन्त इतना आकस्मिक हो गया!''[1] नीचे मोहन राकेश के यात्रा-साहित्य के प्रसंग में लेखक की कृतियों का विवेचन किया जा रहा है, यथा–

'यात्रा का रोमांस' : इसमें लेखक ने शुरू में यात्रा के सारभूत मर्म और यात्री के विरल मन में उठती हुई भाव-राशि का पारदर्श वर्णन इस प्रकार किया है, ''यायावर के जीवन का सबसे बड़ा सन्तोष या असन्तोष इसमें है कि उसका रास्ता कभी समाप्त नहीं होता। वह चाहे जितना भटक ले, नयी अनजान पगडण्डियों का मोह उसके दिल से कभी नहीं जाता। उत्तरी ध्रुव पर जाकर ये पगडण्डियाँ दक्षिणी ध्रुव की ओर जाती प्रतीत होती हैं, और दक्षिणी ध्रुव पर जाकर भूमध्य-रेखा की ओर। और हर पगडण्डी के दायें-बायें से जो छोटी पगडण्डियाँ निकल जाती हैं वे अलग। हर पगडण्डी का अपना आकर्षण होता है, यायावर कहाँ तक पैरों को रोके?''[2]

लेखक ने यात्रा से जुड़ी मानसिकता का उल्लेख करते हुए उसके विनियोग स्वरूप भारत के पर्वतीय प्रदेश में स्थित कृष्ण-सागर झील और मनोरम स्थलों का भ्रमण करते हुए घर-बार, पत्नी, विदेशी-यात्री, डल-झील, आगे के गन्तव्यों आदि सम्बन्धी तरह-तरह की स्मृतियों का उल्लेख किया है, यथा–''कृष्ण-सागर झील। रंगीन प्रकाश से आलोकित झरना। वृन्दावन उद्यान के रंगीन फ व्वारों की चकाचौंध। पीछे अँधेरा आकाश है जिसमें फीके-से तारे झिलमिलाते हैं। झील के सुनहले-कजरारे पानी में उठती हल्की-हल्की लहरें अपनी ओर बढ़ी आती हैं। एक पक्षी पंख फड़फड़ता झील को पारकर जाता है। ऐसे में झील के किनारे पत्थर के हाथी से टेक लगाये एक आदमी अपने नंगे पैर को सहलाता है। उसने जूता उतार रखा है क्योंकि नया जूता पैर में काटता है। वह पिछले एक सप्ताह में जगन्नाथ पुरी से लेकर ऊटी तक की यात्रा करके आया है। घर से तय करके निकला है कि तीन सप्ताह में उसे पूरा भारत घूम लेना है।''[3]

घर से निकलकर दूर-दराज में घूमने के क्रम में जागृत यह उपर्युक्त प्रसंग मुक्तआसंगपरक 'चेतना के प्रवाह' की कोटि में वर्गीकृत किया जा सकता है। इसलिए कि रास्ता तय करते हुए स्वभावतः यायावर का पग ही नहीं मन भी इधर-उधर भटकता रहता है। आदमी यात्री रूप में तो घर छोड़ने के बाद और भी घर छोड़ने की माया में खो जाता है। इसी प्रकार लेखक-यात्री ने कश्मीर की सुन्दर झीलों और ऊँची-नीची पहाड़ियों के बीच होकर निकलने वाली पगडण्डियों पर चलते हुए अनेक प्राकृतिक दृश्यों का हू-ब-हू आकलन करता है–और युगपत् रूप से अपने मन को भी टटोलता रहता है, यथा, ''वर्षा गुजर जाती

है तो फिर उतरने लगते हैं। घटा, ग्लेशियर और पत्थर—वे सब दर्शक हैं और हम लोग दृश्य हैं। हमारे प्राण हमारे हाथों में और रीढ़ के निचले हिस्से में सिमट आये हैं। सारी चेतना भी उसी हिस्से में है। जो सबसे आगे है, वह अपने को सबसे ज्यादा खतरे में महसूस करता है। जो बीच में है, वह अपने को। जो पीछे है, वह अपने को। आगे सीधी ढलान है। सबके दिल धड़कने लगते हैं।''[4]

'गुलमर्ग की खिड़की से एक रात' शीर्षक कश्मीर स्थित गुलमर्ग की यात्रा के अनुभवों का संस्मरण है। यह अपने-आप में गुजरे हुए कुछ क्षणों की ऐसी सुन्दर झलकें हैं, जिसकी तुलना मेज पर करीने से सजाये गुलदस्ते के रंग-बिरंगे फूलों की शोभा से की जा सकती है, यथा, ''गुलमर्ग में सपने फूल बनकर उगते हैं—हरियाली के आर-पार, लाल-लाल छतों के ऊपर, आकाश में। आँखें मुग्ध होकर देखती रहती हैं और फूलों में नये-नये रंग भर जाते हैं, वातावरण में नयी-नयी कोपलें फूट आती हैं। हर क्षण एक नये अनुभव, नये रोमांच की सृष्टि होती है।...बादलों के पोर्टियों के नीचे लोग बाँहें फैलाये घास पर बैठे हैं। दूर-दूर तक सैलानियों की पंक्तियाँ घोड़े दौड़ाती नजर आती हैं। रंगों के कुछ बिन्दु हरियाली के पट पर जहाँ-तहाँ छिटके हैं। सहसा प्रकाश में नन्हीं-नन्हीं पारदर्शक बूँदें पड़ने लगती हैं।''[5]

मोहन राकेश के 'एक हाथ : कावेरी के किनारे' सहित सभी यात्रा-वृत्तान्त प्रायः अलग-अलग जगहों में सोयी-जागी यादों का बिखरा हुआ कथात्मक सिलसिला है। इसका मुख्य कारण यात्रा की स्मृति की मूल प्रकृति है। इस प्रकार राकेश का कृतित्व अपने स्वरूप में हिन्दी-साहित्य के सृजनात्मक स्वरूप के उत्कृष्ट प्रतिरूप को पूरी तरह उदाहृत करता है।

### 6.2 कमलेश्वर (जन्म- 6 जनवरी, 1932 ई.)

हिन्दी-साहित्य में कमलेश्वर एक बहुचर्चित तेजस्वी व्यक्तित्व रहे हैं। साहित्य की प्रायः सभी विधाओं, उपन्यास, कहानी, समीक्षा, नाटक आदि के साथ यात्रा-वृत्त, संस्मरण और साक्षात्कार से सम्बन्ध रखनेवाली स्मृतिमूलक विधाओं में भी इन्होंने अपनी प्रतिभा का प्रकाश बिखेरा है। इनके यात्रा-वृत्तों में 'आँखों देखा पाकिस्तान', 'कश्मीर रात के बाद' तथा 'परिक्रमा' प्रमुख हैं। इन्होंने हिन्दी के विख्यात साहित्यकार मोहन राकेश के जाने पर 'दोस्तों की यादें' शीर्षक संग्रह-ग्रन्थ का भी सम्पादन किया है। कमलेश्वर ने कश्मीर के अपने सफ रनामा के सम्बन्ध में एक छोटी-सी भूमिका में लिखा है कि, ''मेरी यह किताब साहित्य और पत्रकारिता के मिले-जुले सरोकारों की किताब है। सोचता हूँ तो बराबर यही लगता है कि लेखक के पास उसकी सोच का भी एक दिल होता है...एक बहुत मजबूत और सरोकारों से भरा हुआ बेहद नाजुक दिल, जो हर गैर-इन्सानी बात पर तिलमिलाता, घबराता और परेशान होता है।''[6] हिन्दुस्तान-पाकिस्तान का बँटवारा एशिया ही नहीं विश्व की राजनीति की एक दुःखद सच्चाई भी है और व्यंग्य भी। दोनों देशों के विभाजन के मूल में दोनों के देशवासियों के इन्सानी तौर-तरीके, इच्छा-अनिच्छा, पर्व-त्योहार और यहाँ तक कि भाषिक भेद आधार नहीं रहे हैं। ऐसा इसलिए कि पाकिस्तान का निर्माण तो उसी मिट्टी, हवा,

पानी, तहजीब और अदब आदि से हुआ है जो समान रूप से भारत में रचे-बसे हैं। पूर्वग्रहों से मुक्त होकर कई प्रत्यक्षदर्शी राजनयिक, साहित्यकार तथा पत्रकार आदि ने उक्त विभाजन के पीछे काम करनेवाली शक्तियों और कुचक्रों की ओर संकेत किया है। इन्हीं लोगों में से 'आँखों देखा पाकिस्तान' शीर्षक यात्रा-संस्मरण के सिद्धहस्त लेखक कमलेश्वरर के नाम की सदा चर्चा होती है। ये सार्क देशों के साहित्यकारों के दसवें सम्मेलन के सिलसिले में पाकिस्तान गये। हालाँकि इसके पहले भी वे पाकिस्तान एकाध बार हो भी आये थे। इन्होंने अपने उक्त यात्रा-वृत्त को अनेक शीर्षकों के अन्तर्गत प्रस्तुत किया है। उनमें कई पाकिस्तान सम्बन्धी संस्मरणों को लेखक ने कुछ सामूहिक नाम भी दिया है, जैसे—'खुली खिड़की' 'पाकिस्तान', 'कुछ सांस्कृतिक सवाल', 'भारत का एक दिमागी सफ रनामा' और 'पाकिस्तानी कैदियों का मसला।' इस संस्मरण के पहले लेख 'वाघा बार्डर के उस पार' में दोनों देशों के कलाकारों के मन में पाकिस्तान और हिन्दुस्तान की राजनीति और सैनिकों के दिल-दिमाग की बातें, मानवीय विचारधारा, पारस्परिक आत्मीयता के भावों पर प्रकाश डाला गया है। इस सम्बन्ध में इन देशों के सीमा-विवाद के मूल कारणों का हवाला देते हुए स्मृतिकार ने लिखा है कि— "दोनों देशों के युद्ध के कारण उन्मादी संगठनों ने खतरों से भरे हालात पैदा कर रखे थे। नहीं तो क्रिकेट टीम के लिए हार-जीत का खतरा तो था पर जान-जोखिम को कोई मसला नहीं था। यह था तो सिर्फ राजनीतिक करतूतों और झूठे अहंकार के कारण, मानव-विराधी रुख अपनानेवाले क्षुद्र नेताओं की वजह से। हम लेखकों को कोई खतरा नहीं था, क्योंकि हमारे पास नानक, बुल्ले शाह और वारिस शाह के वे शब्द थे, जिनके हम वारिस हैं!"[7]

उनके दूसरे संस्मरण का शीर्षक है 'जिये पाकिस्तान।' इसमें स्मृतिकार ने पाकिस्तान पहुँचकर इस बार जो देखा-सुना उसके आधार पर अपने अनुभवों को एक बदले हुए सन्दर्भ और परिवेश की पृष्ठभूमि में प्रस्तुत किया है। इस सम्बन्ध में कमलेश्वर का कहना है कि, ''पाकिस्तान को कई बार कई तरह से याद करना पड़ता है, क्योंकि एक बार के अनुभव आपको इस मुल्क की आत्मा तक पहुँचा सकते। मैं पिछली यात्राएँ याद करूँ तो पाकिस्तान एक रुका हुआ पर बहुत तेजी से भागता हुआ देश है। सन् 1960-1970-80 के पाकिस्तान को याद करता हूँ तो सन् '60 का पाकिस्तान हर उस चीज से मुक्त होना चाहता था जो उसे भारत या पूरब से जोड़ती हो। वह अपने इतिहास से आजाद होना चाहता था।"[8]

शुरू में हिन्दुस्तान और पाकिस्तान के जो लोग इधर-से-उधर गये, वे दोनों मन-प्राणों से अपने मूल वतन को भूल नहीं पाये थे, किन्तु जैसे-जैसे समय बीतता गया, वैसे-वैसे अज्ञानता, गलतफहमी तथा दुष्प्रचार आदि के कारण खासकर पाकिस्तान की नयी पीढ़ी के दिल-दिमाग में शक और घृणा के भाव जन्म लेने लगे। लेखक ने इस क्रम में ठीक ही लिखा है कि—''आम पाकिस्तानी मानता है कि उत्तर भारत और पाकिस्तान की संस्कृति में बहुत फर्क नहीं है, पर वह भारत की संस्कृति का साझीदार है, यह सच्चाई उसे नजर तो आती है पर वह इसे मानने को तैयार नहीं है। असल में पार्टीशन को सही और पाकिस्तान के

निर्माण जरूरी साबित करने के जोश में पाकिस्तान के कुछ बुद्धिजीवियों ने, जो भारत-पाक अलगाव को तंगनजरी से देख रहे थे, उन्होंने बहुत जल्दी में कुछ तर्क और लंगड़े सिद्धान्त यानी थ्योरीज तैयार की। इन्हें तैयार करने में कुछ तास्सुबी इतिहासकार हावी हो गये।"[9] सार्क देशों के लेखकों, कवियों और पत्रकारों ने पकिस्तान में जमा होकर समवेत स्वर से संस्कृति और विचार के स्तरों पर नेपाल, बांग्लादेश, मालद्वीप, भारत और पाकिस्तान के आवाम के दिल और दिमाग में राजनीति और सैनिक व्यूह से त्रस्त आपसी घृणा के स्थान पर एक संयुक्त दुनिया का निर्माण करने और मनुष्यता को ही सर्वोपरि मूल्य के रूप में अपनाने का आह्वान किया। इसी आशय का सन्दर्भ देते हुए स्मृतिकार ने अपने ये विचार व्यक्त किये हैं, "दक्षेस के सात देशों के रचनाकारों और बुद्धिजीवियों की यह जबरदस्त मौजूदगी बता रही है कि देशों के राष्ट्रवादी रूझानों की राजनीतिक सरहदों के बावजूद साहित्यकारो के पास शब्द का वह सीमाहीन संसार है, जिसके हम स्थायी नागरिक है, क्योंकि हर देश में हमारा एक देश है।"[10] इसी सम्मेलन में कमलेश्वर ने लेखकों को सम्बोधित करते हुए देशों के आपसी, ऐतिहासिक, सांस्कृतिक और भाषाई सम्बन्धों में जिन मानवीय सन्दर्भों का उल्लेख किया है, उनके कुछ अंश इस पुस्तक के मूल्यवान् अवदानों में से है, यथा, "यूरोपीय इतिहासकार दावा करते हैं कि वास्कोडिगामा के योद्धा और व्यापारियों ने दक्षिण-पूर्वी एशिया के इलाके को खोजा था। वे यह नहीं बताते हैं कि हम दक्षिण-पूर्व एशियावालों ने उन्हें कब खोजा था? वे यह भी नहीं बताते कि जब यूरोप अन्धकारग्रस्त था तब हमारे पूर्वज उसकी उत्पादनहीनता और पिछड़ेपन से परिचित थे। सदियों बाद जब यूरोप में रोमन साम्राज्य का उदय हुआ, तब सारे कीमती और जरूरी उत्पाद दक्षिण एशिया के देशों से ही वहाँ जाते थे।...दक्षिण एशिया के बहुलतावादी समाज के ऐसे अन्दरूनी मतभेदों को, जिन्हें मैत्री की भावना और बड़प्पन से सुलझाया जा सकता था, उन्हें साम्राज्यवादियों ने संकीर्ण जातीय जामा पहनाकर एक-दूसरे के विरुद्ध खड़ा कर दिया।"[11] 'आँखों देखा पाकिस्तान' में कमलेश्वर ने पत्रकारिता और साहित्य के आयामों पर आज के पाकिस्तान को देखते हुए अखण्ड भारत की आधारभूत संस्कृति को बार-बार याद किया है। इसी क्रम में उन्होंने पाकिस्तान के सुप्रसिद्ध शायर मुस्तफ ा जै दी की स्मृतियों को उभारा है, पहले वे अपने मूल वतन भारत में 'तेग इलाहाबादी' के नाम से मशहूर थे। यात्रा-संस्मरण के क्रम में जै दी की शायरी के ये कुछ चन्द पंक्तियों को उक्त यात्रा-वृत्तान्त में दोनों देशों के आधारभूत भावात्मक एकता के सन्दर्भ में याद किया गया है। शायरी के ये अंश इस प्रकार हैं—

1. *"कोई उस देश का मिल जाये तो इतना पूछे :*
   *आजकल अपने मसीहा-नफसां कैसे हैं।*
   *आँधियाँ तो सुना उधर भी आईं*
   *कोपलें कैसी हैं शीशों के मकाँ कैसे हैं।"*[12]

*2. ''कई समन्दर पार से आई गोरी पिया के देस*
*रूप विदेशी लेकिन जीवन पूरब का सन्देस।''*[13]

इस स्मृतिमूलक किताब में अधिकांश लेखों के ऐसे शीर्षक दिये गये हैं जो खासकर बँटवारे के बाद दोनों देशों की यादों पर आधृत हैं। संस्मरणकार ने संकलन के अपने एक लेख को नाम दिया है 'इस्लामाबाद : एक अलग तरह की राजधानी।' जाहिर है कि यह पाकिस्तान का ऐसा शहर है जहाँ उस देश की राजनीतिक हस्तियाँ और हुक्कमरान बसते हैं, किन्तु इसकी प्राकृतिक साज-सज्जा बहुत सुन्दर है। स्मृतिकार ने इसका वर्णन मोहक भाषा-शैली में प्रस्तुत किया है, जैसे, ''कुदरत ने इसे बहुत खूबसूरती बख्शी है। इस्लामाबाद की पहाड़ियाँ बहुत खूबसूरत हैं। उतने ही खूबसूरत पठार और वादियाँ भी हैं। जंगल मनमोहक हैं। यहाँ गुलाब और चमेली के बगीचे तो महकते ही हैं, बरसात में जंगल भी महकते हैं। इस्लामाबाद इलाके में कई नादियाँ और खूबसूरत झीलें भी हैं। इसके उत्तर में पेशावर है और सीमा के उस पार नजदीक ही, अफगानिस्तान की राजधानी काबुल है।"[14]

यात्रा-संस्मरण के प्राणवन्त प्रसंगों में कमलेश्वर ने यथा सन्दर्भ उन आधारभूत तत्त्वों का उल्लेख किया है, जिनसे किसी देश के साथ अन्य देश के रिश्ते जुड़ते हैं और अगर ऐसे देश अपने पूर्ववर्ती इतिहास में एक अखण्ड भू-खण्ड के रूप में सदियों तक विकसित होते हैं, तो उनके विभाजन का दर्द बहुत ही भावुकता भरा होता है। लेखक ने इसी क्रम में ये कहा है : "मैं फिर दोहराना चाहूँगा कि किसी बड़ी और स्थिर संस्कृति का निर्माण मूलतः स्मृति से ही होता है,...। भाषाएँ ही जातीय, भौगोलिक और ऐतिहासिक अनुभवों का भण्डारण संस्मरणों के रूप में करती रहती हैं। भाषा संग्रहालयों में संस्मरणों की यह सम्पदा भरी हुई है। यह भाषाई सम्पदा बताती है कि कोई भी संस्कृति, उसकी धमनियों में धर्म का गँदला रक्त नहीं, स्मृति का निरन्तर शुद्ध होता रक्त ही प्रवाहित होता रहता है।'' लेखक ने 'आँखों देखा पकिस्तान' में प्रसंगवश हिन्दुस्तान को भी याद किया है और अपनी स्मृतियों को 'कुछ सांस्कृतिक सवाल (भारत का एक दिमागी सफ रनामा)' का नाम दिया है। इसमें एक पत्रकार और साहित्यकार की भूमिका में कमलेश्वर ने पाकिस्तान के साथ हिन्दुस्तान के भी कुछेक राजनीतिक पूर्वग्रहों से युक्त ऐसे संगठनों के ओछे विचारों और मान्यताओं का उल्लेख किया है, जिनमें देश के प्रति अन्धभक्ति है किन्तु मनुष्यता की सही परिभाषा से वे बिल्कुल अनजान हैं। ऐसे लोगों को कमलेश्वर ने 'पागलों की यह जमात!' कहना बेहतर समझा है और इसी प्रसंग में हिन्दुस्तान और पाकिस्तान के शायरों की कुछ पंक्तियों को उद्धृत किया है, यथा—

*''न हम इस वक्त हिन्दू हैं न मुस्लिम न ईसाई*
*अगर कुछ हैं तो बस इस देस इस धरती के शैदाई*

.......

*मुकय्यद रह नहीं सकता किसी मन्दिर या मस्जिद में*
*वो ख़लिक है, हर इक सीने में अपना घर बनाता है''*[15]

कमलेश्वर के यात्रा-संस्मरण की दूसरी पुस्तक है, 'कश्मीर : रात के बाद।' इसके प्रारम्भ में भूमिका के तौर पर लिखे एक अंश में लेखक ने एक पौधे में खिलते हुए फूल और उस पर मँडराती हुई तितलियों के साथ अचानक एक दिन तितली के पंख के कौए द्वारा कुतरे जाने की यादों को समेटते अपने कश्मीर के सफ रनामा के मर्म को व्यंजित किया है, यथा, "यह सफ रनामा लिखते-लिखते हुए मुझे बार-बार उस तितली की याद आती रही। शायद इसलिए कि यही नैसर्गिक सच्चाई है—तितली और फूल की।...तो दहकते, सुलगते, जलते कश्मीर का यह सफ रनामा पेश है, मेरे उन पाठकों के लिए, जिन्होंने हमेशा साहित्य के अलावा समय के आवश्यक सवालों पर भी लिखने की अपेक्षा की है...बरसों मैंने इसीलिए दैनिक अखबारों और पत्रिकाओं के ज्वलन्त प्रश्नों पर कॉलम लिखे हैं।"[16] संस्मरण के इस मूल विवेच्य की ओर इशारा करते हुए भूमिका के अन्त में कमलेश्वर के ये कथन भी अपनी प्रासंगिकता को प्रकट करते हैं, यथा, "सफ रनामा कुछ अजीब-सा है, क्योंकि यह खुली यात्राओं का विवरण नहीं है। यह असामान्य युद्ध-स्थितियों के बीच साक्षात्कारों और अधूरी सच्चाइयों का रोजनामचा है।...कश्मीर क्या था, यह अब सुखद स्मृतियों का इतिहास है। अब न वहाँ जनदेवता ड्राइवर है, न कमाला और केतकी के फूल। न बेंत वन है और न वह झेलम नदी।...अब तो कश्मीर में कुछ और ही है। इसे समझना और दर्ज करना भी जरूरी था।"[17]

कमलेश्वर की इस कृति में कश्मीर की यात्राओं की जो स्मृतियाँ प्रस्तुत की गयी हैं, उनमें वहाँ की सुन्दरता, इन्सानियत और खुशहाल जिन्दगी में उभरी हुई खरोचों की सच्चाइयों की ओर इशारा किया गया है। इन पर नजर डालते हुए ऐसा लगता है कि एक ओर उस देश में चन्द कुछ सत्तालोलुप या प्रसारवादी गलत नीयत रखनेवाले आवाम भारत और कश्मीर के बीच अलगाव की रेखाओं को गहरा रंग देना चाहते हैं और तो दूसरी ओर कश्मीर के वादियों में जो फूल खिले हैं और चिनार के खूबसूरत वृक्षों से जो लालिमा छटकती हैं, उसे धूमिल करना चाहते हैं। इसी प्रसंग में लेखक के स्मृतिखण्डों के ये कुछ शीर्षक भी बहुत कुछ देखते और दिखलाते हैं, जैसे—'कश्मीर : जलता हुआ सवाल', 'क्योंकि बन्दूक बात नहीं करने देती', 'निकट इतिहास पर एक नजर', 'आदमी खुशी खोज लेगा' तथा 'देवदार यानी नादिम' आदि। कश्मीर के संस्मरणों की शुरुआत कमलेश्वर ने इस प्रकार की है, यथा—"श्रीनगर उतरने से पहले जहाज ने ऊपर आसमान में एक चक्कर लगाया। मौसम पतझड़ का था।...जब जहाज काफी नीचे आकर धरती की सतह के साथ-साथ उतरता हुआ सीमेण्ट की सुरमई रनवे को छूनेवाला था, तो दूर पर चिनार के एकाध पेड़ दिखायी दिये थे। वे अपने बाल छितराये हुए थे। शायद मैंने उन्हें कल्पना में देखा था, क्योंकि जब जहाज उतरकर रुका, तो दूर-दूर तक चिनार का कोई पेड़ नहीं दिखायी दिया।"[18] संकलन के एक लेख को '...क्योकि बन्दूक बात नहीं करने देती!' नाम देते हुए उन्होंने विकृत समझदारी से मुक्त होकर कश्मीरियों के मन में आन्दोलित होनेवाले विचारों को इन शब्दों में व्यक्त किया है, यथा—"जलती आग और खौलते पानी का

खतरनाक खेल कश्मीर में लगातार जारी है।...पर साथ ही इस बात से भी इन्कार नहीं किया जा सकता कि कश्मीर के संवेदनशील और समझदार लोगों के दिल में गुस्सा नहीं है। इस बात को भी नहीं भूला जा सकता कि कश्मीरियों ने अपनी संविधान सभा और पाँच चुनावों के दौरान खुद को लगातार भारतीय माना है और अपनी सूफी-ऋषि परम्परा के सेकुलरवादी दृष्टिकोण को अपनी सोच और राजनीति में भी तरजीह दी है... ।"[19] इसी क्रम में वहाँ के एक प्रोफेसर द्वारा 'कश्मीर के प्राचीन इतिहास' पर प्रकाश डालने सम्बन्धी प्रसंग का भी उल्लेख किया गया है, यथा, ''उस अनाम प्रोफेसर ने कहा—लेकिन हमारे पूर्वजों, आर्यों के सामने तब किसी और धर्म के हमले का सवाल नहीं था...धर्म के नाम पर सबसे पहले हमले तो ईसाइयों ने शुरू किये, और यहूदियों ने! इस्लाम उसके बाद आया। कश्मीर में इस्लाम ईरानी सूफ ी सन्तों ने फैलाया...ईरान भी तो आर्य था, उसका शाह 1977 तक आर्यमेहर कहलाता था...वही रज ाशाह पहलवी!"[20]

'कश्मीर : रात के बाद' के अन्तर्गत लेखक की खण्डित यात्राएँ भी संलग्न हैं। इसमें राजकुमार गौतम के ये मन्तव्य पठनीय हैं : ''इस पुस्तक में कश्मीर की कुछ खण्डित यात्राएँ भी हैं जिनमें जनसामान्य के प्रति लेखक की प्रतिबद्धता को शब्द-दर-शब्द पढ़ा और महसूस किया जा सकता है। परवर्ती यात्रा के रूप में कमलेश्वर ने सुलगते कश्मीर की उस झुलसन को शब्द दिये हैं, जिसे तमाम तकनीकी विकास के बावजूद कैमरा पकड़ नहीं जाता। यह किताब मुद्रित शब्द और कैमरे के आधुनिक युग के सामर्थ्य और सीमा का भी सम्भवतः अनुपम दस्तावेज साबित होगी।"[21] इस सम्बन्ध में यह भी कहा गया है कि संस्मरणकार कमलेश्वर ने अपने को कथाकार से अधिक व्यक्ति की जिन्दगी को 'पूरी हरारत के साथ पूरा हरकत में' प्रस्तुत किया है।[22] इन यात्राओं के प्रथम स्मृति-लेख का शीर्षक है 'जन देवता आशीर्वाद का भूखा।' इसकी शुरुआत कमलेश्वर ने इस प्रकार की है, यथा—"सहसा एक विशाल पुरातन दुर्ग की याद आती है, जिसे परकोटे से घेर लिया गया है, पर समय ने जिसे ध्वस्त कर उस दुर्ग के स्मृति-स्वरूप वह परकोटा भी छोड़ा हो और जिसमें हजारों-लाखों शरणार्थी आकर बस गये हों।"[23] संक्षेप में लेखक ने पर्वत-श्रेणियों से गुजरते हुए उस श्रीनगर के प्राचीन इतिहास का भी उल्लेख किया है। इसी प्रकार वृत्तान्त में नागों, राज्य और देवताओं की दुःखद कथा से व्यथित होकर कश्यप द्वारा घूमते हुए दुष्टों को पराजित करने और देवताओं के राज्य की नींव डालने की कथाएँ वर्णित हैं। इसी सन्दर्भ में स्मृतिकार ने वैसे देवलोक के एक प्रत्यक्ष जन-देवता से अपनी मुलाकातों का वर्णन किया है। जिसका नाम था—गुलाम मोहम्मद ड्राइवर! इसके चेहरे-मोहरे पर निगाह डालते हुए संस्मरणकार ने इस तरह उसका रेखा-चित्र खींचा है, ''मँझला कद, चुस्त-छरहरा शरीर, जिस पर ख ाकी पैण्ट और बुशशर्ट और सर पर तश्तरीनुमा हैट, जिसके फीते में एक ओर घास के मुरझाये फूल खोंसे हुए हों। उसके नक्शे बहुत तीखे थे। नाक, कान, ओंठ की लकीरें जैसे बड़ी सावधानी से खींची गयी हों। कोमलता और चुस्ती, उसका पूरा प्रभाव बड़ा शीतल, शान्त और सतर्क!"[24] गुलाम मोहम्मद से हुई बात-चीत का उल्लेख करते हुए लेखक

ने श्रीनगर की ओर-जाते हुए मार्ग की शोभा का सुन्दर वर्णन किया है, जैसे, "दोनों ओर की पहाड़ियाँ नजदीक आ गयी थीं और घाटी तंग हो गयी थी। दक्षिणी श्रेणियाँ गहरी कत्थई रंग से रंगी थीं, चोटियों पर बादामी चट्टानों का रंग ऐसा लगता था जैसे उन्होंने माथे पर चन्दन का लेप कर लिया हो...समाधिस्थ योगी-सी! पहाड़ियों के उत्तरी अंग पर चीड़ और देवदार के वृक्ष इतने घने खड़े थे कि उनके तने एक-दूसरे की आड़ में छुप गये थे। कहीं-कहीं कुछ घास और फिर वही घनापन, पर्वत और सदाबहार पेड़ों का वही नुकीलापन और पर्वत के तन से चिपटे लाखों-करोड़ों वृक्ष जैसे-- मधु-मक्खी के छत्ते।"[25]

इस लेख में चनाब नदी से चलकर पंजाब के मैदानों में पहुँचने के प्रसंग को याद करते हुए लेखक को एक ऐसा गीत सुनाया गया है जिसकी प्रिय पंक्तियों को भूला नहीं जा सकता, जैसे—

*"ओ घोड़ेवाले साजन*
*इस चनाब का पानी नीला है...*
*मैं महल की खिड़की में खड़ी होती हूँ,*
*मै केश सँवारती हूँ, आँखों का पानी रोककर काजल डालती हूँ...*
*ओ नीले घोड़े वाले साजन।"*[26]

इसी प्रकार कश्मीर की अन्य कुछ यात्राओं में देखे, सुने और भोगे हुए क्षणों को याद करते हुए जो वृत्तान्त लिखे गये हैं, वे लेखक द्वारा दिये हुए शीर्षकों के माध्यम से बहुत कुछ कश्मीर की यात्रा की खण्ड-खण्ड कथा को व्यंजित करते हैं। इनमें से कुछेक लेखों के शीर्षक इस प्रकार है, नपुंसक कला और जल पक्षी', 'कमाल का सिपाही-भाई और केतकी का फूल', 'आदमी खुशी खोज लेगा', 'अमन हो गयी लेकिन...' आदि।

'परिक्रमा' दूरदर्शन के कार्यक्रमों पर आधृत एक चर्चित पुस्तक है। इसमें लेखक की पैंतीस रचनाएँ संकलित हैं। ये वस्तुतः लेखक के दूरदर्शन से जुड़े वक्त में इधर-उधर भटकने के दौर से बटोरे हुए देश-दुनिया के कई अनदेखे संवेदनशील प्रसंगों की झलकें हैं। इन्हें ऐसे प्रसंग भी माने जा सकते हैं जो एकसिद्ध-अनुभवी पत्रकार की निगाहों के घेरे में ही उभरते हैं।

इस संग्रह में खासकर कुछ ऐसे संस्मरण हैं, जो लेखक के समीपस्थ या दूर की यात्राओं की स्मृतियाँ हैं। वस्तुतः इनमें एक भावुक और सजग पत्रकार ने देखे-सुने-जाने कुछ वक्तों और ज्वलन्त प्रश्नों की पृष्ठभूमि तथा परिदृश्य अन्तर्गत सही सन्दर्भ या उत्तर की तलाश करने का सराहनीय उद्यम किया गया है प्रत्यक्ष रूप से यह 'परिक्रमा' कमलेश्वर की पत्रकारिता से उपजी हुई विशिष्ट कृति है।

'परिक्रमा' में यात्रा-संस्मरणों की श्रेणी अन्तर्गत इन कुछेक लघुलेखों को गिना जा सकता है, जैसे, 'कहाँ तो तय था चिरागाँ हरेक घर के लिए', 'मुल्क एक है तो, सिर्फ मेरी सात लड़कियों की वजह से', 'बम्बई में पानी की कमी', 'इसी हाथ ने अभी...' और 'एक और तालेवाला।'

'कहाँ तो तय था चिरागाँ हरेक घर के लिए' संस्मरण में महानगरी बम्बई में सब्जी बेचनेवाली 'वृन्दा' नाम की एक औरत की जिन्दगी की कहानी लिखी गयी है। इसमें समाज की कुरीतियों के बीच मनुष्यता की रक्षा के लिए अग्नि परीक्षा देनेवाली गरीब की स्मृति-लेखा उभरी है। लेख के शुरू में दिये वृन्दा के ये शब्द-चित्र, स्मृतिकार की जिस गहरी अनुभूति को उभारते हैं, वे उदाहरणीय हैं, "बम्बई में एक औरत रहती है, नाम है वृन्दा। काम है सब्जी बेचना। उम्र 25-26 साल। कसकर धोती बाँधती है और बालों में फूल लगाती है। माथे पर बड़ी-सी बिन्दी चमकती रहती है। वह वरली के एक बाजार में पटरी पर दुकान लगाकर बैठ जाती है। शाम तक बेच लेती है और अपना तथा अपने आदमी का पेट भर लेती है।"[27] इस शब्द-चित्र के अन्त में लेखक द्वारा उद्धृत दुष्यन्त कुमार की गजल की ये पंक्तियाँ भी पठनीय है, यथा–

*"कहाँ तो तय था चिरागां, हरेक घर के लिए,*
*वहाँ चिराग मयस्सर नहीं शहर के लिए।*
*न हो कमीज तो पाँवों से पेट ढक लेंगे।*
*कितने मुनासिब हैं, ये लोग सफर के लिए।"*

इसी प्रकार किताब का एक अन्य स्मृति-लेख है, 'मुल्क एक है तो मेरी सात लड़कियों की वजह से।' इसमें कमलेश्वर ने चमड़े और रैक्सिन से पूरे देश में बिकनेवाले पर्स बनानेवाले 'कादिर मियाँ' और उसके घर-परिवार की जिन्दगी से नजदीक का रिश्ता रखनेवाली देश की तथाकथित राजनीति से ग्रस्त विडम्बना और भीतरी सच्चाइयों की अच्छी-खासी तस्वीरें उकेरी हैं। इस संस्मरण के नायक कादिर मियाँ एक ऐसे शख्स हैं, जिन्हें सुन्दर औरत से इश्क फरमाने और उससे कुछ जायज और कुछ अनजाने स्रोतों से जन्में सात बेटियों और चार बच्चों के बाप कहलाने की किस्मत नसीब हुई। पर लड़के तो उनके कुछ इधर-उधर भटककर मर-खप गये, पर बेटियों ने हिन्दुस्तान की हर दिशाओं और कौम के लोगों से शौहर का रिश्ता जोड़ा और माँ-बाप के परिवार से ही नहीं जुड़ी रही बल्कि अपनी जिन्दगी की तस्वीर में अखण्ड भारत को जिन्दा रखा। इस प्रसंग में रचना का यह अंश भारत की आत्मा के आम संरक्षकों के दिलों की भीतरी आवाज को मजबूती देती है, जैसे, "कादिर मियाँ बोले,...पूरा मुल्क एक कहाँ है।...अगर मुल्क एक है तो सिर्फ मेरी सातों बेटियों की वजह से–पहली विशाखापट्टनम में है, दूसरी जम्मूतवी में तीसरी इरनाकुलम में, चौथी दिल्ली में, पाँचवीं भावनगर गुजरात में, छठी सिलीगुड़ी बंगाल में और सातवीं यहीं अपने करजत महाराष्ट्र में।"[28]

खासकर डायरी और रिपोर्ताज की भंगिमाओं में अपने यात्रा-वृत्तों को प्रस्तुत करते हुए कमलेश्वर हिन्दी में ही नहीं दूसरी भाषाओं के साहित्य के परिप्रेक्ष्य में भी, गहरी संवेदनाओं और मोहक सम्प्रेषणीयता के सन्दर्भ में बखूबी अपनी एक खास पहचान बनाते हैं और हिन्दी के यात्रा-वृत्तान्त की विधा को समृद्धि के शिखरों तक पहुँचाते हैं।

## 6.3 मनोहरश्याम जोशी (1933-2006 ई.)

समकालीन हिन्दी-साहित्य में मनोहरश्याम जोशी एक अविस्मरणीय प्रतिभा हैं। जोशी जी एक साथ उपन्यास, साक्षात्कार, कहानी, पट-कथालेखन तथा धारावाहिक आदि की विविधा से पाठक को अभिभूत करते हैं और उनको आश्चर्यचकित भी होने की मानसिकता में डुबो देते हैं। इनकी कृतियों के उदाहरणस्वरूप उनके समृद्ध कथा-साहित्य के अतिरिक्त उनके लिखे साक्षात्कार, 'बातों-बातों में', 'कैसे-किस्सागो' आदि और उनके दो यात्रा-वृत्तान्त 'क्या हाल है चीन के' तथा 'कश्मीर से कच्छ तक' सर्वथा उल्लेखनीय हैं।

'बातों-बातों में' के अन्तर्गत भारत के सात विशिष्ट व्यक्तियों से लिये हुए साक्षात्कार संगृहीत हैं। इनमें साहित्यकारों के अतिरिक्त श्रीमती इन्दिरा गाँधी तथा माणिक शाह के साक्षात्कार, 'राजधानी के सलीब पर, कई मसीहे चेहरों' और दिल्ली के कई सुप्रसिद्ध पत्रकार तथा कथाकार आदि की यादें भी संकलित हैं। इस कृति के सम्बन्ध में इसकी जिल्द पर लिखा हुआ यह अंश सर्वथा पठनीय है, "...इण्टरव्यू के लिए प्रस्तुत आचार्य हजारीप्रसाद द्विवेदी से भेंटवार्त्ता पढ़े या केवल सरकारी बातचीत के लिए प्रस्तुत प्रधानमन्त्री इन्दिरा गाँधी से, पाठको को बराबर यह आभास मिलेगा कि जोशी पत्रकार ही नहीं, कथाकार भी है। 'बातों बातों में' वे सम्बद्ध व्यक्ति से असली बात तो निकल ही लाते है, साथ ही उसका समूचा व्यक्तित्व उजागर कर देते हैं।...श्रेष्ठ भेंट-वार्त्ताकार का हर गुण-लक्षण जोशी के यहाँ है—खुद बेचेहरा रहना और सामनेवाले को बेनकाब होने के लिए हर तरह से उकसाना-फुसलाना, बातचीत को सहज बनाये रखना, ऐसा-वैसा सवाल भी कर डालना मगर अगले को अवमानना का आभास न देना।" इस कृति के कुछ संस्मरणों का क्रमशः नीचे विवेचन किया जा रहा है।

जोशी जी की इस कृति की पहली भेंटवार्त्ता का शीर्षक है—'धीवर जाल डाल का करिहै जब मील पिघल भै पानी।' यह पद अपने गूढ़ार्थ और शब्दावली द्वारा कबीर के कृतित्व पर एक ऐतिहासिक ग्रन्थ लिखनेवाले हिन्दी के विख्यात व्यक्तित्व हजारीप्रसाद द्विवेदी की ओर संकेत करता है। लेखक ने यह मुलाकात तब की थी जब पण्डित जी शान्तिनिकेतन और हिन्दू विश्वविद्यालय में अपने आचार्यत्व का प्रकाश बिखेरते हुए चण्डीगढ़ स्थित पंजाब विश्वविद्यालय के एक सम्माननीय पीठ पर प्रतिष्ठित हुए। इस उक्त की वार्त्ता की शुरुआत द्विवेदी जी के निवास-स्थान के सन्दर्भ से इस प्रकार होती है, "सारी कोठी खासी व्यक्तिहीन है। व्यक्तित्व अगर कहीं से झाँकता दीखता है तो जगह-जगह करीने से सजी किताबों से और यहाँ वे वहाँ आते-जाते पानदानों से। जाने क्यों ऐसी प्रतीति होती है कि द्विवेदी जी इस कोठी में नहीं रहते। धोती-कुर्ता पहने हुए, कन्धों पर उत्तरीय डाले हुए, हाथ में डण्डे और छड़ी के बीच की-सी कोई चीज लिए हुए, मुहँ में गिलौरी दबाये हुए और बातचीत में अक्सर 'ततः किम्' का प्रयोग करते हुए हजारीप्रसाद द्विवेदी, चण्डीगढ़ के इस चौखटे में फिट होते हुए नजर नहीं आते।"[29]

हिन्दी-जगत् में द्विवेदी जी, अपनी कथा-शैली और मुक्त हँसी के प्रसंग में बहुत याद किये जाते रहे हैं। वस्तुतः यह उनके अगाध पांडित्य के भीतर साहित्य, संस्कृति और दर्शन आदि में संचित ज्ञान-राशि सम्बन्धी गहरी सूझ-बूझ की ही नहीं, बल्कि सहज भाव-भंगिमा से उन्हें अभिव्यक्ति देनेवाले उनके व्यक्तित्व की भी पहचान है। उनके इसी गुण को 'बातों-बातों में' उनके मुख से निकली उक्ति, 'क्वचित फुक्का, क्वचित थुक्का, क्वचित नासाग्रसेवितम्'—और 'कपाले लिखितम् नास्ति कः श्याला किम्'—की चर्चा के द्वारा लेखक ने काशी की विद्वत्व परम्परा में गप्प हाँकने के पण्डिताऊपन की ओर इशारा किया है। पण्डित जी ने दरअसल गम्भीर विवेच्य को गप्प सदृश आख्यान-उपाख्यान द्वारा विनोद सहित कहने की परम्परा को उद्धृत किया है। अनेक अर्थों और प्रसंगों में द्विवेदी जी अपने अद्भुत व्यक्तित्व और कृतित्व की अनुसारिता में हिन्दी के आलोक-स्तम्भ सिद्ध होते हैं। उनके वक्तव्यों और व्याख्यानों में भारत की सांस्कृतिक विरासत अपनी सृजनात्मक ऊर्जा के साथ प्रकट होती थी। वे भारतीय प्रज्ञा की कई कालावधियों के संस्कार को अपने कृतित्व में व्यंजित करते हैं। इस तथ्य के साक्ष्य में वार्त्ताकार के ये विचार अपनी पूरी प्रासंगिकता रखते हैं, ''मुझे आश्चर्य होता है कि जिस जटिलता के सामने सहज आस्था के बावजूद मेरा सिर चकराने लगता है, उसे कुछ आधुनिक कहे और समझे जानेवाले लोग छोटे-से नुस्खे से, किसी मामूली फार्मूले से सिद्ध कर लेने का दम भरते हैं। साहित्यकार का काम गहराई तक जाना है फिर चाहे वह आस्था के सहारे उतरे, चाहे मेधा के। जो परम सत्य के उत्स से निकला हो, जो आवरण भंग करके चैतन्य का विकास करने में समर्थ हो, वही साहित्य है,...।''[30] इस भेंटवार्त्ता के अन्त में लेखक पण्डित जी की अगाध दूर-दृष्टि और पाण्डित्य को प्रदीप्त करने के क्रम में समकालीन भारत के मोह-भंग और निराशाओं की चर्चा करता है। भारत की जन-शक्ति की सम्भावनाओं पर लेखक ने जो पृच्छा की, उसके उत्तर में हजारीप्रसाद द्विवेदी जी ने जो कहा, वह आनेवाली पीढ़ियों के लिए एक महान् सन्देश की तरह है, यथा— ''जनशक्ति जाग्रत होगी नहीं, हो चुकी है। उसे सही दिशा की, सही भाषा की तलाश है। यह दिशा और यह भाषा मिलने पर वह इस देश का कायाकल्प कर देगी। उसके विद्रोह के सामने बकालत धरी रह जायेगी। राजनीति को सही दिशा की, और साहित्य को सही भाषा की, इस खोज में योगदान करना चाहिए।...जब खरी भाषा मिलेगी, जब खरी वाणी जिह्वा पर आरूढ़ होगी, तब खोटी परम्परा और खोटी आधुनिकता दोनों कचरे के कनस्तर में फेंक दिये जायेंगे। और वह दिन, बहुत दूर नहीं है।''[31]

इस भेंटवार्त्ता के दूसरे नायक हैं—हिन्दी के साहित्यकार 'नागार्जुन।' उनके संस्मरण को जोशी जी ने शीर्षक दिया है 'कहाँ-कहाँ से गुजर गया और चमरौंधे पर धूल नहीं जमी।' यह लम्बी भेंटवार्त्ता दिल्ली में सम्पन्न हुई है। इसके सम्बन्ध में लेखक प्रारम्भ में ही बताते हैं कि, ''बाबा नागार्जुन के चहीता शब्द प्रयोग में लायें तो कह सकते हैं कि दो निहायत 'निछद्दम' किस्म के प्राणियों के बीच महीनों पहले हुई बातचीत के आधार पर लिखा गया

'ढीलम-पोलम' किस्म का लेख है।"[32] ऊपर का उद्धरण, नागार्जुन के फक्कड़पन और किसी अनुशासन में नहीं बँधनेवाले जीवन और व्यवहार के साथ ताजिन्दगी एक फकीर की तरह देश और विदेश में घूमते रहने के दास्तान को व्यंजित करता है। 'बाबा' के शीर्षक द्वारा भी अपनी कवितानुमा उक्ति में भेंटवार्त्ताकार ने दिल्ली स्थित एक सुसज्जित भवन और वहाँ के एक सांस्कृतिक केन्द्र में नागार्जुन से यह भेंटवार्त्ता सम्पन्न की है। लेकिन वार्त्ता के लगभग सभी प्रसंग और विषय दिल्ली की सजी-सँवरी पृष्ठभूमि के विपरीत मिथिला की अमराइयों में बसे एक सामान्य परिवार में जन्म लेनेवाले हिन्दी के एक प्रतिभाशाली कवि नागार्जुन उर्फ बैद्यनाथ की जीवन-यात्रा से सम्बद्ध है। अपने बचपन के 'ढकन' नाम के साथ ये अपनी दुःखों भरी जिन्दगी के बीच सृजन के अनेक अवदानों से हिन्दी कथा-साहित्य तथा काव्य की विधाओं को चिरस्मरणीय मुकाम पर पहुँचानेवाले प्रतिभापुँज हैं। नागार्जुन की कविता अपनी मौलिक संवेदना और रूपात्मक वैविध्य के साथ जनवादी सुर के लिए विख्यात भी रही है। इन उपर्युक्त बातों के साक्ष्य स्वरूप वार्त्ता के ये अंश अपनी प्रासंगिकता को उजागर करते हैं, यथा—"बाबा भले आदमी हैं। हिन्दी-साहित्य में 'भले आदमियों' की एक अलग और दुर्लभ प्रजाति चली आयी है। यह 'भलापन' कुछ-बहुत स्वभाव से मापा जाता है और बहुत-कुछ व्यक्ति-विशेष के महत्त्वाकांक्षी न होने से।...वही स्वभाव की सरलता, सभी पीढ़ियों के लोगों में उठना-बैठना, नये कृतिकारों की प्रशंसा करना, जिनसे भी सम्बन्ध रखना बहुत घरेलू और आत्मीय स्तर पर, महत्त्वाकांक्षी न होना—सामाजिक और साहित्यिक दोनों ही स्तरों पर; कविताएँ कहीं भी किसी भी कापी-डायरी की चिन्दी पर लिख देना, खो देना, आधुनिक बिरादरी में होने के बावजूद क्लासिकी और परम्परागत साहित्य में रुचि और गति रखना...।"[33] नागार्जुन हिन्दी-साहित्य में प्रवेश करने के पूर्व संस्कृत तथा पाली-प्राकृत आदि में दीक्षित होने के क्रम में अपने गाँव की पगडण्डी से चलकर वाराणसी और यहाँ तक कि समुद्र पार लंका की यात्रा करते हैं। इनकी जीवन-यात्रा के विचित्र पड़ाव भी रहे हैं। इनमें प्राचीन किस्म के आश्रम, टोला और सिद्धान्त कौमुदी' के सूत्र रटानेवाले गुरुओं की प्रतिभा से सम्पन्न विद्यालय भी हैं। यही कारण है कि नागार्जुन, व्यक्ति और बहुत कुछ कृतित्व के धरातल पर आधुनिक हिन्दी-साहित्य की विविध विधाओं, कविता, कहानी और उपन्यास आदि के साथ कवि-सम्मेलनों के केन्द्र रहे हैं। और, इनकी रचना में भी इनका व्यक्तित्व अपनी साधुता और 'कुछ परवा नहीं' की मानसिकता लिये हुए व्यक्त हुआ है। इसी सन्दर्भ में उनकी कविता, 'बादल को घिरते देखा है' और 'रतिनाथ की चाची' उपन्यास अपने सर्जक को हू-ब-हू बिम्बित कर देते हैं।

इस भेंटवार्त्ता के अन्त में जब जोशी ने उनकी आत्मा को कुरेदना चाहा और उनकी आतंरिक आकांक्षाओं को जानने की जिज्ञासा दिखायी, तब नागार्जुन का निम्नलिखित उत्तर निःसन्देह उनके व्यक्तित्व और कृतित्व के मूल स्वर को इस प्रकार निनादित कर देता है, यथा "बाबा, आप अपने को क्या मानते हैं? आप यही हैं जो कुछ मेरे सामने है? इतने ज्ञान, इतने अध्ययन, इतने अनुभव, इतने राग और इतने विराग के बावजूद—यहीं या कि

यह धोखा है? उत्तर में बाबा बोले—...तुम हमारी मैथिली कविताएँ पढ़ो, तब तुम्हें मालूम होगा, हम कौन हैं और अपनी धरती के बारे में क्या लिखते है। धोखा-वोखा कुछ नहीं, समझ गये ना? हम मात्र यही हैं गाँव-देहात के आदमी और इससे ज्यादा कुछ होना भी नहीं चाहते।"[34] इसी क्रम में जोशी जी का एक और संस्मरण है 'एक अपना अजनबी।' अज्ञेय के व्यक्तित्व के वर्णन से ही इस भेंटवार्त्ता का प्रारम्भ होता है। जोशी जी ने लिखा है कि, "अज्ञेय जब आपके सम्मुख प्रकट होता है तो आप देखते हैं कि उसका व्यक्तित्व भी नाम के अनुरूप गरिमावान् हैं। ऊँचा कद, चौड़ा सीना, फ्रायडवादी याद ताजा करानेवाले घने काले रोयें, यदा-कदा बहार-दाढ़ी, खिलाड़ी-सा बदन, शिकारी-सी चाल! इस पर तुर्रा यह कि आप इस व्यक्तित्व को किसी भी लिबास में लपेट दीजिये, वह प्रभावप्रद प्रतीत होता है.. .भगवान् की दी हुई तमाम अक्खड़ सजधज के बावजूद अज्ञेय में कुछ ऐसा है जो निहायत ही नाजुक है—उसकी आवाज, सुनहरे फ्रेम के पीछे झाँकती हुई उनकी शान्त-क्लान्त आँखें और होठों की ओर से ठोढ़ी की ओर बढ़ती हुई थकाहारी-सी रेखाएँ। अज्ञेय की आवाज में गेय तत्त्व काफी है लहजा भी खास है—लययुक्त और विराम-चिह्न-पूर्ण।"[35] अज्ञेय से भेंटवार्त्ता के लिए लेखक ने जो भौतिक दूरी तय की है उससे बहुत अधिक उसका मन 'वात्स्यायन जी' के व्यापक और विविध सृजनात्मक परिदृश्य के विविध संश्लिष्ट पड़ाव की पहचान और उद्घाटन में सक्रिय रह सका है। इस भेंटवार्त्ता में प्रसंगवश जब जोशी ने अज्ञेय से कहा कि—"मैं आपसे एक प्रश्न करना चाहता हूँ-आपने इतना पर्यटन किया है, इतना कुछ देखा-सुना है फिर भी आपकी लेखनी अपने में ही क्यों खोई हुई है?"[36] तो इस प्रश्न के उत्तर में जो कुछ उन्होंने कहा वह अज्ञेय और उनके की इयता को ही उद्घाटित नहीं करता, बल्कि आधुनिक हिन्दी-आलोचना के पूर्वग्रह से ग्रसित कुछेक साहित्यकारों की मानसिकता को भी व्यंजित करता है, यथा, "प्रश्न का जवाब देना मेरे लिए बहुत खतरनाक होगा। उसे आलोचक ले उड़ेंगे। वह बात यह है कि मैं भारतीय तो हूँ और काफी सचेत रूप से हूँ, लेकिन भारत के किसी एक स्थान में या प्रदेश में मेरी जड़ें नहीं हैं, किसी एक समाज में अपना तादात्म्य स्थापित नहीं कर पाया हूँ। जानता हर समाज को हूँ। सोचकर तो उसके बारे में सोच ही सकता हूँ। लेकिन आंचलिक लेखकों के पास किसी अंचल या वर्ग से जैसा तादात्म्य है वैसा मेरे पास नहीं। तो इसलिए मुझे कोई सच्ची बात कहनी हो तो सूक्ष्म का या आत्मकथन का सहारा लेना पड़ता है।"[37]

'क्या हाल है चीन के' मनोहरश्याम जोशी की विदेश-यात्रा का एक उल्लेखनीय संस्मरण है। इसकी लम्बी भूमिका में लेखक ने चीन के साथ भारत के राजनयिक, सांस्कृतिक और व्यापारिक-वाणिज्यिक सम्बन्धों की पृष्ठभूमि पर प्रकाश डाला है। अपनी भूमिका में उन्होंने विशेष रूप से आधुनिक चीन और भारत के आपसी सम्बन्धों का एक संक्षिप्त इतिहास लिखा है। इसमें विशेष रूप से कम्युनिस्ट चीन के साथ, पण्डित नेहरू, श्रीमती इन्दिरा गाँधी और श्री अटलबिहारी वाजपेयी के प्रधानमन्त्री होने की कालावधियों के अन्तर्गत 'हिन्दी-चीनी भाई-भाई' 'पंचशील' और बाद में उक्त प्रकरणों के ठीक विपरीत

आपसी सम्बन्धों और उसको प्रभावित करनेवाली विषम परिस्थितियों पर जोशी जी ने गहराई से प्रकाश डाला है। खासकर सीमा-विवाद के प्रसंग में जोशी ने एक भविष्यवक्ता और दूरदर्शी राजनयिक दृष्टिकोण को अपनाते हुए लिखा है कि, "मान लीजिये भारत-चीन सम्बन्ध एक बार फिर पूर्ववत् मधुर हो भी जाते हैं तो कितनी देर ऐसे ही बने रहेंगे। वियतनाम के साथ चीन की सैनिक नोंक-झोंक फिर शुरू हो चुकी है। राजनयिक संवाद में एक बार फिर विघ्न पड़ गया है। चीनी 'स्वभाव परम्परा', 'जातीय संस्कृति', 'ऐतिहासिक अनुभव' आदि के बारे में अति सरलीकृत निष्कर्षों का जोखिम उठाये बिना यह अटकल लगायी जा सकती है कि समर्थ शक्ति के रूप में चीन का उभरना पड़ोसियों के लिए एक पेचीदा चुनौती पेश करेगा। छोटे दुर्बल पड़ोसी से समझौता कर सकते हैं, उनके पास और कोई विकल्प नहीं। भारत के लिए यह सम्भव नहीं।"[38]

चीन की यात्रा के संस्मरणों को लेखक ने क्रमशः प्रसंगानुसार कई शीर्षकों के अन्तर्गत प्रस्तुत किया है। इसमें कुछेक उदाहरणस्वरूप क्रमशः नीचे प्रस्तुत हैं, जैसे–

1. "तालों का कोई काम नहीं : हवाई अड्डे पर यह जाहिर हो गया कि चीन में अधुनातन सुख-सुविधाएँ नहीं हैं, लेकिन परम्परागत आदर्शवादिता इतनी अधिक है कि देखनेवाला दंग रह जाये।...हर कहीं होटलों में भी हमने यही देखा कि कमरे में ताला लगाने की जरूरत नहीं।"[39]

2. "साइकिलों का शहर : बिजली से चलनेवाली बड़ी बसें यहाँ अलबत्ता बहुत नजर आयी। पीकिंग में ही नहीं, चीन के अन्य नगरों में भी, सार्वजनिक परिवहन की व्यवस्था बहुत आधुनिक, आरामदेह और अपेक्षाकृत सस्ती मालूम हुई। दूसरी गौरतलब बात यह थी कि सड़क पर साइकिलें बड़े पैमाने पर चल रही थीं।"[40]

3. "औरतो का राज : लगभग सभी विभागों में हमें औरतें-ही-औरतें नजर आयी थीं और पूछने पर पता चला कि मजदूरों में 70 प्रतिशत औरतें ही हैं यह भी कि उनमें से कई का विवाह इसी मिल के अन्य मजदूरों से हुआ है।"[41]

4. "मजूर मनीजर एक समान : यहाँ मिल में भी हमने किसी विभाग विशेष से सम्बद्ध बात पूछी तो फोरमैन-नुमा किसी प्राणी ने नहीं बतायी बल्कि सब मजदूर इकट्ठे सलाह-मशविरे करते बताते रहे।"[42]

इसी प्रकार लेखक ने इन अनेक शीर्षकों के नीचे चीन की राजनीतिक, आर्थिक और सामाजिक परिस्थितियों के आँखों देखा हाल को झाँकियों के रूप में प्रस्तुत किया है, 'मशीनी खेती की ओर', 'पॉलीथीन से ढँके खेत', 'ग्राम उद्योगों का विराज जाल', 'आराम हराम है', 'दिवार का नाम लोकतन्त्र', 'महँगा माल केवल निर्यात के लिए', 'अमेरिका से आक्रान्त', 'चीटियाँ क्या नहीं कर सकतीं', 'झील की नगरी', 'उत्तम उद्यान', 'कहावतें माओ की', 'अतीत को वर्तमान का सेवक बनाओ', 'पेड़ लगाने का पुण्य', 'आधुनिकीकरण के पक्ष में मोर्चा' तथा 'शक्ति से महाशक्ति की ओर' आदि। इन उपर्युक्त प्रसंगों से स्पष्ट है कि लेखक ने चीन के ताजा हाल-चाल को झाँकियों के रूप में प्रस्तुत किया है। उसकी यह शैली

यात्रा-संस्मरण-लेखन के साथ पत्रकारिता, पट-लेखन, वृत्तचित्र, पटकथा सृजन, कॉलम-आलेख आदि के मिले-जुले अनुभवों की परिणति है। इस प्रकार लेखक ने इस कृति में खासकर पत्रकारितापरक अपने अनुभवों और आलेखन का समुचित और सुन्दर उपयोग किया है।

'सीमान्त डायरी-कश्मीर से कच्छ तक' : यात्रा-वृत्तान्त के प्रसंग में मनोहरश्याम जोशी को अज्ञेय के पथ का राही माना जाता है। इसके साक्ष्य में उनकी कृतियों में 'सीमान्त डायरी-कश्मीर से कच्छ तक' को उद्धृत किया जाता है। इस यात्रा-वृत्तान्त में जोशी ने कश्मीर से लेकर कच्छ तक के विस्तृत सीमान्त स्थलों का वर्णन किया है। प्रसिद्ध पत्रकार आलोक मेहता ने जोशी जी की इन यात्राओं के सम्बन्ध में जो विचार प्रकट किये हैं उसका एक अंश निम्नांकित है, यथा–"...मनोहरश्याम जोशी के वृत्तान्तों में साहित्यिक रस होने के साथ पत्रकारिता तेवर, धर्म-संस्कृति, आधुनिक दुनिया के रंग भी मिलते हैं। 'कश्मीर से कच्छ' सीमान्त डायरी में ऐसे अनेक रूप-रंग देखने को मिलते हैं। जोशी ने यह यात्राएँ 'साप्ताहिक हिन्दुस्तान' के सम्पादक के रूप में की, लेकिन जोशी जी कभी महा गम्भीर, पण्डिताऊ, मठाधीश, एयरकण्डीशण्ड सुविधा भोगी अहंकारी सम्पादक नहीं रहे।"[43]

इस वृत्तान्त में मनोहरश्याम जोशी एक सिद्ध संवाददाता के समान भारत के दो उत्तरी और पश्चिमी सीमान्तों के बीच, अर्थात् कश्मीर से कच्छ तक की दूरियों को सैनिक-अधिकारियों के संग तय करते हैं। उन्होंने इस पथ के भौतिक विस्तार के परिदृश्य होकर गुजरते हुए अपनी यात्रा के अन्तर्गत उच्छ्वसित अनुभूतियों को सजाया और सँवारा है। इस क्रम में उन्होंने सीमान्तों पर तैनात रक्षा-वहिनी सशस्त्र टुकड़ियों के अदम्य साहस, चौकसी और देश-भक्ति ही नहीं, उनकी निजी जीवन-छवियों को भी अपनी स्मृतियों में बसा लिया है। डायरी की शैली में लिखित जोशी के यह वृत्तान्त सात किस्तों में प्रस्तुत हैं। पहली किस्त के अन्तर्गत कश्मीर स्थित सीमान्त में घूमते हुए स्मृतिकार ने जो देखा उसको अभिव्यक्त करने के क्रम में उसके मन में अमेरिकी कवि 'रोबर्ट लोवेल' की विख्यात कृति की यादें जाग उठी हैं। इस प्रसंग में जोशी ने लिखा है कि–"ऐसे एकान्त स्थल, जहाँ प्रकृति अपनी सम्पूर्ण भयावह सादगी के साथ मौजूद रहती है, आदमी को अपने अस्तित्व के प्रश्न-व्यूह से आँखे मिलाने को बाध्य करते हैं। वहाँ का सन्नाटा, आदमी से अजीबोगरीब सवाल करने लगता है।...हवा, पानी, धूप-धूल, सर्दी-गर्मी की जो खुली और बेरहम मार पत्थर को रेत बनाकर छोड़ती है, वह आदमी के अहम् को, खुद अपनी पहचान को भी तोड़ती चली जाती है।"[44]

मनोहरश्याम जोशी की अन्तर्दृष्टि देश के इन सीमान्तों के भौगोलिक विस्तार से सम्बद्ध राष्ट्रीय चेतना पर प्रकाश डालते हुए, यह उद्‌घटित करती है कि, "भारत की पूर्वोत्तर और पश्चिमोत्तर सीमा मुख्य रूप से ऐसे ही निर्जन स्थलों की शृंखला हैं।...नीरव क्षेत्रों को गुंजान बस्तियों का रूप दे डालने के किसी भागीरथ यत्न की कहीं कोई संभावना नहीं। और फिर शुद्ध सामरिक दृष्टि से ऐसा करना शायद गलत ही ठहरे। तो निर्जन और

नीरव सही, यह सदा गरम सीमान्त है जिसकी प्रतिरक्षा कहीं भी, कभी भी, बहुत 'नरम' नहीं रखी जा सकती।"[45] अपने संस्मरणों के प्रारम्भ में ही लेखक ने दोनों सीमान्तों को देखकर देश के सामने विशेषतः सुरक्षा-सम्बन्धी जिन गम्भीर और गहरी समस्याओं की ओर संकेत किया है, वे निःसन्देह यथा शीघ्र अपना निदान खोजती हैं। जोशी ने प्रतिरक्षा सम्बन्धी गम्भीर समस्याओं के स्थलों का उल्लेख करते हुए संवेदनशील यात्री की भाषा में लिखा है कि, "भले ही वह राजस्थान की मरुभूमि का कोई ऐसा कोना हो जिसमें मीठा तो क्या खारा पानी भी कोसों दूर तक कहीं उपलब्ध न हो और वहाँ हफ्ते में दो बार टंकी-ट्रक द्वारा रेत में धँसते-बहकते किसी तरह पीने का पानी पहुँचाना पड़े या उत्तरी कश्मीर की किसी ऐसी चोटी पर जो साल में आठ महीने बर्फ से ढकी और घिरी रहती हो और उसमें खुले सम्पर्क के चार महीनो में बाकी आठ महीनों के लिए सारा राशन और दूसरा सामान इकट्ठा करना पड़े या कच्छ के रन के किसी ऐसे दूर-दराज दलदली कोने में जो मानसून के महीनों के कतई अलग-थलग हो जाता हो और जहाँ के असीम बियाबान में दिन-दहाड़े थकी-ऊबी आँखें तरह-तरह की मरीचिकाओं का शिकार होती हों।"[46]

अपनी यादों के सभी किस्तों में संस्मरणकार ने युगपत् रूप से सीमान्तों में कहीं-कहीं बिखरे हुए प्राकृतिक सौन्दर्य और कहीं बिल्कुल रेतों में खोयी हुई पृथ्वी की उर्वरता तथा जनसंख्या रहित अजीब किस्म के मरघटनुमा सूनापन का चित्रण किया है। सीमान्तों पर घूमते हुए लेखक ने सैनिकों और उनके अधिकारियों से जो स्नेह और भद्रता से भरी आत्मीयता की प्रतीति की है, उसे भी अनेक प्रसंगों में अनुकूल अभिव्यक्ति दी है। इस प्रसंग में संस्मरणों के यह कुछेक अंश अपनी विषय-वस्तु से अधिक उसमें निहित किसी देश के अस्तित्व और नियति सम्बन्धी प्रसंग अपने-आप में बहुत ही भाव-प्रवण हैं, यथा—

1. "कश्मीर की वादी में पाये जानेवाले पेड़, देवदारु, फिर भोज के वृक्ष, फिर मात्र कुछ जड़ी-बूटियाँ और घास जिसमें एक अमृतधारा कहलाती है और फिर कुछ भी नहीं। केवल बंजर चट्टानें। उनमें यहाँ-वहाँ जमे काई के निशान या उनमें झाँकता कोई खनिज एकरंगता को तोड़ने का विफल-सा प्रयास करता है। पथ की धूल शुद्ध पत्थर की धूल साबित होती है। बन्द जोगे में बैठे-बैठे भी हम नीचे की ओर से आती धूल से इतने ढक गये मानो सीमेण्ट के ढेर मे गिर कर उठे हों।"[47]

2. "हर चौकी पर तैनात सन्तरी के सामने अर्द्ध-गोलाकार नक्शा बना रहता है। जिसमें यह दर्शाया गया है कि उसके दायें-बायें किस कोण पर, कितनी दूरी कौन-सी जगह है। इसके सहारे वह उस पार कोई हलचल होने पर घटना-स्थल का सही पता-ठिकाना आधार-चौकी को भेज सकता है और जरूरत होने पर सही निशाना भी साध सकता है। निरीक्षण-स्थल पर मोर्चा अच्छा और पक्का बना हुआ था। कम ऊँचाई पर स्थित ऐसी जो मुख्य और उप-चौकियाँ देखीं उनमें मोर्चाबन्दी का चौकस प्रबन्ध मिला। बताया गया कि बहुत ऊँचाई पर स्थित चौकियों में भी मोर्चाबन्दी पुख्ता है।"[48]

3. ''थार के इस इलाके में कहीं-कहीं रेत के ऊँचे-ऊँचे टीलोंवाला शुद्ध रेगिस्तान है और कहीं-कहीं मामूली झाड़-झंखाड़ से ढँकी उबड़-खाबड़ जमीन को धीरे-धीरे पूरी तरह मरुभूमि बन जाने की दिशा में प्रगति कर रहीं है।''[49]

4. ''बाड़मेर से आगे सारी जमीन लहराती हुई-सी चली गयी है। टीलेनुमा पहाड़ियों के बीच सड़क कभी नीचे को फिसलती और कभी ऊपर को दौड़ती। ये पहाड़ियाँ ऐसी सूखी मिट्टी की हैं जो बाकायदा बालू बन जाने की दिशा में कदम बढ़ा चुकी हैं। यहाँ-वहाँ कुछ चट्टानें भी दिख जाती हैं, जिन्हें प्रकृति की मार धीरे-धीरे मिट्टी बना रही है। हरियाली के नाम पर यहाँ-वहाँ कुछ झाड़ और घासें। दूर-दूर तक कोई आबादी नहीं।''[50]

5. "दूर-दूर तक कोई आबादी नहीं। मीलों बाद कहीं कोई दिखायी देनेवाले रेवड़ ही यह आश्वासन देते हुए कि पालतू पशु है तो पशुपालक भी कहीं होंगे। ऊँटों के झुण्ड-झुण्ड टीवों के आसपास झाड़ियाँ चरते हुए अथवा गलघण्टी पहने हुए मुख्य ऊँट के पीछे-पीछे चलते हुए दिखायी दिये। ऊँटों के मालिक इन्हें चरने के लिए छोड़कर स्वयं अगले पड़ाव पर पहुँच जाते हैं। मुख्य ऊँट अपने मालिक की रेगिस्तानी परिक्रमा की परिधि से इतनी अच्छी तरह परिचित होता है कि सारे झुण्ड को चराई के बाद अगले पड़ाव पर ले जाता है।''[51]

6. ''हर चीज की अन्तिम गति यहाँ बालू बन जाना या बालू में छिप जाना है। और धूप अथवा चाँदनी में चमकती बालू का सौन्दर्य बेजोड़ है। आँख पर अन्तिम प्रभाव इसी बालू का रहता है। इस बालू के सुडौल-साफ गोलाइयोंवाले टीवे हेनरी मूर जैसे आधुनिक मूर्तिकारों के शिल्प की याद ताजा कराते है। इन टीवों पर हवा के लहरदार हस्ताक्षर और उन पर झलमलाता प्रकाश इस शिल्प को प्रीति कर तरलता प्रदान करते हैं। रेगिस्तान में अधिकतर बड़े गाँव ऐसे ऊँचे-ऊँचे टीवों के घेरे के भीतर बसाये गये है। उड़ती हुई रेत ऊँचे-टीवों पर ही जमती है, गाँव उसके प्रहार से बच जाता है।''[52]

7. ''जवानों ने पानी और दाना रखकर रण के ऊपर से आते-जाते प्रवासी पक्षियों के लिए करीमशाही चौकी को अन्यतम विश्राम-स्थली बना दिया है। जवानो का कहना है कि इस बियाबान में हवा की सायँ-सायँ और एक-दूसरे की आवाज सुनते-सुनते थक गये थे। जब से दाना-पानी यहाँ रखा है चिड़ियों का गाना तो सुनने को मिलता है।''[53]

मनोहरश्याम जोशी के ये साक्षात्कार और यात्रा-वृत्तान्त आधुनिक हिन्दी-साहित्य की लगभग सौ बरसों की कालावधि से सृजित अनेक कृतित्वों की नामावली अन्तर्गत अपना गौरवपूर्ण स्थान बनाते हैं। ये हिन्दी की सृजनात्मक यात्रा की स्मृतियों के ऊर्जस्वित पड़ाव सिद्ध होते हैं। जोशी की प्रतिभा की प्रसव-भूमि पत्रकारिता से आविर्भूत हुई है, इसलिए इनके यात्रा-वृत्तान्तों में भी भाव और भाषा के स्तरों पर गजब की ताजगी और जीवन्तता महसूस होती है। इन उपर्युक्त प्रसंगों में मनोहरश्याम जोशी हिन्दी-जगत के जाने-माने एक हीरों की तरह अपने होठों पर बिखरी हुई मुस्कराहट में ही नहीं, बल्कि अपने लेखन में भी सभी जगह अपने चितेरे पारदर्शी संवेदनों और मोहक सम्प्रेषणीयता से सबके मन को मोह लेते हैं।

## 6.4 विश्वनाथ प्रसाद तिवारी (जन्म-1940)

ये समकालीन हिन्दी-साहित्य के एक प्रतिभावान् व्यक्तित्व हैं। इन्होंने अपनी सृजनात्मकता को साहित्य की कई विधाओं में व्यक्त किया है, यथा– काव्य, आलोचना, यात्रा-संस्मरण तथा पत्रकारिता आदि। सम्प्रति ये भारत के सुप्रसिद्ध साहित्यिक पत्र 'दस्तावेज' का सम्पादन कर रहे हैं। संस्मरणों और साक्षात्कार की विधाओं में इनकी जो कृतियाँ उल्लेखनीय हैं, वे हैं 'एक नाव के यात्री', 'अन्तहीन आकाश' और 'आत्म की धरती।'

'एक नाव के यात्री' संस्मरण और साक्षात्कार के विधात्मक उपादानों से समृद्ध ऐसी कृति है, जिसको 'एक नाव के यात्री' मानते हुए व्यक्तियों को याद किया गया है। अपनी इस कृति के सम्बन्ध में भूमिका अन्तर्गत लेखक ने कहा है कि, 1. "इनमें सम्बद्ध लेखकों के व्यक्तित्व की भी कुछ रेखाएँ ही उभर सकी हैं। सब-कुछ न तो लिखा जा सकता है और न लिखा जाना चाहिए। और सब-कुछ जाना भी तो नहीं जा सकता।"[54] 2. "मेरे इस संस्मरणों का उद्‌देश्य किसी का मूर्तिभंजन या मूतिनिर्माण नहीं रहा है, न किसी को आहत करना या प्रसन्न करना। हाँ, व्यक्तित्व-विश्लेषण और उनके विचारों या दूसरों के प्रति उनके विचारों को उजागर करना जरूर एक लक्ष्य रहा हैं।"[55] इन संस्मरणों का उल्लेख करते हुए लेखक ने अपनी चर्चाओं के सन्दर्भों का भी उल्लेख किया है और ऐसे 'आत्म प्रसंगों' को स्वाभाविक माना है। सुप्रसिद्ध मनोवैज्ञनिक 'सिगमण्ड फ्रायड' ने 'मैं' को 'हिज मास्ट्रस् वॉयस' कहा है। इस क्रम में लेखक ने महादेवी वर्मा के इन विचारों को उद्धृत किया है, "मेरा निकटताजनित आत्मविज्ञापन उस राख से अधिक महत्त्व नहीं रखता जो अंगारों को सजीव रखने के लिए ही उन्हें घेरे रहती हैं। (परन्तु मेरा निकटताजनित आत्म-विज्ञापन उस राख से अधिक महत्त्व नहीं रखता, जो आग को बहुत समय तक सजीव रखने के लिए अंगारों को घेरे रहती है–(अतीत के चलचित्र, महादेवी वर्मा, भूमिका भाग)।"[56] संस्मरणों के इस संकलन में 'एक नाव के यात्री' में प्रथम हैं, अज्ञेय। इनसे होनेवाली अपनी मुलाकातों की यादों में लेखक ने उनकी कई कृतियों के साथ उनके साथ बीते हुए क्षणों और उनके व्यक्तित्व, रुचि-अरुचि तथा वेष-भूषा आदि का भी समुचित वर्णन किया है, जैसे– 1. "थोड़ी देर बाद वात्स्यायन जी निकले-श्वेत कुर्ते-पजामे में। उनके शरीर पर कोई भी पोशाक बहुत खिलती थी और किसी भी पहनावे में वे सुरुचि और आभिजात्य की विशिष्ट मूर्ति लगते थे। उनके उठने-बैठने, खाने-पीने सब में एक सलीका दिखायी पड़ता था। कमरे की सजावट से लेकर आसपास की सारी चीजों तक में उनकी सुरुचि की छाप होती थी।"[57] 2. "उनसे कोई व्यक्तिगत बात नहीं की जा सकती थी, क्योंकि वे दूसरों के व्यक्तिगत जीवन में न घुसते थे और न ही अपने व्यक्तिगत जीवन में किसी को घुसने देना चाहते थे। उनके सामने लन्तरानिया झाड़ी नहीं जा सकती थीं, क्योंकि मौन का अभेद्य कवच वे लगाये रहते थे। उनके सामने पर निन्दा पुराण सुनाया नहीं जा सकता, क्योंकि वे निजी चर्चा को इस प्रकार की अश्लीलता मानते थे और केवल हलकी मुस्कराहट मात्र से उसका उत्तर देते थे।"[58]

वात्स्यायन जी से हुई अपनी मुलाकातों के सिलसिले में संस्मरणकार ने अपनी इन यादों के केन्द्र में स्थित 'अज्ञेय' के व्यक्तित्व के साथ उनके कृतित्व की अस्मिता और दुर्लभ विशेषताओं पर प्रकाश डाला है, यथा–1. "वात्स्यायन जी नये प्रयोगों के लिए विख्यात रहे हैं। नयी कविता से लेकर 'हवा महल' (जो वास्तुशिल्प का और उनके जीवन का शायद आखिरी प्रयोग था) तक रचना के क्षेत्र में जितने नए प्रयोग उन्होंने किये हैं, उतने शायद ही किसी रचनाकार ने किये हों। सिर्फ भारतेन्दु ने अपने जमाने में किये थे। गद्य की अनेक नयी विधाओं को जन्म देने का श्रेय वात्स्यायन जी को ही है।"[59] 2. "उनकी इस अनवरत सक्रियता का अक्षय स्त्रोत मानव विवेक में उनकी दृढ़ आस्था थी; जिसे वे अपने सम्पूर्ण लेखन में बार-बार रेखांकित करते रहे। वे मानते थे कि 'सब प्रतिमानों का, सब मूल्य का स्रोत मानव विवेक है।" वे मानते थे कि, "मानव ही मानव की तीसरी आँख है।' वे जानते थे कि 'योद्धा पिछड़ भी जा सकता है, पर जाग्रत आत्मा कभी नहीं पिछड़ती।"[60]

इस संग्रह के दूसरे 'मृत्योर्माऽमृतं गमय' और 'राजनीति के जलसा घर में भटका मेघ' शीर्षक संस्मरण क्रमशः हिन्दी के दो विख्यात साहित्यकार, अमृतलाल नागर और श्रीकान्त वर्मा की उभरी हुई यादों को संजोते हुए लिखे गये हैं। नागर जी से हुई बातचीत का उल्लेख करते हुए विश्वनाथ प्रसाद तिवारी जी ने उनके संकल्प, साहस और स्वाभिमान को रेखांकित किया है और इसी क्रम में उन्होंने उनकी बहुज्ञता और हिन्दी-सेवा के प्रसंगों का भी उल्लेख किया है, यथा–"नागर जी से उस दिन बहुत सारी बातें हुई। उस दिन वे मुख्य रूप से लोक साहित्य पर बातें करते रहे। वे जिलों के साहित्यिक इतिहास लेखन की आवश्यकता पर जोर दे रहे थे। नागर जी के उपन्यासों के पाठक जानते हैं कि उन्होंने अपना हर उपन्यास लिखते हुए कितना फील्ड वर्क किया है। इतिहास, भूगोल, भाषाशास्त्र और समाजशास्त्र का कितना व्यावहारिक मनन किया है। इसे वे अपनी मस्ती में 'चप्पल चटकाना' और 'धूल फाँकना' कहते थे। नागर जी की यह जनोन्मुखता उनके व्यक्तित्व और कृतित्व की शक्ति है।"[61] इस भेंटवार्त्ता के शीर्षक को ध्यान में रखकर लेखक ने नागर जी के द्वारा इस्तेमाल की जानेवाली एक-एक चीज पर ध्यान रखते हुए उनके लेटर-पैड के उस मोनोग्राम की चर्चा की है जिस पर अमृत-कलश को लेते हुए गरुड़ द्वारा अपने दोनों पंजों में काल-सर्प को दबाये रखने का चित्र अंकित था और इसी के नीचे लिखा था 'मृत्योर्माऽमृतं गमय'। इस प्रसंग को ध्यान में रखकर संस्मरणकार ने लिखा है कि "अमरता की कामना हर मनुष्य की अन्तिम (या पहली) कामना होती हैं, भले ही वह अपने पाखण्ड में सार्वजनिक रूप से इसे स्वीकार न करे एक कलाकार के लिए तो काल के साथ यह टकराव बहुत ही स्वाभाविक होता है। इस मरणधर्मा संसार में अपनी सर्जनात्मक ऊर्जा से वह काल को ठेलता रहता है। यह आकस्मिक नहीं है कि शमशेर बहादुर सिहं के एक काव्य संग्रह का नाम ही हैं–'काल तुझसे होड़ है मेरी।' और श्रीकान्त वर्मा भी अपनी एक कविता में कहते हैं- 'मेरा सबसे बड़ा दुश्मन है काल।' जिन मनोवैज्ञानिकों ने कला-प्रेरणा के मूल में 'अमरत्व की आकांक्षा' को रेखांकित किया है, उन्हें गलत नहीं कहा जा सकता।"[62]

हिन्दी के साहित्यकार और विशेषतः अपने काव्य-संग्रह-मगध के प्रसंग में याद किये जानेवाले श्रीकान्त वर्मा की यादों को इस संग्रह में 'राजनीति के जलसागर में' 'भटका-मेघ' का शीर्षक दिया गया है। उपर्युक्त 'मगध' की प्रासंगिकता में श्रीकान्त वर्मा से अपनी भेंट को याद करते हुए इस संक्षिप्त संस्मरण में तिवारी जी ने अपने विवेच्य के रहन-सहन की इन रेखाओं को उभारा है, यथा– ''मैंने उनके नार्थ एवेन्यूवाले दोनों तथा सफदरजंगवाला निवास देखा है और जिसने भी देखा होगा इस बात को स्वीकार करेगा। खासतौर से पुस्तकें बड़े ही करीने से आलमारियों और रैकों में सजी हुई होती थीं। मूर्तियाँ, चित्र और पेण्टिंग आदि भी। एक आभिजात्य उनमें था जो खान-पान, वेशभूषा, रहन-सहन, बातचीत सब में झलकता रहता था। वे अत्यन्त सरल भी थे और बहुत स्नाब भी।''[63]

ललित लेखों के रचयिता विद्यानिवास मिश्र के संस्मरणों को लेखक ने 'आँगन के पंछी' का शीर्षक दिया है। यह शीर्षक मिश्र जी की एक कृति के नाम पर आधृत है। निश्चयपूर्वक विद्यानिवास मिश्र आधुनिक हिन्दी-साहित्य के एक ऐसे रचनाकार हैं जिनके कृतित्व की परिधि में कई विधाएँ और ज्ञान के कई अनुशासन समाहित हैं। इनका सम्पूर्ण जीवन देश और विदेश में घूमते हुए बीता है। जिन्दगी भर ये कुलपति, सम्पादक और आलोचक आदि के रूपों में भारत की अनेक शिक्षण संस्थानों से सम्बद्ध रहे हैं। इनका व्यक्तित्व भी इनके कृतित्व की तरह मानवीयता के विविध रंग-रूपों से भरा-भरा है। ऊँचे पदों पर रहते हुए भी कहीं भी और कभी भी इन्होंने अन्य लोगों के साथ अपने आत्मीय सम्बन्ध के प्रकाश को धूमिल होने नहीं दिया। इसी प्रकार प्रायः सभी साहित्यकारों के मन में ये एक जाने-पहचाने व्यक्ति के रूप में ही नहीं बल्कि पूरे-के-पूरे पारिवारिक सदस्य की तरह रचे-बसे रहे। उनके एक लेख 'आँगन का पंछी' की इन पंक्तियों को लेखक ने उद्धृत करते हुए उनके स्वभाव को व्यंजित किया है, यथा–'पारिवारिक साहचर्य भाव ही हमारे साहित्य की सबसे बड़ी थाती है। यह कुटुम्ब भाव ही हमें चर-अचर, जड़-चेतन जगत् के साथ कर्त्तव्यशील बनाता है। हम इसी से देश-काल की सीमाओं की तनिक भी परवाह न करके, अरबों प्रकाश वर्ष दूर नक्षत्रों से और युगों दूर उज्ज्वल चरित्रों से उसी प्रकार अपनापन जोड़ते हैं, जिस प्रकार अपने घर के किसी व्यक्ति से।'' (आँगन का पंछी)।[64] उन्हें उनकी कृति के उक्त शीर्षक को अपनी स्मृति के केन्द्र में रखकर संस्मरणकार ने उनके व्यक्तित्व और मन-प्राणों की गहराई से प्लावित होती है भारतीयता में पूर्णतः निमज्जित एक सहृदय मनुष्य को देखा-परखा है, यथा– ''विद्यानिवास जी आँगन के पंछी हैं। उनका मन भले बंजारा हो, पर हैं वे अन्ततः आँगन के ही। वह आँगन है पूर्वांचल का लोक जिसकी मिट्टी, पानी, धूप और हवा से उसका निर्माण हुआ है।...किन्तु विद्यानिवास जी का आँगन तब विराट हो जाता है जब उसमें 'अस्ति की पुकार' सुनाई पड़ती है, 'गंगा' दिखायी पड़ती है, 'पूर्ण कुम्भ' छलकता है और दिखायी पड़ती है 'जीवन में सनातन की खोज' की बेचैनी। तब सम्पूर्ण भारत उनके आँगन के रूप में तब्दील हो जाता है।''[65]

इस संस्मरण-संग्रह का एक लेख पण्डित हजारीप्रसाद द्विवेदी की स्मृतियों से सम्बन्धित है। उनको याद करते हुए लेखक ने उन्हीं के द्वारा एक प्रसंग में उद्धृत इस

व्यास-वचन- 'न मानुषात् श्रेष्ठतरं हि किंचित्' को आधार बनाया है। स्मृतिकार ने हजारीप्रसाद द्विवेदी के व्यक्तित्व और कृतित्व में मनुष्य की सम्पूर्णता और सारभूत को उद्घाटित किया है। इसी क्रम में लेखक द्विवेदी जी की कृतियों, बाण भट्ट की आत्मकथा, चारुचन्द्र लेख, अशोक के फूल और कबीर आदि का उल्लेख किया है। इन्हीं में से विशेष रूप से 'बाण भट्ट की आत्मकथा' की इन पंक्तियों की प्रासंगिकता में संस्मरणकार ने हजारीप्रसाद द्विवेदी की गहरी सोच और गम्भीर विचारों की ओर संकेत किया है, यथा, "डरना किसी से भी नहीं। लोक से भी नहीं, वेद से भी नहीं, गुरु से भी नहीं, मन्त्र से भी नहीं। जो मेरा सत्य है वह यदि वस्तुतः सत्य है, तो वह सारे जगत् का सत्य है, व्यवहार का सत्य है, परमार्थ का सत्य है—त्रिकाल का सत्य है देख बाबा, इस ब्रह्माण्ड का प्रत्येक अणु देवता है, त्रिपुर सुन्दरी ने जिस रूप में तुझे सबसे अधिक प्रभावित किया है, उसी की पूजाकर।"[66]

पण्डित जी की इन स्मृतियों में उभरे हुए उनके व्यक्तित्व को लेखक ने जिस प्रकार उद्भासित किया है, वह सर्वथा उदाहरणीय है, यथा, "मटका सिल्क का कुर्ता और खादी की धोती—वही परिचित वेशभूषा और दंबग व्यक्तित्व। मुझे तत्काल देवदारु का स्मरण हो आता है। वही उल्लास, वही शान और वही ऊँचाई। सचमुच यह आदमी लाख-लाख मुड़कट्ठों को गुलाम बना सकता है।"[67]

संस्मरणों के उपर्युक्त क्रम में तिवारी जी ने द्विवेदी जी के एक प्रिय शिष्य डॉ0 नामवर सिंह को याद किया है। उनके साथ स्थापित सम्बन्धों के प्रसंग में लेखक ने अपनी इस स्मृति को जो शीर्षब्क 'रीझि भजै या खीझि' चुना है, वह गोपी और श्रीकृष्ण के बीच उपजे हुए प्रेम को प्रकट करते हुए लेखक और नामवर जी की पारस्परिक निजता को व्यंजित करता है। आधुनिक हिन्दी-साहित्य के जाने-माने आलोचक के भारतीय रहन-सहन का विशेष उल्लेख करते हुए तिवारी जी ने लिखा है कि—"आज भी नामवर सिंह धोती-कुर्ता पहनते हैं सुर्ती मलते हैं, भोजपुरी बोलते हैं, और कंचन की नगरी में किसानी संस्कारों के साथ रहते हैं—उनकी यह 'रहनि' ही वह निजी कारण है जो उन्हें मेरे लिये आदरणीय बनाता है। (कहना न होगा कि यह निजी कारण हिन्दी के कई अन्य लेखकों के लिए भी है, पर उनके बारे में फिर कभी)"[68] नामवर जी के विचार और धारणा से हिन्दी का कोई आलोचक सहमति न भी रखता हो तो भी वास्तविकता यही है कि आधुनिक हिन्दी-आलोचना किसी-न-किसी प्रसंग में नामवर जी को भुला नहीं पाती। इसलिए किसी अन्य लेखक इनसे प्रभावित हों या अप्रभावित रहें फिर भी वे किसी-न-किसी रूप में नामवर जी का उल्लेख कर ही देते हैं। इसी विशेष प्रसंग में सस्मरणकार ने तुलसीदास की इस उक्ति 'तुलसी अपने राम को रीझि भजै या खीझि' को उपयुक्त सन्दर्भों में इस संस्मरण के शीर्षक का आधार बनाया है। लेखक जिन प्रसंगों से नामवर जी से अनुप्रेरित होता है उसका कारण देते हुए लिखा है कि, "मुझे याद है केदारनाथ सिंह की कन्या से नामवर जी के एकमात्र पुत्र के विवाह का अवसर था। विवाह पड़रौना से हो रहा था। नामवर जी चाहते

तो न जाने कितने ताम-झाम से बारात लेकर जा सकते थे, पर वे अति साधारण रूप से पचास-साठ लोगों के साथ गये और द्वारपूजा के समय तो केवल एक आदमी बारात के आगे-आगे सिर पर एक पेट्रोमेक्स लेकर चल रहा था।"[69] नामवर जी से हुई मुलाकातों के साथ उनके लेखन के खट्टे-मीठे अनुभवों की व्याख्या करते हुए लेखक ने उनके जिस व्यक्तिगत गुण को उजागर किया है, वह निम्नांकित है : "अपने मन का मौन से उत्तर देना उनकी स्ट्रेटजी का अंग है। वैसे उनकी यह विशेषता है कि अपना एक भीतरी कवच सुरक्षित रखते हुए भी दूसरों से बहुत खुलकर मिलते हैं। नये-से-नये लेखक के साथ व्यंग्य-विनोद में ऐसे समान स्तर पर बातचीत करते हैं कि सभी उन्हें अपना समझते हैं।"[70] संस्मरण के इस संग्रह के शीर्षक 'एक नाव के यात्री' को लक्ष्य में रखते हुए लेखक ने जिस व्यक्ति के विचार, व्यवहार, रहन-सहन, वेश-भूषा, अन्तर्विरोध, विचित्रता आदि के संग उसकी अच्छाइयों को भी जो उल्लेख किया है, वे हैं, विश्वनाथ प्रसाद तिवारी जी के ही शिक्षक-सह सहयोगी डॉ. परमानन्द श्रीवास्तव। श्री श्रीवास्तव वर्षों तक गोरखपुर विश्वविद्यालय के हिन्दी-विभाग में वरीय शिक्षक के पद पर कार्यरत रहे हैं और यहीं वर्षों तक लेखक ने भी अपनी पढ़ाई के साथ शिक्षक-जीवन को भी व्यतीत किया है। इसलिए संस्मरणकार ने परमानन्द जी के 'यथा नाम तथा गुण' के कुछ उदाहरण उद्धृत करते हुए लिखा है कि, "इस संस्मरण के पाठक ताईद करेंगे कि परमानन्द जी को प्रकृति ने बहुत अच्छी आवाज दी है और वे कण्ठ से नहीं पूरे शरीर से बोलते हैं। उनकी आवाज का प्रवाह सागर की तरह तरंगायित या झरने की तरह घड़कते हुए नहीं, बल्कि दो पुख्ता किनारों के बीच तेज गति से बहती हुई जलधारा की तरह होता हैं।"[71] लेखक ने उक्त प्रसंग की अनुसारिता में परमानन्द जी के व्यक्तित्व की जिन विशेषताओं का वर्णन किया है वे हैं, उनकी सहनशीलता, क्रोध पर अधिकार, सक्रियता , कर्मठता, वाक्पटुता, वाग् विदग्धता आदि। इसी क्रम में लेखक ने परमानन्द जी के साथ दिनों तक व्यतीत कालाविधि को याद करते हुए बेझिझक जो विचार व्यक्त किया है वह सर्वथा ध्यातव्य है, "परमानन्द जी के साथ मेरा सम्बन्ध आत्मीयता और स्पर्धा का एक मधुर तनावपूर्ण सम्बन्ध है। आचार्य कुन्तक ने शब्द और अर्थ के परस्पर स्पर्द्धी चारुत्व को काव्य कहा है। कुछ-कुछ ऐसा ही काव्यमय सम्बन्ध मेरे उनके बीच रहा हैं।...मैं सोचता हूँ, हम दोनों में से 'एक' जिस दिन इस शहर में नहीं रहेगा 'दूसरा' अपने को निपट अकेला महसूस करेगा।"[72]

इस कृति में कुछेक साक्षात्कार भी संकलित है, जो क्रमशः हिन्दी के महान् सेवक सेठ गोविन्ददास, साहित्यकार अज्ञेय और उपन्यासकार अमृतलाल नागर आदि के साथ डॉ. रामविलाश शर्मा से हुई बातचीत पर आधृत हैं। इनमें लेखक ने अपनी सटीक और अचूक पृच्छाओं के माध्यम से साक्षात्कृत जिन व्यक्तित्वों की विशिष्टताओं पर प्रकाश डाला है, वे हिन्दी-साहित्य के भी गौरव-स्थल हैं।

विश्वनाथ प्रसाद तिवारी जी का एक सुप्रसिद्ध यात्रा-वृत्तान्त है—'अन्तहीन आकाश।' इसमें इंगलैण्ड, मॉरिशस तथा रूस आदि देशों और विशेषतः सोवियत संघ के विख्यात शहर 'पीटर्सबर्ग' के अतिरिक्त वहाँ के कुछ साहित्यकारों से हुई भेंट की यादें स्पम्दित हैं। इस

संकलन के प्रथम यात्रा-वृत्तान्त का सम्बन्ध लन्दन से है। इसमें लेखक की स्मृतियों में रची-बसी लन्दन की प्रकृति, नगर की खूबसूरती और स्ट्रीट के साथ विश्व के इस विख्यात नगर के म्यूजियम, पार्क तथा ऐतिहासिक नदी टेम्स के किनारे पर बिखरती हुई छवियाँ, विशेषरूप से उल्लेखनीय हैं।

लन्दन के मकानों और उनके आकार-प्रकार और स्थापत्य आदि पर प्रकाश डालते हुए लेखक के ये उल्लेख प्राणवन्त हैं, यथा, "सभी मकानों की खिड़कियाँ चौकोर। सभी खिड़कियों में शीशे लगे हुए। किसी भी खिड़की में लोहे का जँगला या ग्रील नहीं। क्या यहाँ के लोग चोरों वगैरह से बेपरवाह हैं? लन्दन के मकानों का स्थापत्य क्लासिकल है। कुछ-कुछ पुराना या मध्यकालीन। सभी मकान सड़क पर या स्ट्रीट पर सीधे खड़े होते हैं। बाहर बिना किसी बरामदे आदि के वर्टिकल। मकानों में लकड़ी की जगह काँच का अधिकतम प्रयोग।"[73] पाश्चात्य संसार के आकर्षण में सदियों से अपनी सत्ता के साथ सुन्दरता के कारण याद किया जानेवाला लन्दन, लेखक की स्मृतियों में इस प्रकार जीवन्त रूप लेता है, यथा–"...लन्दन एक बहुत खूबसूरत शहर है। इसका एक कारण तो यह है कि यह पूरी व्यवस्था के साथ बसाया गया है। जैसे पूरा शहर एक ही व्यक्ति या एक जैसी सुरुचि से बसाया गया है। एक सीध में बने मकान, एक जैसी बनावट तथा एक जैसा प्रभाव।"[74] लेखक ने लन्दन सम्बन्धी अपनी स्मृतियों में कैम नदी के तट पर बसे हुए कैम्ब्रिज विश्वविद्यालय के साथ ब्रिटिश म्यूजियम और टेम्स नदी के ऐश्वर्य और सौन्दर्य का वर्णन किया है। म्यूजियम का उल्लेख करते हुए संस्मरणकार ने लिखा है कि, "इस विशाल संग्रहालय में ग्रीस, रोम, मिस्र, चीन, पश्चिम एशिया, दक्षिण-पूर्व एशिया आदि विश्व-भर के देशों के पुरातात्त्विक महत्त्व की सामग्री सुरक्षित है। भारतीय विभाग में प्रवेश करते ही नवग्रहों की भव्य प्रतिमाएँ एक साथ लगी हैं। बुद्ध की प्रतिमाएँ सबसे ज्यादा हैं। हँसते हुए बुद्ध की प्रतिमा भी है।"[75] इसी क्रम में लेखक ने उस विख्यात टेम्स नदी का वर्णन किया है जिसके किनारे लन्दन शहर की सदियों से अपनी सुन्दरता और इतिहास के अनेक रंग-रूपों को जन्म देता रहा है। इस सम्बन्ध में लेखक की ये स्मृतियाँ उदाहरणीय हैं, "लन्दन को खूबसूरत बनाने में टेम्स नदी का उल्लेखनीय योगदान है। यह सुन्दर नदी सम्भवतः ऑक्सफोर्ड के पास से निकलती है और यूनाइटेड किंगडम में तीन सौ दस मील तक प्रवाहित होती है। यह लन्दन शहर के बीच से बहती है और शहर में इस पर इक्कीस पुल हैं, जो अलग-अलग डिजाइनों में बनाये गये हैं।...रात में इस नदी का ही नहीं, पूरे लन्दन का सौन्दर्य द्विगुणित हो जाता है। शीशे की खिड़कियों से जगमगाती रोशनी में पूरा शहर स्नान करता प्रतीत होता है। एकदम टेम्स नदी के किनारे बना हुआ लन्दन का पार्लमेण्ट अपने विशिष्ट स्थापत्य में मनोहारी है और इससे सटा हुआ पूरा क्षेत्र, 10, डाउनिंग स्ट्रीट, बंकिमघम पैलेस, टैफेलगर स्केयर, पिकेडली सर्कस, रॉयल एकैडंमी, संग्रहालय आदि-लन्दन का सबसे प्रसिद्ध और महत्त्वपूर्ण है...।"[76]

'अन्तहीन आकाश' का 'भँवरवा धीरे चलऽ' शीर्षक संस्मरण का सम्बन्ध हिन्द-महासागर में बसे हुए एक छोटे से कई द्वीपोंवाले देश मॉरिशस के यात्रा-वृत्तान्त से है। मॉरिशस ही

नहीं भारत के इतिहास का एक ऐसा अध्याय है, जिसमें परतन्त्र भारत की कालावधि में खासकर इस देश के पूर्वी प्रांतों से इंसान के अनेक जत्थे तत्कालीन शासन के शोषण का शिकार बनते हुए सदा-सदा के लिए मॉरिशस पहुँचे और वहीं जहाजी भाई, गिरमिटिया मजदूर, दीपुया भयवा आदि के नामों से सम्बोधित होते हुए उस देश के निवासी हो गये। मॉरिशस सबसे पहले पुर्तगालियों के द्वारा शासित हुआ और एक पुर्तगाली प्रिंस 'मॉरिशस डे नौस्यू' के नाम पर यह मॉरिशस के रूप में जाना गया। भारत के ये लोग वहाँ मजदूर के रूप में गये और वर्षों बाद इन्हीं की सन्तति आज उस देश की अग्रिम पंक्ति में विभूषित हुई। दरअसल ये लोग वहाँ की पथरीली लाल जमीन को कोड़ने के काम के लिए गुलाम के रूप में पहुँचे। इनके गिरमिटिया नाम के पीछे इनकी पिछली जिन्दगी के वे अध्याय हैं, जिनमें विदेशी शासका द्वारा निश्चित अवधि में दिये हुए काम को निपटाना पड़ता था, ऐसा नहीं होने पर उनको कड़ी सजा मिलती थी। बाद में ये भारतवंशी लोगों ने विदेशी शासकों के साथ अपने श्रमदान के सम्बन्ध में एक समझौता किया। इसके अनुसार भारतीय मजदूर बिना किसी बन्धन के निश्चित सीमा तक खेतों में काम करने की छूट से लाभान्वित हुए और इसी सन्दर्भ में वे अंग्रेजी के 'ग्रान्टेड' शब्द के भारतीय संस्करण 'गिरमिट' के आधार पर गिरमिटिया मजदूर के रूप में विख्यात हुए। आज भी खासकर भोजपुरी और अवधी लोकभाषाओं में इन मजदूरों की स्मृतियाँ लोक गीतों में सुरक्षित हैं, यथा–

*"चलल भवानीपुर डीपो से, साथ में लेके गिरमिटिया*
*भइल जहाज एक कालकोठरी, दंग भइल सब गिरमिटिया*
*बाप कहीं त भाई कहीं बा, बिधना चाल चलल भइया*
*कवन नगरिया जाइ के रुकिहें, अब मालिक रखिहें लाज"*[77]

लेखक ने मॉरिशस स्थित भारतवंशियों के सामाजिक जीवन पर प्रकाश डालते हुए लिखा है कि–"जहाज ही अब घर बन चुका था और उसके सभी प्राणी एक संयुक्त परिवार के अंग। यह रिश्ता मॉरिशस के भारतवासियों के लिए सबसे प्रगाढ़ रिश्ता है। इसमें जाति-पाँति, ऊँच-नीच के सभी भेद-भाव समाप्त हो चुके हैं। इनमें आज भी रोटी-बेटी के सारे सम्बन्ध चलते हैं। इन्हें 'जहाजी भाई' कहा जाता है। 'जहाजी भाई' अर्थात् एक ही जहाज से यात्रा करके मॉरिशस पहुँचनेवाले लोग।"[78] इसी क्रम में लेखक ने हिन्द-महासागर में बसे हुए लघु-भारत के भूगोल और इतिहास को उद्घाटित करते हुए लिखा है कि, "किसी अज्ञात काल में हिन्द-महासागर में होनेवाले किसी भूगर्भीय विस्फोट में ज्वालामुखी लावे से जिन छोटे-छोटे द्वीपों की सृष्टि हुई, मॉरिशस उन्हीं में से एक है। असंख्य वर्षों तक यह घने जंगलों से आच्छादित एक निर्जन द्वीप था। निश्चय ही समुद्र-यात्री नाविकों ने इसकी खोज की होगी। 1510 ई. में इस द्वीप पर पहली बार पुर्तगालियों के पैर पड़े।"[79] भारतवंशियों के पहुँचने पर वहाँ के विदेशी शासकों ने जो अमानवीय व्यवहार किया और उनके श्रम का भरपूर शोषण किया, उनको मॉरिशस के भारतवंशी प्रह्लादराम शरण ने अपनी स्मृतियों में जिस प्रकार संचित किया है, वह दोनों देशों का भी अटूट इतिहास है। इसी के

एक अंश को तिवारी जी ने उद्धृत किया है, यथा– ''एक अचीन्हा विपरीत मौसम। धूप, वर्षा और कीचड़। विशाल प्रस्तर खण्डों को ठेलते हुए पसीने से लथपथ देह और ऊपर से गोरे मालिकों के कोड़े। भूख और बीमारी से दम तोड़ते अपने जहाजी भाई। श्रम। केवल श्रम। अब अपना जाँगर ही अपना साथी है। न पौष्टिक भोजन, न रहने का उपयुक्त स्थान, न वस्त्र, न दवा। इसके साथ पाव-भर दाल, आधी छटाँक तेल। वर्ष में एक बार दी जानेवाली चीजें–एक धोती, एक कमीज, दो कम्बल, एक फितई (जाकेट) और दो टोपियाँ।"[80] लेखक ने मॉरिशस की यात्रा में संचित अनुभवों के अन्तर्गत वहाँ की वर्तमान भाषिक, सामाजिक और अन्य अनेक सांस्कृतिक स्थितियों की पहचान की है और उन्हें इस प्रकार व्यक्त किया है–

1. ''आज पूरे मॉरिशस में युवा पीढ़ी क्रियोली का व्यवहार कर रही है। केवल प्रौढ़ और वृद्ध लोग ही भोजपुरी बोलते सुने जाते हैं। भारतीय मजदूर जब मॉरिशस आये थे तो यहाँ अफ्रीकी हब्शी गुलाम के रूप में पहले से मौजूद थे। बाद में इन अफ्रीकी गुलामों को क्रियोल कहा जाने लगा। वे अपनी भाषा भूल चुके है। उन्होंने फ्रेंच भाषा के ही विस्तृत रूप को अपना लिया था , जिसे क्रियोली कहते हैं। क्रियोली में यद्यपि भोजपुरी और अन्य भाषाओं के शब्द भी हैं, पर मुख्य रूप से यह फ्रेंच का ही विकृत रूप है,..."[81]

2. ''मॉरिशस में भोजपुरी भाषा और संस्कृति के संरक्षण में महिलाओं का योगदान अप्रतिम हैं। ये महिलाएँ अपनी भाषा और धार्मिक कर्मकाण्डों के साथ बड़ी गहराई से जुड़ी हुई हैं। कुछ महिलाएँ तो अब भी भोजपुरी के अलावा अन्य कोई भाषा नहीं जानतीं। ये एकादशी, जिउतीया आदि व्रत रखती हैं। कार्तिक स्नान करती हैं। अनेक मांगलिक अवसरों जैसे– तिलक, हल्दी, द्वारपूजा, परछावन और कन्यादान आदि पर भोजपुरी के ही गीत गाती हैं। कजरी, सोहर, बिरहा, चैती तथा फाग आदि आज भी मॉरिशस में गाये जाते हैं।"[82]

3. ''हवाई अड्डे से बाहर निकलते ही एक नया परिदृश्य था। किंचित् ऊपर उभरा हुआ-सा एक विस्तृत भूखण्ड। खूबसूरत सड़कें। नारियल के छोटे-छोटे पंक्तिबद्ध वृक्ष। हवाई अड्डे से पोरलुई (पोर्ट लुइस) काफी दूर शायद दूसरे छोर पर है। रास्ते का दृश्य अपने सौन्दर्य के खुलेपन से चकित कर रहा था। क्षितिज तक फैली हरियाली। गन्ने के खेत। ऊँची-नीची असम भूमि। कहीं-कहीं टीले। कहीं छोटी पहाड़ियाँ। छोटे-छोटे वृक्ष। चीड़ के वृक्ष। केले के बगीचे। अन्तहीन हरियाली। चमचमाती सड़कें इतनी स्वच्छ कि उन पर कागज का एक टुकड़ा तक नहीं। तेज रफ्तार से गाड़ी भाग रही है। जैसी सड़कें वैसी कीमती कारें। ऊपर-नीचे दायें-बायें घूमती सड़कें और उन पर चलनेवाला आदमी नामक प्राणी कोई नहीं।"[83]

विदेश भ्रमण सम्बन्धी लेखक के यात्रा-वृत्तान्तों में रूस और उसके कुछेक विख्यात नगर के साथ वहाँ के साहित्यकारों से हुई भेंटवार्त्ताएँ भी उक्त कृति को पूर्णता प्रदान करती हैं। रूस में पहुँचते ही लेखक की दृष्टि वहाँ की प्रकृति और परिवेश को परखती है, यथा– "रूस की धरती और प्रकृति का प्रथम साक्षात्कार हुआ। हरी-भरी प्रकृति और दूर-दूर तक खुला हुआ परिवेश। केवल वृक्षों की प्रजातियाँ अलग थीं, बाकी सब-कुछ भारत जैसा ही।

वैसी ही धरती, वैसा ही आकाश वैसे ही बादल।"[84] रूस में सोलह दिन की स्मृतियों में स्वभावतः सोवियत-संघ की राजधानी की शोभा, ऐश्वर्य और संस्कृति अपनी खास पहचान को भासित करती हैं। मॉस्को को देखते हुए लेखक ने जो अनुभव व्यक्त किये हैं उनमें से कुछेक इस प्रकार हैं–1."मॉस्को बहुत सुन्दर, स्वच्छ, खुला भव्य शहर है। दुनिया की राजधानियों में पेरिस के बाद इसी शहर का नाम लिया जाता है। खुलापन इसकी विशिष्टता है। सड़कें चौड़ी-चौड़ी। उनके दोनों किनारे घासदार। खुली भूमि। पार्क। वृक्ष। छोटे-छोटे वन-खण्ड। नयी दिल्ली जैसे गोल पार्कोंवाले चौराहे यहाँ नहीं हैं। चौराहे चौकोर या तिकोने और समतल हैं जिससे और भी खुले लगते हैं।[85]

2. "क्रेमलिन मस्क्वा का ही नहीं, सुपूर्ण रूस का हृदय है, यह रूस की सरकार और अन्य सरकारी संस्थाओं का केन्द्र है। क्रेमलिन की दीवारें कई बार ढहीं और पुनर्निर्मित हुई हैं। वर्तमान दीवारें लगभग पन्द्रहवीं शताब्दी की हैं।"[86] रूस यात्रा के क्रम में लेखक यहाँ के महान् शहर 'पीटर्सबर्ग' का भ्रमण करना नहीं भूलता है। विश्व इतिहास का पीटर महान् ने इस नगर को रूस की राजधानी के रूप में स्थापित किया था। उस समय इसका नाम था 'पेट्रोग्राद।' बाद में लेनिन की मृत्यु के बाद यह 'लेनिनग्राद' के रूप में विख्यात हुआ। सम्प्रति यह विख्यात शहर पीटर्सवर्ग के नाम से विख्यात है। यह मॉस्को से सैकड़ों किलोमीटर दूरी पर स्थित है, करीब-करीब यह उत्तरी ध्रुव के समीप है इसकी सुन्दर भौगोलिक स्थिति और शोभा का उल्लेख करते हुए संस्मरणकार ने लिखा है कि "पीटर्सबर्ग' की खूबसूरती का एक कारण तो यह है कि नदियों, पुलों और नहरों का शहर है। यह उत्तर का वेनिस कहा जाता है। वेनिस शहर एक सौ अट्ठारह द्वीपों पर बसा है, तो पीटर्सबर्ग चौवालीस द्वीपों पर बसाया गया है। इस शहर में छियासी नदियाँ और नहरें हैं, जिनमें नीवा नदी सबसे चौड़ी है। इस पर कई पुल बने हैं। खूबसूरती का दूसरा कारण यह है कि पीटर्सबर्ग संसार के उन प्राचीनतम शहरों में है जो पूरे व्यवस्थित ढंग से बसाये गये हैं।"[87] पीटर्सबर्ग की असीम सुन्दरता को अपनी स्मृतियों के बीच लेखक ने रूस के महान् साहित्यकार पुश्किन की दो कविताओं, 'देवदूत' और 'मैंने स्थापित किया अलौकिक स्मारक' का भी उल्लेख किया है। इस उपर्युक्त दूसरी कविता के ये अंश सर्वथा उदाहरणीय हैं, यथा–

*"पूरे का पूरा मैं मरूँगा नहीं। पावन वीणा में*
*मेरी आत्मा अक्षुण्ण बची रहेगी राख और विगलन के बाद भी*
*गरिमा प्राप्त होती रहेगी मुझे इस धरा पर*
*जब तक जीवित रहेगा रचनाशील कवि पर भी"*[88]

पीटर्सबर्ग की स्मृतियों को अपने अन्तस में संचित करते हुए लेखक मॉस्को की ओर लौटता है और वहाँ कुछ रूसी कवियों से उसकी मुलाकातें होती है। इस प्रसंग में पीटर्सबर्ग से मॉस्को वापस जाते हुए लेखक के मन में कौंधी हुई ये अनुभूतियाँ और पृच्छाएँ इस प्रकार अपनी प्रासंगिकता को व्यंजित करती हैं, यथा, "मैं पीटर्सबर्ग से मॉस्को के लिए लौट रहा

हूँ। पीटर्सबर्ग के आलीशान भवन, भव्य मूर्तियाँ, पुल, नदियाँ, चौराहे, चौराहों पर खड़े महान् स्मारक, संग्रहालयों की दुर्लभ कलाकृतियाँ, सौन्दर्य के अद्भुत प्रतिमान, अलंकृतियाँ, अमूल्य धरोहर, गौरवचिह्न, संरक्षणीय यादगार वस्तुएँ मेरी स्मृति में घूम रही हैं। मैं मार्क्स की तरह सोच रहा हूँ कि पुरातनता के प्रति हमारा मोह क्यों है? भव्यता के प्रति हमें आकर्षण क्यों है?[89]

डॉ. विश्वनाथ प्रसाद तिवारी अपनी बहुविध कृतियों की उच्च स्तरीय विशेषताओं और मोहक भाषा-शैली के विशेष प्रसंग में अपने द्वारा सम्पादित 'दस्तावेज' के सदृश अपने-आप में भी हिन्दी के सामर्थ्य और ऐश्वर्य के एक उज्ज्वल नक्षत्र सिद्ध होते हैं।

### 6.5 असग़र वज ाहत (जन्म- 1946 ई.)

ये उत्तर प्रदेश के फतेहपुर में जन्म लेनेवाले समकालीन हिन्दी यात्रा-साहित्य के एक हस्ताक्षर हैं। इनकी विविध विधाओं में प्रस्तुत रचनाओं के अतिरिक्त यात्रा-वृत्तान्तों, 'चलते तो अच्छा था' तथा 'रास्ते की तलाश में' आदि भी खास महत्त्व रखते हैं। इनके संस्मरण 'चलते तो अच्छा था' के जिल्द की पीठ पर लिखे कृतित्व का यह मूल्यांकन सर्वथा ज्ञातव्य है "यात्राओं का आनन्द और स्वयं देखने का तथा खोजने का सन्तोष चलते तो अच्छा था, में जगह-जगह देखा जा सकता है। असग र वज ाहत ने ये यात्राएँ साधारण ढंग से एक साधारण रूप में की है जिसके परिणामस्वरूप वे उन लोगों से मिल ायेे हैं, जिनसे अन्यथा मिल पाना कठिन है।...भारत, ईरान तथा मध्य एशिया के बीच प्रा ोन-काल से लेकर मध्य युग तक बड़े प्रगाढ़ सम्बन्ध रहे हैं। इसके चलते आज भी ईरान और मध्य एशिया में भारत की बड़ी मोहक छवि बनी हुई है।"[90] इस यात्रा-वृत्तान्त में काव्यात्मक शीर्षकों के साथ छब्बीस लेख संगृहीत हैं। इसके प्रथम लेख का नाम है 'मिट्टी का प्याला।' सग्रंह के अन्य लेखों के साथ यह ईरान की यात्राओं की यादों को प्रस्तुत करता है। ईरान का एक शहर है 'परसि-पोलस, जिसे 'तख़्ते जमशैद' भी कहा जाता है। पहली बार इसको देखते हुए यात्री-लेखक ने अपने संस्मरण की पृष्ठभूमि इस प्रकार दी है, "दोनों तरफ सूखे, निर्जीव, गैर आबाद पहाड़ थे जिन पर लगी घास तक जल चुकी थी। सड़क इन्हीं पहाड़ों के बीच से बल खाती गुजर रही थी। रास्ता वही था जिससे मैं इम्फाहान से होता शीराज पहुँचा था,. ..। बताया जाता है कि ईसा से सात सौ साल पहले ईरान के एक जनसमूह ने जो अपने को आर्य कहता था, एक बहुत बड़ा साम्राज्य बनाया था। यह पूर्व में सिन्ध नदी से लेकर पश्चिम में डनयुब नदी और उत्तर में अरल झील से लेकर ईरान की खाड़ी तक फैला हुआ था। इतिहास में इस साम्राज्य को 'हखामनश' के नाम से याद किया जाता है।"[91] असग र वज़ाहत ने इस लेख में ईरान के प्रथम अग्नि-पूजक जाति के शासक 'दारूस प्रथम (549, जन्म - 485 मृत्यु- ई. पू.)' द्वारा लिखित एक विश्वविख्यात दस्तावेज का जिक्र किया है, जिसे कुछ इतिहासकारों ने मानव अधिकार का पहला घोषणा-पत्र कहा है। इस राजा की राजधानी का नाम है 'तख़्ते जमशैद' जो अब पहाड़ों के नीचे भग्नावशेष के रूप में पड़ी हुई

है। इसका वर्णन करते हुए संस्मरणकार ने कहा है कि, "कई किलोमीटर फैले खँडहर अतीत की रहस्यमयी कहानियाँ सुना रहे थे। पर्यटक यहाँ काफ ी थे लेकिन इतना बड़ा था कि बस खेत में कुछ दानों की तरह छिटके हुए ही दिखायी पड़ रहे थे। बहुत कुछ दूर 'कोहे रहमत' में बनायी गयी गुफाओं के मुख पर बनी देवताओं की मूतियाँ देख रहे थे और इतने छोटे लग रहे थे कि उन पर नज र जमाना भी मुश्किल था।"[92]

इस प्रकार 'जाना पहचाना अजनबी' शीर्षक लेख में संस्मरणकार ने मुगल बादशाह हुमायूँ की सेना में शामिल होनेवाले ईरान से आये हुए 'इकराम उद्दीन' नाम के पुरखे का जिक्र किया है। जाहिर है ईरान शब्द 'आर्यारान' से व्युत्पन्न हुआ है। ईरान की सभ्यता की स्मृति में यहाँ के रहनेवालो को 'आर्य' नाम से भी याद किया गया है। इसी देश के मेहराबाद हवाई अड्डे पर अपने कदम रखते हुए लेखक ने उक्त ऐतिहासिक शहर का परिचय दिया है। खासकर वहाँ के आसमान में उड़ते हुए खूबसूरत तोतों के झुण्ड का लेखक द्वारा अंकित यह शब्द-चित्र दर्शनीय है : 'तेहरान के मेहराबाद हवाई अड्डे पर तोतों का झुण्ड उतर रहा है। हरे-भरे चमकीले तोते और उसकी लाल चमकीली चोंच। तेहरान हवाई अड्डे को खाली कराया जा रहा है। तोते किसी तरह का कोई सिग्नल नहीं समझते पता नहीं क्या हो।"[93]

यात्रा-वृत्तान्तों की पंक्ति में एक वृत्तान्त का शीर्षक है, 'सड़क पर तेहरान।' ईरान का यह ऐतिहासिक शहर सही अर्थ में अपने देश की सच्चाइयों को आँखों के सामने लाता है। इस्लाम धर्म के वसूलों को बचाने की चेष्टा तो यह देश करता है किन्तु समय किसी को भी नहीं छोड़ता। इसी प्रसंग में लेखक ने 'तेहरान की सड़कों' से गुजरती हुई लड़कियों की पोशाक के बदलते हुए रंग-रूपों का उल्लेख इस प्रकार किया है, "तेहरान की लड़कियों ने सजा से बचने के लिए पारम्परिक हिजाब की जगह स्कार्फ बाँधना शुरू कर दिया है और वह भी आधे सिर पर पीछे की तरफ। यानी हिजाब से सीना और पीठ ढकने का सिलसिला खत्म हो गया है। काली चादर की जगह काला कोट जो घुटने के नीचे तक आता है, पहन लेती हैं। लगभग 80 प्रतिशत लड़कियाँ लम्बे काले कोट के साथ जीन्स पहनती हैं...।"[94] ईरान केवल अपने महजबी तौर-तरीकों में ही नहीं, बल्कि इमारतों के खूबसूरत संगमरमरी सजावटों में भी विश्वविख्यात है। यह अपनी पुरानी प्रसिद्धि को व्यक्त करता है। यहाँ की इमारतों के नामों और विज्ञापनों में लेखन की ग्राफिक-कला और रंगों की मिलावट देखते ही बनती है। यह उपर्युक्त कैलीग्राफी की लेखन-कला का पुराना नाम है 'खत्ताती।' इसी प्रकार स्मृतिकार तेहरान की खासियत की तस्वीर को खींचना नहीं भूलता है। यह लेखक की इन पंक्तियों में व्यक्त होता है, "मैं यह लिख चुका हूँ कि तेहरान में एक ही रंग का प्रभुत्व है। यह है मिट्टी और सीमेण्ट का मिला-जुला रंग इसी रंग के यहाँ पहाड़ हैं और इसी रंग की जमीन है इसी रंग की इमारतें हैं और इसी रंग की सड़कें हैं। यह बात नहीं है कि हरियाली नहीं है, वह है पर इतनी नहीं है कि शहर का रंग बदल सके।"[95] अपनी इस कृति की स्मृति को लेखक ने भारत और ईरान के सम्बन्धो पर आधृत किया है। लेखक ने वृत्तान्त के एक लेख का नाम दिया है 'भारतीय होने का अर्थ।' कुछ ईरानियों से हुई

बात-चीत का हवाला देकर असग र वज ाहत ने उस पुराने-युग को याद किया है, जबकि ईरान और भारत के साथ बहुत ही गहरा रिश्ता था। लेखक से, रिजा नाम के व्यक्ति जो कुछ कहा उसमें ईरान और भारत के पुराने रिश्तों पर प्रकाश पड़ता है, यथा–''फारसी सांस्कृतिक साम्राज्य...इसमें इराक, ईरान ही नहीं बल्कि मध्य एशिया के सारे देश और भारतीय उप-महाद्वीप शामिल थे। भारत के साथ यह दिलचस्प रिश्ता था। पंचतन्त्र का अनुवाद सम्भवतः सबसे पहले बारहवीं शताब्दी में संस्कृत से फारसी में हुआ था। यह फारसी अनुवाद यूरोप पहुँचा और पंचतन्त्र पूरे संसार के सामने आया। महाभारत का अनुवाद ही नहीं हुआ उत्तर भारत के प्रमुख भारतीय ग्रन्थों के फारसी में अनुवाद किये जाते थे।"[96] ईरान यात्रा के दौर में लेखक ने ईरान के अतीत और वर्तमान को नजदीक से देखने की कोशिश की है और इस क्रम में उसने ईरान के सम्राटों के बीच के आपसी द्वेष, घृणा और उससे हुई तेहरान की बर्बादी का ख़ाका खींचा है। अपने संस्मरण के एक स्थल पर स्मृतिकार ने लिखा है कि–"आज तेहरान राजनीतिक और बौद्धिक दृष्टि से देश का केन्द्र है। राजधानियों की तरह तेहरान पर बेहिसाब धन व्यय किया गया है और किया जा रहा है जो साफ दिखायी पड़ता है। तेहरान जनसंख्या की दृष्टि से मुम्बई से बड़ा शहर है। सड़कों और यातायात की व्यवस्था हमारे मुकाबले कहीं अच्छी है। शहर तीन तरफ पहाड़ों से घिरा अनगिनत बहुमंजिला इमारतों का विशाल क्षेत्र है। (बुद्धिजीवियों की सड़क)।"[97]

असग र वज ाहत के यात्रा-संस्मरणों की यह किताब पूरी-की-पूरी ईरान की खासियत को उजागर करती है और उसके इतिहास और अवशेषों में नादिरशाह ऐसे खजानों को लूटने वाले बादशाह के कारनामों के साथ विश्व की प्राचीनतम संस्कृतियों के रहे-सहे साक्ष्यों का अहसास कराती है। संस्मरण ने संसार के एक खूबसूरत महाकाव्य 'शाहनामा' की रचना करनेवाले फिरदौसी की यादों को भी सँजो कर रखा है। फिरदौसी के 'शाहनामों' को कवि का कर्ज मानते हुए लेखक ने उसके माध्यम से ईरान के इतिहास के कुछ पृष्ठों को खोलकर इस प्रकार रख दिया है, ''फिरदौसी 'शाहनामा' दरअसल ईरान का इतिहास ही नहीं ईरानी अस्मिता की दास्तान है। उसमें प्राचीन ईरान की उपलब्धियों का बयान है। सम्राटों का इतिहास है। प्राचीन फारसी ग्रन्थों को नया रूप देकर उसमें शामिल किया। मिथक और इतिहास के सम्मिश्रण से एक अद्भुत प्रभाव उत्पन्न हुआ है। प्रेम, विद्रोह, वीरता, दुष्टता मानवीयता, युद्ध, साहस आदि के ऐसे उत्कृष्ट उदाहरण हैं जिन्होंने 'शाहनामा' को ईरानी साहित्य की अमर कृति बना दिया है।"[98] असग र वज ाहत की एक दूसरी यात्रा-वृत्तान्त सम्बन्धी पुस्तक है–'रास्ते की तलाश में।' इसमें उनके ये चार यात्रा-वृत्तान्त संकलित हैं, 'आजरबाईजान : मुस्लिम देश में हिन्दू मन्दिर', 'अण्डमान निकोबार : सोशल टूरिस्ट के नोट्स', 'कोंकण से शिमोगा तक : एक अपना विदेश' और 'मिज ोरम : म्यांमार और बांग्लादेश...के बीच।' इसमें संस्मरणों से सम्बन्धित जीवन्त छायाचित्र (फोटोग्राफ) दिये गये हैं। प्रथम स्मृति-लेख अन्तर्गत मध्य एशिया के नामी देश 'आज रबाईजान' में अभी भी विद्यमान प्राचीन हिन्दू-मन्दिरों के बारे में लेखक ने बहुत विस्तार से अपने यादों को संकलित

किया है। इस मुल्क की राजधानी है 'बाकू।' जिसे हवा का शहर, इसलिए कहा जाता है कि कैस्पियन सागर के तट पर बसे इस नगर में तेज चलनेवाली हवा भारी चीजों को भी उड़ा ले जाती है। उस देश में फसल की तरह तेल की उपज होती है। यहाँ की धरती सीना चीर कर काला सोना निकालती है। इस देश में इस्लाम के फैलने-फूलने के पहले से ही ऐसे मन्दिर हैं जिनमें अग्नि की पूजा होती थी। इसी को देखने की खातिर लेखक ने 'बाकू' नाम से प्रसिद्ध देश की राजधानी की यात्रा की है। वहाँ पहुँचकर वह अग्नि मन्दिर के अवशेषों को देखते हुए जो लिखा है, वह विश्व-इतिहास का एक स्मरणीय पृष्ठ है, यथा— "दीवारों के अहाते के अन्दर पवित्र अग्नि मन्दिर की ऊँचाई कोई पच्चीस फीट होगी। इसकी चौड़ाई और लम्बाई बीस फीट है। यह वर्गाकार है। मन्दिर जमीन की सतह से तीन-साढ़े तीन फीट की कुर्सी देकर बनाया गया है। चारों तरफ मेहराबदार दर हैं और मन्दिर के अन्दर जाने के लिए दो सीढ़ियाँ हैं। मन्दिर पत्थर और मसाले से बना है।...मन्दिर के बीचोबीच चार फीट लम्बा-चौड़ा अग्निकुण्ड है, जिसमें से ज्वाला निकल रही है। मन्दिर की छत बिल्कुल वैसी ही है जैसी भारतीय मन्दिरों की होती हैं। ऊपर कलश है और उसके पास एक त्रिशूल स्थापित किया हुआ है। छत पर चारों तरफ बुर्जियाँ हैं। बताया गया है कि इनसे अग्नि ज्वाला प्रवाहित होती है, लेकिन इन्हें रात के समय ही जलाया जाता है। पूरे परिसर में सन्नाटा था। मैं रुक-रुककर एक-एक चीज देखता रहा। कुण्ड से निकलनेवाली ज्वाला का रंग साधारण अग्नि जैसा नहीं है। न तो यह लाल है, न बिल्कुल नीली है और न ललौहे मटियाले रंग की है।"[99]

लेखक ने प्रसंगवश सुराखानी अग्नि मन्दिर के अनेक विख्यात यात्रियों और यूरोपीय साहित्य में उपलब्ध उनके सन्दर्भों का भी उल्लेख किया है। लेखक के अनुसार इस अग्नि मन्दिर का विवरण इतिहासकार 'जॉन्स हेनवे (1747 ई.)', 'एम. जी. गेमेलीन (1771 ई.)', 'इच वाण्ड (1825 ई.)' आदि के अध्ययनों में प्राप्त होता है। स्मृतिकार ने इस मन्दिर के प्रति लोगों के लगाव का भी हवाला दिया है। यह मन्दिर वहाँ के निवासियों द्वारा आतीशगाह कहा जाता है और स्थानीय लोग लुके-छिपे अँधेरे में इस मन्दिर में आकर अपनी आस्था व्यक्त करते हैं तथा फल-फूल और मिठाइयाँ भी भेंट करते हैं।

संकलन का दूसरा लेख है 'अण्डमान : सोशल टूरिस्ट के नोट्स।' अण्डमान निकोबार भारत के सुदूर दक्षिणी भाग में समुद्र-बीच बसा हुआ एक मशहूर द्वीप है। यह समय-समय पर कई विदेशी शासनों के अन्तर्गत आया। खासकर एक समय जापानियों ने इस पर शासन की बागडोर अपने हाथ में ली। इस द्वीप का विख्यात शहर है, 'पोर्ट ब्लेयर।' इस खूबसूरत शहर में घूमते हुए एक सह-यात्री ने इन्हें 'लिटिल अण्डमान' के नाम से विख्यात स्थान को देखने की सलाह दी। यहाँ पर पानी के छोटे जहाज से पहुँचा जाता है। इसी के माध्यम से लेखक ने वहाँ की यात्रा की और उद्वेलित लहरों से सुशोभित समुद्र को देखने का आनन्द उठाया। इसी 'पोर्ट ब्लेयर' के पास दूसरा द्वीप है, जिसको 'रास आइलैण्ड' कहते हैं। इसी में भारत के ही अपराधियों को ब्रिटिश शासन के दिनों में रखा

जाता था। इसी प्रकार लेखक अण्डमान-भ्रमण के दौरान उस द्वीप के उस क्षेत्र में गया, जहाँ घने जंगलों के बीच आदिवासियों की बस्तियाँ हैं और खासकर उनमें पोंगी, जारवा और सेनटेनरी नामों की जनजातियाँ अपनी वन्य-संस्कृति को आज भी जोगते हुए यात्रियों को आकर्षित करती हैं।

निकोबार द्वीप में जीवन-बसर करनेवाले इस आदिवासी संस्कृति के सम्बन्ध में कुछ विस्तार से राजेन्द्र पाल जी ने भी अपनी पुस्तक 'अण्डमान : कल, आज और कल' के अन्तर्गत द्वीप में बसे आदिवासियों की आदिम और बहुरंगी दुनिया का विशद् वर्णन किया है।[100] इस द्वीप को कालापानी कहने की परम्परा का सम्बन्ध लेखक ने अण्डमान की सामुद्रिक लहरों के गहरे रंग से जोड़ा है, किन्तु यह निर्जन टापू अंग्रेजी राज में कैदियों के रहने की निर्जन जगह के रूप में आज भी याद किया जाता है। इसी में भारत के कुछ महान् व्यक्तित्वों ने भी अंग्रेजों के शासन-काल में कारावास के दिन बिताये हैं।

जनाब वज ाहत की पुस्तक का एक दूसरे संस्मरण का शीर्षक है 'कोंकण से शिमोगा तक : एक अपना विदेश।' यह इलाका कूर्ग, केरल तथा कर्नाटक की सीमा पर स्थित है और इसे 'स्कॉटलैण्ड' की तरह हरे-भरे पहाड़ों और वादियों में खिले हुए फूलों और नदियों की धाराओं का प्राकृतिक स्थल माना जाता है। प्राकृतिक शोभा के इन क्षेत्रों को देखते हुए यात्री-लेखक ने लिखा है कि—"ऐसी हरियाली और ताजगी थी जो केरल की हरियाली को मात दे रही थी। बायीं तरफ दूर तक लम्बी घाटी थी जिसमें जंगल और उसके नीचे धान के खेतों में हरे रंग की कई तरह की छटाएँ बिखरी पड़ी थी। कहीं कुछ ज्यादा हरा, कहीं हरे के साथ पीले का पुट, कहीं हरे के साथ हलके से नारंगी रंग की मिलावट। हरे रंग की इस छटा को सूरज की किरणें नये आयाम दे रही थीं। घने पेड़ों से छनकर आनेवाली सूरज की किरणें कॉफी के पौधों पर कभी कोई अमूर्त रच देती थीं तो कभी किसी आकृति का अहसास होने लगता था।"[101] अपनी यात्रा के कार्यक्रम में लेखक ने इस इलाके में अंग्रेजों के बनाए हुए बंगले और इस्लामी तथा हिन्दू स्थापत्य कला से सामंजस्य रखनेवाली खूबसूरत इमारतों का भी उल्लेख किया है। इन्ही बँगलों से गुजरते हुए आगे बढ़ने पर लेखक को एक किला भी देखने को मिला। इसके बारे में संस्मरणकार ने लिखा है कि—"किलों के इतिहास रोचक होते हैं क्योंकि इनके स्वामी बदलते रहते हैं। हर नया स्वामी अपने हिसाब से किले में फेर-बदल करता है ताकि उसका योगदान बना रह सके। मेडीकेरी का किला 17 वीं शताब्दी में मुड्डूराजा ने बनवाया था। यह मिट्टी का किला था। टीपू सुल्तान के इस किले पर अधिकार जमाने के बाद इसे पत्थरों से बनाया गया। लेकिन पत्थर भी टीपू की सत्ता को सुरक्षित न रख सके।...अंग्रेजों ने किले के अन्दर चर्च (1855 ई.) बनाया तो अब संग्रहालय बना दिया गया है।"[102] अपने इस लेख में वज ाहत ने इस इलाके में बसी कर्नाटक की एक सांस्कृतिक नगरी 'शिमोगा' के संस्मरणों का भी उल्लेख किया है। इसके बारे में लिखते हुए लेखक ने शिमोगा के विशाल राजमहल का वर्णन इस प्रकार किया है, "शिमोगा का पैलेस लकड़ी की वास्तुकला का एक अच्छा नमूना है। विशेष

रूप से दरबार हाल की दोहरी छत और विशाल लकड़ी के खम्भे बहुत आकर्षित करते हैं। दरबार हाल देखकर ईरान की पुरानी राजधानी इस्फहाल में देखा चालीस खम्भेवाला दरबार हॉल याद आ गया। दोनों में अगर कोई समानता है तो यही है कि उनकी छतें ऊँची हैं जो लकड़ी के खम्भों पर टिकी हैं। और सामने की तरफ से इमारतें खुली हैं, मतलब कोई दरवाजा बगैर नहीं है।"[103]

संग्रह का आखिरी संस्मरण है—'मिजोरम : म्यांमार और बांग्लादेश के बीच।' भारत के सटे पूर्ववर्ती प्रदेश 'मिजोरम' सुन्दर जंगलों और पहाड़ों की तलहटियों में बसनेवाली 'मिजो' समाज का क्षेत्र है। इसमें सम्भवतः धीरे-धीरे पाश्चात्य संस्कृति के प्रभाव उभरने लगे हैं। इसी प्रकार यहाँ के रहन-सहन, खान-पान और भाषा में भी पार्श्ववर्ती देशों के प्रभाव पड़े हैं। फलस्वरूप इनमें पड़ोसी देशों और पाश्चात्य संस्कृति से आयात जीवन-शैलियों के साक्ष्य मिलते हैं। इस इलाके में कई सुन्दर झीलें हैं, इनको देखने के लिए टैक्सी से सफर करना पड़ता है और म्यांमार देश के अन्दर कुछ इलाकों में जाना पड़ता है। झीलों के साथ यहाँ बसे हुए 'मिजो' लोगों की संस्कृति पर प्रकाश डालते हुए स्मृतिकार ने लिखा है कि, "ये टैक्सियाँ झील तक जाती हैं और वापस आ जाती हैं। मिजो विश्वासों में झील का बड़ा महत्त्व है। ईसाई धर्म स्वीकार करने से पहले मिजो मानते थे कि मरने के बाद मनुष्यों की आत्माएँ इसी झील में आ जाती हैं। अब ईसाई मिजो है और म्यांमार की सीमा के अन्दर भी मिजो आबादी है इसलिए धर्म को छोड़कर उनकी भाषा और संस्कृति एक ही है और एकता का सूत्र उन्हें बाँधें रहता है।"[104] मिजोरम के सामाजिक जीवन के कुछ खास पहलुओं को उजागर करते हुए लेखक ने वहाँ के पुरुष और स्त्री के आपसी सम्बन्धों और युवतियों के पोशाक की सम्बन्ध में अपनी स्मृतियों को रंजित करते हुए व्यक्त किया है, यथा, "मिजो समाज में आदमी और औरत का दर्जा बराबरी का है। आदमी और औरत में कोई अन्तर नहीं माना जाता। यही वजह है कि औरतें मुक्त रूप से समाज के प्रायः हर क्षेत्र में अपना योगदान देती हैं। उत्तर भारत की औरतों से बिल्कुल अलग उनके आचरण और व्यवहार में संकोच, अपने को छोटा समझने, पुरुषों पर आश्रित होने का भाव नहीं दिखायी पड़ता।...मिजो महिलाएँ समाज में समान अधिकारों के प्रति सचेत हैं। वे अपनी परम्परा और संस्कृति से प्यार करती हैं।"[105]

असग र वज ाहत ने देश-विदेश की अपनी यायावरी के अनुभवों को बहुत ही सुन्दरता और साफ गोई से पेश किया है। इसमें उनका प्रकृति-प्रेम तो सभी जगह व्यक्त हुआ है, किन्तु उनकी निगाह सर्वाधिक भारतीय संस्कृति के अवशेषों और पाश्चात्य सभ्यता के प्रभाव की चपेट में आयी हुई जीवन-प्रणाली, खान-पान, रहन-सहन आदि पर पड़ी हैं। इस प्रसंग में असग र वज ाहत यात्रा-वृत्तान्त के एक ऐसे लेखक रूप में अपनी खास जगह बनाते हैं, जिसमें हिन्दी यात्रा-वृत्तान्त की विधा की समृद्धि की सम्भावनाएँ पूरी तरह प्रकट होती हैं। संस्मरणों की भाषा-शैली की दृष्टि से असग र वज ाहत बहुत सादगी और अन्तर्दृष्टि से भरे-पूरे प्रतीत होते हैं। साथ-ही उनकी शैली में स्वभावतः हिन्दी की उस स्वाभाविक धारा के दर्शन होते हैं, जिसमें उर्दू और हिन्दी, ये दोनों भाषाएँ बहनों की तरह हिल-मिल गयी हैं।

### 6.6 गोविन्द मिश्र

ये आधुनिक हिन्दी के जाने-माने साहित्यकार हैं। इन्होंने सभी विधाओं, उपन्यास, कहानी, कविता और निबन्ध आदि के अतिरिक्त दो खण्डों में यात्रा-वृत्त लिखे हैं। ये सभी वृत्त 'रंगों की गन्ध' शीर्षक संग्रहों में प्रस्तुत हैं। प्रथम खण्ड में इक्कीस रचनाएँ संकलित हैं। इसमें यू. के., फ्रान्स, बेल्जियम और एम्सर्ट डैम की यात्रापरक यादें प्रस्तुत की गयी हैं। लेखक ने इन्हें 'धुन्ध-भरी सुर्खी' के नाम से वर्णित किया है और अपनी भूमिका में यात्रा-वृत्तान्त के कई पक्षों पर भी अपने अनुभवों को व्यक्त किया है। इस सम्बन्ध में उनके विचारों के ये अंश द्रष्टव्य हैं, जैसे–1. ''यात्रा जीवन के दूसरे अनुभवों से थोड़े अलग किस्म का अनुभव है। जहाँ दूसरे अनुभव हमें साफ-साफ जोड़ते-तोड़ते हैं, अपनी अन्तरंगता में चरमरा डालते हैं या फिर सूखा-सूखा और दूर-दूर रखते हैं...वहाँ यात्रा दूरी रखते हुए भी पास लाती है, हम अपने खोल से बाहर निकलकर संसार की व्यापकता को छूते होते हैं। व्यापकता की छाँह दुःखी व्यक्ति को टूटने से बचाती है। स्वयं से थोड़ा वैराग्य और बाहर से जुड़ना-दोनों एक साथ होता चलता है।''[106]

2. ''यात्रा पर चाहे जहाँ निकलिये...प्रकृति है,...इस फैलाव में घर की सुगन्ध मिलने लगे तो फिर वही घर हो जाता है। जिनको दीवारों वाले घर तंग लगे हैं, वे प्रकृति के बड़े घर में रहने को चले गये। जो इस तरह हमेशा के लिए नहीं निकल पातें, वे जब-तब सुकून और शान्ति के लिए प्रकृति के पास जा सकते हैं। प्रकृति की गोद में खुद को डाल देने पर मैंने अक्सर यह महसूस किया है जो आहत पक्षी ने सिद्धार्थ की गोद में पहुँचकर किया होगा।''[107]

यूरोपीय देशों के सफर पर जाने से पहले स्वभावतः लेखक के मन में उन देशों के साथ भारत के पुराने रिश्तों के कई प्रसंग कौंधते हैं। इंग्लैण्ड पहुँचने के पूर्व यात्री लेखक सुबह में मार्ग के बीच तेहरान की पहाड़ियों, वृक्षों और इमारतों को देखता है, किन्तु स्वभावतः उसके मन-प्राणों में देश, घर, परिवार को छोड़ सुदूर की ओर जाने की मनःस्थितियाँ उत्पन्न होती हैं। रास्ते में उसे एल्प्स पर्वत को निहारने का मौका मिलता है। इसके बाद वह फ्रैंक फूर्ड के हवाई अड्डा पर पहुँचकर कुछ देर के लिए जर्मनी के लोगों की जिन्दगी से मुखातिब होता है और इस प्रकार वह लन्दन के हीथरों के हवाई अड्डा पर उतरता है। हीथरों संसार का एक विख्यात हवाई अड्डा है। यहीं से यात्री को इंग्लैण्ड के नजारे देखने को मिलते हैं। 'जिसके राज्य में सूरज नहीं डूबता है' कहावत को चरितार्थ करनेवाले इंग्लैण्ड के इतिहास और उसकी शान-शौकत की यादों में वह खो जाता है। वहाँ पहुँचकर वह इंग्लैण्ड स्थित विभिन्न म्यूजियम, शिक्षण-संस्था, कैथीड्रल और अन्य विख्यात स्थलों के साथ वहाँ के सुन्दर पार्कों का भ्रमण करता है। ब्रिटिश म्यूजियम और उसके बाद कैम्ब्रिज की ओर जानेवाले रास्तों में घूमते हुए पहली बार लेखक ने जिस नजर से स्थानों कोदेखा है उसके कुछ अंश इस प्रकार हैं–

1. ''अगले दिन संस्थान से जल्दी निकल कर ब्रिटिश म्यूजियम पहुँचा।...गिबन की लिखाई,...पत्र अपने पिता के लिए, जहाँ वह साफ-साफ बातें करता है। उसके हाथ की लिखी 'विल' भी। गिबन का जीवन-इतिहास, जैसे इन कागजों में से खुलता चला जाता है—बचपन से अन्तिम दिनों तक आदमी अपने आप में स्वयं कितना बड़ा इतिहास होता है।"[108]

2. "हम सेवन-ओक्स होते हुए टन-ब्रिज पर उतरे। यह एक छोटी-सी बस्ती है, जिसमें एक पुराना कासिल, कासिल की बगल में ही एक सुन्दर पार्क और एकदम नहर जैसी टेम नदी है। इधर-उधर बने हुए छोटे-छोटे पुल, नीचे तैरती नीले, लाल, भूरे रंग की गर्दनोंवाली खूबसूरत बतखें। थोड़ा चक्कर नदी के इर्द-गिर्द और पार्क में लगाया, फिर पब में चले गये जो 200 साल पुराना होने की वजह से पर्यटकों के लिए आकर्षण का केन्द्र बना हुआ है।''[109] लेखक एक दिन ब्रिटिश म्यूजियम को गहराई से देखने की इच्छा लेकर वहाँ उपस्थित होता है, वह वहाँ जो देखता है, उसकी कुछ झलकें इस प्रकार हैं, ''अंग्रेज लेखकों के ऑटोग्राफ और हस्तलिपियाँ। फ्रान्सिस बेकन की डायरी, जिसमें वह 'मौरेलिटी और साइन्स' पर निबन्ध लिखने के साथ-साथ यह भी गौर करता चलता है कि उसे कौन फायदा पहुँचा सकता है और किससे सम्पर्क बढ़ाना चाहिए...चमचागिरी का उस वक्त का नमूना।. ..वर्ड्सवर्थ, कॉलरिज, कीट्स, शैली, ब्राउनिंग...सभी की हस्तलिपियाँ। हार्डी की 'टैस' हाथ से कागज पर सीधा उतारा हुआ दर्द। जेम्स जॉयस का यूलीसीज...आर-पार पेन्सिल की खूब गोदागोदी...कितनी मेहनत की होगी।"[110]

इस प्रकार एक दिन लेखक अंग्रेजी के विख्यात कवि कीट्स और अन्य साहित्यकारों के जीवनी-सम्बन्धी स्थलों को देखने पहुँचता है। इन अंग्रेजी के कवियों और साहित्यिक प्रतिभाओं की कृतियों में आये हुए सन्दर्भों को भी प्रत्यक्ष रूप से निहारते हुए यात्रा-वृत्तान्तकार ने इस प्रकार अपने अनुभवों को व्यक्त किया है, 1. ''यहाँ कीट्स का मकान है जहाँ उसके करीब दो वर्ष बीते थे। घने पेड़ों से ढँका हुआ इलाका। जिस गली में कीट्स का मकान है वह तो करीब-करीब दरख्तों से मुँदी हुई है। बगल में बड़ा हैमस्टैड पार्क है। यहाँ रहनेवाला प्रकृति से कैसे अछूता रह सकता है आज के शोरगुल भरे लन्दन में भी यहाँ सिर्फ चिड़ियों की आवाजें और पत्तियों की सरसराहट सुनायी पड़ती है। आँखों के सामने से कीट्स की जीवन कहानी गुजरने लगी...कीट्स के सोने का कमरा, जहाँ एक चारपाई पर छोटा खेमा जैसा आवरण तना हुआ है। लॉन पर एक छोटा-सा पेड़ जहाँ कभी पहले वह पेड़ था जिसके नीचे बैठकर 'ओड टू नाइटेंगेल' लिखी गयी थी। कीट्स की हस्तलिखित चीजें तो हैं ही।"[111] 2. ''रोमाण्टिक जमाने से सीधा विक्टोरियन में आ निकले, जब हम भटकते हुए डिकिंस हाउस पहुँच गये। डिकिंस ने यहाँ 'पिकविक पेपर्स' पूरा किया था। 'ओलिवर ट्विस्ट' और 'निकोलाई निकिलबी' भी यहीं की पैदावर कहे जाते हैं। कीट्स के मकान के बाद यहाँ...और मेरे सामने कवि और गद्यकार का फर्क उतर आया।"[112] 3. ''यहाँ के समाज में कवियों और लेखकों की कितनी कद्र है। एक अकेले लन्दन में ही

कीट्स, डिकिंस, कार्लाइज के स्मारक-मकान मशहूर तो हैं ही, पर्यटकों में भी उनका प्रचार काफी किया जाता है। हमारे यहाँ इस तरह का कोई स्मारक? याद नहीं आता।''[113] यात्रा के दौरान लेखक घूमते-घूमते विख्यात ऑक्सफोर्ड यूनिवर्सिटी के प्रांगण में पहुँचता है और उस महान् संस्थान को देखकर स्वाभवतः वह आह्लादित हो जाता है। इस क्रम में उसकी ये अनुभूतियाँ उल्लेखनीय हैं, यथा–1. ''सुबह सीधे ही विक्टोरिया से बस पकड़कर ऑक्सफोर्ड के लिए रवाना हो गया। इस कॉलेज की स्थापना 1525 ई. में कार्डिनल वोलसे ने की थी, हेनरी आठ ने उसकी फिर से स्थापना की। बड़े गेट पर प्रसिद्ध टॉम टावर जहाँ अब भी 9 बजकर 5 मिनट पर 101 घण्टे बजते हैं...शुरू के 101 विद्यार्थियों के नाम पर। उस जमाने में इन घण्टों का बजना गेट बन्द होने की सूचना होती थी। अन्दर एक विशाल चौकोर प्रांगण उजली धूप से लबालब भरा था। एक कोने में कॉलेज की सुन्दर चैपल। नॉरमन स्टाइल में बने एक दरवाजे के रास्ते से चैप्टर हाउस की तरफ।"[114] 2. ''मैं सिर्फ खँडहरों में नहीं घूम रहा था। वह प्रांगण कितना जीवन्त था, इसका अन्दाजा आते-जाते विद्यार्थियों के ताजे चेहरों से लगता था। धूप में चमकते गोरे-गोरे चेहरे, कहीं कोई ऊपर झाँकता हुआ, और कोई फरफराकर क्लौइस्टर्स से गुजरता हुआ...विद्यार्थियों के गिरोह धूप में गप करते हुए. ..एक किनारे धूप में ही औंधा लेटकर पढ़ता हुआ लड़का...उधर से जब दोबारा निकलना हुआ तब तक वह किताब पर ही सो गया था।"[115] 3. "पुराना मध्ययुगीन किवाड़...सीढ़ियाँ, और ऊपर 14वीं सदी का पुस्तकालय, उसी तरह रखा हुआ । उस जमाने में बिजली नहीं थी तब इमारत के कोनों से पुस्तकालय में रोशनी कैसे पहुँचायी जाती थी, किताबें बकायदे जंजीरों में बाँधकर कैसे रखी जाती थी! और यहीं देखने को मिला 11वीं शताब्दी का एक तीन प्रोफेसरों की उपस्थिति में ही से उसे खोला जाता था।''[116] 4. ''मैक्डानल्ड कॉलेज ऑक्सफोर्ड का सबसे खूबसूरत कॉलेज माना जाता है। इसकी स्थापना 15वीं सदी में की गयी थी और इमारत का काफी कुछ हिस्सा उस जमाने का है। बाद के परिवर्तन भी पुराने में एक तरह से घुल-मिला दिये गये हैं। यहाँ की चैपल परपैण्डिकुलर और बहुत ही खूबसूरत हैं। यहाँ मे-डे पर सूर्योदय के समय से टावर से लैटिन हिम अब भी पायी जाती है...सदियों से चला आता हुआ एक पुराना रिवाज। कॉलेज के बगीचे के पार हिरनों का पार्क है और पानी के किनारे चलने की खूबसूरत जगह।"[117]

अपनी विदेश यात्रा पर चलते हुए लेखक 'वेस्ट मिन्स्टर एव्बी' पहुँचता है, यहाँ के सुसज्जित वातावरण से आकर्षित होते हुए वह लिखता हैं कि–''ब्रिटेन के इतिहास में अगर पैदल चलना है तो वेस्ट मिन्स्टर एव्बी जाइये। मरघट भी कितना सजाकर रखा जा सकता है...इसकी मिसाल दुनिया में एव्बी के स्तर की कम ही मिलेगी। इंग्लैण्ड का सबसे पुराना बगीचा और टयूडर के जमाने का कमरा जो देखने को मिला वह तो था ही, एडवर्ड द कन्फैसर से लगाकर माउण्ट बेटन जैसे जीवित व्यक्तियों से मुलाकात हो गयी। एडवर्ड और हैनरी आठ की तो खासी बड़ी कब्रें हैं। एलिजाबेथ और मैरी-जिनकी जिदंगी में कभी नहीं पटी दोनों मरने पर साथ-साथ लेटी हुई दिखायी दीं।"[118] लेखक की इस स्मृतिगाथा के इस

प्रसंग का उल्लेख करना अपेक्षित है। इंग्लैण्ड घूमते हुए एक प्रदर्शनी में शैला नाम की लड़की से उसकी मुलाकात होती है। उसने यात्री को विदा करते हुए अपने पति द्वारा लिखित जिस पेन-पोट्रेट का उल्लेख किया है, वह दिल्ली से चलकर ब्रिटेन तक की यात्रा पर आधृत एक काव्यमय चित्र है, यथा, From Delhi to darkest Yorkshire (foggy) alone he travels looking at the English scene. His eyes are open to find the great experience. He is searching the inscrutable ...fresh faces on the train for the friendly words; the open hand and heart make him so quickly at home. The coldness of the climate make him hold closely to his pipe and he braves the narrow lanes of the old city, wrapped in glove and hat (and a lot of whisky to warm his heart). He sits dreaming, darkly eyes folded softly in their shadows; his dimpled jaw and teeth, however reasssure me, of his basic satifaction with his wife. -Shaila."[119]

लेखक अपने देश की वापसी यात्रा में जर्मनी, चेकोस्लोवाकिया और हंगरी की भी संक्षिप्त यात्रा करना नहीं भूलता है। इन देशों के भ्रमणों से एकत्र की हुई है जिन स्मृतियों में विशेषतः सम्बद्ध देशों के कुछेक प्रमुख स्थलों का जिक्र है। उनका उल्लेख करते हुए लेखक अपने देश की राजधानी दिल्ली पहुँचकर अपनी स्मृतियों को भी विराम देता है।

'रंगों की गन्ध भाग-2' में लेखक द्वारा स्वदेश के साथ कुछेक विदेश की यात्राओं के भी संस्मरण संकलित हैं। यात्रा-वृत्तान्तों को लेखक ने जिन काव्यात्मक शीर्षकों के अन्तर्गत रखा है, वे हैं, 'झूलती जड़ें', 'परतों के बीच' एवं और 'यात्राएँ।' इसी प्रकार इस भाग में संस्मरणकार गोविन्द मिश्र ने बस्तर, अण्डमान-निकोबार, चित्तौड़, पंचमढ़ी तथा सतपुरा आदि के साथ गुजरात, अरुणाचल, उत्तरांचल और बंगाल के ऐतिहासिक स्थलों, पहाड़ों की तलहटियों, नद-नदियों के तटवर्ती क्षेत्रों आदि की यात्राओं की यादों को प्रस्तुत किया है। बस्तर में घूमते हुए लेखक ने वहाँ के आदिवासी जीवन की जिन स्थितियों का अवलोकन किया है, उनमें से एक निम्नांकित है, यथा– "एक जगह एकाएक डुबकी लगाकर ऊपर निकलता देख एक आदिवासी नौजवान-काला चिकना स्वस्थ शरीर एकदम अनुपात में ढला हुआ...अपने काले बालों को पीछे करके चोटी-सी बाँधता, करीब-करीब एक सुन्दर तस्वीर-सा। मैंने इतना सुन्दर पुरुष-शरीर पहले नहीं देखा था...घर भी इनके साफ-सुथरे और बड़े कायदे से थे। बाँसों से बनाये गये कमरे मियाँ-बीवी, भाई और बूढ़ें...सबके लिए अलग-अलग। बकरियों के लिए थोड़ी ऊँचाई पर खड़ा एक विमान-सा बाड़ा, बाँसों की साँसों से नीचे झरती लेड़ियाँ, जिन्हें समेटकर खेत में डाल देते हैं।"[120]

निकोबार की यात्रा के क्रम में लेखक ने वहाँ समुद्र की लहरों से घिरे हुए द्वीप के दृश्य को शब्दों में सहेजने का प्रयत्न किया है। उसकी दृष्टि में अण्डमान-निकोबार जिस रूप में दिखायी पड़ता है। वह इस प्रकार है, "दिखता तो सिर्फ नीलेपन का विस्तार, जैसे आसमान ऊपर न हो, नीचे बिछा पड़ा हो। जहाँ-तहाँ चिपके बादलों के सफेद फोहे। घनी हरियाली का एक गुच्छा सहसा उग आता है, जो फिर तनते रबड़ की तरह हवाई जहाज के दोनों तरफ

पसरता चला जाता है, जैसे हरे रंग का कोई भीमकाय धनुष समुद्र में पड़ा उतरा रहा हो। अब नीचे समुद्र नहीं, घने जंगल का फैलाव है।"[121] अण्डमान-निकोबार के बाद लेखक की दूसरी यात्रा मेवाड़ के इतिहास में शौर्य और समर्पण के लिए विख्यात नायकों की जन्म-भूमि और उदयपुर स्थित 'श्रीनाथ द्वारा तीर्थ-स्थान में' सम्पन्न हुई है। इसमें स्वभावतः लेखक ने राणाप्रताप और उनसे जुड़ी हल्दी घाटी के रणक्षेत्र का उल्लेख किया है। श्रीनाथ द्वारा कण-कण में श्रीकृष्ण में बाल्यकाल की बिखरी छवियों को प्रत्यक्ष रूप से देखते हुए लेखक ने विभोर होते हुए लिखा है कि, "श्रीनाथ जी में भगवान् श्रीकृष्ण के बालस्वरूप की भावना साकार है। इसलिए मन्दिर अब भी खपरैल का है—जैसे कि नन्दबाबा की हवेली हो। लेकिन सादगी यहीं तक है। आगे अष्टायामी पूजा (मंगला से शयन तक), हर दर्शन में नया शृंगार, नया भोग नया गायन, और नया कीर्त्तनकार, हर मौसम के लिए प्रभु की अलग-अलग वेषभूषा, हर मास के विशेष उत्सव-नन्द महोत्सव, कान्हजगाई तथा अन्नकूट आदि।"[122] लेखक ने समय-समय पर हिन्दुस्तान के बीच में बसे मध्य प्रदेश और सुदूर पूरब-उत्तर स्थित अरुणाचल की भी यात्रा की है। अरुणाचल के यात्रा-संस्मरण को 'लहरियों में बिछी हरीतिमा' शीर्षक से सम्बोधित किया गया है। भारत के सीमान्त पर पर्वतों की तलहटियों में बसे अरुणाचल की विशेषताओं को आँखों में समेटते हुए गोविन्द मिश्र ने वहाँ के यात्रा-वृत्त को चित्रात्मकता से भरी-पूरी शैली में इस प्रकार वर्णित किया है, "अरुणाचल प्रदेश की कई खासियतें हैं। तीन तरफ से यह विदेशों से लगा हुआ है—भूटान, तिब्बत, बर्मा। अरुणाचल के किसी भी हिस्से की तरफ जाओ, रास्ता असम से होकर ही है। अरुणाचल का कोई इतिहास नहीं है...सिर्फ प्रशासकों के लिखे संस्मरण हैं। ज्यादातर यहाँ मंगोल नस्ल के लोग हैं—करीब 23 जनजातियों और उसकी दुगुनी उनकी प्रजातियाँ।...यहाँ भूस्खलन होता ही रहता है। अरुणाचल की एक खासियत ओपोंग भी है.. .चावल की शराब, जिसे घर में ही बनाते हैं। इसके बगैर यहाँ के लोगों का गुजारा नहीं।"[123]

गोविन्द मिश्र ने अपने यात्रा-वृत्तान्तों की भूमिका में यह ठीक ही लिखा है कि "साहित्य और यात्रा, यात्रा और यात्रा-लेखन...इनके बारे में अलग-अलग अनुभव और सोच होंगे, लेकिन एक प्रीति-भाव जो जमीन, जमीन पर रहनेवालों से स्थापित होता है यात्रा के दौरान, वह जरूर कहीं-न-कहीं साहित्यकार को संस्कारित करता होगा। अपने बारे में तो एक हाथ आगे बढ़कर मैं यह भी कह सकता हूँ कि अपनी संवेदनशीलता को ताजा और बारीक बनाये रखने में मुझे यात्रा से बहुत मदद मिली... ।"[124]

निश्चयपूर्वक 'रंगो की गन्ध' के लेखक ने अपनी जीवन-यात्रा की सुदीर्घ कालावधि को देश-देश में बिखरे हुए सौन्दर्य के चयन में व्यतीत किया है। इस प्रसंग में निःसन्देह चीजों को देखने-परखने की अनुभूति के साथ उसकी अभिव्यक्ति भी हिन्दी-साहित्य की समृद्धि का प्रामाणिक साक्ष्य है।

### 6.7 यतीन्द्र मिश्र

यतीन्द्र मिश्र सरयू के किनारे बसी राम की जन्मभूमि अयोध्या से जुड़े हिन्दी के बहुचर्चित संवेदनशील स्मृतिकार हैं। इन्होंने अपने कई बहुमूल्य संस्मरणात्मक लेखों के द्वारा

भारत की संगीत परम्परा के कई गौरवपुरुषों से हुई मुलाकातों के संस्मरण की विधात्मकता से स्वयं और अद्यतन हिन्दी की सृजनात्मकता को ऊँचाई दी है। उनके कृतित्व के इस मूल्यांकन के साक्ष्य स्वरूप उनके लिखे जिन कुछ संस्मरणों को लिया जा रहा है, उनमें 'नौबतखाने में इबादत' और 'संगीत' के रंगपटल पर अवध का समाज' शीर्षक स्मृतिमूलक लेख उल्लेखनीय हैं। उनके ये दोनों वृत्तान्तपरक लेख हिन्दी त्रैमासिक दोनों 'बहुवचन' के दो अंकों में प्रकाशित हुए हैं।[125]

यतीन्द्र मिश्र ने अपनी इस याद की शुरुआत एक अवधी लोकगीत की अनुगूँज से की है। इसमें भारतीय संस्कृति के अनेक वाद्यों की पंक्ति में शहनाई को बड़े उल्लास के साथ उन्होंने अपने मन-प्राणों में संजो कर रखा है।[126] इसके साथ ही लेखक ने विख्यात सूफी सन्त निजामुद्दीन औलिया के एक ऐसे पद का भी उल्लेख किया है जिसमें इस संस्मरण के नायक भारत रत्न बिस्मिल्ला खाँ की फ कीरनुमा ख्वाहिशें जी उठी हैं। साधक अपनी सम्पूर्ण भौतिक उपलब्धि को ईश्वर भक्ति की तुलना में ख ाक की तरह निरर्थक समझता है। प्रसंगवश एक सूफी कविता की पंक्तियों को उद्धृत करते हुए, उसमें व्यंजित अध्यात्मिक अनुभूति के सन्दर्भ में यतीन्द्र मिश्र बिस्मिल्ला की संगीत-साधना के निहितार्थ को संकेतित करते हैं, यथा—

*"परबत बाँस मँगाव मेरे बाबुल! नीके मड़वा छाव रे!*
*सोना दीन्हा, रूपा दीन्हा, बाबुल दिल-दरयाब रे।"*[127]

ऊपर के इन प्रसंगों में लेखक ने बिस्मिल्ला खाँ सम्बन्धी संस्मरण को 'नौबतखाने में इबादत' की सटीक संज्ञा दी है। बिस्मिल्ला खाँ का जन्म बिहार के पश्चिम छोर पर स्थित डुमराँव के एक नामी शहनाईवादक के घर हुआ था। डुमराँव के आसपास के गंगा और सोन के तटवर्ती इलाकों की घास से ही शहनाई की रीड़ बनायी जाती है। बिस्मिल्ला की संगीत-साधना का प्रारम्भ उनके काशी में बसे 'मामू (मामा) जान' की शोहबत में हुआ। ज्ञातव्य है कि काशी भारत की ऐसी प्राचीनतम सांस्कृतिक नगरी है...यहाँ विद्या और संगीत-साधना के महान् केन्द्र आज भी विद्यमान हैं। इन्हीं में काशी स्थित बालाजी का प्राचीन मन्दिर भी है। यहाँ बिस्मिल्ला ने शहनाई-वादन की शुरुआत नामी शहनाई-वादक सादिक हुसैन और अलीबख्श की देख-रेख में की और एक दिन अपने अद्वितीय शहनाई-वादन और नेक आचार-विचार के कारण 'भारत रत्न' की उपाधि से अलंकृत हुए।

यतीन्द्र मिश्र ने बिस्मिल्ला के संस्मरण अन्तर्गत काशी की चहल-पहल, ऊहापोह और इनके बीच गूँजते हुए संगीत के स्वरों का पाण्डित्यपूर्ण विवरण ही नहीं दिया है, बल्कि उन्होंने उन सभी को उनके जीवन्त सन्दर्भों में प्राणवन्त बनाया है। संस्मरण में वर्णित सन्दर्भों और उदाहरण के स्वरूप नीचे यादों से भरे हुए इस लेख के ये कुछेक अंश उद्धृत हैं, यथा, 1. "काशी में संगीत आयोजन की एक प्राचीन एवं अद्भुत परम्परा है यह आयोजन पिछले कई बरसों से संकट-मोचन मन्दिर में होता आया है। यह मन्दिर शहर के दक्षिण में लंका पर स्थित है। हनुमान जयन्ती के अवसर पर यहाँ पाँच दिनों तक, शास्त्रीय

एवं अशास्त्रीय गायन-वादन की उत्कृष्ट सभा होती है। देश भर के फनकार यहाँ आकर अपनी भक्ति हनुमान के चरणों में अर्पित करते हैं। दक्षिणात्य भक्तों की परम्परा में महावीर (हनुमान) की जयन्ती चैत्र शुक्ल पक्ष चतुर्दशी को मानी जाती है। इसी अवधि में यहाँ समारोह आयोजित होता है। इस आयोजन की सबसे विलक्षण बात यह है कि इस संगीत सभा में आनेवाले कलाकार चाहे हिन्दू हों या मुस्लमान, अपने कार्यक्रम के एवज में एक रुपया भी नहीं लेते।"[128] 2. "वे (बिस्मिल्ला) अपनी जवानी की दिनों की याद करते हैं। वह अपने रियाज को कम, उन दिनों के अपने जुनून को अधिक याद करते है। अपने अब्बाजान और उस्ताद को कम, पक्का महाल की कुलसुम हलवाई की कचौड़ी वाली दुकान व गीतावली और सुलोचना को ज्यादा याद करते हैं। कैसे सुलोचना उनकी पसन्दीदा हीरोइन रही थी, बड़ी रहस्यमय मुस्कुराहट के साथ गालों पर चमक आ जाती है। खाँ साहब की अनुभवी आँखें और जल्दी ही खिस्स से हँस देने की ईश्वरीय कृपा आज भी बदस्तूर क  ायम है। एक बार उस्ताद विलसयत खाँ ने कहा था—'मैं आधा घण्टा बजाकर जो वातावरण बनाता हूँ, वह खाँ साहब जरा-सा मुस्कराकर धो देते हैं।'....इसी बालसुलभ हँसी में कई यादें बन्द हैं। वह जब उनका जिक्र करते हैं, तब फिर उसी नैसर्गिक आनन्द में आँखें चमक उठती हैं। अमीरूद्दीन तब सिर्फ चार साल का रहा होगा। छुपकर नाना को शहनाई बजाते हुए सुनाता था, रियाज के बाद अपनी जगह से उठकर चले जायँ तब जाकर ढेरों छोटी-बड़ी शहनाइयों की भीड़ से अपने नानावाली शहनाई ढूँढ़ता और एक-एक शहनाई को फेंककर खारिज करता जाता, सोचता तो 'लगता है मीठीवाली शहनाई दादा कहीं और रखते है।' जब मामू अलीबख्श खाँ (जो उस्ताद भी थे) शहनाई बजाते हुए सम पर आयँ, तब धड़ से एक पत्थर जमीन पर मारता था। सम पर आने की तमीज उन्हें बचपन में ही आ गयी थी...।"[129]

जिस प्रकार शहनाई को भारतीय वाद्यों की सुदीर्घ परम्परा से अलग नहीं किया जा सकता, उसी प्रकार बिस्मिल्ला को उनका वतन उन्हें नहीं भुला सकता। बिस्मिल्ला एक शहनाई-वादक के रूप में तो यश की चोटी पर प्रतिष्ठित हुए, किन्तु अपनी इंसानियत, भाई-चारा और काशी से अपने अटूट रिश्ते के कारण ही वह सदा-सदा के लिए भारत के सांस्कृतिक इतिहास में एक नेक नायक की तरह अविस्मरणीय व्यक्ति हो गये। इस प्रसंग में संस्मरणकार यतीन्द्र मिश्र की यह पंक्तियाँ अपनी उपर्युक्त संगति को उदाहृत करती हैं, यथा, 1. "अपने मज  हब के प्रति अत्यधिक समर्पित उस्ताद बिस्मिल्ला खाँ की श्रद्धा विश्वनाथ जी के प्रति भी अपार है। वे जब भी काशी से बाहर रहते हैं, तब विश्वनाथ व बाला जी की दिशा की ओर मुँह करके बैठते हैं, थोड़ी देर ही सही, मगर उसी ओर शहनाई का प्याला घुमा दिया जाता है। और भीतर की आस्था रीड के माध्यम से बजती है। खाँ साहब की एक रीड 15 से 20 मिनट के अन्दर गीली हो जाती है, तब वे दूसरी रीड का इस्तेमाल कर लिया करते हैं।

अक्सर कहते हैं—'क्या करे मियाँ, ई काशी छोड़कर कहाँ जायें, गंगा मइया यहाँ, बाबा विश्वनाथ यहाँ, बाला जी का मन्दिर यहाँ, यहाँ हमारे खानदान की कई पुश्तों ने

शहनाई बजायी है, हमारे नाना तो वहीं बाला जी मन्दिर में बड़े प्रतिष्ठित शहनाईबाज रह चुके हैं। अब हम क्या करें, मरते दम तक न यह शहनाई छूटेगी न काशी। जिस जमीन ने हमें तालीम दी, जहाँ से अदब पायी, वो कहाँ और मिलेगी? शहनाई और काशी से बढ़कर कोई जन्नत नहीं इस धरती पर हमारे लिये।"[130] 2. "सबसे बड़ी बात है कि अभी काशी के उस्ताद बिस्मिल्ला खाँ हैं। बिस्मिल्ला खाँ हैं, तो मौसीकी का भविष्य उज्जवल है और गंगा के द्वार पर शहनाई की लय बदस्तूर कायम है।"[131]

यतीन्द्र मिश्र का एक अन्य संस्मरण है "संगीत के रंगपटल पर अवध का 'समाज।'" इसमें उन्होंने खास कर नवाबशाही के जमाने में रास और कथक, इन दो नृत्य-गान की शैलियों से निर्मित 'रहस' के नाम से प्रचलित एक नयी शैली और खासकर नवाब वाजिद अली शाह के समय मे लखनऊ की मजलिसों मे प्रचलित 'ठुमरी', 'टप्पा' और 'दादरा' नाम की लोकप्रिय गायन पद्धतियों और इन सभी को शक्ति और सार्थकता प्रदान करनेवाले लखनऊ के समाज का बहुत ही जीवंत वर्णन किया है। इस संस्मरण के प्रारम्भ में उन्होंने संगीत को ऊर्जा प्रदान करनेवाले उपादानों में उसके अनुकूल परिवेश की उपादेयता पर प्रकाश डालते हुए लिखा है कि—"हम जब भी एक राग को उसकी पूरी शास्त्रीय प्रतिष्ठा के साथ सुनते हैं, तो वह राग एक ऐसे परिवेश का सृजन करता है, जिसमें उसकी सारी कलात्मक स्थिति भौतिक तरीके से रूपायित हो जाती है। मसलन, भैरव राग को सुनते हुए लगता है कि शान्त-सी नदी के सिलवटों पर सूर्य के नन्हें पाँव पड़ रहे हैं। गायन, अभिनय और नृत्य मनुष्य के आन्तरिक भावों के ऐसे शरणस्थल हैं जहाँ झाँकना, एक ऐसे तिलिस्म में उतरने जैसा होता है, जिसमें मनुष्य की सारी सर्जनात्मक शक्ति एक माध्यम के रूप में संरक्षित रहती है।"[132] अवध की संस्कृति की खास खुशबू पर प्रकाश डालते हुए लेखक ने स्मृति के धागों में आस-पास में बसे अयोध्या और ब्रज प्रदेश के गायन और नर्तन की सुदीर्घ परम्परा का भी वर्णन किया है। इस प्रसंग में उन्होंने 'चैती', 'कजरी' और कुछेक लोकराग-रागनियों को अपनी यादों का अभिन्न अंग बनाया है। इस सम्बन्ध में यतीन्द्र मिश्र के लेखन सम्बन्धी दो गुण, वृत्तान्त को अनुकूल भाव-भाषा में बाँधना और उसे सम्मोहक बनाना, अपनी संगति को प्रमाणित करते हैं, यथा—"अवध के संगीत पर अगर हम सरसरी निगाह डालें तो पायेंगे कि तमाम सारे उतार-चढ़ाव के बावजूद शास्त्रीय संगीत मुख्यधारा में हमेशा बना रहा। कभी वह स्तर पर दिखायी देता था तो अक्सर प्रमुखता से अपनी भूमिका निर्धारित करता हमारे समाने आता रहा। जितनी भी गायन और नृत्य की उपधाराएँ रहीं, उन्होंने एक समय विशेष में ख्याति पायी और धीरे-धीरे वे इतिहास का अंग बन गयीं।...यह अवध के संगीत की खासियत रही है कि उसे अपने श्रोता को मनमाफि क माहौल में ढलने की विशिष्टता प्राप्त थी। वह भक्ति-गायन के साथ जितनी श्रद्धावनत् होती थी, उतनी ही माधुर्य भाव से भर उठती थी, जब कोई गायक झूला या कजरी गाता था। अवधी सोहर ने यह महत्ता रेखांकित करायी कि एक साधारण से जीव का जन्म, राम के जन्म की तरह ही श्रेयस्कर है। अवध के इस खजाने का सिंहावलोकन

करने पर हम पाते हैं कि मानव मूल्यों की उदात्त प्रतिष्ठा इसके संगीत ने की है।"[133]

भारतीय संस्कृति से सीधा रिश्ता बनानेवाले यह यतीन्द्र मिश्र के दोनों संस्मरण यात्रा-वृत्तान्त की शक्ल-सूरत में 'रिपोर्ताज' का आनन्द देते हैं और ये इस अर्थ में भी विशिष्ट है कि यह हिन्दी में लिखित यात्रा-साहित्य के क्षेत्र में अपनी नयी विषय-वस्तु और रोचकता कारण से विरल है। ऐसा इसलिए कि स्मृतिकार ने अपनी इन रचनाओं में भारतीय संगीत और उसके बदलते हुए परिवेश की आन्तरिक पहचान को ही प्रस्तुत नहीं किया है, बल्कि उसे एक प्रतिमान के रूप में भी उदाहृत किया है।

हिन्दी यात्रा-साहित्य का समकालीन-युग अपने सामर्थ्य, विविधता और सम्भावनाओं के प्रसंग में सर्वथा उल्लेखनीय है। इसमें ऐसी अनेक प्रतिभाएँ आविर्भूत हुईं जो अपने-आप में हिन्दी के साथ किसी भी भाषा के स्तरीय यात्रा-वृत्तान्त के लिए आदर्श हो सकती हैं। यह युग अनेक साहित्येतर सन्दर्भों से स्वभावतः प्रभावित हो रहा है। इनमें भू-मण्डलीकरण की प्रक्रिया सर्वाधिक सक्रिय है। इसके कारण हिन्दी सहित सम्पूर्ण भारतीय-साहित्य में परिवर्तन और परिवर्द्धन के व्यापारों का प्रभावकारी होना स्वाभाविक है। आज का साहित्यकार विशेषतः अपनी संवेदना और विचारों की परिधि में विभिन्नता और विविधता के अनेक रंग-रूपों का अनुभव करता है। इसके फलस्वरूप एक ओर उसकी अन्तर्दृष्टि जागृत होती है तो दूसरी ओर वह अपनी रचनात्मकता के नये आयामों की तलाश में भी रत रहता है। यही कारण है कि हिन्दी के यात्रा-वृत्तान्त के जगत् में भी ऐसी कृतियाँ रची जा रही हैं, जिन्हें वृहत् माध्यमों की खोज का उदाहरण माना जा सकता है। निश्चय ही यह हिन्दी यात्रा-वृत्तान्त के लिए शुभ लक्षण है। किन्तु उक्त संक्रमण की स्थितियों में भारतीय संस्कार पर खरोंचे नहीं आयें, इसके लिए भी पूरी सजगता अपेक्षित है। इसलिए कि देश में विदेश स्वागत योग्य है, अगर वह स्वदेश को पराभूत नहीं करता हो।

समकालीन हिन्दी यात्रा-साहित्य के फैलते हुए क्षितिज में ऐसे भी संस्मरण परिगण्य हैं, जो पुरानी लीक से हटकर नये प्रसंगों और परिवेश से उपजे हुए हैं । इस युग के कई यात्रा-वृत्तान्तों का स्रोत, तीर्थ या प्रकृति से हटकर देश के महान् कलाकारों, राष्ट्रनायकों आदि के अतिरिक्त खेतों-खलिहानों और जंगलों में जीवन बसर करनेवाले सामान्य लोगों की जिन्दगियों से जुड़ा हुआ है। इन यात्रा-वृत्तान्तों का यह विस्तार अपेक्षित ही नहीं स्वाभाविक भी है। इसी क्रम में यात्रा-वृत्तान्तों की रचना-प्रक्रिया के क्षेत्र में विकसित प्रयोगधर्मिता के विविध लक्षण और उदाहरण भी हिन्दी-साहित्य के लिए आशा और विश्वास के साक्ष्य रूप में सर्वथा उल्लेखनीय है।

## सन्दर्भ

1. मोहन राकेश के जाने पर दोस्तों की यादें, सं. कमलेश्वर, किताबघर प्रकाशन, प्रथम संस्करण 2013, स्मृति-शेष, पृ. 39.
2. परिवेश, मोहन राकेश, भारतीय ज्ञानपीठ, दूसरा संस्करण 2011, यात्रा का रोमांस, पृ. 63.
3. परिवेश, मोहन राकेश, भारतीय ज्ञानपीठ, दूसरा संस्मरण 2011, यात्रा का रोमांस, पृ. 64.

4. परिवेश, मोहन राकेश, भारतीय ज्ञानपीठ, दूसरा संस्मरण 2011, यात्रा का रोमांस, पृ. 69.
5. परिवेश, मोहन राकेश, भारतीय ज्ञानपीठ, दूसरा संस्मरण 2011, गुलमर्ग की खिड़की से एक रात, पृ. 72.
6. आँखों देखा पाकिस्तान, कमलेश्वर, राजपाल ऐण्ड सन्ज, कश्मीरी गेट, दिल्ली संस्करण, भूमिका।
7. आँखों देखा पाकिस्तान, कमलेश्वर, राजपाल ऐण्ड सन्ज, कश्मीरी गेट, दिल्ली संस्करण, वाघा बार्डर के उस पार, पृ. 12.
8. आँखों देखा पाकिस्तान, कमलेश्वर, राजपाल ऐण्ड सन्स, कश्मीरी गेट, दिल्ली संस्करण, जिये पाकिस्तान, पृ. 14.
9. आँखों देखा पाकिस्तान, कमलेश्वर, राजपाल ऐण्ड सन्स, कश्मीरी गेट, दिल्ली संस्करण, जिये पाकिस्तान, पृ. 18.
10. आँखों देखा पाकिस्तान, कमलेश्वर, राजपाल ऐण्ड सन्स, कश्मीरी गेट, दिल्ली संस्करण, लाहौर से उठी लेखकों की आवाज, पृ. 22.
11. आँखों देखा पाकिस्तान, कमलेश्वर, राजपाल ऐण्ड सन्स, कश्मीरी गेट, दिल्ली संस्करण, लाहौर से उठी लेखकों की आवाज, पृ. 23.
12. आँखों देखा पाकिस्तान, कमलेश्वर, राजपाल ऐण्ड सन्स, कश्मीरी गेट, दिल्ली संस्करण, भारत और पाकिस्तान : स्मृति और संस्कृति की परम्परा, पृ. 38.
13. आँखों देखा पाकिस्तान, कमलेश्वर, राजपाल ऐण्ड सन्स, कश्मीरी गेट, दिल्ली संस्करण, भारत और पाकिस्तान : स्मृति और संस्कृति की परम्परा, पृ. 38.
14. आँखों देखा पाकिस्तान, कमलेश्वर, राजपाल ऐण्ड सन्स, कश्मीरी गेट, दिल्ली संस्करण, इस्लामाबाद : एक अलग तरह की राजधानी, पृ. 99.
15. आँखों देखा पाकिस्तान, कमलेश्वर, राजपाल ऐण्ड सन्स, कश्मीरी गेट, दिल्ली संस्करण, अजब दिलकुशा बाँसुरी की सदा है, पृ. 111.
16. आँखों देखा पाकिस्तान, कमलेश्वर, राजपाल ऐण्ड सन्स, कश्मीरी गेट, दिल्ली संस्करण, पागलों की यह जमात! पृ. 127.
17. कश्मीर : रात के बाद, कमलेश्वर, किताबघर, नयी दिल्ली, भूमिका पृ. 5.
18. कश्मीर : रात के बाद, कमलेश्वर, किताबघर, नयी दिल्ली, भूमिका पृ. 6.
19. कश्मीर : रात के बाद, कमलेश्वर, किताबघर, नयी दिल्ली, जहाज श्रीनगर उतरा!, पृ.13.
20. कश्मीर : रात के बाद, कमलेश्वर, किताबघर, नयी दिल्ली,...क्योंकि बन्दूक बात नहीं करने देती!, पृ. 29.
21. कश्मीर : रात के बाद, कमलेश्वर, किताबघर, नयी दिल्ली, हमें पहचान लिया गया था और फिर वह रात और सुबह, पृ. 63.
22. कश्मीर : रात के बाद, कमलेश्वर, किताबघर, नयी दिल्ली, पृष्ठ पर मुद्रित।
23. कश्मीर : रात के बाद, कमलेश्वर, किताबघर, नयी दिल्ली, खण्डित यात्राएँ, भूमिका।
24. कश्मीर : रात के बाद, कमलेश्वर, किताबघर, नयी दिल्ली, जन देवता आशीर्वाद का भूखा, पृ. 96.
25. कश्मीर : रात के बाद, कमलेश्वर, किताबघर, नयी दिल्ली, जन देवता आशीर्वाद का भूखा, पृ. 95.
26. कश्मीर : रात के बाद, कमलेश्वर, किताबघर, नयी दिल्ली, जन देवता आशीर्वाद का भूखा, पृ. 97.
27. कश्मीर : रात के बाद, कमलेश्वर, किताबघर, नयी दिल्ली, जन देवता आशीर्वाद का भूखा, पृ. 99.
28. परिक्रमा, कमलेश्वर।

29. परिक्रमा, कमलेश्वर।
30. परिक्रमा, कमलेश्वर, पृ. 48.
31. बातों-बातों में, मनोहरश्याम जोशी, राजकमल प्रकाशन, नयी दिल्ली, पृ. 9.
32. बातों-बातों में, मनोहरश्याम जोशी, राजकमल प्रकाशन, नयी दिल्ली, धीवर जाल डाल का करिहै जब मीन पिघल भै पानी, पृ. 18.
33. बातों-बातों में, मनोहरश्याम जोशी, राजकमल प्रकाशन, नयी दिल्ली, धीवर जाल डाल का करिहै जब मीन पिघल भै पानी, पृ. 26.
34. बातों-बातों में, मनोहरश्याम जोशी, राजकमल प्रकाशन, नयी दिल्ली, कहाँ-कहाँ से गुजर गया, पृ. 33.
35. बातों-बातों में, मनोहरश्याम जोशी, राजकमल प्रकाशन, नयी दिल्ली, कहाँ-कहाँ से गुजर गया, पृ. 36.
36. बातों-बातों में, मनोहरश्याम जोशी, राजकमल प्रकाशन, नयी दिल्ली, कहाँ-कहाँ से गुजर गया, पृ. 55.
37. बातों-बातों में, मनोहरश्याम जोशी, राजकमल प्रकाशन, नयी दिल्ली, एक अपना ही अजनबी, पृ. 56.
38. बातों-बातों में, मनोहरश्याम जोशी, राजकमल प्रकाशन, नयी दिल्ली, एक अपना ही अजनबी, पृ. 63.
39. बातों-बातों में, मनोहरश्याम जोशी, राजकमल प्रकाशन, नयी दिल्ली, एक अपना ही अजनबी, पृ. 63.
40. क्या हाल है चीन के, मनोहरश्याम जोशी, राजकमल प्रकाशन, नयी दिल्ली, भूमिका, पृ. 17.
41. क्या हाल है चीन के, मनोहरश्याम जोशी, राजकमल प्रकाशन, नयी दिल्ली, तालों का कोई काम नहीं, पृ. 20.
42. क्या हाल है चीन के, मनोहरश्याम जोशी, राजकमल प्रकाशन, नयी दिल्ली, साइकिलों का शहर, पृ. 22.
43. क्या हाल है चीन के, मनोहरश्याम जोशी, राजकमल प्रकाशन, नयी दिल्ली, औरतों का राज, पृ. 25.
44. क्या हाल है चीन के, मनोहरश्याम जोशी, राजकमल प्रकाशन, नयी दिल्ली, मजूर मनीजर एक समाना, पृ. 26.
45. कश्मीर से कच्छ तक : सीमान्त डायरी, मनोहरश्याम जोशी, भूमिका।
46. कश्मीर से कच्छ तक : सीमान्त डायरी, मनोहरश्याम जोशी, पहली किस्त, पृ. 11.
47. कश्मीर से कच्छ तक : सीमान्त डायरी, मनोहरश्याम जोशी, पहली किस्त, पृ. 12.
48. कश्मीर से कच्छ तक : सीमान्त डायरी, मनोहरश्याम जोशी, पहली किस्त, पृ. 12.
49. कश्मीर से कच्छ तक : सीमान्त डायरी, मनोहरश्याम जोशी, पहली किस्त, पृ. 17.
50. कश्मीर से कच्छ तक : सीमान्त डायरी, मनोहरश्याम जोशी, पहली किस्त, पृ. 23-24.
51. कश्मीर से कच्छ तक : सीमान्त डायरी, मनोहरश्याम जोशी, तीसरी किस्त, पृ. 47.
52. कश्मीर से कच्छ तक : सीमान्त डायरी, मनोहरश्याम जोशी, तीसरी किस्त, पृ. 50.
53. कश्मीर से कच्छ तक : सीमान्त डायरी, मनोहरश्याम जोशी, चौथी किस्त, पृ. 58-59.
54. कश्मीर से कच्छ तक : सीमान्त डायरी, मनोहरश्याम जोशी, चौथी किस्त, पृ. 60.
55. कश्मीर से कच्छ तक : सीमान्त डायरी, मनोहरश्याम जोशी, सातवीं किस्त, पृ. 96.

56. एक नाव के यात्री, विश्वनाथ प्रसाद तिवारी, राजकमल प्रकाशन, नयी दिल्ली, पहला संस्करण 2001, भूमिका भाग। नयी
57. एक नाव के यात्री, विश्वनाथ प्रसाद तिवारी, राजकमल प्रकाशन, नयी दिल्ली, पहला संस्करण 2001, भूमिका भाग।
58. एक नाव के यात्री, विश्वनाथ प्रसाद तिवारी, राजकमल प्रकाशन, नयी दिल्ली, पहला संस्करण 2001, भूमिका भाग।
59. एक नाव के यात्री, विश्वनाथ प्रसाद तिवारी, राजकमल प्रकाशन, नयी दिल्ली, पहला संस्करण 2001, मानव ही मानव की तीसरी आँख है, पृ. 17.
60. एक नाव के यात्री, विश्वनाथ प्रसाद तिवारी, राजकमल प्रकाशन, नयी दिल्ली, पहला संस्करण 2001, मानव ही मानव की तीसरी आँख है, पृ. 16.
61. एक नाव के यात्री, विश्वनाथ प्रसाद तिवारी, राजकमल प्रकाशन, नयी दिल्ली, पहला संस्करण 2001, मानव ही मानव की तीसरी आँख है, पृ. 24.
62. एक नाव के यात्री, विश्वनाथ प्रसाद तिवारी, राजकमल प्रकाशन, नयी दिल्ली, पहला संस्करण 2001, मानव ही मानव की तीसरी आँख है, पृ. 28.
63. एक नाव के यात्री, विश्वनाथ प्रसाद तिवारी, राजकमल प्रकाशन, नयी दिल्ली, पहला संस्करण 2001, मृत्योर्माऽमृतं गमय, पृ. 30.
64. एक नाव के यात्री, विश्वनाथ प्रसाद तिवारी, राजकमल प्रकाशन, नयी दिल्ली, पहला संस्करण 2001, मृत्योर्माऽमृतं गमय, पृ. 33.
65. एक नाव के यात्री, विश्वनाथ प्रसाद तिवारी, राजकमल प्रकाशन, नयी दिल्ली, पहला संस्करण 2001, राजनीति के 'जलसाघर' में भटका मेघ, पृ. 40.
66. एक नाव के यात्री, विश्वनाथ प्रसाद तिवारी, राजकमल प्रकाशन, नयी दिल्ली, पहला संस्करण 2001, आँगन के पंछी, पृ. 46.
67. एक नाव के यात्री, विश्वनाथ प्रसाद तिवारी, राजकमल प्रकाशन, नयी दिल्ली, पहला संस्करण 2001, आँगन के पंछी, पृ. 52.
68. एक नाव के यात्री, विश्वनाथ प्रसाद तिवारी, राजकमल प्रकाशन, नयी दिल्ली, पहला संस्करण 2001, न मानुषात् श्रेष्ठतरं हि किंचित्, पृ. 81.
69. एक नाव के यात्री, विश्वनाथ प्रसाद तिवारी, राजकमल प्रकाशन, नयी दिल्ली, पहला संस्करण 2001, न मानुषात् श्रेष्ठतरं हि किंचित्, पृ. 82.
70. एक नाव के यात्री, विश्वनाथ प्रसाद तिवारी, राजकमल प्रकाशन, नयी दिल्ली, पहला संस्करण 2001, रीझि भजै या खीझि, पृ. 54.
71. एक नाव के यात्री, विश्वनाथ प्रसाद तिवारी, राजकमल प्रकाशन, नयी दिल्ली, पहला संस्करण 2001, रीझि भजै या खीझि, पृ. 56.
72. एक नाव के यात्री, विश्वनाथ प्रसाद तिवारी, राजकमल प्रकाशन, नयी दिल्ली, पहला संस्करण 2001, रीझि भजै या खीझि, पृ. 63.
73. एक नाव के यात्री, विश्वनाथ प्रसाद तिवारी, राजकमल प्रकाशन, नयी दिल्ली, पहला संस्करण 2001, एक नाव के यात्री, पृ. 71.
74. एक नाव के यात्री, विश्वनाथ प्रसाद तिवारी, राजकमल प्रकाशन, नयी दिल्ली, पहला संस्करण 2001, एक नाव के यात्री, पृ. 79-80.

75. अन्तहीन आकाश, विश्वनाथ प्रसाद तिवारी, किताब घर प्रकाशन, नयी दिल्ली, संस्करण 2010, लन्दन से लौटकर, पृ. 11.
76. अन्तहीन आकाश, विश्वनाथ प्रसाद तिवारी, किताब घर प्रकाशन, नयी दिल्ली, संस्करण 2010, लन्दन से लौटकर, पृ. 13.
77. अन्तहीन आकाश, विश्वनाथ प्रसाद तिवारी, किताब घर प्रकाशन, नयी दिल्ली, संस्करण 2010, लन्दन से लौटकर, पृ. 14.
78. अन्तहीन आकाश, विश्वनाथ प्रसाद तिवारी, किताब घर प्रकाशन, नयी दिल्ली, संस्करण 2010, लन्दन से लौटकर, पृ. 14.
79. अन्तहीन आकाश, विश्वनाथ प्रसाद तिवारी, किताबघर प्रकाशन, नयी दिल्ली, संस्करण 2010, भँवरवा धीरे चलऽ, पृ. 24.
80. अन्तहीन आकाश, विश्वनाथ प्रसाद तिवारी, किताबघर प्रकाशन, नयी दिल्ली, संस्करण 2010, भँवरवा धीरे चलऽ, पृ. 25.
81. अन्तहीन आकाश, विश्वनाथ प्रसाद तिवारी, किताबघर प्रकाशन, नयी दिल्ली, संस्करण 2010, भँवरवा धीरे चलऽ, पृ. 25.
82. अन्तहीन आकाश, विश्वनाथ प्रसाद तिवारी, किताबघर प्रकाशन, नयी दिल्ली, संस्करण 2010, भँवरवा धीरे चलऽ, पृ. 27.
83. अन्तहीन आकाश, विश्वनाथ प्रसाद तिवारी, किताबघर प्रकाशन, नयी दिल्ली, संस्करण 2010, भँवरवा धीरे चलऽ, पृ. 28.
84. अन्तहीन आकाश, विश्वनाथ प्रसाद तिवारी, किताबघर प्रकाशन, नयी दिल्ली, संस्करण 2010, भँवरवा धीरे चलऽ, पृ. 29.
85. अन्तहीन आकाश, विश्वनाथ प्रसाद तिवारी, किताबघर प्रकाशन, नयी दिल्ली, संस्करण 2010, भँवरवा धीरे चलऽ, पृ. 33.
86. अन्तहीन आकाश, विश्वनाथ प्रसाद तिवारी, किताबघर प्रकाशन, नयी दिल्ली, संस्करण 2010, रूस के सोलह दिन, पृ. 46.
87. अन्तहीन आकाश, विश्वनाथ प्रसाद तिवारी, किताबघर प्रकाशन, नयी दिल्ली, संस्करण 2010, रूस के सोलह दिन, पृ. 51.
88. अन्तहीन आकाश, विश्वनाथ प्रसाद तिवारी, किताबघर प्रकाशन, नयी दिल्ली, संस्करण 2010, रूस के सोलह दिन, पृ. 55.
89. अन्तहीन आकाश, विश्वनाथ प्रसाद तिवारी, किताबघर प्रकाशन, नयी दिल्ली, संस्करण 2010, रूस के महान् शहर पीटर्सबर्ग, पृ. 75.
90. अन्तहीन आकाश, विश्वनाथ प्रसाद तिवारी, किताबघर प्रकाशन, नयी दिल्ली, संस्करण 2010, रूस के महान् शहर पीटर्सबर्ग, पृ. 84.
91. अन्तहीन आकाश, विश्वनाथ प्रसाद तिवारी, किताबघर प्रकाशन, नयी दिल्ली, संस्करण 2010, रूस के महान् शहर पीटर्सबर्ग, पृ. 88.
92. चलते तो अच्छा था, असग़र वज़ाहत, राजकमल पेपर बैक्स, जिल्द का पीठ पर मुद्रित।
93. चलते तो अच्छा था, असग़र वज़ाहत, राजकमल पेपर बैक्स, मिट्‌टी का प्याला, पृ. 7.
94. चलते तो अच्छा था, असग़र वज़ाहत, राजकमल पेपर बैक्स, मिट्‌टी का प्याला, पृ. 10.
95. चलते तो अच्छा था, असग़र वज़ाहत, राजकमल पेपर बैक्स, जाना पहचान अजनबी, पृ. 19.
96. चलते तो अच्छा था, असग़र वज़ाहत, राजकमल पेपर बैक्स, सड़क पर तेहरान, पृ. 25.

97. चलते तो अच्छा था, असग़र वज़ाहत, राजकमल पेपर बैक्स, सड़क पर तेहरान, पृ. 29.
98. चलते तो अच्छा था, असग़र वज़ाहत, राजकमल पेपर बैक्स, भारतीय होने का अर्थ, पृ. 35.
99. चलते तो अच्छा था, असग़र वज़ाहत, राजकमल पेपर बैक्स, बुद्धिजीवियों का सड़क, पृ. 51.
100. चलते तो अच्छा था, असग़र वज़ाहत, राजकमल पेपर बैक्स, कवि का कर्ज, पृ. 121.
101. रास्ते की तलाश में, असग़र वज़ाहत, अन्तिका प्रकाशन, गाजियाबाद, आजरबाई : मुस्लिम देश में हिन्दू मन्दिर, पृ. 10-11.
102. अण्डमान : कल, आज और कल, राजेन्द्र पाल शर्मा, न्यू ऐरा पब्लिकेशन, साउथ अण्डमान।
103. रास्ते की तलाश में, असग़र वज़ाहत, अन्तिका प्रकाशन, गाजियाबाद, कोंकण से शिमोगा तक : एक अपना विदेश, पृ. 38.
104. रास्ते की तलाश में, असग़र वज़ाहत, अन्तिका प्रकाशन, गाजियाबाद, कोंकण से शिमोगा तक : एक अपना विदेश, पृ. 44.
105. रास्ते की तलाश में, असग़र वज़ाहत, अन्तिका प्रकाशन, गाजियाबाद, कोंकण से शिमोगा तक : एक अपना विदेश, पृ. 50.
106. रास्ते की तलाश में, असग़र वज़ाहत, अन्तिका प्रकाशन, गाजियाबाद, मिजोरम : म्यांमार से बंग्लादेश के बीच, पृ. 61.
107. रास्ते की तलाश में, असग़र वज़ाहत, अन्तिका प्रकाशन, गाजियाबाद, मिजोरम : म्यांमार से बंग्लादेश के बीच, पृ. 66.
108. रंगों की गन्ध (1), गोविन्द मिश्र, किताबघर प्रकाशन, प्रथम संस्मरण : 2010, भूमिका, पृ. 5.
109. रंगों की गन्ध (1), गोविन्द मिश्र, किताबघर प्रकाशन, प्रथम संस्मरण : 2010, भूमिका, पृ. 5.
110. रंगों की गन्ध (1), गोविन्द मिश्र, किताबघर प्रकाशन, प्रथम संस्मरण : 2010, धुन्ध-भरी सुर्खी, पृ. 30.
111. रंगों की गन्ध (1), गोविन्द मिश्र, किताबघर प्रकाशन, प्रथम संस्मरण : 2010, धुन्ध-भरी सुर्खी, पृ. 30.
112. रंगों की गन्ध (1), गोविन्द मिश्र, किताबघर प्रकाशन, प्रथम संस्मरण : 2010, धुन्ध-भरी सुर्खी, पृ. 34.
113. रंगों की गन्ध (1), गोविन्द मिश्र, किताबघर प्रकाशन, प्रथम संस्मरण : 2010, धुन्ध-भरी सुर्खी, पृ. 43.
114. रंगों की गन्ध (1), गोविन्द मिश्र, किताबघर प्रकाशन, प्रथम संस्मरण : 2010, धुन्ध-भरी सुर्खी, पृ. 43.
115. रंगों की गन्ध (1), गोविन्द मिश्र, किताबघर प्रकाशन, प्रथम संस्मरण : 2010, धुन्ध-भरी सुर्खी, पृ. 44.
116. रंगों की गन्ध (1), गोविन्द मिश्र, किताबघर प्रकाशन, प्रथम संस्मरण : 2010, धुन्ध-भरी सुर्खी, पृ. 59.
117. रंगों की गन्ध (1), गोविन्द मिश्र, किताबघर प्रकाशन, प्रथम संस्मरण : 2010, धुन्ध-भरी सुर्खी, पृ. 60.
118. रंगों की गन्ध (1), गोविन्द मिश्र, किताबघर प्रकाशन, प्रथम संस्मरण : 2010, धुन्ध-भरी सुर्खी, पृ. 60.
119. रंगों की गन्ध (2), गोविन्द मिश्र, किताबघर प्रकाशन, प्रथम संस्करण : 2010, धुन्ध भरी सुर्खी, पृ. 61.
120. रंगों की गन्ध (1), गोविन्द मिश्र, किताबघर प्रकाशन, प्रथम संस्करण : 2010, धुन्ध भरी सुर्खी, पृ. 72.

121. रंगों की गन्ध (1), गोविन्द मिश्र, किताबघर प्रकाशन, प्रथम संस्करण : 2010, भूमिका, पृ. 95-96.
122. रंगों की गन्ध (2), गोविन्द मिश्र, किताबघर प्रकाशन, प्रथम संस्करण : 2010, सभ्यता के सर्पो के बीच बस्तर, पृ. 18.
123. रंगों की गन्ध (2), गोविन्द मिश्र, किताबघर प्रकाशन, प्रथम संस्करण : 2010, कालापानी के इतिहास में उतराता अंडमान-निकोबार, पृ. 23.
124. रंगों की गंध (2), गोविन्द मिश्र, किताबघर प्रकाशन, प्रथम संस्करण : 2010, तनिक हरि, चितवौ जी मोरी, पृ. 40.
125. रंगों की गन्ध (2), गोविन्द मिश्र, किताबघर प्रकाशन, प्रथम संस्करण : 2010, लहरियों में बिछी हरीतिमा-अरुणाचल प्रदेश, पृ. 154.
126. रंगों की गन्ध (1), गोविन्द मिश्र, किताबघर प्रकाशन, प्रथम संस्करण : 2010, भूमिका, पृ. 6.
127. बहुवचन, त्रैमासिक, वर्षः2, अंकः 7, अप्रैल-जून 2001 और वर्षः 3, अंक- 11, अप्रैल-जून 2002 प्रकाशक : महात्मा गाँधी अन्तर्राष्ट्रीय हिन्दी विश्वविद्यालय, नयी दिल्ली।
128. ''बाजे लागी आनन्द बधइया  
बारह जोड़ी नगाड़ा बाजे  
सोलह जोड़ी शहनाईया  
अजोधिया में राम आये''
129. बहुवचन-7, त्रैमासिक, वर्षः 2, अंकः 7, अप्रैल-जून 2001, प्रकाशक : महात्मा गाँधी अन्तरराष्ट्रीय हिन्दी विश्वविद्यालय, नयी दिल्ली, नौबतख ाने में इबाद, पृ. 65.
130. बहुवचन-7, त्रैमासिक, वर्षः 2, अंकः 7. अप्रैल-जून 2001, प्रकाशक : महात्मा गाँधी अन्तरराष्ट्रीय हिन्दी विश्वविद्यालय, नयी दिल्ली, नौबतख ानें में इबादत, पृ. 71-72.
131. बहुवचन-7, त्रैमासिक, वर्षः 2, अंकः 7. अप्रैल-जून 2001, प्रकाशक : महात्मा गाँधी अन्तरराष्ट्रीय हिन्दी विश्वविद्यालय, नयी दिल्ली, नौबतख ानें में इबादत, पृ. 71.
132. बहुवचन-7, त्रैमासिक, वर्षः 2, अंकः 7. अप्रैल-जून 2001, प्रकाशक : महात्मा गाँधी अन्तरराष्ट्रीय हिन्दी विश्वविद्यालय, नयी दिल्ली, नौबतख ानें में इबादत, पृ. 72.
133. बहुवचन-7, त्रैमासिक, वर्षः 2, अंकः 7. अप्रैल-जून 2001, प्रकाशक : महात्मा गाँधी अन्तरराष्ट्रीय हिन्दी विश्वविद्यालय, नयी दिल्ली, नौबतख ानें में इबादत, पृ. 77.
134. बहुवचन-7, त्रैमासिक, वर्षः 3, अंकः 11. अप्रैल-जून 2002, प्रकाशक : महात्मा गाँधी अन्तरराष्ट्रीय हिन्दी विश्वविद्यालय, नयी दिल्ली, संगीत के रंग पटल पर अवध का 'समाज', पृ. 217.
135. बहुवचन-7, त्रैमासिक, वर्षः 3, अंकः 11. अप्रैल-जून 2002, प्रकाशक : महात्मा गाँधी अन्तरराष्ट्रीय हिन्दी विश्वविद्यालय, नयी दिल्ली, संगीत के रंग पटल पर अवध का 'समाज', पृ. 225.

# निष्कर्ष

हिन्दी यात्रा-साहित्य की विकास-धारा के काल-क्रमिक अध्ययन के लिए ज्ञान-विज्ञान की विश्लेषणात्मक पद्धति, विवेच्य विषय की पृष्ठभूमि और उसके अंगों-उपांगों को विशेष रूप से दृष्टि में रखा गया है। इसी सन्दर्भ में 'हिन्दी-यात्रा-साहित्य का अध्ययन 'शीर्षक शोध परियोजना को क्रमशः विभिन्न चरणों और अध्यायों में वर्गीकृत किया गया है। इस प्रक्रिया के अनुसार विवेच्य विषय सम्बन्धी आधारभूत पक्षों पर प्रारम्भ में प्रकाश डाला गया है। फलस्वरूप इस अध्ययन के भूमिका-भाग में विषय के महत्त्व और उससे सम्बद्ध जिन आधारभूत पक्षों का एक अनुक्रम में विवेचन किया गया है। वे क्रमशः इस प्रकार हैं, यात्रा-साहित्य के अभिप्रेरक प्रयोजन, यात्रा-साहित्य की रचना-प्रक्रिया, यात्रा-साहित्य का ऐतिहासिक परिप्रेक्ष्य और हिन्दी यात्रा-साहित्य का संक्षिप्त परिचय। 'भूमिका' का यह भाग मूलतः उस आधारशिला की तरह है, जिस पर सम्पूर्ण अध्ययन का स्वरूप अपने क्षैतिज विस्तार और रैखिक गहराई को व्यंजित करता है।

अध्ययन की 'भूमिका' के बाद विश्लेषण की वैज्ञानिक प्रक्रिया का अनुसरण करते हुए इसके प्रथम अध्याय में विषय-वर्गीकरण के आधारों पर विचार किया गया है और इसी प्रसंग में उन आधारों के निर्धारक मानकों का भी उल्लेख किया गया है। प्रायः वैज्ञानिक अध्ययनों में विवेच्य-विषय के वर्गीकरण सम्बन्धी अनेक सिद्धान्तों के साथ उक्त आधारों की निर्धारण-सम्बन्धी समस्याओं और उनके समाधानों पर भी प्रकाश डाला जाता है। इसी सोच की अनुसारिता में प्रस्तुत यात्रा-अध्ययन के प्रयोजन और प्रकृति को ध्यान में रखते हुए इसके वर्गीकरण के लिए सम्बद्ध साहित्य की प्रवृत्तियों और उनके अभिव्यंजनात्मक स्वरूप का काल-क्रमिक विवेचन किया गया है। इस योजना के अनुसार हिन्दी यात्रा-साहित्य की विकास धारा को काल-क्रमिक रूप में इस प्रकार वर्गीकृत किया गया हैं : भारतेन्दु-युग, महावीरप्रसाद द्विवेदी-युग, राहुल सांकृत्यायन-युग, अज्ञेय-युग और समकालीन-युग। इन्हीं उपर्युक्त युगो की धाराओं में रचित विभिन्न यात्रा-वृत्तान्तों का यथोचित अध्ययन किया गया है। इस क्रम में अध्यायों के अन्त में काल-विशेष की मुख्य विशेषताओं का भी उल्लेख किया गया है।

हिन्दी-गद्य के विकास का प्रारम्भिक काल भारतेन्दु-युग के नाम से अभिहित किया जाता है। इसी युग में गद्य के प्रसार, पत्र-पत्रिकाओं के प्रकाशन, मुद्रण की व्यवस्था, पश्चिम के सम्पर्क और राष्ट्रीय जागरण से प्रेरित और प्रभावित होकर हिन्दी यात्रा-साहित्य अपने पूर्ण मौलिक स्वरूप के साथ विकसित हुआ। भारतेन्दु ने साहित्य और संस्कृति के उत्थान के साथ भारतीय जीवन में सभी स्तरों पर विकास हेतु हिन्दी भाषा की उन्नति को मूल माध्यम के रूप में उद्घोषित किया। अपनी दूरदर्शिता को ओजस्वी स्वर देते हुए भारतेन्दु ने यह उद्घोष किया कि– 'निज भाषा उन्नति अहै, सब उन्नति को मूल।' इसी सन्दर्भ में हिन्दी के महान् आलोचक आचार्य रामचन्द्र शुक्ल ने भारतेन्दु के रचनात्मक अवदान का उल्लेख करते हुए लिखा है कि, "बड़ा भारी काम भारतेन्दु ने यह किया कि स्वदेशाभिमान, स्वजाति-प्रेम तथा समाज-सुधार आदि की आधुनिक भावनाओं के प्रवाह के लिए हिन्दी को चुना तथा इतिहास, विज्ञान, नाटक, उपन्यास तथा पुरावृत्त इत्यादि अनेक समयानुकूल विषयों की ओर हिन्दी को दौड़ा दिया (चिन्तामणि, पहला भाग, प्रयाग, 1958, पृ. 194.)।" इस युग में विशेषतः भारतेन्दु के नेतृत्व में ललित निबन्ध की शैली अन्तर्गत लेखकों ने अन्य विषयों के साथ सैर-सपाटा, यात्रा, भ्रमण आदि के आत्मीय अनुभवों को अभिव्यक्त किया।

भारतेन्दु-युग के बाद महावीरप्रसाद द्विवेदी के युग में लेखकों ने हिन्दी की निधि को जिन गद्य-रचनाओं से समृद्ध किया, उनमें यात्रा-साहित्य भी उल्लेखनीय है। इस युगीन यात्रा-साहित्य के उत्कर्ष में विशेषतः महावीरप्रसाद द्विवेदी द्वारा सम्पादित विख्यात 'सरस्वती' पत्रिका का योगदान अविस्मरणीय है। यह युग यात्रा-साहित्य की गणना से अधिक अपने गुण की दृष्टि से महत्त्व रखता हैं। इसलिए कि इस कालावधि में कई लेखकों ने यात्रा-साहित्य को उसकी स्वतन्त्र विधात्मकता में प्रतिष्ठित किया है। इनमें माधवप्रसाद मिश्र, चन्द्रधर शर्मा गुलेरी, रामचन्द्र शुक्ल आदि के नाम विशेष रूप से उल्लेखनीय हैं।

हिन्दी यात्रा-साहित्य के तृतीय उत्थान को राहुल सांकृत्यायन-युग का नाम दिया गया है। राहुल जी ने इस कालावधि में अपनी महान् जीवन-यात्रा में अर्जित विशेषतः ऐतिहासिक और पुरातात्विक अनुभवों से हिन्दी यात्रा-साहित्य के भण्डार को सम्पूरित और उन्नत ही नहीं किया, बल्कि युग के अनेक साहित्यकारों को भी यात्रा-साहित्य के लेखन के लिए अनुप्रेरित किया। निःसन्देह राहुल जी का विशाल कृतित्व भारतीय साहित्य के साथ विश्व वाङ्मय का भी बहुमूल्य अंग बन गया। इस युग में यात्रा-वृत्तान्तों के विकास के प्रसंग में महादेवी वर्मा द्वारा विरल रंग-रेखाओं और संवदेनशील शैली में लिखे यात्रा-वृत्तान्तों को भूला नहीं जा सकता। इसी क्रम में पण्डित हजारीप्रसाद द्विवेदी की कृतियों में विशेषतः 'अशोक के फूल', 'कूटज', 'मेघदूत एक पुरानी कहानी' आदि रचनाएँ विशेष रूप से यात्रा-संस्मरण की विधा को विविधता और ऐश्वर्य की नयी आभा से महिमा मंडित करती हैं। इस राहुल-युग में यात्रा-साहित्य के क्षितिज का अपूर्व विस्तार किया। इसमें भारत के साथ इसके पार्श्ववती भू-खण्डों और सुदूर देशों, जैसे- तिब्बत, चीन, लंका, इरान तथा सोवियत संघ आदि के यात्रा-वृत्तान्त भी अनुस्यूत हुए हैं।

राहुल जी के उपरान्त अज्ञेय-युग में हिन्दी के यात्रा-साहित्य की विकासधारा अपने विस्तार और वैविध्य में आर्विभूत हुई। इस युग का नाम अपनी अभिधा से अधिक से अपनी व्यंजना की दृष्टि से उपयुक्त सिद्ध होता है। इसलिए कि अज्ञेय के अनेक समकालीन लेखक, निर्मल वर्मा, फणीश्वरनाथ रेणु, विद्यानिवास मिश्र, मोहन राकेश मनोहर श्याम जोशी तथा कमलेश्वर आदि भी यात्रा-साहित्य की सृजनात्मकता के क्षेत्र में अपनी मौलिक देनों की दृष्टि से सर्वथा उल्लेखनीय हैं। इनकी कई कृतियाँ यात्रा-वृत्तान्तों की परम्परा का अनुसरण करते हुए भी अभिव्यक्ति और सम्प्रेषण के स्तरों पर अपनी विशिष्ट पहचान को प्रमाणित करती है। इस प्रसंग में यह भी ज्ञातव्य है कि अज्ञेय अपनी रचनात्मक कृतियों के सन्दर्भ में हिन्दी काव्य-धारा की ही उच्छल तंरग ही नहीं सिद्ध हुए, बल्कि उस धारा को यात्रा-वृत्तान्त की विधात्मकता द्वारा भी नयी दिशा देने वाले व्यक्तित्व रूप में भी वे विख्यात हुए।

हिन्दी का समकालीन यात्रा-साहित्य गुण और गणना के स्तरों पर अपनी बहुविध रचनात्मकता को उद्भासित करता है। साथ ही इस कालावधि में अनेक रचनाएँ यात्रा-वृत्तान्त की विधा के कैनवस पर अभिव्यक्ति के बृहतर माध्यमों की खोज की दृष्टि से भी अपनी पहचान बनाती हैं। इनमें तो कई ऐसी रचनाएँ हैं, जो यात्रा-विधा के व्यापक फलक पर विविध आकार-प्रकार और छवियों के सन्दर्भ में हिन्दी के ऐतिहासिक विकास के संग अपनी विशिष्ट प्रयोगधर्मिता का भी अहसास कराती हैं।

हिन्दी यात्रा-साहित्य का अधिकांश लेखन अभी भी छिटपुट रूपों में बिखरा हुआ है। इस सभी के विधिवत संग्रह, संकलन, सम्पादन आदि का कार्य चुनौतीपूर्ण होते हुए भी सर्वथा अतिआवश्वयक है। निःसन्देह हिन्दी यात्रा-साहित्य का यह विपुल भण्डार राष्ट्रीय सांस्कृतिक निधि की दृष्टि से बहुत मूल्यावान है। हिन्दी यात्रा-साहित्य की यह सामग्री विशेषतः पत्र-पत्रिकाओं की पुरानी फाइलों और आकाशवाणी तथा दूरदर्शन के प्रसारणों में खोई हुई है। अतः समय रहते इन सभी मोतियों के समान उज्जवल कृतियो को चुन लेना चाहिए, नहीं तो ये सीपियों में बन्द रह कर ही अन्धकार में खो जायेंगी।

●●